| 莱 | 布 | 尼 | 茨 | 著 | 作 | 书 | 信 | 集 |

连续体的迷宫

论连续体问题 1672—1686

[德] 莱布尼茨 著 高海青 杨韶刚 译 王克迪 校

THE LABYRINTH OF THE CONTINUUM

WRITINGS ON THE CONTINUUM PROBLEM, 1672—1686

人民出版社

G. W. Leibniz

The Labyrinth of the Continuum: Writings on the Continuum Problem, 1672–1686

本卷译自理查德·亚瑟（Richard T. W. Arthur）翻译编辑的《连续体的迷宫》英译本

The Labyrinth of the Continuum: Writings on the Continuum Problem, 1672–1686

Originally published by Yale University Press

出版外国图书合同登记号：图字01 2017 7999

耶鲁莱布尼茨

丹尼尔·嘉伯　罗伯特·斯莱　主编

“耶鲁莱布尼茨”是一套系列丛书，其中包括大量的莱布尼茨文稿及其译文。每一卷不仅有原文，在对开页上还有英文翻译。原文文本达到了现代文本考证学的最高标准。其中有些文本来自科学院主编的《莱布尼茨书信著作全集》，其他文本则来自同样达到全集编辑标准的其他版本的著作书信集。有些文本将来自莱布尼茨的手稿和早期印刷资料，在科学院版编辑的鼎力帮助下进行了编辑或重新编辑。我们的编译工作有一个新的目标，那就是使学生和学者更容易获取文本。

该系列丛书的目的不是出版莱布尼茨全集，也不是出版综合性的选集。尽管编辑与翻译都有统一的标准，但每一卷还是想成为独立的文集，自成一体。该系列丛书的重点是莱布尼茨的哲学思想，不过是广义上的，其内容不仅包括他的形而上学、认识论，还包括他的神学、物理学，乃至他的数学。

每一卷的编辑和翻译人，都是国际学术界研究 17 世纪后期哲学的优秀学者。

目　录

序 言 [xi]

尼古拉斯·雷舍尔（Nicholas Rescher）在其《莱布尼茨哲学》（*Philosophy of Leibniz*, Englewood Cliffs, N. J. : Prentice Hall, 1967）中所引用的《帕希迪乌斯与爱真理者的对话》的片段首先让我注意到了莱布尼茨档案中这一部分的重要性。这些片段激发了我的兴趣，我开始着手翻译更多的片段，直到我译出了这个对话的大部分内容。从那时起，在朋友们和同事们的鼓励下，目前这一卷的文本和译文的向外延伸就基本上没有停止过。

这个文集的核心问题即连续体的构成，莱布尼茨终其一生都在反复强调这个问题的重要性。我的目的是把他在 1672 年至 1686 年间就这个主题撰写的、其大部分之前未被翻译过的手稿收集在一起并将其翻译成英文。

正如在“关于文本与译文的说明”中更详尽解释的那样，原文来自权威的科学院版的莱布尼茨著作。在进行翻译时，我的目的是提供一个可读的英文文本，同时又尽可能准确地传达原文的意思。毫无疑问，所有译者的目标都是在准确性和流畅性之间取得某种令人快慰的平衡。但正如我在阅读亨利·克鲁（Henry Crew）和阿方索·萨尔维奥（Alfonso De Salvio）于1914年翻译的伽利略的《关于两门新科学的对谈》时有人提醒我的那样，关于重点应该被放在哪里的判断在不同的时代会有所不同。他们批评其前辈托马斯·韦斯顿（Thomas Weston）1730年的翻译过分生硬刻板，而他们自己的翻译以现代的标准来看通常近乎意译。或许，这句话足以充分揭示我自己的翻译态度，但我还是想冒险说得更清楚些。我的目的不是给出一本可能被误认为出自当代以英语为母语者之手的散文集——我认为那样的散文集太类似于拉丁文了——而是一部不仅非常流畅和现代而且仍然可辨别出莱布尼茨风格的英文译作。

在英语允许的范围内，我一直尝试尽可能一致地将所有重要的单词及其同根词翻译出来。为了帮助实现这一点，我效仿埃德温·柯利（Edwin Curley）和其他人的做法，提供了一个术语表。我在术语表中记录了我对关键术语和短语的翻译，并且我对它们做了辩护。术语表有两个好处：既可以对翻译问题持续进行评论，又可以使这些问题远离注释中涉及的文本所关注的问题。

我所作的学术性的注释不全面，并且鉴于莱布尼茨的兴趣和资料来源极为广泛，也不可能全面。但我已尽力将这些注释与他的其他作品联系起来，尤其是与他早期的作品联系起

来。我原本计划给出一个简单的引言和一些简单的注释，但却 [xii]
逐渐给出了越来越多的东西，因为这份材料的片段性似乎要求越来越多的证据。由此导致的引言扩展到了这样的程度，以至于本来与此相伴随的那一卷现在变成没有多少实际意义了。不管怎么说，菲利普·比利的《连续性与机械论》（参见 Philip Beeley, *Kontinuität und Mechanismus*，它讨论了思想史背景下青年莱布尼茨的哲学）在此期间的出版，使它变得不那么必要了。我竭力把这本杰作推荐给所有那些能够阅读德语并对莱布尼茨的连续体思想的起源和历史背景感兴趣的读者们。

关于文本的选择

我已尽力在一定限度内使这种选择尽可能全面。这些文本在一定程度上是由主题本身决定的。从广义上讲，所选的作品都是哲学性的，涉及形而上的连续体问题及其对数学和物理学的启示，不涉及莱布尼茨在这段时期数学和物理学本身的进展。但在一定程度上，我也不得不尽量减少与该系列丛书其他计划出版的卷宗的重叠。

莱布尼茨的数学发现显然与他关于连续体的观点的发展有至关重要的关联。到 1673 年，他就已经发现了以他的名字命名的无穷级数，到 1676 年初，他已经确定了其微积分的所有重要要素。但是，微积分的创立并不能自动解决无限问题：事实上，它仍然没有使无限和无限小的本体论地位非常清晰地确定下来。例如，如果莱布尼茨的微分是不可分量，那么这个解决数学问题的办法就会直接延伸到形而上学中，并且可能被用作替原子论辩护的理由。但是（正如莱布尼茨逐渐认识到的那样），（一）无限小量或微分本身也可以有微分，并且以此类推，直至无限，（二）同一整体可以通过不同的“变量级数”而被分解成不同的微分的无限加和，这两个事实驳斥了把无限小量看成连续体不可分割的部分的简单说法。同样的，存在着加和得一个有限量的无穷几何级数，该事实也反驳了这一观点（伽利略和伽森狄满怀信心地提出了这一观点），即一个无限分割的整体必然产生无限小的部分；但是，这本身并不足以反驳不可分量的概念。所以，虽然莱布尼茨的数学发现对他的连续体问题的解决方案至关重要，但这些发现本身并不包含那个解决方案。因此，我没有把莱布尼茨那个时期任何严格意义上的数学作品收录进来（因为这些作品原本就计划安排在耶鲁莱布
[xiii] 尼茨系列后面的几卷中），而只是把莱布尼茨讨论这些结果对连续体问题的启示的那些文本收录了进来。

上述情况也适用于莱布尼茨那个时期的物理学作品。他的《关于伽利略的〈两门新科学〉（对谈 1）的笔记》，他的《论形体的内聚力》以及《论物质、运动、最小量和连续体》等作品显然直接涉及连续体问题，因此被收录了进来。其他与之关系不那么直接的那些作品则没有被收录进来。例如，《三个原初公理》（Aiii48）和《论运动的秘密》（LH 35 XIII, 3, sheet 81）——都可以追溯至 1676 年夏——宣布了他的这一物理公

理，即整体的结果与完整的原因等价，而他后来宣称，这个公理是指引他走出迷宫的线索；但是，它们都没有提到连续体。同样，《机械原理》（Aiii6）包括对运动的相对性的讨论；但是，不同于《空间与运动实际上是关系》《运动是相对的》以及《运动不是绝对的》（我把所有这些作品都收录了进来），《机械原理》并没有探讨运动的相对性的形而上学含义。

但即使是有这些限制，我们仍然需要作出一些微妙的编辑上的抉择。鉴于莱布尼茨对连续体问题的广义理解，他在这个时期所撰写的哲学作品几乎没有不与之相关的。例如，莱布尼茨在 1675 年 12 月至 1676 年 12 月期间的大多数哲学作品在某种程度上要么就与无限、原子有关，要么就与实体、空间和时间的本性有关；而且，由于这期间被挑选出来的很多作品构成了耶鲁莱布尼茨系列的第一卷，即由哈里·帕金森（G.H.R.Parkinson）翻译和编辑的《论至高无上者：形而上学论文集》（*De Summa Rerum: Metaphysical Papers, 1675–1676*，这里缩写为 DSR），那么潜在重叠的问题紧跟着也就出现了。我既希望保持我这一卷的完整性，又希望避免不必要地重复他书中的内容，受这两个问题所困挠，我选择作出了微妙的妥协。1675—1676 年的两篇自始至终都在讨论连续体问题的作品对于理解莱布尼茨 1673—1676 年思想的发展似乎非常有价值，它们分别是 Aiii58（《论物质、运动、最小量和连续体》）和 Aiii76（《论世界的充盈》），我把这两个作品完整地复制了过来。至于其他作品，我只摘录了包含莱布尼茨关于连续体思想的重大发展的那些段落（如 Aiii60、36、71 和 74 中的选段），请读者们参阅《论至高无上者》以获取这些选段完整的上下文；我也希望读者们查阅《论至高无上者》以获取本卷未收录进来的其他关于连续体的篇章或段落（尤其是 Aiii85，即《关于宇宙的绝妙推证链条》）。

[xiv] 我还应该解释一下我为什么选择莱布尼茨 1672—1686 年的作品。因为莱布尼茨在 1672 年之前就已经在连续体问题上投入了相当大的精力，而且他于 1686 年所得出的解决方案并不是最终的，并且他在后来的作品中一直都在尝试着改进，甚至在他与德斯·博塞斯（Bartholomew Des Bosses）的通信中漫不经心地提出了一种完全不同的解决方案。但是，莱布尼茨早期关于连续体问题的作品的最高峰是发表在其小册子《抽象运动理论》（*A Theory of Abstract Motion*, 1671）中的那个解释性说明，而这个小册子连同其姊妹篇《具体运动理论》（*A Theory of Concrete Motion*），它们的先期研究，以及相关的手稿本身显然构成了一部重要的作品，并将作为耶鲁莱布尼茨系列中单独的一卷（莱布尼茨的第一物理学）呈现在世人面前。因此，用莱布尼茨在巴黎时期的作品（1672—1676 年）作为我这一卷的开端似乎就很自然了，这段时期的作品随着他对数学、物理学和形而上学问题的理解变得越来越周密，经历了快速的发展，已经与他青年时期的观点相去甚远。尽管如此，在一定程度上熟悉莱布尼茨早期的连续体理论，对于理解他巴黎时期的作品的出发点是必不可少的一环，所以我把他早期作品

的相关摘录纳入了增补的附录中。

至于以 1686 年为截止时间，一方面，莱布尼茨确实在这之后写了大量关于连续体问题的文章，尤其是在他的通信中。但是（除了与德斯·博塞斯的通信外），在谈到他过去努力的成果时，他几乎总是以一种说教的方式。另一方面，这里收集的手稿是在其哲学形成时期撰写的，而且完全可以代表他想要解决连续体问题的一致性尝试。截至 1686 年，他成熟的解决方案的典型特征已经具备：否认物质中存在着原子和真空，拥护一种实体的原子论，认识到了空间、时间和原初物质等连续的量的理想性，从形体、运动的无限分割性这一事实论证了它们的现象性，认识到了运动的相对性，并因此提出必须用实体形式或力作为形体和运动的实在性的基础。另外，1686 年是莱布尼茨事业的一个天然的分水岭，这一年，他在所谓的《形而上学谈》（*Discourse on Metaphysics*）中首次公开阐释了他的新体系，他的第一份关于微积分的作品发表了出来，和《简论笛卡尔等关于一条自然规律的重大错误》（*Brevis Demonstratio ...*）一起吹响了他向笛卡尔物理学发起进攻的号角。

致谢

我要感谢的人实在太多了。首先，感谢本系列丛书的编辑丹尼尔·嘉伯和罗伯特·斯莱多年来在这部作品进展过程中所给予的慷慨支持和鼓励，若没有他们的支持和鼓励，这部作品

[xv] 很可能就无法面世。我要感谢耶鲁大学出版社的匿名读者们有益的批评，感谢耶鲁大学出版社的编辑朱迪斯·卡尔弗特（Judith Calvert）、奥托·博尔曼（Otto Bohlmann）、苏珊·莱蒂（Susan Laity）和乔伊斯·伊波利托（Joyce Ippolito）的忠告。我非常感谢汉诺威莱布尼茨档案馆的那些工作人员，尤其要感谢赖因哈德·芬斯特（Reinhard Finster）和海因茨–尤尔根·赫斯（Heinz-Jürgen Hess）的材料支持和盛情款待，感谢已故的阿尔伯特·海涅坎普（Albert Heinekamp）的善意帮助，感谢赫伯特·布雷格（Herbert Breger）就莱布尼茨关于连续体的观点所作的令人激动的讨论。我还要感谢我所在的学校明德学院（Middlebury College）为我提供了两个学年（1989—1990年和1994—1995年）的时间，从而让我完成了本书的编写，感谢美国国家人文基金会在第一年为大学教师和独立学者提供的奖学金（FB—26897—89）。我要感谢多伦多大学维多利亚学院科技史和科技哲学研究所热情地接受我作为1994—1995年的访问研究员，让我在那里度过了一段学院式的、富有成效的学习生活。我还要感谢维多利亚学院普拉特图书馆以及文艺复兴和中世纪研究中心的工作人员，他们为我在多伦多大学迷宫般的图书馆系统中进行研究提供了便利。在明德学院，麦克·斯汀曼（Mike Stineman）帮我扫描了大量的科学院版的拉丁文，卡罗尔·桑普森（Carol Sampson）在本书准备出版的最终阶段提供了帮助。

我还要感谢一些个别学者，但人数太多，我就不一一提及了。我要感谢帕金森，因为我从他身上学到了很多；感谢埃德温·柯利（Edwin Curley）就翻译斯宾诺莎所提供的细心的回答和耐心的忠告，感谢马西莫·穆尼亚伊（Massimo Mugnai）和罗伯特·斯莱好心地向我提供最新的科学院版的材料，感谢阿尔贝托·波图加尔（Alberto Portugal）帮我找到了博尔赫斯（Borges）的西班牙语引文，感谢乔纳森·本尼特（Jonathan Bennett）在我翻译一个棘手的法文短语时给出的睿智建言。我深深地感谢克里斯蒂亚·麦瑟尔（Christia Mercer）和格伦·哈尔茨（Glenn Hartz）花时间阅读我的引言的手稿并提供了很多有益的评论。克里斯蒂亚早期就翻译也给了我很多宝贵的建议，给了我很大的鼓励，她关于莱布尼茨早期形而上学的新书稿中所包含的深刻洞见同样让我受益匪浅。我还要感谢塞缪尔·利维（Samuel Levey），他那些尖锐的问题为我在引言中苦苦思索的那些解释上的难题提供了新的视角，并在很大程度上帮我澄清了自己的想法。

最后，我要感谢我的家人，感谢他们在我推进这项艰巨任务的漫长时期里的支持和容忍，尤其要感谢我的岳父岳母乔瓦尼·克鲁奇（GiovanniColussi）和丽娜·克鲁奇（Rina Colussi），感谢他们帮助照看我们的双胞胎，最要感谢的是我的妻子加布里埃尔·克鲁奇·亚瑟（Garbriella Colussi Arthur），感谢她慷慨的忠告、爱与帮助。

缩略词表

[xvii]

A=*Gottfried Wilhelm Leibniz: Sämtliche Schriften und Briefe*, ed. Deutsche Akademie der Wissenschaften（Darmstadt and Berlin: Akademie-Verlag, 1923—　）。按系列、卷号和页码引用，例如，A VI.ii: 229，或按系列、卷号和文章编号引用，例如，A II. i N68，或按系列、卷号、文章编号和页码引用，例如，A II. i N60: 504；除了系列六第三卷、第四卷（我选择的全部文本均源于此，参见上述关于文本与译本的说明）之外，它们省略了系列编号，分别被缩写为 Aiii 和 Aiv。所以，Aiii60: 473 表示 A VI. iii60: 473，即系列六，第三卷，文章编号 60，页码 473；Aiv312 则表示第四卷，文章编号 312。至于单页纸，我省略了页码（例如 Aiii52, Aiv360）；如果前面已经给出了文章编号，我接下来就会只按页码引用。

AG=*Leibniz: Philosophical Essays*, ed. and trans. Roger Ariew and Daniel Garber（Indianapolis: Hackett, 1989）.

AT=*Oeuvres de Descartes*, 12 vols., Nouvelle présentation, ed. Ch. Adam & P. Tannery（Paris: J. Vrin, 1964–1976）。按卷号和页码引用，例如，AT VIII.1, 71。

BA=*The Complete Works of Aristotle*, 2 vols., Revised Oxford Translation, ed. Jonathan Barnes（Princeton: Princeton University Press, 1984）.

C=*Opuscles et fragments inédits de Leibniz*, ed. Louis Couturat（Paris: Alcan, 1903; reprint ed. Hildesheim: Olms, 1966）.

CSM=*The Philosophical Writings of Descartes*, 2 vols., ed. and trans. John Cottingham, Robert Stoothof, and Dugald Murdoch（Cambridge: Cambridge University Press, 1985）。按卷号和页码引用，例如，CSM.i.235。

DSR=*G. W. Leibniz, De Summa Rerum: Metaphysical Papers and Letters, 1675—1676*, ed. and trans. G. H. R. Parkinson（New Haven:Yale University Press, 1992）.

[xviii] EN=Galileo Galilei, *Opere*, Edizione Nazionale, ed. Antonio Favaro（Florence, 1898）.

G=*Die Philosophische Schriften von Gottfried Wilhelm Leibniz*, 7vols., ed. C. I. Gerhardt（Berlin: Weidmann, 1875–1890; reprint ed. Hildesheim: Olms, 1960）。按卷号和页码引用，例如，G.vi.264。

GM=*Leibnizens Mathematische Schriften*, ed. C. I. Gerhardt, 7 vols.（Berlin and Halle: Asher and Schmidt, 1849–1863; reprint ed. Hildesheim: Olms, 1971）。按卷号和页码引用，例如，GM.ii.231。

L=*Gottfried Wilhelm Leibniz: Philosophical Papers and Letters*, 2d ed., ed. and trans. Leroy Loemker（Dordrecht: D. Reidel, 1969）.

LB=*Leibniz Briefwechsel*（manuscripts）: Niedersächsische Landesbibliothek, Hanover; as catalogued in Eduard Bodemann, *Der Briefwechsel des Gottfried Wilhelm Leibniz*（Hanover, 1889; reprint ed. Hildesheim: Olms, 1966）.

LH=*Leibniz Handschriften*（manuscripts）: Niedersächsische Landesbibliothek, Hanover; as catalogued in Eduard Bodemann, *Die Leibniz-Handschriften der Koniglichen offentlichen Bibliothek zu Hannover*（Hanover, 1895; reprint ed. Hildesheim: Olms, 1966）.

NE=*New Essays on Human Understanding*, ed. and trans. Peter Remnant and Jonathan Bennett（Cambridge: Cambridge University Press, 1981）.

PW=*Gottfried Wilhelm Leibniz: Philosophical Writings*, ed. G. H. R. Parkinson, trans. Mary Morris and Parkinson（London: J. M. Dent & Sons, 1973）.

SC=*The Collected Works of Spinoza*, vol. 1, ed. and trans. Edwin Curley（Princeton: Princeton University Press, 1985）.

SO=*Spinoza Opera*, 4 vols., ed. Carl Gebhart（Heidelberg:

Carl Winters, 1924）。按卷号和页码引用，例如，SO. ii. 49。

Ve=*Gottfried Wilhelm Leibniz: Vorausedition zur Reihe VI—Philosophische Schriften*, in der Ausgabe der Akademie der DDR（Münster: Leibniz Forschungsstelle, 1982—　), 10 fascicules。
[xix] 这是一个方便学者们使用的预印本，本书第三部分所选的文本最初皆源于此。虽然这些文章现在按新版本 Aiv 的文章编号引用，但我在每一篇论文的第一个脚注中都给出了先行版本中相应的文章编号和页码。

关于文本与译文的说明 [xxi]

第一部分和第二部分的原文来自科学院版系列六第三卷（大多数研究型的图书馆都有这一卷），第三部分的原文来自系列六的第四卷，这一卷最近以六大部分（即 A—F）的形式出版，共计约 3000 页。我最初使用的是这一卷的预印版，即所谓的先行版，但我听从了别人的劝说，决定等到正式版本面世之后再出版这本书，这样我就可以把我所有的参考文献都放入其中了。

科学院版的编辑们在每一页的底部对莱布尼茨删除、插入和替换的所有部分做了详细的记录，我并没有转载所有的内容，而是只转载了那些我认为可以反映哲学上的重大变动的内容。为了不让这些内容把书页弄得乱七八糟，我把它们塞进了译文的脚注中，那些对原文感兴趣的读者可以查阅科学院版。莱布尼茨划掉的文字 | 被放在了粗体的竖线中 |；在删除内容中的那些被删除的文字则 {被放在了花括号中}。对莱布尼茨

文本的修复和更正——无论是由于无意所导致的遗漏，还是由于疏忽所导致的语法错误或其他错误——都 [被放在了方括号中]。对那些突然中断或难以读懂的文本的推测性重构则〈被放在了菱形括号中〉。

鉴于这份材料中大多数都没有完成，因此就其呈现的问题，我还做了其他一些编辑方面的决定。除了《帕西迪乌斯与爱真理者的对话》（Aiii78）之外，这些文章几乎都没有校正本。但是，即便是在那里，校正本也有相当大的一部分被更正了，由于被删减的段落（包括莱布尼茨的旁注）引起了人们的极大关注，我便遵循科学院版编辑们的意见，以不同的形式把它插入了文中。同样，在《发现的标本》（Aiv312）中对发现的阐述被关于固定性和流动性的长注释所打断，我再次以不同的形式把它插入了文中。原文的标点符号出自莱布尼茨之手。

在译文中，我对标点符号和分段做了一些改动，这可以从与拉丁文本的比较中看出。我认为，只要把长句子和段落拆开看上去有助于使译文更具有可读性，就最好把它们拆开。不管怎么说，莱布尼茨是根据与我们的体系大不相同的体系来加标点的，所以他常常在我们使用句号的地方使用逗号，并且有时还会把限定性从句写成单独的句子。此外，正如科学院版的编辑们所观察到的那样，莱布尼茨常常用逗号或分号把前面的短
[xxii] 语和相应的谓语连接起来。莱布尼茨的大写字母通常并没有在英文译文中被保留下来。像“Ens”、“Mens”、“Angelus”等词，他系统一致地采取了首字母大写的形式；但在译文中，只

有“世界的灵魂”（World Soul）、“上帝”（God）、“地球”（the Earth）、“太阳”（the Sun）等专有名词才采取首字母大写的形式。有时，我会在莱布尼茨由于疏忽而没有加下划线、但在编辑时却应该加上的地方或者在他使用了大写的地方把那些诸如在术语表中引介范畴的词变成斜体。我用双引号（“ ”），来标注引文和标题，用单引号（‘ ’），来标注那些被提及的词。

莱布尼茨对其他作者发表了大量的评论。这些评论有时作为脚注被给出，就像在他对斯宾诺莎的作品所作的摘注中那样（Aiii19），有时则被嵌入了文本（+ 在这些符号之间 +），就像在他对科尔德穆瓦（Cordemoy）的作品所作的注释中那样（Aiv346）。他还做了许多旁注，有些是作为文本的补充或脚注，但很多都是作为自己更正文本的注释。对那些似乎旨在作为插入或对文本片段的替换（如与 Aiv312 相关的一些片段）的文字，我相应地插入了文中；莱布尼茨除此之外的所有旁注都作为脚注出现在了此页的底部，并以前缀 L 依次进行了编号，例如 L1 等。* 我所有的编辑附注都是用正常的编号，作为尾注给出的，大家可以在书的结尾部分看到。

我把莱布尼茨原有的标题都标准化了，在文本的开头以斜体的大写字母和小体的大写字母的形式给出，并在目录中以加引号的形式给出。那些标准化的并且在书的左页以黑体字的形式给出的其他原文的标题通常都是由科学院版的编辑们给

---

* 中译本有改动，没有采取这种编号方式。

出的。有一些例外，那便是第 21 篇、第 27 篇和第 28 篇，在那里，我在方括号中给出了我认为更合适的标题；还有一些例外，那便是第 2 篇、第 5 篇、第 8 篇、第 17 篇、第 18 篇和第 33 篇，在那里，我用英文标题取代了科学院版的德文标题。英文标题都是对原标题的翻译，除了莱布尼茨的笔记和一些摘注（第 2 篇、第 5 篇、第 8 篇、第 17 篇、第 18 篇和第 33 篇）以及某些选段（第 18 篇、第 31 篇和第 32 篇）之外，因为那些篇目的标题都是我自己加上的。每一篇文章的日期都在标题的下方：加方括号的日期或日期的一部分是编辑对写作时间的推测，而没有加方括号的日期或日期的一部分则是莱布尼茨自己所加。所有的日期都以新历的形式被给出，也就是说，都是按照比旧的儒略历早 10 天的格里高利历被给出的。在创作这一系列文章期间，这种历法虽然还没有在英国和德国使用，但已经在法国使用，那时莱布尼茨就在法国（1672—1676 年）。（因此，这篇写于莱布尼茨离开英国之前并且作者根据英国仍沿用的儒略历将写作日期标注为 1676 年 10 月的文章，即《帕西迪乌斯与爱真理者的对话》，写于新历的 1676 年 10 月 29 日—11 月 10 日。）

引 言

[xxiii]

"我这个英国蛮子有幸悟出了明显的奥秘。"

——豪尔赫·路易斯·博尔赫斯《虚构集》

1. 迷宫

对莱布尼茨来说，连续体问题是形而上学的核心，他一直都在不厌其烦地强调其重要性。"只有几何学"，他在 1676 年写道，"才能为连续体的构成、最大量和最小量、不可赋值的量和无限这一迷宫提供线索，凡是未能通过那个迷宫者，是不会达到真正坚实的形而上学的。"[1] 对几何学的这种热情并不难理解：当莱布尼茨写这句话的时候，他正在为他对数学的开创性贡献——微积分——做最后的润色。但是，对于成功的形而上学来说至关重要的这种对连续体问题的看法是他的作品的一个典型特点，并且类似的陈述在他的作品中比比皆是，其中最著名的出现在他临终前，1710 年他的《神正论》一书的序言中。在那本书里，连续体的构成问题被描述为常常使我人类的心灵迷失方向的“两个著名的迷宫”中的第二个：它“包括对连续性以及那些似乎是其要素的不可分的点的讨论，它还牵涉对无限的思考。”[2]

第一个迷宫——涉及“自由意志和必然性，尤其是在恶的产生和起源中的自由意志和必然性这一大问题”——当然是《神正论》本身的主题，这是莱布尼茨设法在其有生之年出版的唯一一部长篇著作。不过，关于这两个迷宫，他早就想写点东西了。1676 年，他为一部百科全书式的作品写了一份计划，它预想的第六个和第七个条目就是“第一个迷宫：论命运、运气和自由”和“第二个迷宫：论连续体的构成，论时间、空间、运动、原子、不可分的点以及无限”[3]；即便在 34 年之后当他最终在其《神正论》中给出他关于第一个迷宫的结论时，他仍然抱有这样的希望，即他同样能找到机会就第二个迷宫“表明他自己的态度”[4]。但他从未做到这一点，他想要写一部关于连续体的迷宫的论著，这个毕生的雄心壮志一直未能实现。

这是一个遗憾。如果莱布尼茨本人就他如何带着“关于实体和物质的本性的真正概念”走出他的迷宫作出了描述，那将极大地启发他的单子论，或许也会启发其成熟时期的哲学。但是，他并没有就这个主题发表过一篇文章，学者们不得不将就着使用散落在其著作中，主要是在《新系统及其说明》中，以及在他与安东尼·阿尔诺（Antoine Arnauld）、德·沃尔达（de Volder）、尼古拉·雷蒙（Nicolas Rémond）和德斯·博塞斯（Des Bosses）的通信的某些片段中的一些简单的提法。[5] 这些提法主要大意是，连续体包含着无规定的部分，因而是观念上的，而现实的事物是离散单元的结果或集合；在观念的事物中，整体优先于部分，而在现实的事物中，部分则优先于整体；而且，正是因为观念的事物与现实的事物的混淆，才把所有的一切全都卷入进来，并产生了这个连续体构成的迷宫。[6] [xxiv]

这些话高深莫测，或者至少可以说莫测高深。从那些自莱布尼茨时代到当今时代试图理解这些话的人的研究成果来看，这些话迫切需要进一步的阐释。[7] 另外，这些话说得非常简短，这往往使人们不由自主地怀疑，莱布尼茨从未真正找到令人满意的解决方法，他一再间接地提到这个迷宫及其危险，只不过是在玩弄修辞学的华丽辞藻。[8] 人们对莱布尼茨成熟体系的产生的普遍看法加剧了这种怀疑。在 20 世纪的大部分时间里，有两种解释占据着支配地位。根据其中一种解释，莱布尼茨成熟时期的哲学是当时其合乎逻辑的发现的自然结果，尤其是“谓词在概念之中的原则”的自然结果。根据另一种解释，这是由他在动力学方面的进展促成的。这些解释都涉及其成熟时期的实体概念的诸方面，但都没有以某种明确的方式与连续体问题联系起来，因而使他的这一说法——连续体问题在他新的实体概念中占有核心地位——显得有些言过其实。

我希望，我们在这里提供的这一卷作品集能减轻这种疑虑。因为从他于1672年因外交使命而抵达巴黎，到他于1686年以文章和书信的形式发表其成熟哲学，在这段时间里，莱布尼茨对连续体问题发起了持续的攻击。在这段时期他撰写的手稿中，我们发现他在努力思考物质的无限分割问题，以及这个问题的关键是否在于“完美的点”；这和他的微积分中的无穷小以及无穷级数有什么关系；运动是否真的连续，还是说会被静止所打断；所有这些对于原子和虚空的假设，对于形体和实体的本性究竟意味着什么。我们发现他形成了一种精致的无限理论，在这个理论中，他把无限分成了三个不同的层次或“等级”；直接解决了世界的无界性问题；提出了一种激进而又独到的关于无限聚合体的本性的观点，并且一方面将这种观点与他对无穷大数的否认结合在了一起，另一方面又将其与形体和物质的现象性结合在了一起。

但是，这并不是一些经过仔细推敲的文章。其中的一篇或
[xxv] 两篇或许是为了发表而写的，但大多数通常是在账单的背面或信手拈来的纸片上写下来的，都只不过是“纸上的思考”而已。[9]它们是哲学实验的宝贵素材[10]，其结论通常是暂时的，有时甚至稍后在同一篇文章中被取消。论证的总体思路也很不容易看清。有些观点是欢欣鼓舞地宣布出来的，但他后来却静悄悄地放弃了，并且几乎没有明确提到在这些观点中发现了什么令人不满的东西。只举一个例子，运动会被静止所打断这个论点在1671年被抛弃了，但为了弄清楚“还可以得出哪些推论”，它于1676年4月又重新得到了简略的考虑（《论运动与

物质》，Aiii68）。他总结说，它所得出的推论就是“事物的原因，以及无中生有，最终以一种美妙的方式被弄清楚了”。同年晚些时候，这种观点在莱布尼茨对这个问题进行了深思熟虑的研究的《帕西迪乌斯与爱真理者的对话》中得到了详尽的阐释，它在这篇文章中被大张旗鼓地提了出来——只是此后却不加任何解释地从他的作品中完全消失了。其他概念则经历了较为平静的发展过程，例如，他于1671年给出的点的概念，他认为，一个点是一个连续体无限小但却现实的一部分，而就其无限小而言，它最终发展成了一个“微分”这种数学虚构，就其是一种现实的现象而言，它发展成了一条线的端点。有些观点在哲学上似乎是没有出路的，例如，1676年上半年经过详细讨论的“无界的”不动的宇宙的概念。

其结果是一系列论证和主题如此错综复杂，以至于我们很难不把它们看成是一个迷宫。在这里我不禁想起阿根廷作家豪尔赫·路易斯·博尔赫斯（他本人也是莱布尼茨形而上学的狂热崇拜者）的一部短篇小说。在《小径分岔的花园》里，彭睢传给他的继承人一个谁也找不到的迷宫，还有一堆谁也无法理解的相互矛盾的手稿。这个双重谜题的答案原来是“书和迷宫是一件东西”[11]。彭睢的继承人期望在其庄园的土地上有一个具体的迷宫，但留给他们的却是一个(建立在分叉的时间上的)理智的迷宫。而在莱布尼茨那里，情况却几乎完全相反。他持续不断地间接提到的那个迷宫比大多数人所设想的要具体得多：它不仅是与连续体有关的抽象的理智问题，而且是使他卷入其中的、在他为后代遗留下的一大堆手稿中得到详细阐明的那些论证的真实迷宫。

毫无疑问，这个论证的迷宫与他所写的任何东西都大不相同，如果说莱布尼茨完成了他的意图，即写了一部关于这个主题的论著的话。对于他的立场的变化，他没有任何经久不衰的论证思路，也没有任何容易分辨的解释。不过我认为这在某种
[xxvi] 程度上倒是与这个主题很贴近。这种巴洛克式的主题和论证的交织反映了现实本身的那种隐缠性或分形性，正如莱布尼茨所设想的那样，在那里有一个“无限的受造物的世界”，它被包裹在物质的任一无论多小的部分中。尽管结果本身很复杂，但这或许无需道歉，正如吉尔·德勒兹（Gilles Deleuze）有说服力地指出的那样，这种巴洛克风格归根到底是莱布尼茨的感性表现。[12] 它也更为忠实于他的哲思风格的开放性，实际上，只要能够确立命题的相关性和一致性，那就没有任何命题是他不愿意考虑的。确实，莱布尼茨在书中表现出来的他的思想变化，有一种迷人的坦率和自发，这是莱布尼茨决不可能在一部正式的论著中重现的，而且，如果他能成功地使他的观念变得更具逻辑层次，他就会不可避免地掩盖它们迷人而又曲折的发展。

当然，莱布尼茨的论证的这种错综复杂性让我们很难对其进行介绍。他最终的解决之道是如此复杂，以致即使一本篇幅是这本书两倍的书也难以对其进行充分的概括。因此，我将要在这里提供的肯定是一个更为节略的东西。在把莱布尼茨的问

题放在上下文中，并对他最初尝试解决这个连续体问题的努力作出简要的概述之后，我将简单地追踪他在这个主题上为数不多的有代表性的思想线索，经历它们的迂回曲折，而不去强求它们的完备性。我很清楚，这将搁置多少相关的东西。甚至像《论运动与物质》这样的短文，一篇像样的评论也需要相当长的篇幅。我将留下大量未挖掘的题材：最值得注意的是，莱布尼茨复杂的无限理论（及其与斯宾诺莎观点的关系），以及微知觉学说与将几何图形分析成可以用多边形任意逼近的虚构存在的关系。我尽量避免卷入学术争论，所以通常会把我和其他学者的分歧放在个别的脚注中。（但是，读者们会觉察到，我在这里说的很多话有悖于公认的关于莱布尼茨观点的看法，特别是关于聚合体、有形实体和空间在莱布尼茨作品中的地位的看法。）我的目的只是先行体验一下他的连续体思想的丰富性，如果这有助于人们认识到这个问题对莱布尼茨哲学发展的重要性，我就心满意足了。

2. 连续体的问题

从狭义上讲，连续体问题纯粹是数学问题。它涉及连续量的构成：例如，一条线是由不可分量（点还是无限小的线元）构成的，还是可分的部分（仅为有限的线段，还是无限小的线段）——或者说，实际上，它是否可以构成。但是，莱布尼茨 [xxvii]
的同代人和前辈们却把这个问题理解为不仅与纯粹的数学存在

有关，而且与所有所谓的连续事物有关。在这个更广泛的意义上，连续体问题就是任何连续事物的构成的问题。物质是无限可分的，还是它有不可分的第一元素或原子？运动是由无限的瞬时运动倾向构成的吗？空间是由点构成的，时间是由瞬时或瞬间构成的吗？[13]

这些问题曾在17世纪早期被广泛讨论[14]，而且在许多伟大的思想家的思想中发挥过核心作用。让－巴蒂斯特·泊松（Jean-Baptiste Poysson）在1635年提出了一个挑战性的问题，即一个无限可分的积量是否仍然可以包含在一个数学的点之中，这个问题引起了当时许多重要人物的回应，包括马林·梅森（Marin Mersenne）、皮埃尔·伽森狄（Pierre Gassendi）、让－巴蒂斯特·莫林(Jean-Baptiste Morin)、托马索·康帕内拉（Tommaso Campanella）和伊斯马尔·布里奥（Ismael Boulliau）。[15]根据林恩·乔伊（Lynn Joy）的精彩描述，有些人在回应泊松的问题时用到了数学的方法，这促成了伽森狄对伊壁鸠鲁的原子论(及其对数学的点和物理学的点所作的区分)的详细阐述，而这些阐述将成为其哲学的基石。[16]与此同时，他的劲敌笛卡尔，尽管驳斥了无限问题，认为它超出了我们有限心灵的能力（并因此批评了伽利略的努力），却也明确地坚持拒绝不可分的东西；但尽管如此，他还是把“物质实际上无限可分”（分成“现实无定限的粒子”）当成了连续的充实空间中运动变化的一个必要条件，从而把一个未解决的矛盾状况留给了后世的笛卡尔派。而在笛卡尔表示反对的《两门新科学》

一书的那些部分，伽利略提出连续的物质是由无限的不可分的东西构成的，并且认为形体的原初的内聚性可以根据它们之间不可分的虚空来解释，即由于自然界厌恶真空，所以这些虚空把它们结合在了一起。他还分析了持续加速的运动，认为它在每一瞬间都包含着越来越密集的“速度等级”，并认为它是通过瞬时动量的增加而逐渐积累起来的；同样，笛卡尔也发现了一种根据“**运动的努力**”（conatus ad motum）或瞬时的运动倾向来处理瞬间运动的方法。最后，托马斯·霍布斯在这一“**努力**”（conatus）概念中看到了新自然哲学的核心，在他的体系中，它是使他从其物理学建立起唯物主义心理学的关键环节。

莱布尼茨继承的是这种广义上的连续体问题。正如上文所 [xxviii] 示，对他来说，连续体的迷宫不仅涉及数学存在的构成，而且涉及与物质的无限可分性、宇宙的无界性、原子的实存和运动的连续性有关的所有复杂问题。但是，他从一开始还认为这个问题与无形体的实体——灵魂或心灵——的本性有着密切的联系，正是他进一步提出的这个方面，使这个问题带上了独特的莱布尼茨色彩。这种联系产生于实体的不可分性，这是一种与博纳文图拉·卡瓦列里（Bonaventura Cavalieri）等人提出的几何学的不可分量相似的特性，卡瓦列里等人把这种不可分量当成了 17 世纪蓬勃发展的原始微积分方法——其中可分的线或面是由不可分的点或线的运动产生的——的基础。莱布尼茨已经确信，有广延的物质并不是自存的，而是依赖于一种无形的运动原则，在莱布尼茨看来，这个推断肯定让人无法抗拒：连续的形体也必定是由不可分的实体性的点构成的，而每个点内部又都包含着一个无形的运动原则。不管莱布尼茨的实体概念后来发生了什么变化，一经他在 1670—1671 年以此为基础提出一种连续体理论，不可分的点与实体之间的类比似乎一直都是这一理论重要的组成部分。但是，在考察这个理论之前，考察一下莱布尼茨 1670 年之前对连续体的看法可能会很有帮助。

根据莱布尼茨后来的声明，他早在 1661 年就已开始怀疑他在学校里学习的经院哲学了，当时，在 15 岁这个幼小的年龄，他在莱比锡上大学一年级。[17] 此后不久，他完全被那种新哲学，尤其是伽森狄的原子论哲学迷住了。[18] 虽然人们并不知道他对伽森狄在连续体上的看法理解得有多深刻或有多准确，但他承认他当时至少采纳了两个要点，这两个要点的影响在后来仍然清晰可辨：第一，显然就是由伽森狄复兴的原子和虚空；第二，他和阿里亚加（Rodrigo de Arriaga）的这一学说，即运动并不是真的连续，而是会被静止的小间隙所打断（参见附录 2e）。[19] 以下这个事实也值得注意：伽森狄把他的原子设想成了物质的基本元素，上帝不仅使之不可分，而且还赋予了它能动的力——这一点经常被遗忘。因此，根据亚里士多德对实体的惯常解释，即实体是某种活动的东西，那么原子也有资格成为个体的实体。这可能与莱布尼茨最初信奉伽森狄学说有关；当然，当他在 1676 年再次谈到原子的时候，他认为，只有凭借赋予它们活力的心灵，原子才能被认为是不可分的，他坚持认为，“无论什么，只要它活动，它就不可能被摧毁”，只有心灵才能被恰当地说成是能动的。但是，究竟莱布尼茨早期对伽森狄学说的信奉是怎样被取代的，这是一个非常复杂的问题，下面我将回到他对原子的看法的转变这个问题上来。 [xxix]

不管怎么说，到 17 世纪 60 年代末莱布尼茨离开大学时，他坚定地致力于寻找使亚里士多德与现代人达成和解的方法。就像他的老师雅各布·托马修斯（Jacob Thomasius）和埃哈德·魏格（Erhard Weigel）一样，他坚持认为，亚里士多德对实体的说明不仅与笛卡尔、伽利略、霍布斯和伽森狄的新机械论物理学相容，而且是这种物理学的特有基础的根本所在。[20] 正如克里斯蒂亚·麦瑟尔（Christia Mercer）和罗伯特·斯莱所论证的那样，[21] 他为此提出的最初的明确论点是在他 1668 年为美因茨的博纳伯格（Boineberg in Mainz）所作的一项神学研究《天主教的推证》（*Catholic Demonstration*）中给出的。在这项研究中，他试图通过提供一个可以被天主教和新教所接受的形而上学来调和双方。他在那里论证说，实体是“那种在自身内拥有某种活动原则的东西”（A VI.i: 508; L 115）。但是，一个形体的每一个活动都是一种运动，因为每一个活动都是一种本质的变化，形体的本质就是存在于空间之中，而存在于空间中的变化就是运动（A VI.i:508; L 111, 113, 115–116）。因此，只有当一个形体自身内部包含一种运动原则时，形体才可能是实体性的。但是，莱布尼茨宣称，他在《天主教的推证》的第一部分（1668 年《自然对无神论者的告白》）中已经证明了“除非有心灵的协助，否则任何形体在自身内都不会拥有某种运动原则”（A VI.i: 508; L 116）。因此，有形实体与一个持存的心灵结合在一起，这个心灵对人类来说就是人类心灵，对缺乏理性的所有形体来说就是普遍心灵（上帝）。因此，变体论可以被解释为基督的心灵取代了普遍心灵，成了面包和酒的协助心灵。**22**

在对个体实体给出这种说明之后，莱布尼茨确信，亚里士多德与新机械论哲学的兼容性可以得到证明；尽管他会对非理性实体的心灵的本性和状态的说明进行持续不断的修正，但他认为机械论需要以个体实体为基础，而个体实体的活动原则是心灵，这一观念构成了他进一步研究连续体问题的出发点。在1669年写给托马修斯的信（附录1a）和1670—1671年的《论原初物质》的两个片段（附录1d）中，这种调和的方案是非常明显的。如果亚里士多德的原初物质与笛卡尔的精微物质相等同，那么形式就可以被重新解释为形状，物质与形式的结合便产生出有形状的物质，或者有规定的形体。因为原初物质和精微物质同样都是无限可分的和无规定的；每一种本身都缺乏形式和运动，并且只有通过运动才能获得形式和运动。莱布尼

[xxx] 茨解释说，这使得亚里士多德和笛卡尔所坚持的原初（有广延的）物质的连续性与感觉上出现的不同质的次级物质的不连续性得到了调和。因为“只要物质是连续的，它就没有被分割成部分，因此它实际上没有边界”；另一方面，实际存在的物质是有边界的，这些边界把一部分与另一部分分隔了开来。正如我们将要看到的，原初物质是无规定的东西，而次级物

质实际上被分割成有规定的部分，也就是，被分割成有各种形状和大小的形体，两者之间的这种本质区别是后来许多阐释的基础。[23]

如果次级物质是由被虚空分隔开的原子构成的，那么人们就很容易看出这种区别是如何发挥作用的。但是，莱布尼茨宣称，即便次级物质的各个部分之间没有虚空，它们也可以被看作是不连续的。在这里他提到了亚里士多德对连续性和交接性（contiguity）的区分：一个事物的各个部分毗连的末端在一起，这个事物的各个部分就是**交接的**（contiguous），也就是说，只是有接触；而一个事物的各个部分毗连的末端是同一个，这个事物的各个部分就是**连续的**（continuous）（参见附录 2a）。根据这种解读，甚至笛卡尔的充实空间也是不连续的，因为它是由若干交接的部分组成的，尽管广延的连续性被认为先于一切分割。

更进一步，正如莱布尼茨所解释的那样，这使得亚里士多德和现代人之间的另一个需要和解的关键点凸显了出来，即运动的构成作用。因为，根据笛卡尔的观点，广延的不同部分因其有不同的运动而不同。所以，若没有运动，就不会有形状或形式的划分，因而就不会有个体的有形物质。但是，在笛卡尔哲学中，我们看不到解决这一点的办法，因为运动在本体上只不过就是物质的一种样式。莱布尼茨早在 1668 年的《自然对无神论者的告白》中就抓住了这一机会，证明了神的存在，接着又为亚里士多德的原动者论证提供了一种版本。因为只有移动性可以由作为一种空间存在者的形体的本性得出，而不是实际的运动；但是，说一个形体的运动是由另一个形体的运动引起的，并且无休止地以此类推下去，就是没有就任一形体的运动给出任何理由。因此，除非人们假设有一个无形体的存在者，即上帝，否则形体就不可能有运动（L 111, 112）。但是，等到 1669 年 4 月莱布尼茨给托马修斯写信时，他却声称有一个更好的论点[24]，一个他将在 1676 年重新谈到的论点。这个论点就是，一个形体只存在于它运动的每一个可赋值的瞬间，而在其运动的两个瞬间之间什么也不是。因此它运动的原因或原理必定是一个无形体的存在者，在它运动的每一个可赋值的瞬间创造了它，也就是说，运动依赖于上帝持续不断的创造。[25]

[xxxi] 有趣的是，当莱布尼茨于次年（1670 年）年初把这封信作为他给马里乌斯·尼佐利奥的《真正的原则》（Marius Nizolius, *De veris principiis*）的一个版本撰写的序言的一个附录出版时，他在出版的版本中所作的少数改动之一就是删除了那两个关于持续不断的重新创造的学说的论述。正如斯莱和麦瑟尔所论证的那样，这是那一年他的实体哲学发生重大改变的一个征兆。他曾解释说，非理性的实体是形体与神圣心灵的结合——这蕴含着"所有的形体都有一个实体形式，即协助的神圣心灵"（A VI. i: 512; L 118），但是，在 1668 年的《告白》中，莱布尼茨就已经试图搪塞人们对他这种说法的反驳了。在那里，他给出的回答是，"虽然神圣心灵是相同的，但协助的神

圣心灵却并不相同”。相反，每一个形体都有一个特定的不同的协助心灵，它可以被等同于那个形体的柏拉图式的理念。但是，神圣心灵中事物的理念不可能是运动的原因，因此，上帝有必要直接引起运动，正如我们在刚才所描述的持续创造论中所讲的那样。但是，正如麦瑟尔所详细论证的那样，这样做就会产生一种令人遗憾的后果，即运动的原因并非来自于形体的本质。因此运动就像他一直反对的伽森狄和笛卡尔的机械论哲学所讲的那样，对形体来说也不是本质性的，或者说，不能从其本性中推导出来。[26]

但是，在莱布尼茨于 17 世纪 60 年代末以及 1670 年曾刻苦研究过的霍布斯的哲学中，情况却截然不同，在霍布斯的哲学中，笛卡尔在完全主动的精神实体和完全被动的物质之间所作的那种严格的划分被“**努力**”这一概念打破了。在霍布斯的体系中，这使得心理元素可以以物质的形式呈现出来：所有的情绪、思想和判断都是欲望和嫌恶的复合物，它们不过就是趋向或者远离其对象的努力。[27] 莱布尼茨似乎已经被“努力起着基本性作用”这一观点强有力地说服了。然而，不出所料的是，考虑到他想要的是将形体建立在心灵之上，他对这一观念的意义的解释与霍布斯的解释截然相反。因为，如果形体的形状和大小依赖于运动，就像他认为他已经证明的那样，而且运动是由努力构成的，那么，要是所有的机械论解释不是最终建立在心灵主义的努力的概念之上的，所有这些解释也就都是不充分的。[28] 进而言之，如果他能够证明努力是形体的本质，他就能解决上述困扰他的实体理论的问题；因为在任何给定的瞬间，努力都只是运动的原则或形体的“心灵”。但是，由于努力在形体中持续的时间不可能超过一瞬间，那么一个形体的心灵就是瞬间的，完全不同于能够持续努力并且可以对各种努力进行比较的真正的心灵。这些考虑似乎导致他提出了他的第一个明确的连续体理论，现在我将转向这个理论。

[xxxii] ## 3. 莱布尼茨的第一个解决方案

莱布尼茨于 1671 年提交给法国科学院的《抽象运动理论》（*Theory of Abstract Motion*，缩写为 TMA）中第一次系统阐释了连续体。[29] 毫无疑问，这是一种折中的阐释，它试图把霍布斯关于“点”和“努力”的那些特殊的定义、笛卡尔的被无定限分割的物质以及卡瓦列里的不可分量方法综合在一起，这种综合通过诉诸于曲线的无限小量和经院哲学的“符号”学说而得到了支持。他指出，连续体实际上有无限多的部分；但不存在最小量或“没有积量或部分的事物”。但是，他又说，“存在着不可分的点或无广延物，否则运动或形体的开端与结束就是不可理解的”。现在，即便这种阐释没有被人们当成明显矛盾的东西而予以抛弃，它通常也被视为令人尴尬的少年时代的作品，在莱布尼茨学了一些数学之后，他便很高兴地把这种阐释放弃了。[30] 这里不是试图为莱布尼茨早期理论的一致性进行辩护。但是，通过指出这个理论的许多特征是怎样使他发明的微积分保存下来，并或多或少完整地延续到其成熟哲学中的，它的某些不足之处也就可以忽略不计了。

首先，他提出了物质实际上无限分割的学说。莱布尼茨在其整个学术生涯都坚持这一学说，虽然，他后来对此所作的论证［在《被造物实际上无限多》（Aiv266）中，它得到了特别清楚的阐释］并不依赖于狭义的连续体理论。但是，在1670—1671年，“世界中无限多个世界”的学说被认为是连续性的一个推论。由于连续体的无限可分性，他在《具体运动理论》（*Theory of Concrete Motion*，缩写为TMC）中指出，较小的事物与较大的事物——并且以此类推，直至无限大的事物——成比例地具有相同的质，这当然是有可能的，所以“**世界中**还会有**无限多个世界**”（参见附录1b）。莱布尼茨的意思似乎是，连续体不仅可以分割成无限多个部分，而且最终实际上也被分割成无限多个部分，所以，每一部分在其内部又包含着部分，以此类推，直至无限。

当然，这是对无限可分性的一种非常不正统的解释，而且考虑到莱布尼茨希望证明亚里士多德哲学与现代哲学的兼容性，这也是一种不可思议的解释。因为亚里士多德曾明确否认，连续体的无限可分性蕴含着它由不可分的东西构成。事实上，他否认了实无限，因此，按照他的学说的标准解释，连续体的部分的无限只是一种潜无限。[31] 最终，正如我们将要看到的，莱布尼茨将转向一种本质上亚里士多德式的对连续性的解释，即从无限制分割的潜能的角度来解释，即便他同时也赞 [xxxiii]

成实无限。[32] 但是，在 1671 年，他却明确反对把连续体的部分解释为潜在的，而且他在《抽象运动理论》中揭示了他与亚里士多德的观点相抵触的依据："**实际上……连续体中存在着部分，实际上，存在着无限多个部分**，因为笛卡尔的'无定限'并不存在于事物之中，而是存在于思维者之中。"这暗指笛卡尔在其《哲学原理》中的论点，对此我将在后面（第 6 节）进一步论述，根据这个论点，在某处，"各种物质粒子（一定会进行）无限分割"，"物质（一定会）被分割成实际上无定限的粒子"[33]。

这样，笛卡尔的"现实无定限的粒子"就被解释成了无限小的实物。在这里，人们可以看到伽利略的影响，伽利略曾极力主张，连续体确实被无限分割成无限小的不可分量（参见附录 2b, EN71—72）。但是，莱布尼茨的现实的部分却并不是欧几里得几何学的点，或者没有部分的东西。伽利略认为，他的不可分量是**不可量化的部分**（parti non quante），和伽利略不同，莱布尼茨认为，他的不可分量是**可量化的部分**，虽然这些部分比任何可赋值的部分都要小。[34] 它们具有量，对于"它们可以进行比较"这一观念来说至关重要，因此，在任一给定的瞬间，较快的运动的努力（或瞬时的移动倾向）可能要大于较慢的运动的努力；相应地，如果假定这些瞬间相等，那么一个点可能要大于另一个点。不可赋值的量可以相互比较，虽然要无限小于任何有限的量（因而不可与任何有限的量进行比较），这个观念是在莱布尼茨后期思想中完好无缺地保留下来的早期理论的第二个特征。但是，与其说它使得他发明的微积分保存了下来，不如说它催生了微积分：莱布尼茨早期理论中的不可赋值的线段和时间将变成他的微积分中的微分。这种概念的连续性可以在莱布尼茨根据**"无限多边形"**——它与圆的积量并不相等，尽管它们有着相等的广延，两者之差"小到了无法用任何一个数字来表示的程度"，或者说，是"不可赋值的"[35]——对圆的描述中被最清楚地看到。

这并不是说，这种发展没有根据对"不可赋值的量"的解释而发生任何相应的变化；决非如此。在《抽象运动理论》中，它们是几何学的连续体的组成部分，而且，通过广延，成了实在本身的组成部分［正如在以下给出的《对无形实体的推证》（Aiii3_4）那个被删除的片段中所明确表述的那样］。[36] 当然，后来莱布尼茨不仅会否认任何现实的事物都可能是连续的，而且还会否认任何连续的事物都可能拥有现实的（不同于仅仅潜在的）部分。然而，正如我们将要看到的那样，即便在他阐发这一立场的时候，莱布尼茨也已经开始怀疑实在有任何无限小的部分。事实上，他把无限小量解释为虚构的东西，这早在 [xxxiv]
1676 年就已经初露端倪，就在那时，他正在对微积分本身的基本结构进行收尾。但是，为了更好地理解这种反差，我需要对他早期的解释——正如他在《抽象运动理论》中所概述的那样——多做一点说明。

因为早期作品的第三个特征在这些篇章中始终保持不变（同样在不断演变的解释下）：否认连续体中有**最小量**。如上所述，乍一看，这似乎与他坚持**不可分的量**不一致；除了不能再进一步分割的最后的部分之外，还有什么是最小量呢？实际上莱布尼茨很快就会完全放弃这一点，但并没有放弃抽象运动理论所依据的那种本质区别。在1672—1673年的《论最小量与最大量；论形体与心灵》（后面将进一步讨论）中，莱布尼茨不再将不可分的量与连续体中包含的无限小的事物等同起来（Aiii5: 98），而是将其与最小量等同起来，并将它们都抛弃了（97）。正如我们将要看到的那样，这确实涉及莱布尼茨立场的转变。不过，关于运动和线的开端的论证在后面的这篇文章中基本上完整无缺地保留了下来，这表明《抽象运动理论》中所提出的无限小量和真正的最小量之间的区别并非仅仅由术语混乱所致。事实上，莱布尼茨在那里就这种区别说得很清楚。所谓最小量在他心中就是一个像欧几里得几何学“没有部分或积量”的点那样的一种存在。霍布斯已经对这个定义进行了批评，建议将点定义为“其积量不予考虑的东西”；这样一来，它也就成了未被分割的东西，而不是完全不可分割的东西（参见附录2d）。但是，在《抽象运动理论》中，莱布尼茨更进一步。为了反驳霍布斯对点的重新定义，支持他自己将点解释为无广延的量，他否认在连续体中存在着任何欧几里得几何学的最小量。他提出的论点——如果有任何最小量的话，“整体[将]与部分有同样多的最小部分（即最小量），但这蕴含着矛盾”——在他后来的反思中得到了扩充。在Aiii5（文中，他将不可分量与最小量等同了起来）中，他指出，如果在一条线中有一个不可分量，那么“线段中到处都是不可分量”（97）；“如果连续体中有最小量，那么连续体就是由这些最小量构成的”（Aiii58: 470）。但这很荒谬，因为正如他在 Aiii5 和以后的文章中通过一个长方形的边上的点和其对角线上的点一一对应这个例子所推证的那样，整体和部分中将有同样多的最小量。

莱布尼茨认为，后面这种反对理由无法应用于他的“无广延的”点，也无法应用于瞬间和努力。对角线和边可能含有同样数量的点，但长度却并不相同，因为这些点本身就是不相等的。按照霍布斯的观点，这种点的不相等可以以两种方式得到论证。首先，诉诸于接触角，或“号形角”。这些角的每一个，作为直线和圆的接触位置，都是一个点，就像直线角一样。它的大小与圆的半径成正比，“不过，任何直线角，无论多么小，都大于任何接触角”（Aiii5: 99）。[37] [xxxv]

但是，莱布尼茨用运动学的术语对其无广延的点不相等给出了第二种论证，而且这个论证最终证明是更有意义的。应用于以上那个对角线与边的例子，它是这样的：假定两条线是同时由两个点的运动产生的，由更快速运动的点产生对角线；在这段时间的任何有限的小间隙内，所产生的线段的比将等于边与对角线的比，因此，根据假设，所产生的线段将是在运动和时间间隙最开始穿过的无限小长度。[38]

莱布尼茨断言，这是“卡瓦列里方法的基础”——他再次追随霍布斯的脚步，将这些不相等的点与卡瓦列里的不可分量等同了起来。但是，他的断言并不像人们可能认为的那样异想天开。人们当然可以强调这一事实，即卡瓦列里有意避免将其不可分量定义为无限小量，即莱布尼茨归于他的“比所能给出的线条或图形都要小的线条和图形”。不过，对上述的运动学论证至关重要的是，不可分量是可以比较的，线是通过其运动而产生的，不可分量的比等于由它们所产生的线的比。莱布尼茨将其视作卡瓦列里方法的基础是非常正确的，在这种方法中，只有遵循同一**规则**的**过渡**或通过所产生的不可分量才是可以进行比较的。

如上所述，把“无广延的点”与不可分量等同起来，其部分的吸引人之处就是，它有可能与实体理论联系起来。“因为我将推证，”莱布尼茨在可能完成于 1670 年的《关于推证灵魂不朽的必要性》（*On the Necessity of Demonstrations for the Immortality of the Soul*）中写道，“心灵存在于一个点中，认识是努力或一种最小的运动，在同一种事物中可能同时存在若干种努力，但却不可能存在若干种运动”（A II.i: 114）。在莱布尼茨看来，紧接着，这便产生了心灵的一个主要性质，那就是其不可摧毁性。因为一个点，既然是不可分的，就不可能被摧毁，所以“由此可推知，心灵和点一样，都不能被摧毁”(114)。所以他认为，这些考虑也能使他给出“形体与心灵之间直到现在仍没有人解释清楚的真正区别”（附录 1c ；A VI.ii:266）。因为一个形体中任何两种不同的努力都立刻组成一种新的努力，

[xxxvi] 而且任何一种努力在形体中持续的时间都不会超过一瞬间而不

成为一种运动，正如相继的在前的努力构成了一个形体当前的运动。但是，在心灵中努力是可以保持守恒的，因而是可以比较的，快乐和痛苦以及所有更为复杂的心理状态，可能都是从这种比较中产生的。[39] 所以，“思维在于努力，正如形体在于运动一样；……正如形体在于一连串的运动，心灵在于各种努力之间的和谐”（A II.i: 173）。

在这里，我们有两种设想心灵的方式：一种是，它存在于一个点之中；另一种是，它存在于各种努力之间的和谐之中。我不觉得莱布尼茨认为这两种特征之间有任何对立，而且我认为，它们在某种意义上仍然是其后期思想中的那些简单实体的特征，只是发生了细微的改变。例如，在 1695 年的《新系统》中，简单实体（当然是无广延的）被描述成了“形而上学的点”和“**实在的、有生命的点**”；其特征不仅在于包含着一种“原始的活动”（在其他地方则被描述为单子的**努力**），还在于它们的状态之间是和谐的。但是，即便在这些早期阶段的作品中，他也没有把心灵与存在于空间的不可分量等同起来：动力的方面是基本的。当莱布尼茨在 1672—1673 年的《论最小量与最大量》中决定对不可分量的存在表示反对——这种思想的改变本身就值得评论一番——时，这一点就变得更为显而易见了。

在《抽象运动理论》中，莱布尼茨通过巧妙地颠倒芝诺反对运动的二分法论证为“不可分的点或无广延物”进行了辩护。他假设任何形体、空间、运动和时间都必定有一个开端。然后他取一条线来代表所有这些事物中的任何一个，其开端在左边，然后从右边去掉这条线的一半，开端完好无损。而任何随后对这条线右边有广延的部分的切除都会产生同样的结果。“因此”，他得出结论说，“一个形体、空间、运动或时间（即，一个点，一个努力，或一瞬间）要么不存在，但这是荒谬的，要么没有广延，而这有待推证”（A VI.ii: 264）。

但是，在《论最小量与最大量》中，这个论证却得出了一个不同的结论。在那里，他论证说，如果这种切除无限地持续下去，“那么这条线的开端，即运动开始时穿过的部分，就是无限小的”（Aiii5: 99）。这为下述论点提供了支撑：“连续体中存在无限小的东西，也就是说，无限小于任何给定的可感知的东西的某种东西。”但是，莱布尼茨认识到，这些无限小的东西不可能是不可分量，因为“每一个不可分的点都可以被理解为一条线不可分的边界”（97），此时，上述建立在边和对角线基础上反驳不可分的点的论证也就适用了。相反，它们必须被理解为无限小的线条，与不同运动的“开端”保持相同的比例。
[xxxvii] 因此，这种二分法论证所蕴含的一个形体的真正开端就必须被定义为“运动本身的开端，即努力，因为如果不这样的话，形体的开端最终就会变成一个不可分的量”（100）。这意味着，在没有运动的空间和时间里没有无限小量，因此，“形体中不存在与运动相分离的物质”。“因此”，莱布尼茨以一种欣喜的渐强的语气总结道，“我们最终明白了这一点，即**要成为一个形体**就**要移动**。”但是，就其定义而言，运动依赖于形体，莱布尼茨问道，如果我们要避免恶性循环，那么形体和运动最终

究竟是什么呢？“它们只是被某种心灵感知的东西”，这种心灵“不同于我们所感知的任何其他心灵”（100）。

那么，这是否构成了莱布尼茨观点的转变，即从在个体心灵之中建立运动回到直接在上帝之中建立运动？莱布尼茨似乎并没有就此作出坚定的抉择；在其 1676 年的作品中，这两种观点都有明显的体现。但是，否认空间(以及含蓄地否认时间)中有不依赖于形体和运动的无限小的部分，这一点似乎屹立不动。就此，我们可以看看 1676 年莱布尼茨对马勒伯朗士的评论：“有必要坚持认为，连续体的各个部分只有在有效地由物质和运动所决定的情况下才存在。”他还始终坚定地认为形体由运动构造而成，他在 1672 年的《某些物理学命题》和 1675 年 12 月的《论物质、运动、最小量和连续体》中对此做了进一步的探讨。这就是直到 1676 年运动的努力理论崩塌之前的情形，而我将在下面就努力理论的崩塌予以论证。

4. 连续性与内聚性

莱布尼茨认为他已经用连续体理论阐明了一个最重要的问题，那便是内聚性问题，也就是，是什么把一个形体的各个部分连接在一起，从而使之形成一个连续的(或者可能是交接的)整体的这样一个问题。在 17 世纪后半叶，这还是一个有待解决的问题，到 1668 年，莱布尼茨已经把它视作机械论哲学的一个关键问题。伽森狄、马尼昂（Magnen）和其他人已经复活了经典原子论的解释，即肉眼可见形体的内聚性归因于作为其构成成分的原子缠结在一起，“用钩状物、弯曲物、环状物和凸出物”等紧紧抓住彼此（A Vi.i N13: 492）。因此，伽森狄解释说，虽然其裂隙不可感知的那些肉眼可见的形体可以被称为连续的，但唯一真正连续的整体是原子（附录 2e）。伽利略同样接受了一个古老的原因，在《两门新科学》中推测说，物质是由于自然界恐惧真空而聚集在一起的。就像一定高度的水
[xxxviii] 柱可能是由于嫌恶某一外部真空而得以维持那样，所以，固体的更大的内聚力就可以通过假定在固体的无限不可分的部分之间有不可分的空隙来解释，固体将通过吸力或对内部真空的嫌恶把这些不可分的部分结合在一起。但是，在托里拆利、帕斯卡和波义耳之后，大多数自然哲学家都根据平衡和空气的重量来解释水柱，拒绝了自然嫌恶外部真空的观点。像惠更斯这样倡导原子与充实空间的物理学家在当时也对内部明显的吸力进行了同样的解释，把固体过度的内聚性归因于一种假定的精微物质的压力。[40]

但是，莱布尼茨反驳说，所有这些解释都想当然地认为基本粒子本身具有内聚性。因此在解释这种现象时无论每一种解释取得了怎样的成功，就内聚性的起源而言，它所作的都只不过是把问题推到了另一个层面，开启了无限倒退的可能。这成为莱布尼茨最爱用的一条论据，他在 1671 年的《具体运动理论》（A VI.ii: 250–251, 365）中，在《论形体的内聚力》（Aiii4: 94）中，在 1677 年的《运动是相对的》（Aiv360）中，以及

在1686年前后塞进他的《发现的标本》的关于固定性和流动性的注释中反复地提到了这一论据。“如果我们想从周围环境的压力中获得内聚性，正如石板那样”。他在最后这篇文章（Aiv312: 1628）中说，“那么我们就会陷入困境，因为石板的固定性需要首先被确立。……为了解释各个形体通过压力凝聚在一起，我们必须首先确立部分的固定性。”当他在1668年的《自然对无神论者的告白》中第一次提出这种论据时，他坚持认为这证明了上帝的存在，在推理上与亚里士多德关于原动者的论据相类似。如果不诉诸于处在无限倒退之外的这样一种原因，他声称，我们不可能就构成物质的“基本微粒”的内聚性或固定性给出任何解释：“因此，在为原子提供理由时，正确的做法是，我们应该诉诸于上帝，上帝对事物的这些最终基础的固定性负责。而令我吃惊的是，伽森狄和我们时代的那些非常敏锐的哲学家中间的其他人都没有注意到这个推证神存在的绝好机会”（A VI.i N13: 492）。但到了1670年，莱布尼茨却找到了一种不用求助于上帝就能解释这种“原初的内聚性”的方法，这是他关于连续体的构成问题的新霍布斯主义的解决方案的一个直接推论。

莱布尼茨在《抽象运动理论》中把这一对内聚性的解释作为从他的定义中得出的一个推证展示了出来，而同样的解释也出现在了《对无形实体的推证》被删除的草稿（$Aiii3_4$）以及《论形体的内聚力》（Aiii4）中，这两篇文章大约都完成于1672年秋，并且都将出现在本卷当中。如果一个形体推动另一个形

[xxxix] 体，也就是说，努力去推动另一个形体，那么这个形体就已经开始进入另一个形体了。这是因为，在接触的那一瞬间，撞击体的边界点占据了一个空间，但它并不是一个最小的空间，而是一个与形体移动的努力成比例的空间。因此这两个形体在撞击点（虽然不可赋值）上重叠了，并因此共有一个末端，它是一个比任何我们所能确定的空间都要小的空间。但是，正如莱布尼茨在1670年写给霍布斯和奥尔登堡（Oldenburg）的信中所解释的那样，根据亚里士多德对连续性的定义（上文讨论过，并在附录2a中给出），这意味着，这些形体本身“就不仅仅是交接的，也是连续的，是可以以一种运动来移动的真正单一的形体”。所以，“无论什么形体以这种方式移动，即一个形体努力进入另一个形体的位置，在这种努力持续时，它们就会凝聚在一起。”[41]

虽然我们可以清楚地看到，这个理论起源于霍布斯哲学，尤其是考虑到努力的核心作用，但它也完全有可能是受到朱利斯·凯撒·斯卡利杰（Julius Caesar Scaliger, 1484—1558年）的化学构成的动力学原理的启示，并且得到了丹尼尔·塞内特（Daniel Sennert）的支持（下文将对他作出更多的论述），因为莱布尼茨当时已经读了这两个人的论著。亚里士多德把“混合”（mistio，或化合物的形成）简单地定义为“可混合物的结合”，斯卡利杰则把它定义成了“最小的形体趋向于彼此接触从而实现结合的一种运动”[42]。在同一问题中，他评论道：“我们的粒子不仅像伊壁鸠鲁的原子那样紧密地排列在一起，而且以这样一种方式排列在一起，即最终产生一种作为一个整体的连续体。它通过其界限的连续性而成为一体的，并且是所有进入这种构成的东西所共有的。”**43**

但是，这种新亚里士多德学派看待连续性的方式有一个令人好奇的特征，那便是，在解释两个形体的连续性（也就是，结合在一起）时，它似乎预设了这些作为构成部分的形体本身的整体性或内聚性。对斯卡利杰来说，这并不是什么大问题，因为这些构成粒子——原子或自然的最小点——被认为是原初的。但是，正如我们已经看到的那样，莱布尼茨试图解释这种原初的内聚力而不预设它存在于“基本粒子”本身之中。这表明，他想把同样的分析也用于每一个形体的内部：正如两个形体在它们共同的边界上由于一个形体在那里推动另一个形体而是连续的一样，所以，一个连续体的任何两个部分在其共同的边界上也由于一个部分努力想要进入另一个部分的位置而是连续的。因此一个连续体可以说是通过一系列空间上连续的努力而串在一起的。（我认为这是 $Aiii3_4$ 中命题 3 的要点所在；不管怎么说，它完全符合莱布尼茨的这一观点，即连续体由其积量取决于“运动的开端”或努力的点构成。）

尽管如此，这种动力学的构成方式仍然只不过是一个基础，而不是对内聚性的一种完整的解释。因为一种瞬间的努力会穿过它们共同的边界扩散出去。所以它只能使一个形体的各 [xl]
个部分暂时地结合在一起。为了使一个形体的各个部分随着时间的推移而持续不断地聚集在一起，就需要有一种穿过整个形体扩散出去的连续的努力序列，换句话说，就需要一种连续的运动。莱布尼茨拒绝了他认为来自霍布斯的解决方案，即形体的内聚力将作为对一个旋转体的离心作用（向外）的反作用（向内）而出现——依据是，这将是“一种不发生碰撞的反作用”[44]。尽管如此，莱布尼茨自己更喜欢的解决方案，就像霍布斯的解决方案一样，涉及圆周运动。他论证说，太阳和地球的内聚力，是以运动为先决条件的，他的《新物理学假说》认为，它们各自都拥有“一种绕自己中心的运动”，这带来了平行于赤道线的内聚性。然后他进一步假设说，从太阳落到地球上的光束的垂直作用（假定最初是均匀的），在与这种旋转的运动结合之后，就会产生一些小泡（bullae），像玻璃工人吹制的那些小泡那样。[45] 这些小泡，就像地球本身一样，是绕自己的中心旋转的球体，因此同样沿着与它们的赤道平行的线凝聚在一起。它们是现在地球的组成部分，“通过它们，一切事物都变得坚实并结合在了一起”。

在莱布尼茨到达巴黎后，他在《某些物理学命题》（*Certain Physical Propositions*，缩写为 PQP）中详细阐述了关于内聚性的这种解释，这一作品写于 1672 年春夏之际，而且可能是打算发表的。在其命题 24 中，他对沿着小球体（他对空心小泡和实心小球的统称）的经线的内聚性给出了一种解释。[46] 这很有必要，因为一个形体仅仅绕自己的中心运动，只会在赤道和平行的圆圈上赋予其内聚性，也就是说，成拱效应（fornicatio——一个拉丁双关语?），但这根本就不会阻碍两个相互平行的形体发生脱离（Aiii2: 32）。命题 24 的基本观点是，非均质体每一次插入一种循环流体都会引起某种扰动。于是莱布尼茨便用扰动最小化原则来证明沿着经线的一般运动的效果将是把扰动体吸引到循环物质中。因此，在用这些术语解释了他的小泡和小球的原初的内聚性之后，莱布尼茨现在就可以根据大气压来利用他所谓的“次级的内聚性”的标准解释了（TMC，§59，A VI.ii: 250）。在后来添加到《某些物理学命题》中的那些部分，他继续用它解释了波义耳和惠更斯在一个“托里拆利管”的空腔里用抛光的大理石板所进行的实验的结果。[47]

我们不清楚莱布尼茨坚持这种特殊的关于形体内聚性的理论有多长时间。他是在 1672 年秋季（?）的《论形体的内聚力》中明确提出这一理论的，但到 1676 年初，这种根据努力而对内聚性所作的解释就被放弃了。正如我在下面进一步讨论的，1676 年 2 月，莱布尼茨倡导的是一种原子论的形式，而根据这种形式，莱布尼茨的原子就像伽森狄的原子一样是真正不可分割的。但是，他看起来很不确定，这些基本粒子是怎样被结合在一起的，通常人们都把它们的联系归因于“运动或某种心灵”。在他完成于 1676 年 3 月 18 日的《关于科学和形而上学的笔记》中，他说，他“已经在别处令人满意地揭示了连接不可能仅仅根据物质和运动来解释”，那么思维便进入到某一份物质的形成，“只要它（这一份物质）有一个单一的心灵，它都会成为一个单一的、不可分割的形体，即一个原子”（Aiii36: 393）。但是，他在声称已经满意地揭示这一点的声明上写了 [xli]

"错误"一词。然而，不到一个月，他又自信地写道："形体的坚固性，或统一性，归因于心灵，有多少涡旋，就有多少心灵，而有多少固体，就有多少涡旋。"（Aiii71: 509）

导致莱布尼茨此时放弃根据努力来解释内聚性的一个可能的因素就是，他的运动理论在1676年初陷入了一场危机，这是由于对努力本身的一种新的理解而促成的。根据他当时写的《论运动与物质》，他"最近已经在别处证明了这一点，即努力是真正的运动，而不是无限小的运动"（Aiii68: 492）。但是，这却带来了上述理论的这一结局，因为这个理论在很大程度上依赖于这样一种关于努力的观念，即努力是一种无限小的运动，"活动的开端"，因而也是进入一个空间的开端，后者是其比任何给定的部分都要小的一部分。因为，如果没有无限小的运动，撞击和被推动的两个形体，就不会有这样共同的无限小的部分或物理学的点；相反，正如莱布尼茨在《论运动与物质》中所写的那样，它们的状态将不相容，"不相容或多或少就是不容许的意思"（Aiii68: 493）。

莱布尼茨的运动理论的这种变化通过比较《论形体的内聚力》（1672年?）与1676年10月—11月撰写的《帕西迪乌斯与爱真理者的对话》——在这篇文章中，他兑现了自己的承诺，解决了运动的连续性的问题——可以被非常清楚地呈现出来。在前一篇论文中，莱布尼茨把努力定义为"某一给定时刻的运动的开始"。因此，它是"从一个位置向另一个位置过渡的开始，因此它同时处在两个位置上，因为它不可能不在这两个位置的其中一个位置上，即不在任何位置上”（Aiii4: 95–96）。相反，在《帕西迪乌斯与爱真理者的对话》中，莱布尼茨让查里努斯讲述了一个瞬时运动的形体，“它要么就不存在于任何地方，要么就同时在两个位置上，一个是它离开的位置，一个是它获得的位置，这也许和你表明的一样荒谬，即它同时处于和不处于某种状态”（Aiii78: 545）。[xlii] 他经其他对话者同意后声称，只有把运动的这种瞬时状态分析为“相邻两个位置上的两个瞬间存在的集合”（546），这种荒谬性才可以避免。这个对话的特点是：在篇幅长达 42 页的关于运动的连续性的论述中没有出现**努力**一词。

但是，这并不意味着莱布尼茨在此基础上建立的整个内聚性理论终结了。因为他从努力理论中得出的第一个结论就是，两个事物中“没有其中一个事物，另一个事物便不能被推动”[48]，这逐渐地从努力理论的一个结论转变成了内聚性本身的原则。因此，在被划掉的 1672 年的手稿 $Aiii3_4$ 中（在这份手稿中，莱布尼茨试图把他的理论建立在一个不证自明的基础之上），命题 4 就是“凝聚在一起的各个形体有交感”。因为“凝聚在一起的各个形体是联动的，也就是说，若没有另一个形体，一个形体不可能被推动。……因此，凝聚在一起的各个形体必然有交感”（$Aiii3_4$: 80）。[49] 为了支持把内聚性这样解释为共同的运动，莱布尼茨在《论形体的内聚力》中指出，“即便是液体，当它们受到某种运动的强烈扰动时，只要它们有共同的扰动运动，就会效仿固体的性质”（Aiii4: 96）。人们还可以发现，莱布尼茨在上述讨论的经线运动中用到了扰动最小化原则；这也用到了运动和谐的原则。

14年后，这种观念在《发现的标本》中得到了明确的阐释，在这篇文章中，出现在早期文章中的交感说这一术语（甚至对支持它的希波克拉底的提及）得到了呼应："内聚性原则是使运动和谐……即使在特定的扰动下，宇宙系统的某些法则中也存在着某种普遍的和谐。……内聚性原则引起了自然对扰动的反抗"（Aiv312: 1630）。在这些论述之前，莱布尼茨在《发现的标本》中插补了大篇幅的关于固定性和流动性的题外话，而莱布尼茨在这篇文章中似乎一直都在试图弄清楚固定性和流动性的本性。在一条旁注中，他甚至声称实验证实了关于内聚性的这一观点：

> 内聚性来自运动，只要运动是和谐的，我们可以通过两个实验得出这一结论：石膏一遇见水就会形成气泡；当磁铁靠近铁屑，后者会变成线状体——姑且不说玻璃状物。（Aiv312: 1627）

运动和谐原则在大约完成于1678—1679年的Aiv267中也得到了证明，在那里它等同于扰动最小化：

[xliii] 形体的内聚力，即它的各个部分的内聚性，源于这样一个事实，即它们被非常微小的运动所搅动，以至于它们几乎不会分离，而且既然它们的运动是整个周围的

系统所赋予的，那么如果没有外力，也就是说，如果没有对系统的干扰，它们不可能被分开。(Aiv267: 1400)

因此，到17世纪70年代末，莱布尼茨再次根据运动对内聚性进行了解释。但是到那时，他已经不再认为运动的和谐足以解释一个形体的实在的统一性。他的思想似乎已经从由努力而结合在一起的形体，发展到了通过心灵结合在一起的原子，发展到了通过运动的和谐结合在一起的、但其统一性来自于一个类似于心灵的原则的可分的形体。可是，在这个发展过程中，实际上有可能存在着比乍看之下更大的思想连续性。因为，根据他在1670—1672年的理论，心灵本身是“各种努力之间的和谐”；根据1676年原子论的阶段，各个原子是通过“运动或某种心灵”而结合在一起的；根据1686年的《发现的标本》的观点，与其说形体“源自和谐的运动”，不如说系统(Aiv312: 1630)。因此，无论在其思想的这三个不同的阶段他对内聚性的思考有什么样的不同，他在所有这三个阶段的根本观念是相同的：对内聚性的所有解释都以有着不可还原的一致的统一体为前提，否则就会导致无限的倒退；这种不可还原的或自然的内聚性可以根据运动的和谐或努力来解释，莱布尼茨认为这相当于在形体中假定了某种类似精神的东西。如果这种说法正确，它无疑会为“心灵”可能对原子的内聚性负责这一原本神秘的观念提供某种有趣的启示。处在这个思想发展一端的是霍布斯根据努力而对精神所作的解释——莱布尼茨将其重新定义成了各种努力之间的和谐；处在另一端的是这一观念，即形体内部有某种活动原则，它不仅决定了形体的内聚力的等级，也决定了形体本身的弹性形变。[50]

然而，在研究后者之前，我们必须考虑一下，为什么莱布尼茨对其关于内聚性的努力说失败的第一反应竟会是回到原子。原子论对他来说有什么吸引力？

5. 原子与虚空

在莱布尼茨通过连续体而编织的所有这些纠缠不清的线索中，他关于原子和真空这条线索或许是最难以拆解的。首先，如上所述，他是伽森狄原子论的热心拥护者；他在 1668 年批
[xliv] 评说，这些基本粒子的内聚性只能求助于上帝来解释，这是限制而不是收回这种主张。但是，当莱布尼茨在 1670—1671 年的《具体运动理论》中根据其“新物理学假说”找到了对原初的内聚性的解释时，他假定为有内聚性的基本单元的不是原子，而是不可感知的小泡，他认为原子“荒唐”并且“太远离实验”，所以把它抛弃了。[51] 更进一步说，对原子的这种抛弃与他在《抽象运动理论》中的立场是一致的，即在空间、时间、形体或运动中没有最小部分：广延物总是可以进一步分割，只有无广延的事物才是不可分割的。到这里，有人可能会认为，莱布尼茨应该会让这个问题到此为止。

但令人吃惊的是，在莱布尼茨看来，这还远不是原子和虚

空的终点。在《抽象运动理论》和《具体运动理论》之后不久写的一篇文章《关于世界系统的假说》（*Hypothesis of the System of the World*，缩写为 HSM）中，莱布尼茨明确提出，原子和真空是形体的唯一构成原则；在 1671 年下半年撰写的《论有形事物的本性》中，他声称，“球体”或“世界”之间一定存在真空。另外，正如帕金森在《论至高无上者》（*De Summa Rerum*）的引言中所讲，在 1676 年春天撰写的几篇文章中，莱布尼茨以不同程度的承诺对原子和虚空进行了辩护或预设：比如，在 3 月的 Aiii36 和 Aiii76 中，以及在 4 月的 Aiii68 和 Aiii74 中。相反，在那一年 11 月初的《帕西迪乌斯与爱真理者的对话》中，他否认原子的基本理由和他在成熟作品中否认原子的基本理由是一样的。不过，仅仅过了一个月，在《关于宇宙的绝妙推证链条》中，人们可能仍会发现他坚持认为原子可以被证明存在。52

实际上，这里的问题不只是莱布尼茨关于原子的表述不相容，还有就是他为什么竟会拥护原子。因为，如果我们在德谟克利特、伊壁鸠鲁和伽森狄正统的意义上来看待原子的话，即原子是一种有着固定形状和有限广延的严格不可分的元素，那么莱布尼茨这种关于物质实际上无限被分割的论点就**直接把原子排除了**。正如我们所看到的，他至少早在 1670—1671 年的《抽象运动理论》中就已经形成了这种论点，而且他很快就认识到这一论点与原子不相容。在同一个时期的《论原初物质》的片段中（附录 1d），他写道：**“物质实际上被分割成无限多个**

部分。每一个形体中都有无限多个受造物。所有形体都彼此凝聚在一起。……**并不存在原子**，也就是说，并不存在其部分永不分离的形体。”

如上所述，这与他在《具体运动理论》中拒绝原子而支持小泡是一致的。但是，莱布尼茨在这段时期，甚至在《具体运动理论》中，仍继续明确地提及原子。例如，他在那里声称，连续体的无限可分性意味着，“那么任何原子都会有无限多的种，就像某种世界，**世界中**还会有**无限多个世界**”（A VI.ii: 241）。在这里他显然不可能说的是在不可分的有广延的形体这
[xlv] 个严格意义上的“原子”，因为他声称，任何这样的原子都可以被进一步分割成无限多个世界。

一种可能的解释是，在这里以及在这段时期的文章中他赞许原子的地方，莱布尼茨所谓的“原子”就是《抽象运动理论》的“不可分的点”，即构成形体基础的点。但是，我觉得这种说法并没有说服力。虽然莱布尼茨的某些点要无限小于其他的点，但它们是形体的边界或开端，而不是有广延的形体本身。[53] 它们是无广延的，而莱布尼茨却把原子等同于“世界”，有广延的形体，即便它们小到不可感知。这就是为什么他有必要在《具体运动理论》，即《新物理学假说》的那个“具体的”部分，对他的类似原子的“小泡”的内聚力给予说明。如果不可分的点是原子的话，这种说明就没有必要了。另外，在莱布尼茨拒绝了数学中的不可分的点之后很久，原子还仍然处在其物理学思想的核心位置。

我的答案是，莱布尼茨在不止一种意义上使用“原子”这个词。有时候它指的是由伽森狄和马尼昂复活的那种经典的原子[54]，但是，我认为，（正如我们在上述引文中看到的）莱布尼茨经常用它来指代他假定的小到不可感知而又非常坚硬的粒子，比如，《新物理学假说》中的小泡和《某些物理学命题》中的小球体。为了支持这一点，我们可以留意一下霍布斯在使用这一术语时所表现出来的类似的模棱两可。当然，霍布斯论证说，“没有最小的可分的事物”，因此“没有哪一个微小的物体是不可能的”[55]——这些观点都是莱布尼茨本人所拥护的。不过，霍布斯频繁地提到原子，而他所谓的原子似乎指的是有限的、但却小到不可感知的物质粒子，这些粒子既不是无限坚硬的，也不是完全不可分的。[56]

这并不像我们现在听起来那么古怪。因为我们必须记住，对霍布斯和莱布尼茨来说，伽森狄主义并不是原子论的唯一来源。还有一个盛行的化学原子论传统，莱布尼茨在十几岁和二十几岁时从其德国同胞丹尼尔·塞内特和约阿希姆·尤根乌斯（Joachim Junguis）的作品中吸收了这一传统。[57]这个传统的原子，虽然和经典的原子有许多共性，例如，小到不可感知并且在自然过程中不可摧毁，但在其他许多方面则有所不同。例如，塞内特的原子是从诸如升华、金属在酸中的溶解和腐烂这类现象中推断出的不可感知的微粒。为了解释这些化学反应，他假定原子具有能动的力量：它们是“‘构成单元’或‘活动（ενεϱγεια）’单元”（Partington, op. cit., p.273），而不是哲学传统中那种同质的、无限坚硬的原子。正如上一节所提到的，塞内特显然赞成并采纳了斯卡利杰关于混合（化合作用）的动力学理论。同样，根据尤根乌斯的观点，相同种类的形体

[xlvi] 的原子会相互产生欲望，允许形成比单纯并置所产生的内聚性更密切的内聚性。[58]

这使得莱布尼茨将他的**小泡**视作这种非标准意义上的原子（经过适当的修改与机械论相一致）听起来似乎很有道理。在《新物理学假说》中，莱布尼茨在对它们的起源的描述中加入了化学术语，那么他对其内聚性的说明当然就类似于斯卡利杰的混合理论。就像霍布斯的原子，它们是非常坚硬的（但不是永久的）有内聚力的粒子，它们小到不可感知，而且围绕着它们自身的轴旋转。莱布尼茨毫不犹豫地称之为“事物的种子”（A VI.ii: 226），这和德谟克利特、卢克莱修和马尼昂关于他们的原子的说法一样。

我们不是很清楚，我们是否可以就《关于世界系统的假说》中的原子给出类似的解释。在那篇文章中，假定的原子被描述成了旋转的“球体”，正如我们上面所看到的，在1672年的《某些物理学命题》中，莱布尼茨把“实心的”旋涡（“小球”）与那些“空心的”旋涡（“**小泡**”）区分了开来。尽管莱布尼茨声称原子体是世界上唯一“完整的”、内部没有真空的形体，但他却指出：“只要形体表面是完整的就足够了。因为它内部同样也由无限［多］的球体构成，它里面包含着无穷的新世界。”所以我们又有了“世界中的世界”的论点，它似乎排除了对原

子的伽森狄式的解释。无论如何，我们似乎可以有把握地说，莱布尼茨像那个时代避开经典原子的其他机械论者一样，仍然觉得必须假定一种原子体，它们是非常坚硬的、但却小到不可感知的、旋转的微粒，虽然不是完全不可分割，但却不可能用自然的手段来分割。[59]

但是，这些考虑似乎不足以解释莱布尼茨在1676年所信奉的原子论。因为在那一年的一些文章中，我们发现他致力于研究这样的原子，它们不仅是非常小的形体，而且每一个都有自身的涡旋，就像其早期作品中的**小球体**一样：它们也是完全**不可摧毁的**。现在，莱布尼茨不再用它们在自己的轴上旋转来解释它们的内聚性了，而是假定每一个原子都是单一的、**不可分割的**，并通过它在流体中的运动来产生与其相应的涡旋。[60]因此，上述关于塞内特和霍布斯的原子的考虑，在这种情况下是不够的，而关于为什么莱布尼茨在那时会回到类似伽森狄主义的观点，则还有更多的东西需要说明。

一系列的激发因素似乎来自形体中心灵的地位，莱布尼茨在其1670—1671年的文章中宣称心灵是形体的基础。正如我们在前面第3节的结尾所看到的，莱布尼茨在1672—1673年的《论最小量与最大量》中得出结论说，形体、空间或时间 [xlvii]
中实际上并没有不可分量。因此，心灵不再存在于不可分的点，因为根本就没有不可分的点；那么它们与形体究竟是什么关系呢？在那篇文章的结尾，他选择了一个神学—机械论的结论，即形体的存在就在于它们能够“被某种心灵感知”，也就是说，被上帝的心灵感知。但是，这回避了一个问题，即在形体中，心灵是无处不在，还是在某处存在？然而，在 1676 年，这个问题似乎再次成了莱布尼茨思想的核心问题。在 1676 年 2 月撰写的《崇高的秘密》中，他附带地宣称，“所有的固体似乎都有某种心灵”（Aiii60: 473），他的论点是，若没有这样一个把它们结合在一起的原则，它们就会因充实空间的作用而消散。但是，根据相同的论点，如果这样一个原子一旦存在，“它就会永远存在下去”，因为否则的话它在很久以前就被周围充实空间的液体物质的努力所驱散了（473；参看 Aiii76: 525）。

在接下来的一个月所写的笔记（Aiii36: 393）中，一个非常有趣的论点补充了这些反思。假设真空中漂浮着两份独立的、分别包含着自己的心灵的物质碰撞并结合在一起：那么它们所包含的心灵会发生什么情况呢？如果心灵结合在一起，那么两者的记忆将会混合起来，“这不太可能发生”。但是，如果一个新的心灵与新的形体一起形成，那么那些旧的心灵将不得不毁灭，这与大家都知道的莱布尼茨所假定的永恒的心灵恰好相反。但是，如果每次当形体通过结合在一起而被毁灭时心灵都保持守恒，那么“事实上，任何形体中有多少可指定的点，就有多少心灵”，因为每一个整体都可以用同样的方式被分割成部分。但这“是不可能的，因为点没有数目”。所以，包含心灵的那份物质必定是“坚实的、牢不可破的”，而且“我们便可以由此推知，思维进入了这一份物质的形成，而无论其大小如何，只要它有一个单一的心灵，它都会成为一个单一的、不可分割的形体，即一个原子”。相反，“由此我们可以很容易理解，为什么任何心灵都无法被自然地分解；因为，既然事物的整个本性就是不断地努力分解所有的心灵，而如果它能够被自然地分解的话，它早就被分解了”（393）。

提出这些主张的更深层次的激发因素将在这两篇文章的后面得到揭示。在《崇高的秘密》中，莱布尼茨继续声称“到处都是不可胜数的心灵”，并给出了这样的注释，即“甚至人类的卵子在受孕之前就有心灵，即使它从来都没有受孕，心灵也不会毁灭”；在 Aiii36 中，他提到了“最近关于预成型的胎儿的新实验”（394）。这两种说法都是他此时越来越致力于研究预成论的实例，伽森狄是这个学说的倡导者，马切罗·马尔比 [xlviii]
基（Marcello Malpighi）则是推广者。渐成论认为，生物是由一种本质上同质的物质在某种生命力的作用下产生的，与渐成说相反，预成论者认为，植物和动物都是由种子产生的，而且“种子包含着事物本身，不过只是尚未展开的雏形”[61]。因此，有机物的异质性和复杂性是原本固有的，只是在有机体形成时才展开或发展起来。这就要求，尚未产生的动物的灵魂（就人类而言，就是心灵）包含在有机体的某个小到不可感知的部分中。因此，在这段时期的文章中，我们发现莱布尼茨正在探索这一观念，即形体是心灵周围的附加物。[62] 在《论灵魂之座》中，莱布尼茨推测说，我们的形体是一种“实体之花”，它在一切变化中永恒地存在，就像拉比们所谓的“鲁兹骨”一样

（Aiii61: 478; DSR 32–33）。莱布尼茨在 4 月底撰写的那几段话——《论形体、空间和连续体》这个标题是后来我添加的——中宣称："某些基本要素，即不可摧毁的形体，之所以存在正是因为它们有心灵"（Aiii74: 521），而且"和心灵一样，形体同样不可摧毁，但它周围的各个器官却以不同的方式被改变"（Aiii71: 510）。

但是，即便在这些反思中，我们也能够看到最终将破坏原子论的因素。如果形体是一种围绕着包含一个灵魂或心灵的内核的物质附加物，它的器官可以以某些方式发生改变，而且，如果心灵在恢复对外部事物的感觉之前可以缩回自身内部[63]，那么保持同样形状、大小和广延的自我同一的物质就没必要有一个不可摧毁的核心了。莱布尼茨将在几年后得出结论说，灵魂与其形体组合成一个"实体性的原子"或有形体的实体，因为灵魂本身是不可分割的[64]。但是，正如莱布尼茨在其对科尔德穆瓦（Cordemoy）的批判性评论中所指出的那样，这并非意味着相应的物质是不可分割的；[65]而且，很久以后，他在《单子论》（70–72）中指出："每一个生命体都有一个主宰的隐德莱希，它在动物中便是灵魂。……但是这并非意味着……每一个灵魂都有一定量或一部分的物质永远分配给它或附属于它。……因此，灵魂只是逐渐地、逐步地改变其形体。"

同样微妙的是莱布尼茨在 17 世纪 70 年代对真空的态度。他的基本观点是，"每一个事物都是一个充实空间"（omnia esse plena）。但是，它有两个主要的前提。第一个前提是，一个无论在哪里都处于静止状态的充实空间实际上等价于一个真空。这种等价性在《具体运动理论》中已经得到了承认[66]，但其论证却是在同一年撰写的《论原初物质》中被给出的。因为在这样一个充满处于静止状态的以太或精微物质的充实空间中，没有什么变化。而“没有什么变化的事物就没有被感知到”，并且“凡是没有被感知到的就什么都不是”。因此“**每一个事物都是一个充实空间**，因为原初物质与空间是同一的”（附录 1d, A VI.ii: 280）。根据同样的原则，实在的次级物质的各部分必须通过其内部的圆周运动来区分，因为整体的直线运动是不可分辨的。这个论点对莱布尼茨来说非常重要，他于 1675 年 12 月将“没有变化”原则——随着模态发生了重大的变化，即从“没有被感知到”变成了“不能被感知”，该原则也发生了变化——重新表述成了“存在就是能够被知觉”（Aiii58: 466）；而在汉诺威，几年之后他又将该原则表述成了他的那个“海格里斯论证”（Herculean argument）：“对任何人来说都无法知觉其存在与否的一切事物都不存在。”（Aiv316）这同样是一把双刃剑。一方面，它意味着用理想流体和空间给出的解释是等价的：“比如，我们很难说一个地方是空的还是充满了理想流体；因为这两种情况没有任何区别”（Aiv277; 另参看 Aiii58: 466）。另一方面，它可以证明物质的异质性：它蕴含着，只要物质是任何实在的东西，其中任何一份，无论多么小，其运动都与无限多的其他部分的运动不同。 [xlix]

作为“每一个事物都是一个充实空间”这一学说的前提

的另一个论点不止一次地出现在了1676年的文章中，虽然莱布尼茨到达巴黎之前就发现了这一论点。它涉及到“穿插其间的真空”，即在形体之间的间隙中散布的空间。莱布尼茨在1671年春秋之际撰写的一篇文章中指出，即便人们假设世界是由“无限小于球体的球体”构成的，“或者假定球体比任何给定的球体都要小”，也不能排除这种真空（A VI.ii: 284）。他在1676年2月的Aiii60中对这个令人吃惊的主张给出了解释：因为这样的真空可能是“形而上学的”（真实的、实在的），虽然比任何可以被赋值的东西都要小；但这仍将与“物理学的充实空间”——也就是说，其中任何可指定的处所都是满的——不矛盾。因此，理想流体物质可能是一种离散的复多的“完美的点”，也就是说，“它可被分割成的所有部分”，但与连续空间的差是一个不可赋值的量。这个论点在那篇很可能与Aiii60完成于同一个月的文章《论世界的充盈》中得到了重申（Aiii76: 525），在那里得出的结论是，“所有虚空的总和与任何可指定的空间的比例并不大于接触角与直线的比例”。

但是，大约在这个时候（1667年3月、4月），莱布尼茨自己满意地证明了不可赋值的东西不是“真实的、实在的东西”，而是什么也不是，所以那一论点也就不攻自破了。说一个真正的充实空间与一个有着任意小虚空的充实空间的差是
[1] “不可赋值的”，这相当于说它们之间没有可辨的差别，因此它们是同一的，这样的虚空是不存在的。因此，在1676年12月，我们发现他辩称不存在所谓的穿插其间的真空，即使他坚持认

为物质可以被分割成点（Aiii85: 585 ；DSR 109）。当莱布尼茨于 1677 年 2 月凭借一个与相对运动有关的论点，用“海格里斯论证”反驳真空本身时，这一点得到了强调。如果存在真空，运动在其中就一定是可能的；既然运动必须是相对于某个形体或其他形体的，但在真空中，“没有任何可用以分辨真空运动是否发生的东西；而凡是无法被分辨的，甚至是无法被全知者分辨的，都是不存在的”；因此，“不存在真空这样的东西”（Aiv360）。

当然，假定真空和理想的流体物质是等价的，同样的原则必然意味着后者不具有实在性，即笛卡尔的“精微物质”不具有实在性。他在 1678—1679 年写道：“不存在理想流体这样的东西，也不存在真空这样的东西。笛卡尔引入了他的精微物质，但他也只是在名义上取消了真空。”（Aiv365: 1988）因此，一开始对认识论上不完全确定的真空和充实空间问题的论证逐渐转变成了对物理学假说中所预设物质的虚构性质的论证。17 世纪 70 年代初，莱布尼茨曾心满意足地辩称，假定原子是不可感知的，那么原子内部的任何分割都将超出我们的感官所能察觉的范围。因此，各种各样的假说都是可能的，只要它们在保全现象时没有任何明显的错误。“因为”，正如他在《抽象运动理论》中所说，“感觉无法辨别某些形体是一个连续的或交接的单元，还是许多被间隙分隔开来的不交接的形体的一种堆积”（A VI.ii: 246）。[67] 但是，到 17 世纪 80 年代初，他却宣称，“我们可以就它们［物质和运动］提出不同甚至矛盾的假说，不过，任何假说都能完全满足现象”，由此可知，它们“都只是现象，或者本身包含有某种想象的东西”（Aiv277）。从这个观点来看，在他的作品中，每一次诉诸于原子和真空，都只不过是一个探索性的步骤。因此，在他最终放弃了原子的几年后，我们发现他在《关于固定性和流动性的注释》中说道：

> 即使宇宙中没有极度流动的事物，也没有极度固定的事物，但为了澄清问题，我们仍然可以想象万物都由任意小和无限固定性的小球与在小球之间流动的有着无限流动性的流体组成，就像在几何中我们可以想象无穷大和无穷小的线那样。（Aiv312: 1628）

[li] 但是，还有其他一些与莱布尼茨在1676年关于原子和理想流动性的地位的思想转变密切相关的考虑，我们现在应该转向这些考虑。

6. 现实无限分割和无限小

莱布尼茨的连续体理论很大程度上依赖于他对现实无限分割的解释，而这又与笛卡尔哲学密切相关，尤其是与“从充实空间里的运动得出的论证”有关，笛卡尔通过这个论证得出了“物质实际上被无定限地分割”的结论。正如我们在前面第3节中所看到的那样，莱布尼茨在1671年他的《抽象运动理论》中含蓄地提到了这一论证。而它仍将继续在他的思想中占据核心地位，充当他在连续体问题上的成功尝试的试金石，并随着他关于无限的观点的发展不断被重新解释。因此，如果我们遵循莱布尼茨关于这个论证的意义的不断变化的解释，我们就会对他关于连续体的思想的发展有一个特别清晰的视角。

这个论证最初是笛卡尔在其《哲学原理》第 33—35 节中提出的，斯宾诺莎在对笛卡尔的《哲学原理》进行几何学阐述时也突出了这一点，莱布尼茨很可能读到过。我们将其放在了下面的附录 2c 中。正如人们可能看到的，它出现在这一语境下，即笛卡尔试图证明，与卢克莱修的主张相反，运动可以在充实空间中发生。笛卡尔论证说，如果物质绕着圈移动，而且圈内所有交接的形体都同时移动，这种情况就会发生。此外，物质可以在不同大小的空间中以不同的速率环流，正如他以物质在两个中心偏离的圆之间流动为例所证明的那样。他论证说，只要物质在两个圆之间较狭窄的空间成比例地移动得更快，物质就能够在两个圆之间流动。[68] 但是，为了实现这一点，至少这种物质的某一部分必须“让它自身的形状适应那些（逐渐变窄的）空间不可胜数的不同尺寸”。换句话说，笛卡尔解释说，虽然可能存在不可分的固体物质微粒（即不改变其形状而只是改变其速度的那些部分），但它们之间的物质部分必定是这样的，其每一个组成粒子都以不同的运动方式移动。但是，这就要求，“这部分物质中所有可想象的粒子——事实上，它们不可胜数——必须在某种程度上相互之间彼此发生位移；这样一种位移，不管多么微小，都是一种真实的分割”[69]。

诚然，笛卡尔认为实际上“某些物质粒子无限分割”这一
[lii] 断言是荒谬的，因为他声称我们有限的心灵无法理解这是如何发生的。因此，它是“无定限的”，分割“产生的部分是如此之多，以至于我们无论在思想上能分辨出一个多小的粒子，我总是明白，它实际上被分割成更小的粒子”。但是，从一开始莱布尼茨就不认同这种无定限，他在《抽象运动理论》中认为这种无定限“不存在于事物之中，而是存在于思维者之中”，并因此将其抛弃了。与笛卡尔的“无定限的粒子”不同，在他看来，分割最终带来的是现实无限小的部分。这些部分是“不可赋值的”，小到无法用与另一个可感知的积量的比值来表示，除非这个比值无限小于任何给定的比值。也就是说，它们是构成形体开端的不相等的点，是在同一瞬间进行不同努力的形体所穿过的点。

把笛卡尔的“无定限的粒子”解释为现实无限小量，这为上述第 3 节所探讨的莱布尼茨最初的连续体理论提供了依据。正如我在那里所解释的，莱布尼茨最初把这些不可赋值的点等同于不可分的点；但是，即使在 1672—1673 年冬，他拒绝了不可分的点之后，他仍然坚持认为存在着“无限小于任何给定的可感知的东西的某种东西”（Aiii5:98）。同时，正如我在第 4 节和第 5 节所解释的那样，他早先认为存在于不可分的点中的心灵在他在巴黎的最后一年的文章中再次出现了，每一个心灵此时都与一个不可毁灭的原子以及一个随之而来的涡旋联系在一起。

现在人们或许会认为，莱布尼茨回到原子论必然会使他放弃笛卡尔的充实论的形而上学，随之也会放弃从充实空间中的运动得出的关于物质现实无限分割的论点。然而，奇怪的是，事情却几乎完全相反：莱布尼茨反复地把充实空间中的运动的论点当成支持原子的理由。实际上，从他于 1675 年 12 月重新考察笛卡尔在《哲学原理》中关于它的实际措辞开始，这个论点似乎在他的思想中变得越来越重要了。在他的读书笔记中，他一如既往地反对笛卡尔把流体物质描述成“被无定限地分割”，坚持认为它“事实上可被运动分割成比任何可赋值的东西都要小的部分，因此是实无限”（Aiii15: 214）。也就是说，每一部分都将被一种与所有其他部分的运动不同的运动所激发，假定莱布尼茨的原则是“凝聚在一起的各个形体是联动的”，因此流体将缺乏任何内聚性：它会成为一种理想流体。但是，笛卡尔原以为在其环流的流体中可能包含着什么样的固体微粒呢？此时莱布尼茨似乎认为，考虑到周围流体对这些微粒的作用，以及在他看来每一种努力都是有效的（Aiii4: 95；Aiv267: 1400），任何固体都不可能保持凝聚，除非假定它是不可分割的：“如果没有原子，那么，给定一个充实空间，所有的一切就都会被溶解”（Aiii76: 525），“因为周围充实空间的液体物质会立即努力使其（每一个原子）消散，原因是，正如我可以轻易表明的那样，它妨碍了液体物质的运动”（Aiii60: 473）。 [liii]

因此，莱布尼茨被他自己的原则引向了一种本体论，在这种本体论中，只存在理想流体和理想固体。此外，笛卡尔的论点蕴含着这一点，即理想流体是由点构成的："从液体中的固体来看，我们似乎可以推知"，他在 1676 年 2 月《论崇高的秘密》（Aiii60: 473）中写道："完美的流体物质不过就是无限复多的点，也就是，比任何可指定的东西都要小的形体。"但是，如果这些点被解释为"完美的"或"形而上学的点"，也就是，最小量，这就意味着，"一种理想流体并不是一个连续体，而是离散的，也就是说，是复多的点"。这似乎又要求所有的物质都是离散的："因为即使我们假设它是固体，但就它是物质而言，当它的黏合剂——例如，运动，或其他诸如此类的东西——不复存在时，它就会沦为一种流动的状态，也就是，可分割的状态，我们由此可以推知，它是由点构成的。我的证明如下：每一种理想流体都是由点构成的，因为它可以被分解成点，而这一点我是通过流体中的固体的运动来证明的。"因此，莱布尼茨总结说，"物质是一种离散的存在，而不是一种连续的存在；它只是交接的，通过运动或通过某种心灵结合在了一起。"

这是对莱布尼茨的连续体思想的重大修正。物质是离散的交接的点或最小量的无限聚合。"因此我们并不能由此得知，连续体是由点构成的，因为流体物质不是一种真正的连续体，尽管空间是一种真正的连续体"，从而把空间和物质区分了开来。事实上，空间和时间中没有最小量（正如他在 1675 年 12 月《论物质、运动、最小量和连续体》中再次证明的那样）。

因此，莱布尼茨以前没有把从物质的现实无限分割中产生出来的点等同于最小量，而是等同于构成一个连续体的不可赋值的点，现在它们是最小量，但不构成一个真正的连续体。然而，像以前一样，对无限小量的理解绝对不是有极限论的。正如他以前把连续体中“无限小的东西”解释为“无限小于任何给定的可感知的东西的某种东西”（Aiii5: 98），所以，“世界中的世界”的学说并不仅仅意味着一种有限世界无定限地包含在另一种有限世界里，而且意味着分割成无限的点：“如果这一点是真的，即物质的任何一个部分，无论多么微小，都包含着无限多的受造物，也就是，都是一个世界，那么物质实际上也就被分割成无限多的点”（Aiii60: 474）。

但是，这种对无限分割的解释只是试探性的。甚至是当莱布尼茨试图探究其所有含义时，他也模棱两可。在《崇高的秘 [liv]
密》中，他表达了三种疑惑，而所有这些疑惑都将引起他进一步的反思。第一，他论证说，物质实际上被分割成无限的点，这蕴含着“物质的任一部分与其他任一部分都将是可通约的”（474）。在这种情况下，物质实际上分割成为点成立与否就会和化圆为方的可能性密切相关。正如我们接下来将要讨论的那样，莱布尼茨将在《无穷大的数》那篇影响深远的文章中讨论这个问题。第二，它蕴含着“无限的整体是一”（474），以及存在着无穷大的数这样的东西，这与他在《论最小量与最大量》中的证明相违背。但与之相反，根据充实空间中的运动得出的论证，如果无穷大的数是不可能的，那么，“液体［即理想液体］也是不可能的”（475）。第三，同样重要的是，莱布尼茨对理想流体和理想固体本身感到不满。根据从一开始就作为其物理学基础的霍布斯的原则，形体是不可能无限坚硬或流动的，而是以各种等级的黏稠度存在。因此，在这篇文章的开头，莱布尼茨想知道他能否证明他的原子“至少也是有弹性的”，也想知道是否存在“既不是固体也不是流体，而是就其本性而言介于固体和流体之间的形体”（473）。稍后，在这篇文章中，当他想要知道，液体“随着固体在其中的各种运动，是否会发生时而更多、时而更少的再分割”，是否会发生不“完美的”分割，即带来形而上学的点或最小量时，他抓住了这一线索并且第一次暗示了他对无限分割的新的理解（474）。

不过，这些疑惑起初只是鼓励他进一步用无限小量去做实验。也许液体的这种理想分割最终只是分割成“数学的点”或“卡瓦列里的不可分量”（474）。也许按照他的微积分的微分模型，存在着“无限小但却不可分割的”（475）实在的事物；因为几何学中关于无限和无限小的假设的前后一致和成功“增加了它们确实存在的可能性”（475）。就像线 l 可以是无限多个微分 dl 的和，所以 dl 可以表示为二阶微分 ddl 的和。因此，“世界中有无限多个世界”学说现在可以解释为蕴含着“无限有一个递增的次序”：正如我们的世界是有界的，但却无限大于这些无限小量，因此反过来，与另一个“无限大但却有界的”（475）世界相比，我们的世界也可以被设想为无限小。莱布尼茨得出结论说，这表明真正的无限或**广阔无垠**（immensum）

不同于**无界**。

在接下来的几个月里，莱布尼茨将把无界这一概念详细解释为无限的一个“较低级的”种。但是，早在《崇高的秘密》中，它就已经开始发挥作用了。在这篇文章的末尾（477），莱 [lv] 布尼茨回到了无穷大的数这个问题上来，并且一上来就概括了他在伽利略的启发下从《论最小量与最大量》中得出的关于它不可能的证明。他还论证说，在以有限大的差值递增的整数数列中，例如，1+3+5+7+ ...，“最后一个数字也将总是大于所有数字的数目”，这再次证明了无穷大的数是不可能的。但在他自己的一条注释中，他强调说，“这只能证明这样一种数列是无界的”（477）。当莱布尼茨在 4 月 10 日撰写的《无穷大的数》（Aiii69）的附言中又回到这个主题时，他对此做了详细阐述。“事实上”，他在文中指出，“这个数列并没有最后一个数字，因为它是无界的”（503）。最后，有人可能会认为，“不存在最后一个可以被写入数列的有穷大的数，尽管有可能存在一个无穷大的数”（504）。但是他对此回应说，“如果没有最后一个数字，那么就连这个无穷大的数也不可能存在。”

在一个无穷数列中没有最后一个数，更没有无穷大的数，这个结论与莱布尼茨在这个时候对微积分学所作的新的解释非常一致，这里有必要稍微离题来解释一下后者。莱布尼茨在 1675 年秋和 1676 年夏首次对微积分做了全面的论述，他写道，“当他的读者们正确地认识到这一点时，即每一个曲线图形都只是一个有着无数条无限小边的多边形，他们就会意识到这个领域被打开了多大。”[70] 当然，这些无限小的边就是他微积分中的微分，根据这个概念，任何曲线的长度现在都可以被表示为这些微分的无限“加和”(根据伯努利向莱布尼茨提出的建议，我们现在称之为积分)。类似的，该面积可以被表示为每个纵坐标和一个微分的乘积的无限加和。那么这些微分是现实无限小量吗？在 Aiii52 中，莱布尼茨简单给出了一个它们不可能是无限小的证明。如果一个像圆形这样的曲线图形近似于一个边长为 s 的 n 条边的内接正多边形，而且圆的长度 L（比方说）是通过增加这个多边形的边来计算的，那么我们可以证明，对于任何整数 n，L-ns 的误差将总是小于 s。因此，当 n 趋向于无限，边变成了一个微分时，如果微分被假定为无限小，那么“误差也会变得更小”。但这是不可能的，因此微分并不是无限小，而是 0。[71]

那么怎么理解微积分呢？如果微分就是“0”，那么通过微积分所得出的任何结果又怎么可能是真实的或有意义的呢？例如，如果这些边就是“0”，那么一个圆怎么可能是“一个有着无数条无限小边的多边形”？莱布尼茨的回答直截了当、清

[lvi] 晰而又深刻：圆，作为一个比任何可指定的多边形都要大的多边形，是一个虚构的存在。因此，“当我们就圆说到某些东西时”，他写道，“我们认为那些东西同样适用于任何多边形，这样就会有一个误差小于任何指定的量 a 的多边形，以及另一个误差小于任何其他确定的指定的量 b 的多边形。但是，即便可以说多边形以某种方式依序接近这样一个存在，也不会有这

样一个误差同时小于所有可指定的量 a 和 b 的多边形。”（498）因此这个圆是多边形序列的一种理想极限。如果这个序列中存在某种法则，那么，例如，随着 n 的增加，这个多边形的面积越来越接近 πr^2，“我们的心灵就会想象出某一最终的多边形；而且无论心灵在个别的多边形中看到什么东西变得越来越多，它都会宣称那种东西在这个最终的多边形中是完满的”（498）。因此，说单位圆的面积是 π，相当于说我们可以找到 π 在任何规定精度下的合理近似值，但不能把 π 表示为比值。莱布尼茨说，这与以下这个事实相一致，即尽管已经找到了可以根据期望的精确度来给出 π 的近似值的公式，但是还没有发现任何有理的求圆面积的方法。一个恰当的例子就是莱布尼茨所得出的 π/4 的表达式，他将其表示为无穷交错数列的和（现在被称作莱布尼茨级数）：1–1/3+1/5–1/7+1/9– ... 人们可以通过在（适当大的）有限数量的项之后截断这个数列，从而根据期望的精确度来得出 π 的一个有理的近似值。此外，剩余部分的绝对值总是小于最后一项。因此，根据 Aiii52 中同样的逻辑，如果假定最后一项无限小，那么剩余部分就会更小。

当然，“无限小量就是 0”的说法与莱布尼茨早前支持现实无限小量的观点相矛盾。因此人们可能会期待，他会提出一种比在 Aiii52 中概述的那种相当简洁的证明更加强有力的论证。**72** 而如果他有一个如此强有力的反驳现实无限小量的论证的话，我们就应该可以在莱布尼茨拒绝无限小的时候（至少）看到它的回声。有望充当这一论证的可能是我们早在上述

第 5 节中遇到过的他的“海格里斯论证”。正如莱布尼茨在 17 世纪 70 年代末写成的《形体不是实体》中所讲的那样，根据这一论证，“对任何人来说都无法知觉其存在与否的一切事物都不存在”（Aiv316）。既然无限小的事物“无法被知觉”，那么这将终结所有关于它们存在的争议。因为根据定义，无限小量或微分是一个比任何可以赋值或知觉的差值都要小的差值。
[lvii] 因此它就是 0。他放弃现实无限小量的第二个可能的理由，正如他在《论运动与物质》开头的讨论中所提出的，是运动的努力理论的崩溃。如果“努力是真正的运动，而不是无限小的运动”（Aiii68: 492），那么一种连续的运动就不可能像他早先描述的那样由它们构成。正如我下面所要讨论的，这似乎说服了莱布尼茨，使他完全放弃了运动的连续性，并随之放弃了根据无限小的运动定义的不等点理论。**73** 如果点不能被形体的无限小的运动所区分，那么所有的点都将是真正的欧几里得的最小量，它们无部分。这可以解释莱布尼茨在 Aiii69 中说的话，即他“已经表明”，0 是不可指定的，它在“没有部分，是一个末端”意义上只是一个点（498）。

但是，莱布尼茨早期支持无限小量的肯定性的论证是什么呢？在《论最小量与最大量》中，他论证说，即便当与一个角相对的线变得无限小，以致被截取的空间变得“无限小于任何可感知的空间，因此最终就是一个点”时，这个角仍然完好无损（Aiii5: 99）。因此，他推论说，在一个点上有量，也就是，这个角的量（99）。他在《无穷大的数》中重申了这个论点之后，现在对此提出了两个反对意见。第一，他论证说，除非有线，否则不可能有角；但即使这些线无限小，它们仍然是线，而且只要它们是线，就有可能对它们进一步缩减（Aiii69: 498）。**74** 第二，“一个角不是一个点的量”，因为，正如我们已经看到的那样，他“已经表明”，唯一的点就是欧几里得点，或仅仅是末端，也就是说，缺少量的东西（498）。因此，“角的量只不过就是正弦这一比例的量，无论产生这一比例的距离有多远，正弦都一样，所以，在我看来，角本身是一个虚构的存在”（498）。也就是说，如果一个角被认为是在边被无限缩减时仍然存在，或者对应的是比任何可赋值的线都要小的线，那么这个角就是一个虚构的存在。

回到无穷数列上来，现在莱布尼茨必须说明，一个没有最后一项的数列怎么可能会有一个有限大的和。就像他对角和圆的推理一样，他按照该推理提出了收敛无穷数列的和的定义，它本质上与今天微积分课本中关于部分和的定义一样：“每当有人说某个无穷数列有一个和时，我就会给出这样的观点，即他们所说的只不过是，任何具有相同规则的有穷数列都有一个和，而且误差总是随着数列的增加而减少，所以它会变得像我们所希望的那样小”（503）。

自然地，这种对无穷数列和无界线没有最后元素的新理解对无限分割同样有意义，而且在写完《无穷大的数》几天 [lviii]
后撰写的一篇文章中，我们看到莱布尼茨第一次承认了这一点：“如果我们假定我们所喜欢的任何形体实际上都可以被分解成更小的形体，也就是说，如果我们总是假定某些世界存在于其他世界之中，那么它是否因此可以被分割成最小的部分呢？因此，被无限分割不同于被分割成最小的部分，因为（在这样一种无限分割中）没有最后的部分，就像在一条无界的线上没有最后的点一样”（Aiii71: 513）。因此，莱布尼茨终于摆脱了迄今为止一直困扰着他对现实无限分割的理解的模棱两可。[75] 正如我们以上所见，就在最近的2月，他把“世界中的世界”这个论点理解成了将物质实际分割成点或最小量（Aiii60: 474）。但现在他认识到，并没有最小量：唯一不可赋值的是末端，例如，一条线的端点（Aiii69: 498）。因此，所有其他的世界中没有最后的世界，现实无限分割也没有最后的部分。正如他在11月所写的那样：“每一份物质实际上都被进一步分割成若干部分，所以没有哪一个形体小到它里面放不下一个拥有无限的受造物的世界。……然而，这并不意味着形体或空间被分割成了点，或时间被分割成了瞬间，因为不可分割的事物不是部分，而是部分的末端。这就是为什么，即使一切事物都被再分割，它们仍不会最终分解成最小的部分”（Aiii78: 565–566）。

这种思想倾向在1676年11月的《帕西迪乌斯与爱真理者的对话》（《第一运动哲学》）所提出的观点中达到了顶点，后一段引文就来自这篇文章。文中，帕西迪乌斯（代表莱布尼茨发言）提出了一个有启发性的类比来解释他关于连续体的分割的新观念：

> 如果假定存在完美的流体，则不可否认存在最细微的分割，即分割成最小的部分；但即使一个在每个地方都有弹性、但也不是没有一定的在每个地方都不等的抵抗力的形体，仍然有凝聚的部分，尽管这些部分以不同的方式打开和折叠。因此，连续体的分割不应该被认为是像把沙子分成沙粒那样，而是应该被认为是把一张纸或一件长袍分成褶皱那样。因此，尽管有的褶皱比其他数量无限的褶皱都要小，但是一个形体永远都不会因此分解成点或最小部分。相反，每一种液体都有一定的黏性，所以，尽管它被撕成了部分，但这些部分的所有部分并没有全部再次被撕成部分；相反，它们只是在一段时间内具有某种确定的形式，然后就变形了；然而，以这种方式，它们并没有完全分解成点，即使任何一个点 [lix]
> 通过运动与其他点区别了开来。(Aiii78: 555)

从这个观点来看，物质的各个部分都具有固有的弹性。对莱布尼茨来说，这本身并不是一个新观点。在《新物理学假说》中，这个观点得到了大力提倡，1676年，他在巴黎时仍然觉得这个观点很有吸引力，即便当时他在提倡原子（Aiii60: 473，474）。[76] 但是，在这里，这个观点与这一新的无休止分割的概念结合在一起，形成了一种动态的连续体的概念：在每一瞬间，物质的各个部分都通过它自身适当的运动而个体化，而随着时间的推移，每一部分都可能保持其形状或发生变化。

因此在一瞬间有一种无限分割，在下一瞬间又有另一种无限分割，就像一张经历连续无限次的折叠和再折叠的纸一样。这些无限分割可以用收敛无穷数列模型来表示，例如芝诺级数，1/2+1/4+1/8+ ...，或者用连分数模型来表示。另一方面，这种物质褶皱的形象很可能起源于培根哲学。莱布尼茨认为，它是在伽森狄的“理想固体”和笛卡尔的“理想流体”之间达成的一种折中的办法（Aiii78: 554）。培根在他的《浓密与稀薄的来历》（1658 年）中也写道：“在浓密与稀薄的界限之间，存在着物质的褶皱，物质通过它折叠和展开，而不会产生真空。”[77]但我一直没有找到培根在格言本身之外对这一概念所作的进一步的阐发。

但是，这个无限分割的概念却有一个困难。那便是要弄明白，如果“任何一个点通过运动与其他点区别了开来”，那么物质究竟为什么不被最终分割成点。莱布尼茨似乎想要两者兼得：让物质的每一部分都通过其内部的不同运动而被无限地再分割，但“这些部分的所有部分并没有全部再次被撕成部分”，相反，“它们只是在一段时间内具有某种确定的形式，然后就变形了”[78]。

我认为，这一困难的部分解决可以在“物质的一部分”这个概念中找到。根据笛卡尔的观点，部分是由它自身适当的运动而个体化的。然而，这并不排除内部存在其他不同的运动。正如笛卡尔在其《哲学原理》中所写的那样：“所谓一个‘物体’或‘物质的一部分’，我的理解是所有一起被转移的东西，尽管这可能是由许多相对于彼此具有不同运动的部分构成的”(PrinciplesII，§25；AT VIII.1 53–54)。莱布尼茨早期的内聚性理论也给出了同样的结果，正如他在1672—1673年的《某些物理学命题》命题14中这样说道：

> 很显然，一个形体通过它自身的某种运动或特殊努力而成为一个确定的、单一的、特殊的、与其他东西不同的形体，如果缺乏这一点，它就不是一个独立的形体，而是[将会有]一个与它凝聚在一起的连续的形体，只有通过连续的形体的运动，它才被移动。而这就是我在其他地方说过的，即内聚性来自努力或运动，那些随着一种运动而移动的事物应该被理解为彼此凝聚在一起。(Aiii2: 28) [lx]

正如我们所看到的，这种内聚性理论的地位在1676年春进入了不稳定状态，当时莱布尼茨正在漫不经心地考虑这样一个观念，即固体是由一种心灵而结合起来的。因此这里提出“物质褶皱”理论似乎标志着向早期观点的回归。正如莱布尼茨将其早期论文的世界或小球设想为随着某种（旋转）运动而移动，但其内部却有各种各样的运动，所以在这里，物质或物体的部分就是那些随着共同的运动而移动的，每一个内部又都包含着各种各样的运动的部分。在每一种情况下，正是内部的运动解释了形体的弹性，因此也解释了它的黏性或内聚性。但是这种黏性或内聚性是一个程度问题。正如莱布尼茨在《论现存世界》中所解释的那样，世界上的每一个可指定的点都受到不同于任何其他点的搅动，无论其他点多么靠近它，但另一方面，“没有一个点的运动不与世界上其他给定的点有共同的运动；按照前面的说法，一切形体都是流动的；按照后面的说法，一切形体都凝聚在一起。但是，只要一种共同或固有运动或多或少可以被观察到，我们就可以把一种形体称作固体，或单独的形体，甚或流体”（Aiv301: 1511）。

因此，在某种意义上，尽管物质实际上被其内部的运动分割成的这些部分是离散的，但是“任一形体的各个部分都构成一个连续体”，正如莱布尼茨在《形而上的定义与反思》（Aiv267: 1401）中所解释的那样：“因为一个统一体总是在不破坏复多性的情况下尽可能地持续下去，而如果形体被理解为是折叠的而不是被分割的，这种情况就会发生。”但是，这与其说是解决了“形体是如何构成统一体的”这一问题，不如说是突出强调了这个问题。因为一个形体在折叠和展开成多个部分的同时仍是一个形体，这种主张需要对能够容纳这种复多性的形体的统一性作出某种解释，而这是内聚性理论显然不能提供的。莱布尼茨需要的是支配这些分割和运动的形体内部的某种原则。根据他在 1678 年后的表述，物质是“受动的原则”，也就是，每一个事物中支配着它如何被作用的原则。现在所有的受动都是通过分割产生的；但是，除非形体内部存在着某种与分割相伴而生的法则，否则它内部没有任何能使之成为一体的东西。“凡是想寻找事物的原初起源的，”他写道，“都必须研究事物是如何被分割成各个部分的，以及其中的哪个部分是运动的。”（Aiv267: 1401）莱布尼茨的早期努力在 Aiii58 和 Aiii68 中得到了很好的体现，在那里他努力想要从物质守恒中推导出运动守恒。但是当他在1678—1680 年前后完成 Aiv267 时，他已经发现，尽管一个形体的分割具有复多性，但仍然统一的关键不是运动量的守恒，而是力的守恒。根据他的研究，他写道：“统一性必定总是尽可能地与复多性结合在一起。因此，我认为，物质并不像有些人所认为的那样被分割成大小相等的各个部分，或被分割成速度相等的各个部分，而是被分割成力量相等、大小与速度不等（确切地说，速度与积量成反比）的各个部分。”（1401） [lxi]

尽管物质内部的运动产生了无限的多样性，但物质却具有统一性，这是如何可能的，这个问题既深刻又复杂，我在这里还无法对此给予适当的回答。在莱布尼茨看来，这与重新唤起实体形式或灵魂的想法密切相关。因为，正如他在谈到上面引用的“统一性中的复多性”原则时所说的那样，“凡是能够充分理解这个命题的人，都会嘲笑那些关于灵魂之座的徒劳无益的问题”（1401）。但是，实体形式的重新引入开启了莱布尼茨关于必须承认物质中有非物质的“统一性原则”的论点，这是下一节的主题。

7. 无限的聚合体：形体、空间和实体

莱布尼茨对连续体的新解释不仅对他关于物质的理解，而且对他的整个形而上学都有着深远的影响。从 1676 年他的“巴黎之春”开始，以及随后十年的大部分时间里，他耗费了很大精力来阐释一种可以与之相适应的实体理论。他的一些论点直接以他的那个现实无限分割的新概念为前提；但是，从他对连续量的最新分析中，还可以得出一条更微妙和深刻的论证思路，以及这个思路对一般意义上的积量和整体的性质的影响。随着我们在本节解开这些线索，莱布尼茨关于连续体问题与其成熟哲学之形成的关联的一些评论的相关性就会变得明显起来。

关于物质的现实无限分割，这三个考虑似乎特别相关。第一，这种分割本身是无限的。鉴于莱布尼茨拒绝无穷大的[基]数，这意味着部分没有可指定的数目。如果每一个形体或物质的每一部分都进一步被分割，那么任何形体都不能被认为是其
[lxii] 各个部分的一个完整的集合。第二，由于这种分割没有一个下限，也就是说，没有最小量，没有原子，那么每一个形体就是各个部分的一个聚合体，而各个部分本身也是形体。所以每一个部分都是一个聚合体，但任何部分都不是一个单元，因为被分割的东西不是真正的一。因此，物质只有一种偶然的统一性。第三，因为物质的分割是由其部分的瞬时运动决定的，而且因为这些部分由于充实空间的作用而不断变化，因此任何部

分保持完全同一的时间不会超过一瞬间，部分的聚合体从一瞬间到另一瞬间不断变化。所以物质在时间中也就只有一种偶然的统一性；这同样适用于普遍空间，或位置的聚合体。因此，莱布尼茨得出结论说，只要任一给定的形体具有一种实在的统一性，那么对空间中的这种统一性和时间中的自我同一性和连续性负责的就必定是某种非物质的东西。否则，如果形体仅仅是物质的，如果形体只在于其规定性为大小、形状和运动的广延或物质团块，这不足以使它成为一个真正的统一体或实体，它将是一种纯粹的现象。正如我们将看到的那样，这个结论随后得到了这样的论点的强化，即大小、形状或运动都“包含着某种想象的东西”。

第一条推理思路可以在《无穷大的数》这篇文章的结尾处看到，如上所述，莱布尼茨在文末得出结论说，不存在无穷大的数这样的东西。而这意味着，一种无限的聚合体不能被视作一个整体。因为，假设一条无界的线被分割成若干部分，并且每一个分割点都被赋予一个数字，而这个数字比赋予前面一个点的数字大 1。那么“项数当然就是这个数列的最后一个数字”；但是并没有这样的数字。因此，莱布尼茨得出结论说，要么“不存在无限的复多性”，在这种情况下，宇宙中将只有有限数量的事物，这与亚里士多德的观点一致（莱布尼茨不想接受这一结论），要么，“我们必须这样说，无限多的事物不是一个整体，也就是说，不存在无限多的事物的聚合体”（Aiii69: 503）。

这里我们可以看到莱布尼茨对现实无限的这一他此后坚持的独特解释的起源。根据这个微妙的观点，虽然没有无穷大的数，但却有现实无限的被造物。也就是说，事物有着数不胜数的复多性，但是这种无限是一种周延性的无限，而不是一种集合性的无限。[79] 不存在一个完全的集合这一意义上的无限的聚合体。正如他在 1699 年给伯努利的信中所写的那样："我承认项的这种无限复多性，但这种复多性并不构成一个数字或一个单一的整体。它只表示项数多到了不可以用数字来赋值的程
[lxiii] 度。正因为如此，所有数字都有一种复多性和复杂性，但这种复多性却不是一个数字或一个单一的整体"（GM.iii.575）。所以说宇宙中存在着现实无限多的事物，也就相当于说无论一个人说出的数字有多大，宇宙中事物的数量会更大。[80] 同样，任何形体中物质的部分（或形体）的数量要大于任何给定的数字。在《被造物实际上无限多》这篇文章中，莱布尼茨就此明确提出了这一论点："既然任何形体都要被其他形体所作用，那么任何形体实际上都被分割成几个部分。而根据形体的定义，一个形体的任何一个部分都是一个形体。所以，形体实际上无限多，也就是说，我们可以找到的形体远多于任意给定的数字中所包含的 1"（Aiv266）。他早在 1680 年就由此得出结论说："除非有某种形式，否则形体不可能成为一个存在，因为我们无法指定它的任何一个部分，它的任何一个部分都将由其他部分组成，因此我们无法指定形体中的任何一个东西，并将其称之为这个某物，或某一物。"（Aiv365: 1988）这例证了

反对上述纯粹物质的整体的第二种论证思路。

莱布尼茨的第三种论证思路——一个形体不会随着时间的推移而保持自我同一，因为它一直都在进行连续的变化——在 1676 年《无穷大的数》（Aiii69）这篇文章中也有提及。在那篇文章中，在关于不可通约性和积量的本性的长篇大论（我们将在下面讨论）的末尾，他得出结论说："整体只在许多事物可以从一个事物中产生时才存在。但是，从一个事物中产生意味着仍然保留一些东西。"（503）然而，只要物质是由其各自的运动所规定的各部分的聚合体，它就不会保持同一。正如他在 3 月 18 日所写的那样，"我们可以很容易地证明，物质本身永远都在消亡，或者说，变成一个又一个的事物"（Aiii36: 391）。同样的道理也适用于被视作位置的总体的空间，因为空间的各个部分也只有通过其中所包含的物质的运动才能被区别开来。因为"只要它能够被形体分割成各种形状的空的和满的部分，即只要它的部分能够发生改变，并被其他部分所消灭和取代，那么空间本身就是一个由于偶性的整体或存在，它不断地变化，不断地变成不同的东西"（391）。

让我们首先把这个论点应用于空间。由于其部分的这种连续的变化，莱布尼茨论证说，空间中必定存在着某种随着这些变化而保存下来的东西，否则它就不可能被称作同一空间。在 3 月 18 日的笔记中，莱布尼茨明确地把那种东西认作是"上帝的广阔无垠，即一种不仅单一、不可分割而且广阔无垠的属性"（Aiii36: 391）。大约一个月之后，莱布尼茨对此做了详

细阐述，莱布尼茨把那种东西称作“广阔无垠者”，把它认作
[lxiv] 是“由于自身的广延物”，它有样式但没有部分：“根据空间可被分割成部分这一根本事实，空间是可变的，而且能够以不同的方式被分割；确实，它的一个部分连续不断地接着另一个部分。但是，空间的基础，即那种广延物本身，是不可分割的，并且在变化中保持不变；它不会变化，因为它贯穿一切。……在空间不断变化的过程中持续存在的就是广阔无垠者”（Aiii74: 519）。位置并不是它的部分，而是由物质——“物质团块，或质量”——的添加所产生的它的样态。一旦添加了物质，它也就“产生了空间、位置和间隔，而它们的聚合体就是普遍空间”（519）。因此普遍空间就是位置的聚合体，正如心灵的共和国是个体心灵的聚合体一样[81]，而神圣的心灵之于我们的心灵，就像广阔无垠者或“实在空间”之于普遍空间（519）。

现在人们可能会认为，一旦莱布尼茨阐释了他的时空关系理论，即空间是位置的次序，时间是先后的次序，这种对“实在空间”的承诺就有可能会消失。在这一点上，比较 Aiii74 与 Aiv321 不失为一件有意思的事情。后者是 17 世纪 80 年代末的一篇文章，它一上来就认为关系理论是理所当然的，时间和空间是“实在的关系，或存在的秩序”。然而，作为实在的关系，它们必定有一个实在的基础[82]，莱布尼茨宣称，正如他在 1676 年那篇文章中所作的那样，这个时间和空间的基础是神圣的积量，也就是说，分别是永恒和广阔无垠。[83] 还是像以前一样，广阔无垠或实在空间被描述成了“单一的、不可分

割的、不变的东西”：它只是通过添加某种实体性的东西才被分割成了若干部分。只不过现在需要添加的，并非直接就是物质，而是等同于欲望的努力：当这种努力被添加到空间中，“它就会产生现有的实体，并因此产生物质，即无限多的统一体的聚合体”（Aiv321）。空间，就其本身而言，“不仅包含着实存的事物，也包含着可能的事物”；当空间被其内部的运动或努力所分割时，它只不过是现有事物的一种特殊秩序。[84] 这预示着莱布尼茨对其成熟时期的观点的表述，例如他在《对傅歇的反对意见的评论》（G. iv. 490）以及 1702 年写给皮埃尔·倍尔（Pierre Bayle）的信中的表述。[85]

回到莱布尼茨于 1676 年 3 月和 4 月对“空间的基础”的必要性的反思，我们发现他就物质得出了类似结论。如果普遍空间是一个偶然的存在，而不是一个永恒的存在者，因为它连续不断地变化，那么物质也是如此，它“永远都在不断地变成一个又一个的事物”（Aiii36: 392）。但是，正如广阔无垠者在空间形式的变化中持续存在一样，因此同样，形体中也有某种“不像形体的形式那样受变化的影响”的神圣和永恒的东西，也就是，上帝的全能（392）。当然，即使每一个形体都必定包含这样一种永恒的成分，每一种形体也并不都是永恒的。特别是，聚合体不是永恒的，它们就像位置和形状一样，是可以被摧毁的。莱布尼茨论证说，这是因为“无论什么，只要它受动并且不活动，它就有可能被摧毁”。另一方面，“无论什么，只要它活动，它就不可能被摧毁，因为只要它活动，它至少就会 [lxv]

持续存在，因此它将永远持续存在”（Aiii74: 521）。那么，莱布尼茨认为那个永远活动和持续的东西是什么呢？从上下文可以得知，他指的是心灵。“某些基本要素，即不可摧毁的形体[也就是，原子]”，他论证说，“之所以存在正是因为它们有心灵”（521）。同样地，在 Aiii69 中，莱布尼茨明确地论证说，在物质变化中持续存在的东西不一定是物质，而“可能是理解某种关系的心灵本身”（503）。简言之，倘若形体中没有心灵，就不会有原子，因此物质中也就不会有任何不可摧毁的东西。

但是，按照这种逻辑，人们就没必要非得假定原子：因为只要形体中有心灵，就会有某种不可摧毁的东西，即使形体——仅仅被认为是物质的——只是聚合而成的存在，因而不是永远持续下去的整体。1676 年春，莱布尼茨坚信一种有形的统一体必定是一种“理想固体”：原子就像通过某种“粘合剂”那样“通过运动或某种心灵”结合在了一起。因此，既然心灵是永恒的和不可摧毁的，原子也是永恒的和不可摧毁的，有多少心灵，就有多少理想固体。但是，如果这些固体中有一个没有心灵，那么由于周围充实空间的作用，这个固体就会立刻开始瓦解。实际上，在任何地方都没有任何东西能够阻止这种瓦解，所以原子的物质就会一直分解至点，即构成一种理想流体的无限多的尘埃。

然而，一旦莱布尼茨放弃了理想固体和理想流体的本体，另一种选择就出现了。如果物质对分割有各种不同程度的抵抗，那么一个给定的形体就可能通过不同的内部分割而对充实空间的作用作出反应，表现为弹性。而且，一旦他在 1678 年发现了活力守恒，形体在这些变化中的统一性就可以归因于一种内在的力。这些都是莱布尼茨在 1679 年前后重建实体形式的必要因素。这些形式被认为与表现为活力的原初能动的力等同，它们发挥的作用与形体中的心灵之前所发挥的作用相同。它们是永恒存在的物质的组织原则，对物质从一瞬间到另一瞬间的不同分割负责。每一个形体要么是一个由这样一种实体形式统一起来的实在的存在，要么是这些存在的一种聚合体，就像以前每一个形体要么是一种由心灵统一起来的原子，要么是原子的聚合体一样。不同之处在于，从一瞬间到另一瞬间，由实体形式统一起来的物质并不一定是同一物质，所以莱布尼茨现在可以毫无阻碍地拒绝原子了。每一个灵魂都是不朽的，每一个灵魂都是有形体的，但并不存在于那份本身不可毁灭的物质中。与其当前的形体在一起的灵魂是一种有形的实体，这些实体性的原子，就像莱布尼茨以前那些包含心灵的原子一样，分有神的全知全能。每一种有形的实体，就像 1676 年春的每一种心灵一样，是“混乱的全知”：之所以“全知”，是因为它受到宇宙中的所有其他形体的作用［它“感知到所有的努力，并通过它自身的形体来接受它们”（Aiii36: 393）］，之所以是“混乱的”，是因为它所接受的所有这些努力结合在一起(或“融合在一起”）而成为一种合成的努力。它也是“散乱的全能”，之所以“全能”，是因为它作用于所有其他事物，之所以是“散乱的”，是因为“它的活动因以相反的方式活动的事物而散乱 [lxvi]

了”（Aiv267，Aiv279）。但是，知觉混乱和活动散乱是程度问题。因此一切事物在一定程度上都能知觉和活动：除了上帝之外，没有任何纯粹的无形体的心智，同样，也没有任何纯粹被动的形体：所有的一切都能感知和活动，因而都是有机的。但由此可以得出，不可能存在原子。因为，为了感知，一个形体就必须能够被作用。但是，所有受动的情况都要通过分割产生，原子在原则上是不可分割的。86 而“存在不能被作用或不能有感觉的形体是荒谬的”（Aiv267: 1399）。因此，“每一个形体都是有机的，也就是说，实际上都被分割成更小的自身有其特定运动的部分，所以不存在原子”（1398）。

所以，促使莱布尼茨引入原子的理由，现在，按照他有所修正的关于现实无限分割的解释，又不可避免地促成了他对原子的排斥。在物质的每一部分中，心灵类似物并不需要一个原子的外壳，而是相反，需要一个典型的可塑的外壳。它们需要被包含在一个有机体中，这个有机体能够通过进行不同的内部再分割和折叠而对其受到的一切作用作出反应。因此，“根本就没有什么原子，相反，每个部分还有很多实际上彼此分离、受不同运动所激发的部分，或许我们还可以由此得出这样的结论，即每个形体无论多么小，实际上都有无限的部分，因此，在每一粒粉末中，都有一个由无数的受造物组成的世界”（Aiv312: 1623）。

因此，从连续体的这些困难中得出的这个论点对莱布尼茨提出他新的实体理论起了至关重要的作用。下面这段话很好地概括了这个论点：

> 我要说明的是，因为如果我们认为物质团块是一种实体，那么我们就会因为连续体的迷宫而陷入矛盾。关于这一点，最重要的是，我们必须考虑到，第一，不可能有原子，因为它们与神的智慧相抵触；第二，形体实际上被分割成无限多的部分，而不是点。因此，任何人 [lxvii] 都没有办法指定一个形体，或更确切地说，任何一份物质，无论如何，它只是一个由于偶性的存在，甚至可以说，它处在永恒的流变当中。（Aiv316）

概言之，如果物质只是由物质团块构成的，那也就不会有任何物质的单元，而只能是部分中还有部分这样一种无限倒退，没有未分割的整体。再者，如果物质只是由物质团块构成的，那么这些部分的每一个部分都将是短暂的，而构成它的那些部分，由于规定它们的运动不断变化，也只能延续一瞬间。

有必要强调的是这种论点的假设性质。因为有些评论家认为莱布尼茨的“物质和运动都只是现象”和“形体不是实体而只是一种存在样式或一致的显象”的主张是对现象论的一种承诺。尤其是罗伯特·梅里修·亚当斯（Robert Merrihew Adams），他曾以此来论证说，用后一个主张作为标题的那个片段，一定是在莱布尼茨于1679年复活实体形式之前写的。[87] 但是，莱布尼茨在那里煞费苦心地指出，他的结论只适用于“德谟克利特在别处称之为物质团块”的那种东西意义上的形体，而不适用于由“物质和某种可理解的形式”组成的形体（Aiv316）。因此那个片段的逻辑（我会对此加以论证，参见 Aiv277），与他在引入了实体形式之后撰写的手稿中呈现的推理完全一致；确实，这是支持引入实体形式的理由之一！例如，来自 Aiv267 的这段话（1678—1680 年前后），在那里莱布尼茨为他的“实体形式，或灵魂，是统一性与绵延的原则，物质是复多性与变化的原则”这一论断做了辩护，他说道：

> 因为我们曾经说过，形体实际上被分割成若干部分，每个部分都被不同的运动所搅动，出于同样的理由，每个部分还被分割，所以毫无疑问，如果我们只考虑物质，我们根本找不到与另一个点永远在一起的那样一个点，也找不到形体将与自身保持同一的那样一个瞬间；我们永远都没有理由说，形体是一个统一体，它不止是一个点，并且可以长时间保持同一。既然点和瞬间本身不是某种事物，而是事物的边界，即样式，那么我们可以得出这样的结论，如果形体中只有物质，那么它也就没有实在性或完满性可言。但如果形体中只有形式，它也不会有任何变化和不完满可言。（Aiv267: 1399）

这里所断言的推论与事实相反。莱布尼茨并不相信物质实
[lxviii] 际上化为了“一堆点”，他也不相信没有持续时间超过一瞬间的统一体。他的论证是一种**否定后件的假言推理**，而其结论

是，与笛卡尔主义者和伽森狄主义者的观点相反，物质并不只包括物质团块，除了广延、运动、形状和积量之外，形体中必定还有某种东西。也就是说，除非我们承认存在某种其他原则来解释物质的统一性和绵延，否则，作为迷宫的结果，物质——以及空间——将会沦为一堆点，每一个物质的持续时间都不会超过一瞬间。形体除了一个知觉的心灵所提供的统一性之外将不会有空间或时间的统一性，因而将仅仅是一种现象上的统一性。

莱布尼茨还对物质事物的其他两种规定性——运动和形状——提出了批评，以补充对通常的形体概念的不足之处的考虑。他关于运动的现象性的论证，我们将在下一节讲述，我们在下一节还将考虑运动的不连续性对其关于数学图形的构想的影响。而作为无限分割的直接推论，莱布尼茨还推导出了形状的现象性。“形体没有确切的、固定的形状，”他在1686年的一篇文章中写道，“因为其部分实际上被无限分割。”因为，尽管我们在每一瞬间都可以画出一条想象的线，但是“这条线只能在这一瞬间以同样的部分持存，因为……每个部分都有着与其他部分不同的运动。因此，根本就不存在一定时间内有某一形状的形体，不管时间多么短”（Aiv310）。这个论点在同一年的《发现的标本》中再次出现：“由于任何形体都不会小到实际上不能被分割成受不同的运动所激发的部分，所以任何一个有规定的形状都不可能指派给任何一个形体，事物的本性中也找不到一条精确的直线、圆或形体任何其他可指定的形状”

（Aiv312: 1622）。因此，“形状包含着某种想象的东西，任何其他别的利剑都无法斩断这个我们自身由于误解了连续体的构成所打的死结”（1622）。

当然，所有这一切都以莱布尼茨关于物质现实无限分割的论点为前提：如果物质只包括物质团块，那么——假定它实际上被无限分割——它将是一种纯粹的现象。尽管他认为，物质现实无限分割是笛卡尔对运动的分析所得出的一个必然结论，但莱布尼茨还有另一条不以此为前提的论证思路，这条论证思路仍然表明，广延“概念并不像人们普遍认为的那样清楚明白”，尤其是不像科尔德穆瓦（Cordemoy）等以物质团块为基础的那些人所认为的那样。这个推理建立在他的个体化原则之上。他在 1676 年 3 月 18 日的文章中提到了这一点，他写道：“既然正如我在别处根据万物的个体化原则所指出的那样，物质只存在于关系之中，那么物质永远都在不断地变成一个又一
[lxix] 个的事物。”（Aiii36: 392）4 月 1 日，为了证明形体中有心灵的必要性，他又回到了个体化原则。根据这个原则，每一个体事物都必定包含着某种随时都将它标记为同一事物的东西。但是，如果物质是纯粹同质性的，那么物质的两个相同的部分就可能以不同的方式产生出来。例如，一个“正方形的”原子可能会通过两个三角形的组合而产生出来，另一个同样的正方形则可能通过两个长方形的组合而产生出来。另一方面，“如果我们承认两个不同的事物在某些方面还总是不同，我们就会推知，在任何物质中，都存在着某种东西，即心灵，它保留了前

因的结果”(Aiii67: 49; DSR 50–51)。莱布尼茨在他关于科尔德穆瓦的批评性的笔记中给出了几乎相同的论证，他总结道：“毫无疑问，它们现在的样子没有任何区别，除非我们假定在形体中除了广延之外还有别的东西；确切地说，只能通过对它们先前状态的记忆来区分它们，而在形体中没有这样的东西。”当然，不同之处在于，1676 年 4 月莱布尼茨支持包含心灵的原子，理由是不可能有不包含心灵的持续存在的形体；1685 年他反对科尔德穆瓦的原子（被认为纯粹的广延或物质团块的单元），理由是不可能有不包含心灵（或某种至少类似于心灵的东西）——也就是说，某种能够活动、保持对其先前状况的回忆的东西——的持续存在的形体。

这两条进攻路线——从无限分割出发所进行的论证和从个体化原则出发所进行的论证——在那篇据我推测来自汉诺威时期早期的文章《不存在一个形体这样的东西》(Aiv278; 1678–1679）中明显可见。有趣的是，莱布尼茨在写这篇文章的中途似乎意识到，这两条进攻路线是两个独立的论证思路。为了证明标题中所宣布的结论，他引证了三个公理，其中第二个原本是，“任何一个形体实际上都被分割为几个部分，而部分同样也是形体”。正如我们已经看到的那样，从这个前提可以得知，物质是一种无限的聚合体，因而不是一个真正的整体。莱布尼茨将由此推断，“不存在一个形体这样的东西”，因此，“要么形体仅仅是现象，不是真正的实体，要么形体除了广延之外还有其他属性”(Aiv278)。但是，当莱布尼茨构建证明时，他意识到，这个结论仅仅来自于另外两个公理［他将它们重新编号为（1）和（2）］“——假如承认仅仅接触并不能形成一个存在”。公理（1）是，“那些并不比柴火或木桩堆中的木头和一块摞着一块的砖块有着更多统一性的东西严格来讲不是一个存在，而是若干存在，尽管它们被认为可以使用同一个名称。”公理（2）是，形体仅在于“广延，即有部分的东西”。
[lxx] 这里的论证与他在关于科德穆瓦的批评性的笔记中给出的论证相同：“如果我们这样去设想，即两个相等的三棱柱（没有被进一步再分割）构成了一个立方体，如果它们只是通过它们的顶点彼此接触，也就是说，只在点上彼此接触，那么它们不会形成一个新的存在。”莱布尼茨声称，无论两个形体在一起移动，还是仅仅在它们被考虑的那一瞬间接触，情况都是如此。

事实上，莱布尼茨在 1685 年的一系列定义中写道，构成一个整体的各个部分甚至没必要“同时存在，也没有必要在同一个地方存在；只要它们被同时考虑就足够了。因此，把所有的罗马皇帝摆在一起，我们从中构建了一个集合。但实际上，任何实在的存在都不是由复数个部分构成的，也就是说，任何实体都是不可分的，那些有部分的事物不是实在的存在，而只是现象”（Aiv147: 627）。他在那个时期的其他文章中也有类似的说法。为了使所说的各个部分真正属于同一整体，属于同一实体，就有必要有一种实体形式，一个作为不断变化之现象的基础的原则：“毫无疑问，那些缺乏这些形式的东西并不是单一存在，而是一堆柴薪。实际上，它们并不是实在的存在，最多只能算是彩虹或幻日这样的东西。无疑，它们不可能保持同一，哪怕是一瞬间，而真正的实体在变化中持续存在。”（Aiv147: 627–628）

当然，如果一切有部分的事物都是一种纯粹的现象，莱布尼茨就不需要从物质聚合体的现实无限性出发，进行一连串的论证了。所以在他成熟的作品中，从他于 1686 年与阿尔诺的通信开始，“统一体和实体可以互换”这一公理——“不是真正**一体的**存在的事物也就不是真正一体的**存在**”——得到了优先考虑。88 现在人们可能会认为，这整个的论证思路，即聚合体存在于我们考虑事物的方式之中，完全不同于连续体问题。但事实上，在莱布尼茨的思想中，对聚合而成的整体的这种解释和他对积量与连续性的解释有着非常深刻的联系。这在莱布尼茨的《无穷大的数》这篇文章（Aiii69）中讨论数学的不可公度量时特别明显，所以有必要回到那篇文章来进一步论证。

在 1676 年 2 月的《崇高的秘密》中，莱布尼茨提出，物质实际上被分割成点或现实无限小量，这意味着任一部分与任一其他部分都是可公度的，这反过来又似乎意味着圆具有可平方性，“如果它存在的话”（Aiii60: 474）。这就是那年 4 月他打算在《无穷大的数》中所要探索的，在那篇文章中，他的推理似乎是这样的。如果一个圆存在而且是可平方的，这意味着 [lxxi]
它应该可以表示为无限小面积 y_1dx 的无限加和，而 y_1dx 与相应正方形的面积元素 y_2dx 的比，即 $y_1 : y_2$，必定是有理数——

或者，他自己更正说，必定是“无穷大的数与无穷大的数的比”。他所说的“无穷大的数与无穷大的数的比”显然是指像 $\sqrt[3]{2}$ 这样需要无限展开的无理根。相反，如果可以表明，圆的直径和正方形的边没有公度，甚至没有无限小的公度，那么这种化圆为方的方法就是不可能的，并由此推知，“圆的积量就不能用任何次幂的等式来表示”（Aiii69: 498）；或者正如我们所说的那样，这将证明 π 是一个超越数。

莱布尼茨并没有证明这个结果。尽管如此，他似乎认为没有无限小的公度是理所当然的，因此这意味着圆是一个其积量不可以用代数方法来表示的图形。这似乎鼓励他逐渐形成了作为虚构存在的圆的概念。不管怎么说，莱布尼茨甚至没有停下来开始一个新的段落，便投入到了对上述新概念的系统阐述中，而圆在这里被视作多边形序列的一种理想的极限。这个概念的关键是贯穿这一以圆为极限情况的序列的级数法则。正如我们已经看到的那样，同样的见解使他可以在不假设现实无限小线的情况下用一种不直接言明的极限法来重新定义角，并且使他可以（直截了当地）把收敛级数的和定义为由具有同一规律的级数的部分和所构成的序列的极限。因此，无限加和不能被认为是各个部分的完整的集合，任何几何量也不能被认为是现实无限小量的集合。[89]

正如莱布尼茨在这篇文章的其余部分开始探讨的那样，这对“积量”和“整体”的意义具有重要的影响。1671 年，他还天真地把积量定义成了一个事物的“部分的复多性”[90]，虽然他“后来认为这是毫无价值的，除非人们确定这些部分是相等的，或者有一定的比例”（Aiii64: 482; DSR 36–37）。但是，现在他却面对着这样的结果，即一个连续的量一定比其无限小部分的和还要多。如果把一条曲线看成是由无限多的无限小的直边组成的，那么，无论取多少条边，它们加起来也不等于整体；毋宁说，就像连续序列的和那样，这个和是它们连续聚合所达到的一种极限。因此莱布尼茨得出结论说，“在连续体中，最大量是某种事物，最小量则不是；……在连续体中，整体优先于部分；……不存在最大的数，也不存在最短的线”（Aiii69: 502）。**91**

那么其他不可公度的线呢？例如，对角线和正方形的边？即使我们不能用任何次幂的等式来表示圆的积量，我们也可以用这些东西的比例来表示。在这里莱布尼茨回答说，如果这样一个比例是用数字表示的，就像以小数展开式的形式那样，“这同样需要无限多的数字”，因为不可公度量的展开式决不可能终止或重复。但在那种情况下，由于没有第无限个数，那么这个比例的大小是多少呢？莱布尼茨认识到，他可以给出与解决角的问题相类似的解决办法：比例“本身只不过是分割的一致；这种一致永远保持不变，就像上述的正弦那样”。也就是说，即使当与一个角相对的两条线减小到零时，角的正弦值仍然保持不变，因此在这里，“这个比例似乎总是存在”（503），即使其展开式是无限的。比例并不是从两个先行存在的积量中派生出来的；相反，“在两个相似的量中，比例是唯一与积量 [lxxii]

有关的东西”。它是“由两者之间的关系所规定的量”（503）。也就是说，同一种类的连续事物本身并没有任何积量：它们的积量可能只有通过比较才能确定。因此我们发现，不仅形状和运动是现象性的，而且连续的积量本身也不是某种绝对的东西，它本质上存在于一种比较关系中。

所有这一切促使莱布尼茨对积量进行了重新定义。它不应被定义为一个事物的部分的复多性，而是必须被定义为“是一个事物的构成，通过认出它，一个事物可以被看作一个整体。”（503）。而鉴于“积量”和“整体”概念之间的这种密切联系，那么我们也应对整体进行重新定义：“整体似乎并不是有部分的事物，而只是可以有部分的事物。”这使得莱布尼茨产生了疑问，即“真正被分割的东西，也就是，一个聚合体，是否可以被称作一个事物”。它仅仅“看上去是”一个事物，他写道，“因为名称就是为它而发明的”。这里他的论点与上述个体化原则的论点相吻合。因为“整体只在许多事物可以从一个事物中产生时才存在”；不过，为了使某种事物变成别的事物，某种事物必须“保持着属于它而不是其他事物的东西”。而且这一保持不变的东西不必是物质——实际上，正如我们已经看到的那样，它不可能是物质，因为被视作其部分的聚合体的物质从这一瞬间到下一瞬间并不保持同一。相反，莱布尼茨论证说，“它可能是理解某种关系的心灵本身”（503）。这样一来，莱布尼茨宣称，如果有这样一个定律，它构成了从一个聚合的整体到由其产生的另一个新的整体的这些过渡的基础，那么“连续的运动就会在某种程度上被模仿，就像多边形模仿圆一样。因此，可以说，通过对想象的类似的滥用，一个事物可以被认为从另一个事物中产生”。

从这里到我们可以看到在汉诺威时期浮现出来的莱布尼茨 [lxxiii]
成熟时期关于连续体的哲学思考中那些富有特点的主题就差一小步了。一个连续的整体并不是一个被分割的整体，而只是一个**可分割**的整体。因此它应被定义为“那种其部分无定限的东西”（Aiv132: 565）；它只意味着可能性，而不是现实性。正如莱布尼茨在离开巴黎三十年后写给德·沃尔达的信中所说的那样，“连续的量是某种理想的东西，它属于可能事物，属于被认为是可能的现实事物”（to de Volder, January 1706; G. ii. 282）。当我们认为一个形体或一条线是连续的时，我们认为它没有被分割；它的部分是无规定的，是它能够被分割成的所有可能的部分。[92] 然而，“在现实事物中，任何东西都不是无定限的——事实上，在它们那里，所能进行的一切分割都进行了……这些部分是现实的，它们存在于实在的整体中，而不是观念的整体中。”当然，这里所指的现实事物并不是简单实体（不可分割的），而是实际上出现的现象，即现存的形体（以及它们的位置和变化）。[93] 不仅是这些东西的部分“实际上以某种方式被指定了，因为大自然实际上根据各种各样的运动规定了分割和再分割”，而且，正如我们已经看到的那样，“这些分割无限进行下去”（to de Volder, June 1704; G. ii. 268）。物质是一种无限的聚合体，因而不是一个真正的整体；它是一种以真正的统一体为先决条件的现象。然而，正是因为这种无穷无尽的内部分割，物质才任意地接近连续性的理想，就像多边形任意地接近圆一样。因此，“连续体的科学，即可能事物的科学，包含着永恒的真理，这些真理永远不会被现实的现象所违反，因为它们之间的差别总是小于任何可指定的给定的差别”（G. ii. 282）。

最后，就像多边形模仿圆一样，现象性的形体“模仿连续的运动”，这一观念使人想起了莱布尼茨的连续性原则，他在 1688 年的《某种不仅适用于数学也适用于物理学的一般原则》中对此做了阐释：“当情况（或给定的量）不断地彼此接近，以致其中一个最终过渡到另一个时，结果或事件（或者所寻求的东西）也必定如此”[94]（G. iii 52; Aiv371: 2032）。但是提到连续的过渡，我们想到了时间和变化的连续性，而这是我想追踪的莱布尼茨迷宫的最后一条线索。

8. 运动、变化和实体

莱布尼茨对运动的连续性的研究与他对无限多边形等几何曲线的解释密切相关。这一点在 1676 年 4 月初撰写的一份未竟稿《论运动与物质》中表现得尤为明显。文中，他没有任何[lxxiv] 先兆地开始考虑起了完美的圆是否存在的问题。支持它存在的事实是，完美的圆似乎是那些在某些理想的条件下进行圆周运动的形体行动的前提。但与此相反，“有一个很大的困难，那就是努力都沿切线方向，所以运动也会沿切线方向”（Aiii68: 492）。也就是说，所有的运动在一瞬间都沿曲线在该点处的切线，所以曲线运动显然可以还原为一连串极短时间内的直线运动。当然，以前莱布尼茨曾把这些“运动的开端”或努力解释为构成连续运动的无限小的存在。此时，这种观点被他“最近的”发现——“努力是真正的运动，而不是无限小的运动”——排除了。这样，他早期运动理论的整个基础就不成立了，他不得不考虑运动可能终究是不连续的。

莱布尼茨是如何考虑这个问题的，这很有启发意义。在他看来，这个问题就是，自然界是否存在完美的圆。如果它们确实存在，那么就一定有某种可以直接确立它们的函数的方法，而不只是把它们当作某一序列的理想极限。所以，“只要没办法直接确立求曲线面积的方法，人们就会对曲线的存在产生强烈的怀疑”（492），也就是说，自然界实际上并不存在曲线。这意味着，一条看似弯曲的线实际上是连接在一起的一连串更小的有限直线，而这些直线是在求面积极限（求曲线下面积的积分）的过程中预设的。显然莱布尼茨并不认为通过更小的直线逼近一条曲线的过程（切线法和求积法的依据）是一种纯粹的数学方法，就像我们今天所认为的那样。如果真正连续的曲线是某种虚构的东西，但自然界中仍然存在一条表面上弯曲的线，那么这条曲线就必定只是一种显象——一种由自然界中一系列任意逼近连续曲线的更小的直线所产生的显象。为了把握另一种情形，即一个运动中的形体实际上描绘了一条完美的曲线，那就必须“有可能在任何时刻都能外加某种新的努力”；但是，这将不仅需要理想流体，而且需要时间被分割成瞬间（因而也就由瞬间构成），但“这是不可能的”（492）。

这些反思的一个结果是，它们使莱布尼茨有信心把所有的几何图形都视为虚构的。“假设没有曲线，”他写道（494），“那么人们关于曲线所说的一切就是多边形的性质。而某个特定的圆无非就是一个一般的存在，也就是说，关于它所推证的东西必须被认为是它的任一内接多边形的东西，或者说，必须被认为是其边数远超出我们使用范围的多边形的东西。”这就为他后来对 Aiii69 中的数学图形的虚构性进行更广泛的反思奠定

[lxxv] 了基础，而这些反思在之前的部分中已经讨论过了。其次，虽然，这意味着并没有真正连续的运动。而连续性的外观是任一形体由各种努力的撞击所产生的更加细微的振动的结果。因为在莱布尼茨的物理学中，“任何努力都不会消亡，所有的努力都是普遍**有效的、永恒的**”（Aiii4: 95）。但是，他在《论运动与物质》（Aiii68: 493）中论证说，被从一个地方推到另一个地方的这种性质并不是物质的唯一性质。事实上，经历着运动变化的形体甚至不能说是同一形体，除非如上文所述，在其内部保存着对其以前状态的某种回忆，即包含着一个心灵；也就是说，除非这些变化本身遵从某种法则。

这促使莱布尼茨思考起了这个问题，即假定努力理论失败了，那么运动（甚至是直线运动）该如何继续下去（493）。把曲线运动看作是实际上不连续的，但却保持连续性的外观，这

为所有的运动打开了同样的可能性。如果同一形体实际上并没有从某一瞬间到下一瞬间保持守恒，这就相当于说它被湮灭了并在另一个地方被重新创造了出来，前提是这些变化是根据某一法则发生的，根据一个被莱布尼茨称作“**移创**”（transcreation）或“**移造**”（transproduction）的过程发生的。如上所述，仅仅几天之后，在《无穷大的数》中，他就会说，在事物的变化中保留下来的不一定是物质：“它可能是理解某种关系的心灵本身：例如，在**移造**中，尽管一切都是新的，但是，由于这种移造是按照一定的规律发生的，所以连续的运动就会在某种程度上被模仿，就像多边形模仿圆一样”（Aiii69: 503）。同样，他在这里总结道，在形体的湮灭和重新创造中，“协助它的心灵却总是保持完整无缺”（Aiii68: 494）。也就是说，连续运动的外观是由一个持续存在的心灵来保证的，这个心灵通过确保形体的连续状态以一种有序的方式前后相随来“协助”它。

这让我们更接近莱布尼茨成熟哲学中的单子或简单实体了，但还没有把我们完全带到那里。因为个体形体中的心灵不足以支撑运动量守恒定律，根据这一定律，“积量补偿速度，它们就像是同质的东西”；莱布尼茨在同一篇文章中论证说，这“表明物质本身可归结为某种东西，运动也可以归结为这种东西，也就是，某种普遍的理智。因为，当两个形体相撞时，很显然，并不是每个形体的心灵使其遵循补偿法则，而是普遍的心灵使这两个形体得到了平等的协助，或更确切地说，使所有形体得到了平等的协助”（Aiii68: 493）。实际上，运动

的量守恒不可能适用于被绝对看待的运动[95]，而是“必须被认为是活动的守恒，也就是，相对运动的守恒，正是通过相对
[lxxvi] 运动，一个形体与另一个形体相联系，或作用于另一个形体”（493）。也就是说，被单独看待的形体的心灵不“知道”调整它们的速度，以便使得量 mv（“物质团块”乘以速度）的总和在碰撞前后相同。所以，正如莱布尼茨所适时（并且成功）得出的结论那样，保证这一点的那个“协助的心灵”不是个体的心灵，而是上帝。[96]

因此，形体中的个体心灵——正如我们所看到的那样，为了说明时间中的形体的自我同一性，有必要去设定这种心灵——不足以支撑运动。也有必要设定一个普遍心灵，为相对运动的守恒奠定基础——当然，这个心灵也构成了物质变化过程中保持不变的广阔无垠者，即“空间的基础”。这对于理解莱布尼茨的思想在这段时期的发展具有重大意义。因为，直到能够把力的守恒归因于个体的形体，莱布尼茨才把个体的活动原则归因于这些个体的形体，从而免于把这个神圣心灵作为运动的直接原因：正是由于莱布尼茨没有从形体本身的本性中推导出可以说明任何关于运动延续的这种原则，使得他在1676年回到了他在1668年就已经信奉的那种（不）连续创造的观点。

当莱布尼茨在其《帕西迪乌斯与爱真理者的对话》中全面讨论运动的连续性时，这种不连续论的观点受到了他的严格考察。在那里，他首先列举了一些古人关于变化令人费解的本性

的论证。其中最主要的就是诡辩家关于死亡瞬间的那个古老的两难困境，它因为塞克斯都·恩披里柯而闻名遐迩：苏格拉底是在还活着的时候死去的，还是在他已经死了的时候死去的？莱布尼茨巧妙地利用这一点，像论证一种关于空间的观点那样论证了一种关于时间的观点。我们还记得，他长期以来一直坚持亚里士多德对交接性和连续性区分：两个接触的形体并没有一个共同的点，否则它们就会形成一个连续的形体。准确地说，它们的末端是“在一起的”，也就是说，它们彼此“无间距”，但却是截然不同的点。同样，他在这里论证说，根本就没有“死亡那一瞬间”：不可能有这样的瞬间，既是苏格拉底活着的最后一个瞬间，也是他死亡的第一个瞬间，否则就会有矛盾。确切地说，“活着的状态与死了的状态只是交接的，并没有共同的末端”（Aiii78: 537）。变化的状态，“虽然它通常被称作瞬间的状态，但它实际上包含两个瞬间：正如一个接触的位置——它被认为在一个点上——包含着彼此接触的每一个形体的末端”（541）。

可是，这种解决方案预设了两个时间上连续的状态，在变化的两边各有一个：在苏格拉底的例子中，就是他活着的状态和他死去的状态。然而，在连续运动的情况下，这却是令人费 [lxxvii]
解的。因为，如果运动是位置的变化，那么在任一瞬间，一个形体都在运动中，它一定在改变位置。就上述对变化的分析而言，这意味着将有两个交接的瞬间，在变化的两边各有一个瞬间，在该情况下，形体将处在交接的位置上。但是，如果这适用于形体运动的任一瞬间，这立刻表明，一种连续的运动将由“穿过各个瞬间和点的不同存在的集合”构成，“时间只不过就是瞬间的集合，而空间也只不过就是点的集合”（547）。但是，承认这种观点，就会“被一连串的困难所淹没，而这些困难源于连续体的构成”（548）。

这给了莱布尼茨一个机会，让他能够清楚地阐释我们所讨论的“连续体由点构成”的全部困难。首先他证明了它不可能由有限多的点构成（548–559）；然后他给出了《论最小量与最大量》中的论证，即如果线是点的聚合体，那么一个长方形的对角线上的点的数量将既等于边上的点的数量，又大于边上的点的数量（549–550）。这与伽利略关于根和平方的论证有相似之处，正如伽利略在他的解决方案中所指出的那样，“‘等于’‘大于’和‘小于’的属性不适用于无限大量，而只适用于有界的量”（EN 79）。但是，莱布尼茨并不像两个世纪后的康托尔那样在这里追随伽利略（以及圣文森特的格里高利）的观点，因为他相信，“在无限的量之中，就像在有限的量之中一样，部分小于整体”（551）。相反，通过否认所有数字有一个数目，所以，由此类推，“有无数个可指定的点”（552），他消解了这一悖论。这就引出了对笛卡尔关于物质现实分割的论点（见前面第 6 节），这似乎再次暗示，物质分解成所有可指定的点（553–554）；对此，帕西迪乌斯用前面引证的他关于“长袍”的演讲回应说，“尽管有的褶皱无限小于其他褶皱，但是，形体永远都是有广延的，而点决不会成为部分，永远都只不过是末端”（555）。所以，莱布尼茨的对话者们总结说，“连续体既不能分解成点，也不能由点构成；在连续体中，并不存在固定的、有规定的数目(有限的或无限的）的可指定的点”(555)。因此，假定位置的变化是形体在两个相邻点上、在两个相邻时间内存在的集合，“我们都必须承认，连续的运动，即一个移动的形体在某一段时间内均匀地相继穿过某一位置并且没有任何发生于其间的静止，是不可能的”（556）。

但是，有什么替代方案吗？对莱布尼茨来说，放弃运动的连续性立刻就会使人想起他年轻时所赞成的那种伽森狄式的对运动的分析（参见附录 2e 以及上述第 1 节和第 3 节），根据那种分析，一种表面上的连续运动实际上是运动和静止的交替。 [lxxviii]
但是，在《帕西迪乌斯与爱真理者的对话》中，就像在《论运动与物质》中一样，这被认为是不可能的。这是因为，对静止之间的运动来说，同样的问题又一次出现了——除非一个形体可以在没有穿越介于中间的空间的情况下从一个地方移动到另一个地方，莱布尼茨认为这种观点是荒谬的。基于他在那一年 2 月所坚持的对“形而上学的”虚空和“几何学的”虚空的区分，第二种可能性似乎此时浮现在了莱布尼茨的脑海中。在《帕西迪乌斯与爱真理者的对话》中的一段被删除的话里，他推测说，即使“这些飞跃发生的空间小到了不能用它们与我们所知的大小的比例来解释的地步”，“几何学上的连续运动”仍然有可能是飞跃和静止的交替（Aiii78: 568）。因为“这类空间在几何学上被认为是点或零空间，因此即使形而上学上被静止所打断的某种运动在几何学上也将是连续的”（569）。这回应了他早期在《崇高的秘密》中的那种推测，即“物理学的充实空间与形而上学的真空并不矛盾”，后者是一个比任何可指定的、但却“真实的、实在的”空间都要小的空的空间（Aiii60: 478）。然而，正如我们以上所见，到那一年 4 月莱布尼茨已经确信，比任何可指定的东西都要小的东西是一种虚构，这促使他在随后的 12 月（参见 Aiii85）和 2 月（参见 Aiv360）完全抛弃了穿插其间的真空。我们可以看到，这种信念在这里变得更加坚定了，因为莱布尼茨刚一提出这一关于形而上学空隙的推测，就把它划掉了，并附上了这么一句：“它根本不需要辩护，免得几何学和力学被形而上学的推测所颠覆”（569）。

在修订本的文本中，这个观点被最后提了出来（虽然它被放在了括号中）。“或许，”查里努斯提出，“跨越无限小空间的飞跃并不荒谬，嵌入这些飞跃之间的无限小时间的短暂静止或许也不荒谬。因为假设瞬间飞跃的空间与静止的时间成比例，它们就会像我们前面讲过的穿过普通时段和线段的飞跃与静止那样一一对应”（564）。帕西迪乌斯（代表莱布尼茨发言）回答说，虽然“为了发明创造，我确实承认几何学中的那些无限小空间和时间，即使它们是想象的，”但他不敢确定“它们是否可以实际上被承认”（564）。他的第一个反对意见是，如果无限小量是现实的部分，那么一个定积分将得到一个不确定的数，他认为这是荒谬的[97]；其次，“由于我们也可以假设进一步无限小的空间和时间，每一个都比上一个要小，直至无限，再者，我们也没有理由说明为什么我们应该假设某个空间和时间，而不是其他的空间和时间；而任何事情的发生都有其理由”（565）。通过与原子比较，他对现实无限小量的这种拒绝在修订本的论证中得到了支持。 [lxxix]

那么，莱布尼茨关于运动连续性的结论是什么呢？运动不可能是连续的，因为那将意味着空间和时间由点和瞬间构成，而这将导致荒谬。它不可能是伽森狄式的运动与静止的交替，因为，如果在两次静止之间“哪怕是有一部分的连续运动”，“我们之前这方面的困难就会重新出现”（556）。它也不可能是由一连串位置上所有形体构成的瞬间造物的序列（就像某些偶因论者所提出的那样），因为这样就会把时间看作是由瞬间构成的，从而促成连续体的所有悖论。最后，它也不可能是穿过无限小空间的飞跃和无限小时间内静止的交替，理由如上所述。相反，莱布尼茨选择了这样的结论，“一个移动的东西的运动实际上被分割成无穷多个其他的运动，每个运动都彼此不同，而且它在任何一段时间内都不会保持同一和均一”（565）。

因此，“也没有哪一部分时间，形体的任何一个部分或点在此期间都不发生某种变化或运动”，而假定“无论空间或时间多么小，任何运动都不会保持不变”，我们可以推知，“就像形体一样，空间和时间实际上都被无限再分割”（566）。虽然一些现象的个别状态将“持续一段时间，或者说，没有变化”，但是“在任何一个状态下，任何其他事物都在变化”（559）。所以，“也没有哪一个瞬间实际上没有被指定，或者说，也没有哪一个瞬间，变化不会发生，也就是说，没有哪一个瞬间不是某个形体旧状态的结束或新状态的开始”（566）。因此，空间与物质的类比就完成了：无论一个物质占据的空间多么小，其内部的分割都与物质的分割相对应，但永远不会有两个及以上连串的可指定的点；同样，无论一个物质占据的时间多么小，其内部总会有与那段时间内发生的变化相对应的其他可指定的时间，但永远不会有两个及以上彼此相邻的可指定的瞬间。

现在，正如莱布尼茨让帕西迪乌斯观察到的那样，这种分析有一个对形体的本性来说极为重要的推论，那便是，“形体在运动时并不活动”（566）。因为“不存在为两种状态所共有的变化的瞬间，因此也就没有变化的状态，只有新、旧两种状态的聚合”。而这意味着“形体中并不存在活动的状态，也就是说，并不存在一个可指定的它活动的瞬间”。但是，形体中
[lxxx] 是有活动的，即便“除非通过一种嫌恶，否则形体中的活动无法被设想出来”；因此这种活动不属于形体本身，而“属于那些通过活动而不会发生变化的事物”（566）。后半句很可能暗指每一个形体所包含的真正的实体或心灵。但是，莱布尼茨在这里也就给出了这样一个简单的暗示。他没有按照他自己在第一稿的页边空白处的建议来证明形体甚至并不存在于两个瞬间（因为“事物只有在活动时才存在，事物只有在变化时才活动”[588]）。相反，他所要证明的是，既然一个形体并不通过其运动而活动，那么移动和转移它的就“不是形体本身，而是一个

通过活动而不会发生变化的最高因，我们称之为上帝”（567）。

如上所述，莱布尼茨转而认为上帝是形体连续运动的直接原因，这与他放弃“努力论”有关，他没有办法找到一种个体形体特有的，从而可以推导出其运动守恒的活动原则。因为一方面，惠更斯、克里斯托弗·雷恩（Christopher Wren）、约翰·沃利斯（John Wallis）和埃德姆·马略特（Edme Mariotte）发现运动的量只是矢量守恒，而不是像笛卡尔学派所坚持认为的那样绝对守恒，这个发现意味着，若没有上帝的直接作用，宇宙中运动的量将会由于无弹性的冲撞而逐渐减少。另一方面，如果守恒的是相对的运动，那么这就是莱布尼茨在形体中所设定的个体心灵所不能包含的信息。因此，正如莱布尼茨后来附在对话开头的一个注释中所写的那样，其中没有处理的两个问题是，“第一，运动的主体，要弄清楚，在两个改变其相互之间位置关系的事物中，运动应该归属于哪一个事物；第二，运动的原因，即动力”（529）。

莱布尼茨一到汉诺威，就开始认真研究起了第一个问题。在《空间与运动实际上是关系》（1677 年初?）一文中，莱布尼茨明确得出了这样一个结论：既然空间不是“某种特定的东西，即所谓的纯粹的广延”，那么“运动也不是绝对的，而是关系”（Aiv359: 1968）。在《运动是相对的》（1677 年 2 月）中，他探讨了这个问题的形而上学后果。莱布尼茨从“运动是相对的，也就是说，人们无法准确地分辨究竟是哪一个形体在运动”这一事实推断出，“如果运动是一种情状，那么它的主体不可能是任一个别的形体，而是整个世界”（Aiv360: 1970）。因此，绝对运动是一种虚构。它是我们自己为了从一个被认为处于静止状态的形体来表象宇宙中的万物而想象出来的东西。例如，正如莱布尼茨于1675年12月在他关于笛卡尔的《哲学
[lxxxi] 原理》的笔记中所考虑的那样，人们可以认为两个形体在被视为不动的地球表面上相互远离。“而且同样，没有什么能阻止我转而想象我在一个更小的、因此将被认为是静止的形体上”（Aiii15: 215）。然而，在这篇文章的附言中，他却给出了一个原则，这个原则包含了更简单的哥白尼假说：“当事物彼此改变它们的位置，有人问及该说它们中哪一个在移动时，运动总是应该归于某种有限的事物，而不是归于它之外的整个世界其余的部分”（217）。因此，严格说来，托勒密和哥白尼的假说是对天体运动的等价描述。但是，哥白尼学说认为个别行星和恒星的运动较少，因此，把所有的昼夜运动都归于地球的自转，并且把太阳想象成处于静止状态，更容易理解。[98] 同样的关于运动的相对性的解释在《发现的标本》中通过固体在液体中运动的例子得到了详细的阐述：我们可以认为，无论我们假定固体在液体中激起某种波，还是假定固体处于静止状态，而液体进行“某种等效运动”，都会发生同样的事情——确实，“同样的现象有无限多种解释方式”，因为“运动实际上是一种相对的东西”（Aiv312: 1620）。但是，“把运动归因于固体并由此推导出液体中的波浪这个假设却比其他假设都要无限简单，因此，固体被认为是运动的原因”。

这对空间的实在性问题具有重要的影响。严格说来，如果“不存在规定运动的主体的原则”，正如莱布尼茨在《发现的标本》的一个脚注中所写的那样，那么也就“不存在绝对的位置或运动”，其结果便是“空间和时间并不是事物，而是实在的关系”。这一点在《运动不是绝对的》中得到了进一步的阐释（Aiv317）。如果运动的事物依赖于最简单的关于静止事物的假设，那么“与时间一样，绝对空间并不是一个事物，尽管它令想象力感到愉悦”。时间和空间将“仅仅是试图把一切都归因于可理解的假说——也就是，匀速运动与不动空间——以及在此基础上推导出来的值的心灵的各种关系”（Aiv317）。

因此，运动现象——周围哪一个形体看起来在移动，移动速度有多快——从每一个处在相对运动中的、认为自身处在静止状态的形体的视角来看各不相同。每一个形体只要有能力去表象，它都从自身的视角来表象宇宙。此外，这些被包含在运动法则中的视角之间也存在着和谐。但是，如果运动只是相对的，那么各个形体只不过就是一系列从它们自身视角对宇宙的 [lxxxii]
表象，而上帝通过将相对运动的守恒强加于整个宇宙确保了现象之间的一致性。

但正如我们所看到的那样，莱布尼茨坚持认为，要想解决连续体的迷宫问题，要求形体有比这更多的东西。作为广延的基础，必须有本身不具有广延的实体单元，作为运动的基础，则必须有自身内部包含其发展规律的时间上延续的东西。这句话解释了为什么莱布尼茨于 17 世纪 70 年代末持续地寻找一种力的量度（使他能够把个体的活动原则归因于形体），并且随着他于1678年发现了动力守恒定律，力的守恒定律，或者后来他所谓的活力守恒定律，这种寻找才最终完成。我们将看到，一旦他发现了这一定律，他就能够把运动的实在性归因于这种力在每一个体形体内部保持守恒（因为它是一种时间上延续的东西）。因此，尽管在《帕西迪乌斯与爱真理者的对话》中“形体甚至不可能继续它自己的运动，它持续不断地需要上帝的推动力，而上帝按照一定的规律不断地活动”（Aiii78: 567），但到了1683年，这些规律就都来自个体事物的构成了：在《关于有形实体之本性的疑惑》一文中，莱布尼茨宣称，运动在“事物所具有的力和力量”中有其实在性，也就是说，在“事物所具有的从中可以产生受某些规则约束的现象变化的这样一种构成”中有其实在性（Aiv279）。但是，由于他已经通过连续体迷宫中的论点确认了这种力或活动原则不可能是物质的，他发现自己不得不回到经院哲学的“形体具有非质料的本质”的观念，即**实体形式**的观念。

对运动的实在性的关注在莱布尼茨重新引入实体形式时起到了重要作用，这在其17世纪70年代末和17世纪80年代初的汉诺威时期的作品中得到了证实。在《灵魂和心灵的本原》（Aiv275）中，莱布尼茨把一个形体的实体形式定义为上帝“思考事物与这个被视为不动的形体的一切显象和关系”的结果（1460）。这与他在《形而上学谈》中写的东西直接相关：“因为当上帝可以说从所有的方面、以所有的方式改变着整个现象系统，……并且以所有可能的方式凝视整个世界所有的方面时，既然没有任何关系能够逃脱他的全知，那么，从某一位置看宇宙的每一个视角都会带来按照这种视角表达宇宙的一个实体，只要上帝觉得使祂的思想起作用并且产生这个实体是好的”（§14: Aiv306; G. iv. 439; PW 26）。所以，莱布尼茨在《运动不是绝对的》一文中写道，“任何实体都根据它自身的视角来表达整个宇宙”，在“运动现象”的例子中，这一点表现得 [lxxxiii] 特别清楚：因为在那里，“每个形体都必须被认为与任何其他形体有共同的运动，就像它们在同一条船上，而且船自身的运动与它的物质团块是反比关系；假若运动是绝对的，而且每个形体都不表达其他一切形体，那么我们无法想象这是如何可能的”（Aiv317）。

但是，实体形式的本性不仅仅是一系列这样的视角。一旦使它成为现实，每一种形式或灵魂还会有一种感觉和欲望（Aiv275，Aiv267: 1400）。莱布尼茨在其《关于物理学原理的小册子的大纲》中解释说，这是因为“灵魂源于上帝对事物的思考，也就是说，它们是对祂的观念的模仿”（Aiv365: 1988–1989）。“每一个灵魂，”他在《关于有形实体之本性的疑惑》中说，“或确切地说，每一个有形实体，都是混乱的全知，都是散乱的全能”（Aiv279: 1466）。上帝能知觉到事物与被视为不动的形体的所有关系，灵魂同样也能知觉到整个世界上发生的一切，尽管是混乱地知觉到。同样地，由于“它的努力都延伸到无穷远”，每一个有形实体都作用于其他一切事物，尽管它的活动因以相反方式活动的事物而变得极度散乱了（1466）。

但是，这种关于有形实体作用的说法只是一种隐喻性的。如果形体“在形而上的严格意义上”相互作用，那么通过确定哪个形体作用于哪个形体就可以确定运动的原因，从而打破运动的相对性。但事实上，在碰撞中，“任何动力都不可能从一个形体转移到另一个形体，每个形体之所以移动完全是出于它固有的力，而这种力只有借助于或相对于其他形体才能被规定”（Aiv312: 1620）。也就是说，根据对两个形体之间完全弹性碰撞的常识性理解，“当它们接触时，一个球的弹性推开另一个球”（1628）。但实际上，每一个形体的力——以其产生的全部效果的力来测量（1629,1630）——在碰撞前后保持同一。

这有赖于莱布尼茨对其新的力的定律的理解，我们需要对这一定律做一些解释。按照传统的修正的笛卡尔观点，在两个非完全弹性形体的碰撞中，一定量的运动（用标量 mv 来测量）必然会丢失，因为只有定向运动（莱布尼茨称之为“趋向”，后来在《发现的标本》中又称之为“进程”）是守恒的。但是，在他看来，同样数量的力必定始终存在，否则宇宙最终会陷入停滞。问题是要确定对这种力的正确测量方法；引导莱布尼茨得出这一结论的线索是他所谓的“原因和结果相等这一形而上原则”，按照这一原则，力被理解为“在活动中消耗的，即在
[lxxxiv] 产生效果时消耗的”力量（1629）。因为，如果效果大于原因，那么，正如他在《形而上学谈》中所解释的那样，“一个机器的力（总是会由于摩擦而稍微减弱，而且必定很快就会终止）

就会自我恢复”（G. iv. 442; PW 30），人们将能够从虚无或“永恒的机械运动”中获得功；但是，如果效果小于原因，那么人们就不会获得“永恒的物理运动”（Aiv365: 1989）：也就是说，宇宙中的运动总量将通过非弹性碰撞而减少，所有运动将最终停止。在他富有创造力地将这个原理应用于落体时，莱布尼茨推断，一个 4 英镑重的形体下落 1 英寻的完整原因必定等于把 2 英镑重的形体提升 4 英寻的整体效果，因此，考虑到伽利略的高度与速度平方成正比，那么一个形体通过下落而获得的力就必定与速度的平方成正比（G.iv.442–443）。因此形体固有的力与 mv^2 成正比。

现在这已经被普遍应用于所有的形体。因此在非弹性碰撞中，当两个形体的活力的总量之后明显小于之前时，这个亏损就要归因于它们内在部分由于摩擦而运动增加，因此，每一个形体只要保持同一，总力的量就总是保持守恒。在碰撞中所发生是，每一个形体（而不是像笛卡尔所认为的那样瞬间反弹）都被压缩，随后以连续的方式复原，形体的这种压缩和复原其实就是内在部分的运动以整个力在每个形体中保持守恒的方式重新分配。

因此，每一个形体，就其是一种时间上延续的东西而言，总体上保持相同数量的力，而这些力只是在与另一个形体碰撞时，在其各个部分之间重新分配，产生内聚性和弹性的效果。因此，虽然人们可能会说，从物理的角度来讲，“每个形体都会作用于其他所有形体，并受到其他所有形体的作用”

（Aiv312: 1626），而且“每一个效果无论是在空间上还是在时间上都无限地传播下去，但会减弱”（1630）；事实上，“严格讲，任何力都无法从一个形体转移到另一个形体，每个形体之所以移动都是因为它固有的力”（1630）。当另一个形体与它碰撞时，这只不过为一个形体提供了一次在保持它的总力守恒的同时进行内部运动的重新分配的**机缘**。因此，一切事物都是自发活动：它的活动来自它自己的本性。那便是同一瞬间表达世界的不同视角之间的一致与和谐，也就是说，它的活动是由一个实体对另一个实体的作用或影响造成的，这是错觉。

这与《帕西迪乌斯与爱真理者的对话》中对活动的分析完全一致。正如我们在那里看到的那样，“除非通过一种嫌恶”，[lxxxv] 否则活动不可能在形体中被找到。在一个形体中根本就没有任何变化的状态，“只有新、旧两种状态的聚合”，其结果就是“并不存在一个可指定的它活动的瞬间”。莱布尼茨很重视这一结果，他在1679年完成的对分割概念的分析中提到了这一结果[99]，而且在1686年用法语写的一份手稿中也提到了这一结果。[100] 但在后者中，在论证物质实际上无限分割意味着“根本就不存在一定时间内有某一形状的形体，不管时间多么短”的过程中，他对这一结果进行了富有趣味的重新审视。因为，虽然“诚然，我们任一瞬间都可以画一条假想线；……这条线只能在这一瞬间以同样的部分持存，因为每一部分都以不同的方式表达整个宇宙，所以每个部分都有着与其他部分不同的运动”（Aiv310）。不过，“仅仅瞬间存在的东西并不存在，因为它的开始同时就是结束”。这里暗指的是他在《帕西迪乌斯与爱真理者的对话》中的证明，即“没有居中的瞬间，也没有变化的瞬间，只有前一个状态的最后一瞬间和后一个状态的第一瞬间”，但他反对说，“这假定了一种持续的状态”，而“所有持续的状态都是模糊的；不存在任何关于它们的确切的说法”。

因此，持续的状态，比如说，形状，就像斯多葛学派的谷堆悖论所适用的热、冷、温等那些概念，莱布尼茨在《克律西普的谷堆》中指出，“经毫无保留地加以考虑之后发现”，它们“都是模糊的想象的概念”（Aiv23）。因为物质无限分割，人们永远不可能得到一个确切的形状，每一个面和线，经过仔细观察，都是进一步分割的；同样地，一个形体保持不变的每个状态，经过仔细观察，也被其每一个部分发生的变化所分割。因此，事物的形状及其状态都是概念，它们依赖于所需知识的精确性。按照莱布尼茨的说法，这些概念是想象的，这一事实为他在《帕西迪乌斯与爱真理者的对话》中未解决的悖论提供了解决方案。因为概念“并不存在于我们之外的事物之中，而是其本质就是向我们显现”，它们“指的是某种与我们因人而异的意见有关的东西”（Aiv23）。简言之，它们是现象，而不是事物的本质属性。

但是，形体内部构成它们的运动以及因而构成它们的实在性之基础的那种力不可能是这样的。正如莱布尼茨在《形体没有完满的形状》中总结的那样：

> 在**一瞬间**，如果不考虑运动，似乎整个物质团块都结合在了起来；因此我们可以给予它任何我们想要的形状。但是，形体的一切变化也就停止了；因此，一切形体也就都被摧毁了。因为运动或努力制造了它们的本质
[lxxxvi] 或差异。而在这一瞬间，一切又回到了混沌状态。仅靠物质团块，努力无法被设想。（Aiv310）

也就是说，肯定地讲，因为运动就是形体的本质，所以只有通过某种嫌恶才能在质量或物质团块中找到的努力或瞬间活动必定存在。改变状态的瞬间活动或倾向必定存在，否则“形体的一切变化都将停止”；事实上所有的现象都将停止，因为没有变化的事物不可能被感知，而原则上不可感知的事物就不存在。但是，“因为如果在空间或积量中添加了欲望，或添加了努力，因而也就添加了活动，那么也就引入了某种实体性的东西”（Aiv321）。因此，根据上述的论证，有某种根据其中所包含的一定规律来改变它与所有其他事物之关系的努力或瞬间倾向的事物不是现象，而是**实体**。事实上，“每一个实体都是一种活动的力，或者说，一种根据自身本性特定的规律来改变自身与所有其他实体的关系的努力”（Aiv317）。所以，虽然在运动现象中找不到连续性，但所有这些运动都以可分解成状态的瞬间变化或努力或“欲望”的那种活动的连续性为前提。

因此，莱布尼茨就这样最终走出了他的迷宫。形体是由运动构成的，但持续的运动以这样的事物为前提，这些事物通过

活动而不发生改变，它们的活动存在于它们改变与所有其他此种事物的关系的倾向中，所以它们的活动的连续性就需要它们在每一瞬间都有努力或欲望。所以我们可以用实体的统一性的观念来补偿变化和绵延的连续性的观念，因为实体连续不断地活动，并因此有一种状态和一种每一瞬间改变这种状态的活动或努力。

综上所述，莱布尼茨解决连续体的构成问题的方法如下：连续体的各个部分是无定限的；它们是当我们对所有事物中实际存在的多样性不予考虑时便可以在它们中被想象出来的同质的部分。因此，一个连续的存在并不是一个现实存在的事物，而是某种不完全的事物，某种抽象的存在。相反，在现存的事物中，部分是有规定的，而且优先于它们所构成的任何整体。所以，抽象的物质（作为原初物质）是一个具有纯粹的分割潜能的连续的整体。但是，具体的物质（即作为次级物质）在任何一瞬间不仅是无限可分割的，而且实际上被其各个部分的不同运动无限分割。因此，物质的任何一部分，无论多么小，保持同一的时间不会超过一瞬间；根本就没有不包含其他运动的运动，也没有持续的状态；甚至形状也是某种转瞬即逝的东西，具有持久形状的形体是某种想象的东西。因此物质中持久 [lxxxvii]
长存的元素并不是某种物质的东西，也就是说，不能用大小、形状和运动来解释。但是，在物质的任何一部分，无论多么小，都必定有这样一种持久长存的元素，它是物质中所发生的一切变化的原则：因为如果没有统一性，就不可能有复多性。

正如形体预设了实体单元，变化预设了通过活动而不发生改变的事物。但活动是不可能在任何现象状态中被找到的，无论现象状态被分割到何种程度，就像实体不可能通过形体被不断分割而在其中被找到一样。因此，所有的现象性活动都以实体性活动为前提；但是，后者不可能在于一个实体对另一个实体的实在注入，正如一个形体不能对任何其他形体施加力一样。因为所有的运动都是相对的，所以其中实在的东西在于位置关系的相互变化，以及能够使每一个事物的这些变化都以一种与其他事物同时出现的状态相一致的方式得以维持的某种守恒力量。因此，每一个事物都从它的视角来表象所有其他事物，这种对其他事物的表象本身就是一种认知；而这种表象，连同改变状态或者根据某一内在法则而形成一系列连续状态的欲望或努力，构成了事物的实体形式或原初的活动的力。因此，实体形式为每一个作为由于自身的统一体的事物提供了统一性，它不仅解释了事物的所有现象及其与物理规律相一致的持续状态，而且还解释了事物的状态和变化与所有同时存在的实体的状态和变化的一致性。

但是，以这样一个结束语从一个无限的迷宫中走出来似乎不太合适，所以就让我最后再搅动一次罐子，回到与博尔赫斯的小说《小径分岔的花园》中彭睢的迷宫的比较上。这个将被人们铭记的迷宫最终被证明是存在的，它是一个包含在一大堆遗留给子孙后代的手稿中的概念的迷宫。同样地，我已经指出过，莱布尼茨提到的这个连续体的迷宫不仅指的是这一抽象地被设想出来的问题，还指的是他自己在这里呈现的手稿中所包含的迂回曲折的脑力劳动。现在，在我看来，在它们之间做进一步的类比并不过分。正如在博尔赫斯小说中，斯蒂芬·艾伯特从这一事实中找到了解开那个失踪迷宫之谜的线索，即手稿中没有提到“时间”一词，在这里，莱布尼茨在讨论他的迷宫时没有强调时间连续性的特殊地位。因为，尽管他强调了实体的离散性（以及形体与现象变化的离散性），但构成这种离散性的基础的是，在每一个离散实体的内部，实体性活动在时间上具有实在的连续性。悖谬的是，这种连续的活动比任何现象 [lxxxviii] 的东西都更实在，也更理想。它更实在的地方在于，一个实体的状态形成一个真正的连续体，而不像一个形体的形状或概念，它们只是任意地接近这样一个连续体。它更为理想的地方则是，这种活动的实在的连续性所基于的瞬间状态和努力是以他的微积分的瞬间状态和变化为模型的理想概念或极限概念。或者，更简洁地说：只是瞬间存在的东西并不真正地存在；然而，若没有瞬间的努力或欲望，就不会有变化，就不会有复数性，简言之，根本就没有现象。[101]

现在，莱布尼茨或许可能会通过提供一个与他在写给德·沃尔达的信中就单子本身所作的辩护相类似的辩护，来反对这种悖论的指控：连续的变化并不是由瞬间状态组成的，而是由瞬间状态造成的；这些状态并不是实存物，而是存在的基础。[102] 我无法在这里进一步探讨这样一种回答是否适当。尽管上述考虑被认为是他的路径的一个困难，但它同样也是当代科学形而上学的一个困难，后者只能通过把数学对象视为实存并随后继承困扰集合论的那些关于无限的臭名昭著的悖论来避免它。事实上，我认为，莱布尼茨关于连续体的思想有很多深刻之处，而且，正如我已经在我的注释中不时暗示的那样，它在回避无限集的方法上对当代人很有启发。

第一部分
巴黎时期作品（1672—1676年）

1. 对无形实体的推证[1]（第四稿）Aiii3_4 [3]

[1672年秋?][2]

对无形实体的推证[3]① 【74】*

[命题1：][4]**无论何物，只要推动另一个事物，都会立刻努力进入其位置。**因为任一推动都是一个形体对另一个形体的作用。一个形体对另一个形体的每一个作用都是这个活动的形体的运动。运动就是位置的变化。改变其位置时，一个形体并不因此而立刻就作用于另一个形体，除非它立刻——也就是，同时——努力进入另一个形体的位置。 【79】

* 方括号“[ ]”内为英译本页码，鱼尾号“【 】”内为我们迻录的原文的页码。

因此，无论何物，只要推动另一个事物，都会努力进入其位置。

【80】 [命题 2：] 如果一个形体努力进入另一个形体的位置，它们的末端就已经在同一位置上了。因为努力就是作用的开始。因此努力也是效果的开始，尽管这个效果比任何给定的效果都要小。进入一个位置的开始，就是比任何给定的部分都要小的一部分，也就是，一个末端[5]，进入了这个位置。

[定义 1：] **推动**就是努力去移动。

[定义 2：] **努力**是一个活动的一部分，它比任何给定的部分都要小，或者说，它就是一个活动的开始、中间或结束——它就像时间中的一瞬间，空间中的一个点。

[定义 3：] **运动**就是位置的变化。

[定义 4：] **形体**就是其活动和受动即运动的东西。[6]

[命题 3：] **相互推动的事物**凝聚在一起。因为它们要么就是直接相互推动，要么就是借助于它们之间的某个事物或某些事物相互推动。如果是借助于它们之间的事物，那么至少，它们之间的事物会直接相互推动或被推动，或

通过它们的末端推动或被推动。我们知道，所有直接相互推动的事物凝聚在一起。因为根据命题 1，无论何物，只要推动另一个事物，它就会努力进入其位置。因此根据命题——[7]，它们凝聚在一起。而由于间接相互推动的事物的整个序列是由直接相互推动并因之凝聚在一起的各个事物构成的，所以整个序列同样凝聚在一起。

[命题 4：] 凝聚在一起的各个形体有交感。

因为凝聚在一起的各个形体是联动的，也就是说，根据定义——[8]，若没有另一个形体，一个形体不可能被推动。如果一个形体在没有另一个形体的情况下就不可能被推动，那么一个形体在没有另一个形体的情况下甚至也不可能被作用。因为形体的每一个受动就是被另一个形体所移动，也就是，被另一个形体所推动。因此，凝聚在一起的各个形体必然有交感。[9]

[命题 5：] 任何移动的事物在一瞬间都在两个位置上运动。

因为在一瞬间，一个运动的事物改变了位置。而在改变的一瞬间，它又并不外在于这个位置。

[命题 6：] 一个连续的空间是由比我们所能确定的任何 【81】
部分都要小的部分组成的。

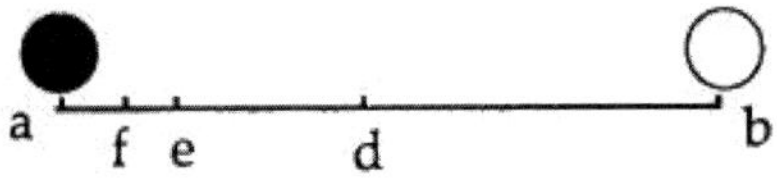

假设有一个空间 ab，我们不妨认为形体 C 在其中匀速移动，它在一小时后从空间中的 a 运动到 b。它在半小时后必然运动到 d，在四分之一小时后必然运动到 e，在八分之一小时后必然运动到 f，以此类推，不断地以同样的比例分割空间和时间。因此，在某一给定的瞬间或“此时”，它必然到达某处，因为，如果此时它没有改变位置，也就是，没有迈向任何地方，那么它就是处于静止状态；但我们假设它此时正在移动，就是说，在某一给定的瞬间它开始或努力移动。因此，此时，也就是，在某一给定的瞬间，它将向前推进，但要通过一个比我们所能确定的任何空间都要小的空间。因此空间是由比我们所能确定的任何部分都要小的部分组成的。或更简单地说：时间是由瞬间组成的，或者说，比我们所能确定的任何部分都要小的部分组成的；因为它只存在于一瞬间；运动把直线分割成了与时间的部分成比例的部分，因此直线中有与瞬间成比例的部分，也就是说，有比我们所能确定的任何部分都要小的部分。由此我们可以很容易推证这一点，即这些部分中某些部分要小于其他部分。①

① 在页边空白处：**可见世界中所有可感知的形体都有交感。**

2. 关于伽利略的《两门新科学》（对谈 1）的笔记[1] Aiii11$_2$

[1672 年秋?][2]

在“对谈 1”[EN 64] 中，伽利略推断，水不会上升到 18 腕尺[3] 以上，因为它的重量会超过它的内聚力。他说，水仅通过真空这一纽带凝聚在一起——他也证明了这一点。因此，他说，人们也可以计算其他物质由于避免真空而产生的抵抗力，或者通过重量所支撑的柱子高于水柱多少来计算其他物质的抵抗力超出上述抵抗力多少。[4] 【167】

伽利略试图用假定的不可分量的原理来解释圆的旋转。[5] [7]

伽利略（*Dialogue 1*, p. 22, edition of 1656, Italy [EN 74]）说，几何学定义只不过是言语的缩写形式。[6] 我们还应该辅之以帕斯卡（Pascal）在其《算术三角形》中的关于需要不同的表达方式的说法。[7]

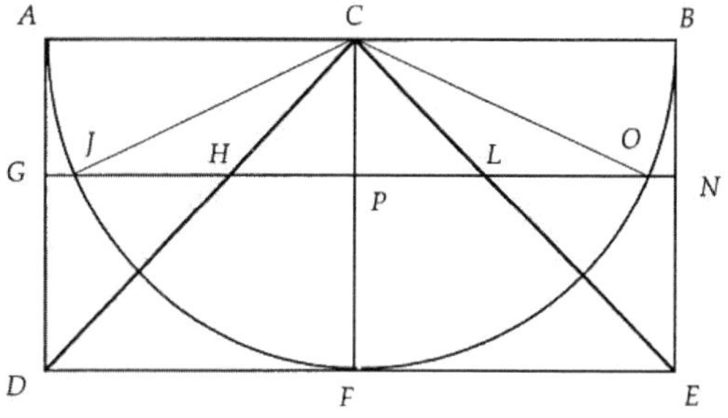

伽利略（*Dialogue 1*, p. 21 [EN 74—75]）很好地证明了一

个点等于一条线，也就是说，等于一个圆的周长。如果长方形ABED、半圆AFB和三角形CDE围绕CF旋转，则长方形将产生一个圆柱体，半圆将产生一个半球，三角形将产生一个圆锥。将半球从圆柱体中取走，那么圆锥和圆柱体剩余部分之间就会留下了一个像碗一样的虚空。这个碗状物将等于圆锥体，同样地，无论线CA有多大，被任何高度的平面GN所切下的圆锥体HCL也等于[被同一平面所切下的那个碗状物的上部]。现在，如果GN如此接近顶部ACB，以至于差值小于任何给定的量，那么圆锥体CHL就会消失于一个点，而那个圆柱体中保留的碗状物就会消失于一个圆。因此，最后的圆锥体将等于最后的碗，或者说，那个点将等于那个圆。这些东西足以证明，点什么都不是，只是比任何给定的形体都要小的形体。在这些形体中，一个宽度上无限，但又像那个碗状物一样，极薄的东西，可以等于另一个在宽度和长度上比任何给定的量都要小的东西，所以无限大量等于不可分量。他承认，卢卡·瓦莱里奥（Luca Valerio）也证明了这一点。

【168】 伽利略（*Dialogue 1*, p. 23, Bologna 1656 [EN 76]）对卢卡·瓦莱里奥的［《论固体的重心》］赞不绝口，并称他为我们这个时代的又一个阿基米德。[8]

第24页［EN 77］：除非把无限的不可分量加在一起，否
[9] 则把一个不可分量加到另一个不可分量上什么也不是。[9] 他在第25页［EN 78］上说，无限大没有大小之分，但在我看来，这似乎与伽利略自己的说法相反。他认为，一个无限大的量

不仅不大于另一个无限大的量，而且不大于一个有限大的量。[EN 80] 而这个证明值得注意：在数字中有无限多个根，无限多个平方数，无限多个立方数。而且，根和数字一样多。根和根的平方一样多。[10] 因此，有多少数字就有多少平方数，也就是说，在宇宙中有多少数字，就有多少平方数。但这是不可能的。由此可见，要么就是，在无限中整体不大于部分，这是伽利略和圣文森特的格里高利的观点，[11] 对此我不能接受；要么就是，无限本身什么都不是，也就是说，它不是一，也不是一个整体。或许我们应该说，对无限加以区分，那个最大的无限，即所有的数字，是一种蕴含着矛盾的东西，因为，如果它是一个整体，它可以被理解为由一直延续至无限大——将比所有的数字都要大，也就是说，比最大的数字都要大——的所有数字构成。或许我们应该说，一个人不应说任何有关作为一个整体的无限的话，除非有关于它的证明。伽利略补充说 [EN 79]：无限大的量并不大于有限大的量，因为在100万中，平方数的个数并不是100万的1/100，但是在前10个数中，平方数（1、4、9）的个数差不多是根的个数的1/3，而在前9个数中，平方数的个数就是根的个数的1/3；而就单位1来说，根的个数和平方数的个数相等。因此，100万比10更远离无限，因为在无限中，根的个数和平方数的个数是相等的。对于连续体的部分是有限的还是无限的这个问题，伽利略的回答是 [EN 80—81] 两者都不是，而是对应于你所喜欢的任何给定的数字（+ 也就是，是无定限的 +）。

3. 论最小量与最大量；论形体与心灵[1] Aiii5

[1672 年 11 月至 1673 年 1 月][2]

【97】 **空间和形体中不存在最小量，或不可分量[3]。[4]**

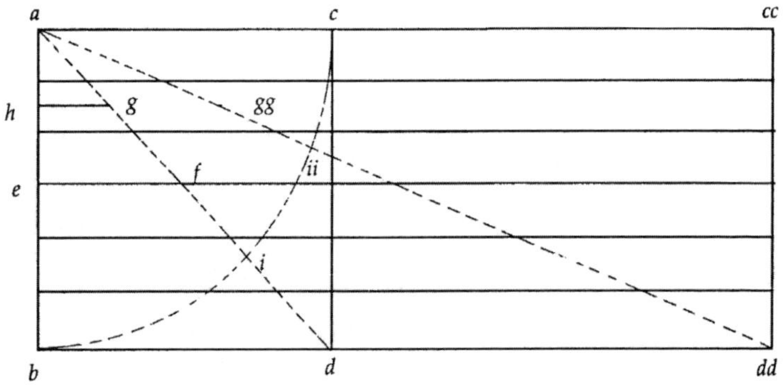

图 1

因为，如果在空间或形体中有一个不可分量，那么在线段 ab（图 1）中也会有一个不可分量。如果在线段 ab 中有一个不可分量，那么线段 ab 中到处都是不可分量。而且，每一个不可分的点都可以被理解为一条线不可分的边界。所以我们不妨这样来理解，从 ab 到 cd 可以画无限多的彼此平行并垂直于 ab 的线段。[5] 那么横线或对角线 ad 上便没有一个可指定的点不落在从 ab 垂直延伸出来的无限多的平行线上。因为，如果
[11] 这是可能的话，我们不妨假设存在这样一个点 g：那么直线 gh 当然就可以被理解成是从 g 垂直于 ab 画出来的。但是，这条

线 gh 必定是从 ab 垂直延伸出来的所有平行线中的一条。因此点 g 落在——也就是说，任何可指定的点都将落在——这些线段的其中一条上。而且，同样的点不可能落在几条平行线上，一条平行线也不可能落在几个点上。因此线段 ad 上不可分的点与从 ab 延伸出去的平行线一样多，也就是说，与线段 ab 上不可分的点一样多。因此 ad 上不可分的点与 ab 上的一样多。我们不妨假定 ad 上有一条线段 ai 等于 ab。现在，既然 ai 上的点与 ab 上的点一样多（因为它们相等），而且正如前面所表明的那样，ab 上的点与 ad 上的点一样多，那么 ai 上不可分的点就与 ad 上不可分的点一样多。因此在 ai 与 ad 相差的这部分上，即在 id 上，将不会有任何的点，但这是荒谬的。【98】

时间和运动中不存在最小量或不可分量。

因为，我们不妨假设，在一段时间 ab 内匀速穿过一个空间 ad。那么在一半的时间 ae 内将穿过一半的空间 af，在千分之一的时间内将穿过千分之一的空间。因此，在一段不可分的时间内将穿过一个不可分的空间，因为时间和空间是按比例分割的。因为，我们不妨假设，在一段最短的时间内所穿过的空间的量不是最小的：那么在一段无论多么短的时间内，只要在不是最短的时间内，就会穿过无限的可分的空间，而在某段可感知的时间内，就会穿过一个无限的空间。因为一个不可分的量——如果我们认为存在这样一种东西的话——与可分的量之比，或者说连续体中最小量与非最小量之比，就是有限大的量与无限大的量之比。

[13] **事物中不存在最大量，或者说，就所有单元而言，无限个单元不是一个整体，而是什么都不是。**[6]

因为，如果所有单元中的无限个单元，或者说，所有数字中的无限个数字是一个整体的话，那么它的一部分就会等于它；这是荒谬的。接下来我展示这一推论的要义。所有的平方数是所有数字的一部分；但任何数字都是某一平方数的根，因为如果它与自身相乘，就会得到一个平方数。而同一个数字不可能是不同平方数的根，同一个平方数也不可能有不同的根。因此有多少数字，就有多少平方数，也就是说，这些数字的数目等于平方数的数目，整体等于部分，这是荒谬的。

注释：因此我们认为有两个东西被排除在了可理解之物的范围之外：最小量和最大量；不可分的东西，或所谓的完全的一，和万有；缺少部分的东西，和不可能成为另一个东西的一部分的东西。

连续体中存在无限小的东西[7]**，也就是说，无限小于任何给定的可感知的东西的某种东西。**

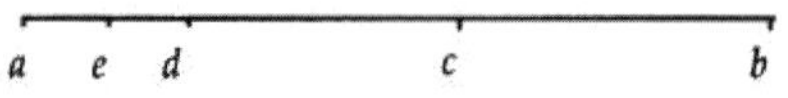

图 2

接下来，我先以空间为例来证明这一点。我们不妨假设有一条线ab，可以被某一运动穿过。既然运动的开端在那条线上是可理解的，那么运动的开端将穿过那条线的开端也是可理解的。我们不妨假设这条线的开端是ac。但很明显，可以在 【99】
不切掉开端的情况下切掉dc。同样，如果我们认为ad是开端，那么也可以在不切掉开端的情况下切掉ed，以此类推，直到无穷。因为即便我的手不能，我的灵魂也不愿去追求无限的分割，但一般说来，我们立刻就会意识到，一切在不切掉开端的情况下可以被切掉的东西，并不包含这个开端。既然部分可以被无限切掉（因为正如其他人所证明的那样，连续体是无限可分的），那么这条线的开端，即运动开始时穿过的部分，就是无限小的。

同样也可以这样去理解接触角，即如果形体被认为是完美的（谁也不会否认，这在事物的本性中是可能的），那么接触角必然存在于某一点。

一个点在长度、宽度和深度上要无限小于任何可以 [15]
感知的东西；一条线在宽度和深度上要无限小于任何可以感知的东西；一个面在深度上要无限小于任何可以感知的东西。

这是由以下前提推导出来的，因为我们已经证明了这一点，即并不存在不可分的东西，但却存在无限小的东西。但我并不希望把一个点定义为一条比任何给定长度的线段都要短的线段，因为中心点不应该被视为一条线段，而应该被视为比任何给定的图形都要小的图形，例如，圆的中心就应该被视为比任何给定的圆都要小的圆，它的部分是角。

存在着比另一个点更小的点。

因此，一个较大的角的顶点要大于一个较小的角的顶点。角是一个点的量，也就是，它的中心点［即它的顶点］的量。因为很显然，即便线段不断地缩小，角却永远保持不变。因此对一个角来说，只需要无限小于任何给定的可感知的线段的线段，它们所截取的空间以同样的方式无限小于任何可感知的空间，因此最终就是一个点。同样，既然一个形体比另一个形体移动得更快，穿过一条无限小于任何给定的可感知的线段的线段的那些运动的开端就必然是不相等的——就是说，这些线段是不相等的。但这些线段却都是点。

一个点可能无限小于另一个点。

因为一个接触角是一个点，一个直线角也是一个点，不过，任何直线角，无论多么小，都大于任何接触角。[8]

不存在没有形体的空间，也不存在不运动的形体。

通过对不可分量的更深刻了解，这种尚未被任何人注意到的、奇妙的证明方法，对我来说变得清晰了起来。因为我将表

【100】

明，如果事物的本性中存在着与形体相分离的空间，存在着与运动相分离的形体，那就必须承认有不可分的量。但这是荒谬的，而且与已被证明的结论相左。上述推论的证明如下。假定我们把点理解为无限小的线段，有一条线段，它比其他线段要长，并被认为是空间或形体中指定的线段；假定我们寻找某个形体或某个空间的开端，也就是，它的第一个部分；并且假定任何我们可以从中切掉某些部分而又不会切掉开端的东西不可能被认为是开端：有了所有这些假定，我们必将在空间和形体中得到不可分的量。因为那条线段，无论它多么无限小，都不 [17]
会是形体的真正开端，因为我们可以从中切掉某些部分，也就是它与另一条更加无限小的线段之间的差；直到得出一个没有部分的东西，或者得出一个比那种无法想象的、被证明是不可能的东西还要小的东西，这一过程才会停止。但是，如果一个形体被理解为运动的东西[9]，那么它的开端将被定义为一条无限小的线段。因为即使存在着另一条比它更小的线段，其运动的开端仍然可以被看作是比其他速度更慢的运动的开端更大的东西。而我们把一个形体的开端定义为运动本身的开端，即努力，因为如果不这样的话，形体的开端最终就会变成一个不可分的量。我们由此可以推知，形体中不存在与运动相分离的物质，因为它将必然包含不可分的量，所以就更没有理由说存在着与物质相分离的空间了。因此，我们最终明白了这一点，即要成为一个形体就要移动。

如果没有心灵，所有的形体都将什么也不是。

既然要成为一个形体就要移动。那么有人肯定就会问，什么是移动呢？如果移动就是改变位置，那么什么是位置呢？难道它不是通过参照形体来规定的吗？如果移动就是从一个形体的附近转移到另一个形体的附近，那么问题就又回来了，什么是形体呢？所以形体将是无法解释的，也就是说，是不可能的，除非我们可以在没有形体进入其定义的情况下解释运动。既然我们已经断定空间与形体之间并没有不同，那么移动就是改变位置，这种说法就是有问题的。因此，如果我们想要避免这种循环论证的话，那么形体和运动最终实际上是什么呢？它们只是被某种心灵感知的东西。

就形体的存在而言，必然需要某种不受形体影响的心灵，这种心灵不同于我们所感知的任何其他心灵。

因为很显然，我们所感知的这些心灵，就像任何人自己身上所经验到的那样，并没有给事物的存在带来任何东西。因为
【101】人们从经验中获悉，他人对一切的感觉并不会因为我不在而更少一些，也不会因为其他任何个体不在而更少一些。因此，一切事物的聚合也是如此，这种聚合只是通过把一切事物放在一起考虑才把它们结合在了一起。另一方面，很明显，那种脱离形体的心灵，即并非需要形体才能存在的心灵，必定由于自身而存在。我们可以通过其他原则来推导出这种心灵的其他属性。

所以，看看我们在哲学上用几行字完成了多少事情！我们把不可分量，也就是，最小量，从自然中排除了出去，正如我们也把最大量排除了出去；然后我们把与物质相分离的空间排除了出去，把与运动相分离的物质排除了出去，因为我们从这些东西中推导出了不可分的量；最后我们证明了心灵的必要性，但在所有的心灵中，只有上帝的心灵是必要的。从这些原则中同样还可以推导出其他同样重要的东西：思维的样式、灵魂不朽、不可入的小世界，以及心灵通过心灵繁殖；所有这一切都源于对不可分量的认识。[10] [19]

4. 论形体的内聚力[1]Aiii4

[1672年秋至1672年—1673年冬][2]

形体的**内聚力**[3]是毁灭它们的交接性所必需的力的量。[4] 【94】

连续的事物是那些具有一定内聚力的交接的事物。**交接的**事物是那些之间没有距离的事物。①

如果[6]两个形体以这样的方式相交接，即它们并没有受到不同的方向上任何努力的刺激，那么它们也就不连续，也就是

① 在页边的空白处写道：我的假说——碰撞仅仅通过各种努力的组合才会发生，用不同形体的叠加来解释各种努力——之所以是必要的，正是因为，若没有这个假说，我们便无法理解一个形体沿着它所趋向的方向被推动时的加速度。如果我们确实提出了这种假说，我们就可以像一个形体被理解为在另一个已经在运动的形体上移动那样来理解它了。在我阐明这一点之前，我不确定该如何解决加速度的问题。[5]

【95】 **说，它们并不**抵抗朝不同方向移动的努力。因为所有的形体都会接受所有外加于它们的努力（即便，由于不同的努力交织在一起，这些努力并不总是产生一定的效果）；也正是因为如此，而不是因为交接的形体不太容易接受朝不同方向移动的努力，所以它们现在才没有这样的努力。然而，如果朝不同方向移动的努力不是为了逃脱，它们就需要大小相等、方向相反的努力。因此，它们此前缺乏便不足以抵抗朝着不同方向前进的新的努力，因而也就不足以使其交接性得以延续。[7]

谁也不应该感到惊讶，我们竟然背离了伟大的勒内·笛卡尔的主张（我注意到，他的主张最近遭到了声名显赫的惠更斯的鄙视）。[8] 因为笛卡尔是从关于运动和静止的某种很难获得赞成的主张中推导出他自己所提出的关于连续性的解释
[21] 的。因为在他看来，一个只是处在静止状态的形体比它以与之相对的运动的形式移动时更能抵抗一个碰撞它的形体[9]；既然如此，在他看来，一个形体相对于另一个形体处于静止状态也就足以阻止另一个形体离开它，或与它分离，这也就不令人吃惊了。[10] 但是，我认为这是每一门科学的一个原理，不仅是运动的原理，而且同样是心灵的原理，我已经在其他地方证明了这一点[11]：也就是说，任何努力都不会消亡，所有的努力都是普遍**有效的**、**永恒的**，即便它们不能被感知，因为它们已经与叠加在它们之上的其他努力混在了一起，而这些努力的运动轨迹也由于这样一种多样的组合而发生了不可估量的变化。根据这个原理，我们可以得知，一个处于静止状态的形

体，也将接受任何现存的强加于它之上的努力，而且这种努力和其他的努力一样有效；因此，如果形体中没有其他的努力来补偿或调节它，形体就会突然运动起来。如果有人对此仍然表示怀疑，我希望用一种特殊的方法来澄清；与此同时，为了防止那些熟悉这种论点的人和那些不熟悉这种论点的人之间产生分歧，我坚持认为这是一种假说。很显然，没有什么比这更和谐、更优雅的了。我们可以用下述方法来证实这一点：如果静止是内聚力的原因，那么首先，没有一个有内聚力的事物是可分离的，因为静止与运动有着无限的差异；因为如果静止比与之相对的运动有着更加强烈的抵抗力，它就会具有无限强烈的抵抗力。其次，所有的事物都将具有相同的内聚力，因为所有的静止都相同。

如果一个形体努力要进入另一个形体的位置，那么这两个形体就是连续的。努力[12]是某一给定时刻的运动的开始。因此它是位置变化的开始，也就是，从一个位置向另一个位置过渡的开始，因此它同时处在两个位置上，因为它不可能不在这两个位置上，即不在任何位置上。为了更清楚地说明这一点，我们不妨设想一个点A，它有一种想要从a到b的努力，也就是，开始离开a；因此，在第一个瞬间，它占据了某一条线，这条线确实比任何可指定的线都要短，但尽管如此，它有时可能也会更长些，有时可能也会更短些，这取决于努力，或开始，是更强烈［还是更微弱］。因为我们不妨假设这条不可指定的线在努力程度比较弱时与ac成正比，在努力程度比较 【96】

强时与 ad 成正比。那么很显然，任何努力都已经开始产生效果了，即便这种效果比任何可指定的效果都要小。由此便可得出，无论何物，只要努力进入另一个形体的位置，它都已经在
[23] 其边界上开始在另一个形体的位置上存在了，就是说，它们的边界是同一个，即相互渗透；因此，若没有另一个形体，一个形体是不可能被推动的。而且因此这些形体也是连续的。

这个命题具有重要意义，因为由此可以得出，运动在一个充实空间传播，当一个形体被移动时，它就会努力把所有其他的形体都带走，世界上的事物，无论多么小，都能够被整个宇宙感知到。这一点在实验中也得到了证实[13]，因为众所周知，即便是液体，当它们受到某种运动的强烈扰动时，只要它们有共同的扰动运动，就会效仿固体的性质。

最近发表了一些关于内聚力或内聚现象的文章，这些现象不能用空气的压力来解释：以下是摘自波义耳、居里克（Guericke）和惠更斯的观察结果。[14]

> （1）两个抛光的形体在一个排尽空气的地方并不比它们在一个充实空间里更容易分开；同时，空气泵和双足虹吸管在排尽空气的泵中发挥的功能不会比在大气中更少。[15]
>
> （2）排空空气的水银的高度虽然大于空气压力使其

达到平衡的高度，但水银并不会从孔径下面的管子降下来。

这些现象使这样一个事先仅凭理性就已经为人们所知的事实可以被人们感知到了：并非所有的内聚力像过去一些人习惯于认为的那样来自空气的压力。因为在这种情况下，就需要预先制备某些坚固的、抛光的石板：但是这些东西的坚固性来自哪里呢？[16] 因此，我们必须通过把我的另一个小作品中的某个命题搬到这里来，对内聚力的原因进行更深入的研究。

5. 关于笛卡尔《哲学原理》的笔记（节选）[1] Aiii15

[1675 年秋—12 月?][2]

关于第一章：

……

第 21 节：“我们不能根据我们现在存在这一事实就断言说，下一刻我们也将存在，除非某种原因不断地使我们再生，也就是说，使我们守恒。”[3] 这个推理在我看来似乎不太合理。因为除非由于某种原因，否则就没有任何改变——在我看来，这是哲学中最强有力的原理之一。 【214】

第 26 节和第 27 节：他建议我们用“无定限”(indefinite)——指我们无法发现其界限的事物——来代替“无限”，“真 [25]

正的无限”这个词只属于上帝。但是与此相悖，在第2部分第36节中[4]，物质被认作事实上可被运动分割成比任何可赋值的东西都要小的部分，因此是实无限。[5]

……

【215】 §51：“实体”一词并不是在同一意义上应用于上帝和受造物的，也就是说，这个名词对上帝和受造物来说没有任何意义。

关于第二章：

第4节和第11节：他说，形体的本性在于广延，因为，除了可以说有形体性之外，其他的一切都可以从形体中去除。在我看来，除了广延之外，似乎还有一种特质无法从形体中去除，那便是不可入性，也就是使一个形体给另一个形体让路的东西；而我看不出这种东西该如何从广延中产生出来。

第20节：不可能有原子，因为它们至少可以被上帝所分割；伽森狄不会否认这一点。

第21节：“世界的广延没有界限。”我相信，根据他在那里所用到的同样的论点，人们总是可以设想出超出［任何假定的界限］的另一个空间；他同样可以证明它是永恒的。[6]

第25节：他通过形体在其他形体附近的位移定义了运动，但在我看来，形体的本性似乎应该通过运动来解释。

第30节，图1[7]：当两个形体在地面上分别自东向西和自西向东移动时，地球可以被认为不动。而且同样，没有什么能阻止我转而想象我在一个更小的、因此将被认为是静止的形体上。因此很显然，任何形体都可以被想象成是静止的，只要有感知的存在者被认为在它的上面。而沿着切线方向被抛出并不能证明旋转形体的真实运动，因为如果一切事物都绕着它运动，将发生同样的事情。[8] 当然，我们人类习惯于把静止归因于更大的形体，这是为了让思维简化或有序。正如把两个分数化为一个公分母，或把两个角的正弦值化为相同的半径很有用一样，把一个具有广泛而持久外部特征的东西假定为不动同样很有用。

第 36 节：上帝在宇宙中总是保持运动的量守恒。但在我看来，祂总是保持努力、推动力或活动的量守恒；因为努力永 [27]
远不会被摧毁，而是相互混合在一起。事实上，可能出现的情况是，从两个大小相等、方向相反的努力中，静止将随之到 【216】
来，或者，如果两个努力大小不相等，那么至少一个较慢的运动会随之而来；但活动的量，即努力的量，仍然保持守恒。

第 39 节：笛卡尔根据自然法则断定，每一种运动就其本性而言都是直线运动。通过把运动定义为位置的改变，我已经从定义中证明了这一点。假定一条曲线是距离的改变或变化，它总是在一条直线上。因为距离也总是一条直线。

第 40 节：第三条自然法则是，一个形体与另一个形体相撞，另一个形体的抵抗力大于第一个形体持续的力量，那么第一个形体就会转向另一个方向，其运动保持守恒，而它失去的只是它的定势。如果抵抗力比较小，那么它失去的运动就和它从自身运动中贡献给另一个形体的运动一样多。从这一事实出发，即定势不同于运动，当定势被破坏时，运动可以被完整无缺地保留下来，他证明了前半部分；而从这一事实出发，即上帝保持运动的量守恒，他证明了后半部分；但在我看来，这条定律似乎是错误的。对于前半部分，我的回答是，如果当一个定势消失了，运动便停止了，那也就不可能为某个新的定势提供理由了。我承认，运动中可以守恒的部分是守恒的，但正如我们将从以下反思中所清晰看到的那样，这是不够的（如果没有弹性的话）。我已经证明了后半部分是错误的。而根据另一条原理，即假定有一个充实空间，一个形体不容易被另一个形体所推动，因此，推动物就会放弃某些东西，但是——如果没有弹性的话——肯定不会放弃很多，我们必须这么说。不过他却说，抵抗力在于此，即一切事物都努力保持其先前的状态，而其量可以根据形体（比如，那些必须被分开的形体）的表面积大小和运动速度来计算。但是，形体似乎并没有努力保持同样的状态，也没有抵抗改变的力量；否则静止的形体就会有无限的抵抗力。[9] 另外，作用物的力多大并不重要，因为无论推动物的速度有多大，由于随后会发生更大的变化，静止的形体的抵抗力也会大得多。

［**第 46—52 节**］：至于其他的，笛卡尔的七条运动定律就是从这个自然法则中推导出来的。[10] 其中第一定律是，如果 B 和 C 大小相同，而且有大小相等［方向相反］的速度，并

且沿着一条直线相撞，它们就会沿同一路线以相同的速度反弹。如果假定有弹性的话，情况就会是这样的。第二定律是，如果B比C大，但［碰撞后］与C速度相同，那么B会以与 [29]
自身相同的速度带走C。无论从哪方面来看，这都是错误的。第三定律是，如果B与C大小相同，但比C快，那么速度差的一半就会转移到较慢的形体上，因此C就会被B以减少了速度差的一半的运动速度带走。因此，第四定律是，如果C处在静止状态并且比B大，它将永远不会被［B］推动；第五 【217】
定律是，如果C比B小，它就会被碰撞物无论有多小的运动所推动，但它只能接收到能确保两个形体以相同的速度移动这样一个大小的速度。因此他说，如果B是C的两倍大，B就会给C三分之一的运动（因为这是两者结合在一起的总量的三分之一），因为三分之一的运动将以与三分之二的运动推动两倍大的C相同的速度推动C。这些说法模糊不清，并且充满矛盾。如果两个形体有相同的速度，那么一个形体中怎么可能只有三分之一的运动呢？但是，这一点可以从运动的量而不是速度的量来理解，因为，假设它们有相同的速度，运动的量可以作为形体的量。第六定律是，如果形体C处于静止状态并且与B大小相同，而B例如以4个单位的速度移动，那么B就会以3个单位的速度反弹回来，而C则以1个单位的速度朝相反的方向移动。我不知道在这个所谓的等式中1∶3的比例到底是怎么来的。这可能是疏忽所致。第七定律是：如果B和C朝相同方向移动，C移动较慢，B以较快的速度紧随其后，以便撞上 C：于是，如果在速度上［B 相对于 C］的超出部分大于在大小上［C 相对于 B］的超出部分，那么 B 就会把与能够确保它们移动得同样快的运动同样多的运动转移给 C；如果在速度上［B 相对于 C］的超出部分小于在大小上［C 相对于 B］的超出部分，那么 B 将保留其全部的运动，沿相反的方向弹回。笛卡尔说，这些事情是如此明显，以至于不需要证明；但我可不这么认为。

注意：除上述的考虑之外，我还需要补充一点：当事物彼此改变它们的位置，有人问及该说它们中哪一个在移动时，运动总是应该归于某种有限的事物，而不是归于它之外的整个世界其余的部分。所以，如果有人问及两个彼此接近的特定形体中哪一个在移动，我们只需要考虑这些形体之外的其他形体：如果这些其他的形体的位置相对于两个形体同时发生了改变，我们就应该认为这两个形体都在移动；但是，如果它们的位置只相对于一个形体发生了改变，我们就应该把运动归于这一个形体。但是，当我们假定作为尺度的这些形体是特定的，因为它们本身很可能也在移动时，这个结论才有可能是正确的。

[31] ## 6. 论物质、运动、最小量和连续体 [1] Aiii58

1675 年 12 月

【466】

根据某些推理方式，我们可以推知：存在就是能够被知觉。[2] 例如，如果我说，一切事物都在朝某个特定的方向移动，那么这就相当于说，一切事物都是静止的。[3] 如果我说，一切事物的运动速度都正比于其现在的速度，那就没有什么会真正被改变。如果我想象，在空间中，有一种理想流体，而不是广延物，它处于静止状态，但是，当另一个形体在其中漂浮时，它就会移动，以便把这个位置填满，那么我的意思便是，它是空的空间。如果形体的运动受到了它的运动的阻碍，那么它就是物质。

最微妙的几何学要做的就是去揭示，一个形体前方的流体是如何——通过何种环流路线——回流到它的后方的。我们必须考察每一点沿着哪一条路线移动，以便可以证明，每一点先沿着某一条线路移动，然后再沿着另一条线路移动；假定是这样，就会产生一个荒谬的结论，即连续体是由最小量构成的。反过来，我们由此可以推知，填充一切的理想流体是不可能的，也就是说，我们必须把空间当成是一个真空。但是，我们必须先考察前一个证明及其荒谬性，然后才能说，因为根据流体所作的解释与根据空间所作的解释之间似乎没有明显的差异，所以完美的流动性蕴含着矛盾。[4]

运动量是守恒的，就是说，如果一个移动的形体的积量增加了，那么它的速度就会减小，伽利略、笛卡尔、霍布斯，甚至阿基米德都注意到了这一点。[5] 这一事实是从现象中推导出来的，但却没有人指出它在自然本身中的起源。我们有一种偏见，认为较大的形体更难以移动，就好像物质本身抵抗运动。但这是不合理的，因为物质对任何位置都漠不关心，因此对位置的变化或运动也漠不关心。笛卡尔躲在了上帝的不变性中[6]；他本应该向上帝祈求事物的和谐，因为最明智者往往会选择最简单的方法来达到最大的效果。但却很难证明，整个世界
【467】的运动量保持守恒与事物的和谐相一致。因为，也许事物的和谐起了作用；但是，另一方面，它似乎与不同系统中不同的运动定律所适用事物的多样性相一致。但是，如果运动的量被证明是物质和充实空间的量[7]的必然结果，那么我想要的东西就会很容易得到保证。因为我们至少可以承认，世界的充盈与事物的和谐是一致的，因为某个位置的某一部分竟然会被毫无必
[33] 要地弃置不用，这是不可理解的。现在，我把每一个事物都想象成一个充实空间，也就是说，想象成有各种运动的物质，因为，如果我们把某一整体无限大的质量理解成以某种普遍的运

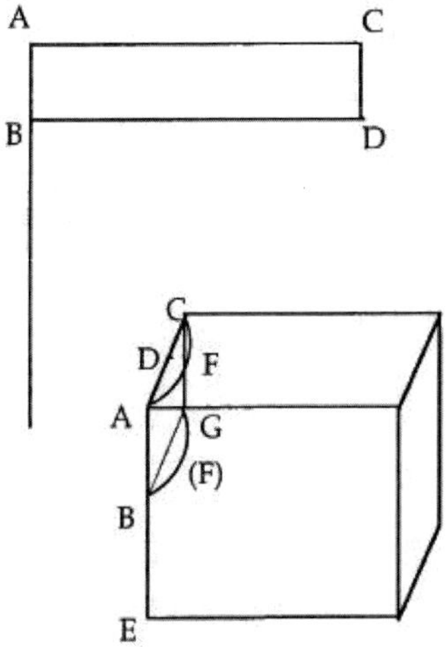

图 1

动在移动，那么这种运动就会被认为是不存在的。因此，假设事物充盈，换句话说，假设空间中没有一个部分不包含以不同于无穷多的其他运动方式运动的物质，那么我就能证明运动量是守恒的。

我们不妨设想，[物质的] 量在一段时间内保持守恒，我们把这段时间称为 AB，并把物质在这段时间内穿过的空间称为 ABCD——把物质的每一个可指定的点理解为在这段时间内都穿过了空间的一个特定的部分。更准确地讲，假设有一种立方体。假设时间是从立方体的边 AE 上截取的一部分，即 AB。假设直线 AC，即立方体的另一条垂直于 AB 的边，代表的是物质。从 AC 垂直延伸，假设有一条直线 DF，它代表的是物质任一部分的速度，也就是，物质任一部分在规定时间内所穿过的无限小的空间。物质所穿过的整个空间将是某种柱体 AFCG（F）BGCA 的一部分。现在，如果物质的一部分开始比以前移动得更快了，那么它在 AB 这段时间内所占据的空间就会比它在其他时间所占据的空间要大。但是，世界上空间的 [量] 是有定限的，也就是说，确定的、有规定的，即使假定它是无限的；而如果每一个事物都是一个充实空间，那么某个事物就不可能占据比以前更多的空间，除非别的事物占据了比以前更少的空间，否则，形体就会被理解为相互渗透。因此某个事物不可能比以前移动得更快，除非别的事物比以前移动得更慢——只要足以使整个物质被理解为在同样的时间内恰好 [35]
占据同样的空间的量就行了。那就是说，整体将保持同样的运 【468】

动的量，因为总运动量等于规定的时间内有规定的物质的量相继占据的空间的量。因为运动的本性就在于，时间的任一部分都不会如此之小，以至于一个形体其间不会相继出现在几个位置。因此，如果每一个事物都是一个充实空间，那么其他事物就必然相继给这个形体让路。如果某个事物相继占据了几个位置，其他别的事物也相继占据了几个位置，最后，如果把形体的各个部分相继占据的所有位置的总和加起来，那么就会导致，整个空间被重复的次数越多，所花费的时间也就越长。而事实上，同等时间内所占据的空间的总和不可能变得更大或更小，因为如果那样的话，在分配完成后，就必须添加更多的物质以填充剩余的空间，要么必须逐出某些物质，我们认为这两种情况都是不可能的。

为了提供更严格的证明，这里值得注意的是，还有另一种方法可以证明，在所有的形体都必然有弹性这一事实的基础上，运动的总量是不可能减少的。我们需要考虑的是，完全笔直的形体如何可能弯曲，因为没有理由让它们朝这个方向而不是朝那个方向弯曲。因此，假设两个完全同质的笔直的形体发生碰撞，那么一些运动就会丢失，因而事物的整个和谐也就会被扰乱。当然，可以回答说，这样的形体过去不存在，现在不存在，将来也不存在；但是，这还是说服不了心灵。因为这样的形体确实还是有可能存在的。那么我们不妨想象它存在；从这一点出发，就会发生我们向来认为不可能发生的事情，即运
[37] 动量发生了变化。因此，真正的一般原因并不是弹性，而是

量的守恒。既然它是一般原因，那么它也是弹性本身的原因。在这种考虑中，有两样东西需要注意：第一，不可能的事物与现在不存在、将来不存在，过去也不存在的事物有何不同；第二，同一件事怎么会有多种原因。

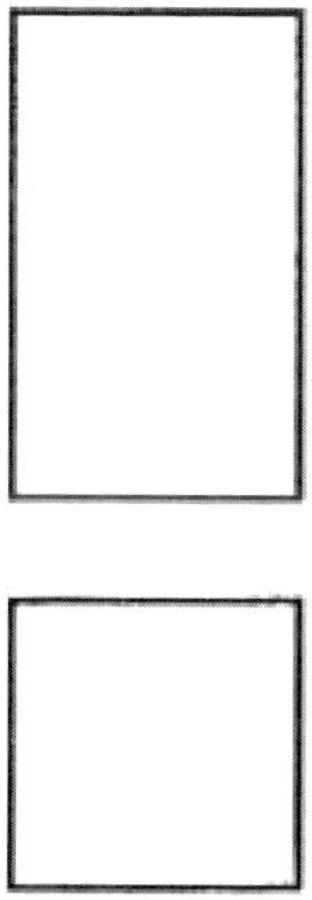

图 2

根据我刚才所说的，不仅整个质量不可能有更多或更少的运动（因为那样的话，整个质量就会占据更多的空间），而且似乎可以同样公正地说，甚至是形体的一部分，如果没有交替变化，并因此变得更轻（这与经验相悖），也不可能比它现在移动得更快，我们似乎可以对运动和空间的填充之间的关系作出更深刻的解释。[8]可以肯定的是，同一个形体可以在给定的时间内占据更多或更少的空间，因为它可以移动得更快或更慢。但是，如果每一个事物都是一个充实空间，并且某个形体

【469】比以前移动得更快，那么另一个形体就必然比以前移动得更慢。因为否则的话，如果一个形体占据了比以前更多的空间，而另一个形体占据了和以前一样多的空间，那么它们就会比以前更多地处于同一个空间；这与我们认为形体必定具有不可入性的观点相反。另一方面，如果我们假定运动的量减少，那么物质在给定时间内所占据的空间的量也会减少；但是，空间并不减少，因此就会有未被占据的空间。所以只要假设这是一个原则也就足够了，即物质或形体的本性在于它在同样的时间内占据同样大小的空间。[9]

形体的运动是一种扩张，因为任一事物移动得越快，它在某一规定的时间内占据的空间就越大。因此，假定在一个充实空间中，一个形体在另一个形体没有收缩的情况下不可能扩张，一个形体在另一个形体没有扩张的情况下也不可能收缩，并且另一个形体的扩张也只能从运动的角度来理解：假设所有这一切都是真的，那么说运动的量总是守恒就相当于说物质的量总是守恒。

说在给定的时间内穿过同一空间的物质越多就相当于说物质移动得更快，因此这个物质团块就会因为时段短而得到补偿。[10] 以无穷大的速度移动的一个点在一瞬间填满一条线。如果某种事物以无法设想的速度移动，它就会同时出现在任何地方。

最小的时间（最小的空间）是更大的时间（空间）的一部分，它处在更大的时间（空间）的边界内——这来自我们所拥

有的整体与部分概念。因此，最小的时间就是时间最小的部分，最小的空间就是空间最小的部分。根本就没有所谓的空间 [39]
的最小部分。因为否则的话，对角线上的最小量和边上的最小量一样多，因此，对角线就等于边，因为其所有的部分都相等的两个事物本身也相等。[11] 同样，很容易证明，根本就没有所谓的最小的时间。如果一个最小量是任何事物的最小量，那么它将是空间中的那些事物的最小量，或更确切地说，鉴于你把空间的部分与形体区分了开来，它将是空间各个部分的最小量。我们无法用其他方式来说明这个问题。因此，如果我们假设存在最小量，那么无论是一瞬间还是一段时间都会引起矛盾。每一种更大的事物都是由更小的事物构成的。因此，每一个最小部分都是更大的事物的一部分，它处在后者的边界之内。

如果这个连续体不是假定的最小量（如果其中存在最小量 【470】
的话）的总和，那么当取走最小量的总和时，就会剩下一部分；因此这个部分大于一个最小量，由于它既不小于，也不等于最小量，所以其中还有最小量。但这是荒谬的，因为我们已经取走了所有的最小量。因此，如果连续体中有最小量，那么连续体就是由这些最小量构成的。但是，正如我已经证明的那样，认为连续体是由最小量构成的，这是荒谬的；因此，认为连续体中有最小量，或者认为最小量是连续体的部分，这也是荒谬的。存在于某种事物之中（也就是，存在于某种事物的边界之内）和成为某种没有别的事物便无法被理解的事物，就是成为一个部分。所以［连续体中］根本就没有［所谓的最小量］。因此，如果时间中存在着瞬间，那就只存在着瞬间，时间就是瞬间的总和。

由此，我们可以非常清楚地证明：(1) 每一个连续体都是无限的。因为，如果我们假设，一个形体一直被移动到世界的末端，它就会开始超出世界的末端，这样就会在那之外有一个空间，而这与假设相悖。[12] (2) 变化不可能停止，或者说，任何被移动的形体都会继续移动。出于同样的原因，它也不可能开始。(3) 每个形体都在运动。因为每个形体都是可移动的，而任何可移动的形体都被移动过。(4) 在一个位置就是经过一个位置，因为一瞬间什么都不算；而且每个形体都在运动。(5) 物质不可能与其他物质同时占据同一空间。(6) 在一个充满的、规定的空间里，如果一个形体推动另一个形体，它的速度就会减慢。也就是说，这个形体没有被给予更多的运动，而不是整个质量的运动应该会减少。这里有一个不可忘记的事实：变化在大的事物而不是小的事物中发生。也就是说，这应该是一个原理。如果变化有必要以两种方式中的一种发生，一是许多事
[41] 物中发生小的变化，一是少数事物中发生大的变化，那么这种变化将发生在少数事物中。而这就是重物向下冲的原理。既然增加主体没有用，这种方式也就被废止了，取而代之的是，变化在一个主体上重新统一在了一起。[13]

7. 无限长线不可移动 [1] Aiii59

1676 年 1 月 3 日

【471】

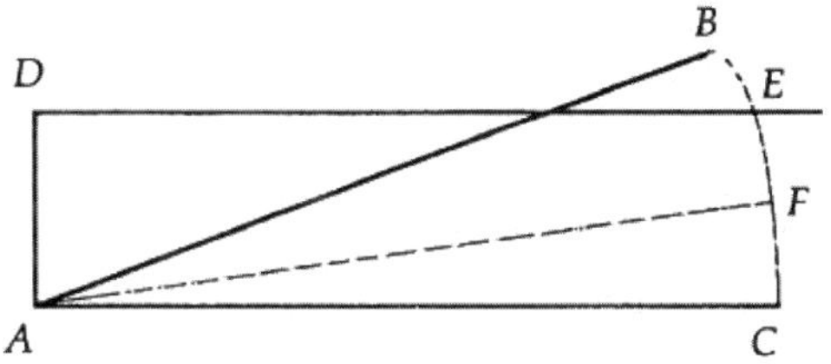

无限长线不可移动 [2]

假设有一条线 AB，在方向 B 上无限延伸，它将通过某种运动移动到 AC。在 B 和 C 之间假设有一条与 AC 平行的线 DE。当它到达 AC 时，它将完全处在 DE 下方；无论到了假定的哪一个［中间的］点，例如，到了 AF，它在 DE 上方都会有一个无限的部分。因此，如果假定 AC 完全没有边界，也就是说，如果没有最后的一个点，那么有必要的是，这条无界的线整个部分就应该最终同时落在 DE 下方，并且这条线整个部分同时也要填满介于中间的空间，也就是说，同时处在几个不同的位置上——这是荒谬的。因此这似乎可以证明，一个无界的形体是不可移动的。即便你使角 FC 无限小，同样的事情也会发生，与角 FC 大时的情况成比例。因为假设 BC 这条线无限小，我们也可以画出类似的图。

8. 论斯宾诺莎的《伦理学》；以及论无限[1]

（1）论斯宾诺莎的《伦理学》Aiii33$_4$

[1676年2月?][2]

【484】 契恩豪斯（Tschirnhaus）给我讲述了斯宾诺莎书中的许多内容。阿姆斯特丹有一个店主，我想他应该是叫吉勒斯·格里特（Gilles Gerrit），他曾和斯宾诺莎交谈过。斯宾诺莎的书将讨论上帝、心灵、福音，或者完人的理念、对心灵的治疗以及 [43] 对身体的药物治疗。他声称要证明与上帝有关的事情；只有祂是自由的。他认为自由在于，某种活动或定势不是产生于某种外在的推动力，而是完全产生于行动主体的本性。在这个意义上，他说只有上帝是自由的，这话没错。在他看来，心灵在某种程度上是上帝的一部分；他认为所有的事物都有某种感觉，与它们的存在程度成正比。他把上帝定义成了一个绝对无限的存在者，同样也定义成了一个包含所有完满性——肯定，或现 【385】 实，或可以设想出来的东西——的存在者。同样，只有上帝才是实体，或者说，是一个通过自身而持存的存在者，一个可以通过自身而被设想出来的存在者，而所有的受造物都只不过是样式。只要人不是由任何外在的东西所规定的，他就是自由的。但是，既然在他的任何行动中并非如此，所以人绝不是自由的——即便他比形体更多地分有了自由。[他认为] 心灵就

是身体的观念。他还认为，身体的统一源于某种压力。庸俗者的哲学开始于被造物，笛卡尔开始于心灵，而他开始于上帝。广延并不包含可分割性，在这一点上，笛卡尔是错误的。笛卡尔同样错误地认为他能够清楚明白地看到心灵作用于身体和身体作用于心灵。他认为，当我们死后，我们几乎会忘记一切，只保留那些我们通过某种他所谓直观的知识所拥有的东西，但很少有人意识到这种知识。因为感性的知识是一回事，想象的知识是另一回事，而直观的知识又是另一回事。他相信有某种毕达哥拉斯式的轮回，至少心灵可以从一个身体转到另一个身体。他说基督是最伟大的哲学家。他认为，除了思想和广延之外，还有无限多的其他肯定的属性，但在所有这些属性中都有思想，就像在这里的广延中也有思想一样；但是，我们无法想象它们什么样子，每一种都是自类无限，就像这里的空间一样。

（+我通常会说有三种等级的无限。[3]最低的是，举个例子，比如，双曲线的渐近线的无限[4]；我通常称之为纯粹的无限。这种无限不可赋值，我们也可以说其他等级的无限也是如此。第二等级的无限就是在自己那一类中最大，例如，所有广延物中最大的是整个空间，所有延续物中最长久的是永恒。第三等级的无限，也是最高等级的无限，即万有，这种无限存在于上帝之中，因为祂就是全部；因为在祂身上包含着所有其他事物存在的必要条件。我在这里只是就此顺便说几句。+）

[45] （2）一个值得注意的关于无限的观察 Aiii63

[1676 年 2 月?] [5]

【481】 我们在这里可以看到一个值得注意的关于无限的观察。既然有一个无限大比另一个无限大更大，那么是否会有什么东西比别的东西更永恒呢？例如，一个事物可能先于任何可想象的时间而存在，不过［不是］[6]来自永恒，因为［它存在］的时间不是绝对无限，而只是相对我们而言无限。因此，曾经有一段时间它并不存在，但那一段时间离现在无限遥远。这就像无限短的线与点的关系一样。

9. 论崇高的秘密，或论至高无上者（节选）[1]Aiii60

1676 年 2 月 11 日 [2]

【472】

经过充分考虑之后，我把事物的和谐当成了一个原则：也就是说，存在着尽可能多的本质。因此，存在的理由要多于不存在的理由，而且只要有可能，所有的事物都会存在。因为，既然某种事物存在，而不是所有可能的事物都能够存在，因此只有那些包含着最多本质的事物才会存在，因为没有别的理由来选择某些事物而排除其他事物。因此首先存在的是所有可能的存在者中最完满的存在者。此外，最完满的存在者首先存在的理由显而易见：因为它们既单纯又完满，也就是说，包含着最多的本质，所以它们为尽可能多的其他存在者留下了空间。因此一个完满存在者要比许多与之相当的不完满存在者更可取，因为后者在占据空间和时间的同时妨碍了其他存在者的存在。①

我们现在根据这一原则可以推断，形式中没有真空；同 【473】
样，在可能性的范围内，空间和时间中也没有真空。由此可见，在可能性的范围内，没有哪个可指定的时间是不存在某种事物的，没有哪个空间是空着的。因此，我们必须弄清楚世界充盈所可以带来什么。

首先，我们将证明，除了流体之外，必然还存在着固体。 [47]
因为固体就比流体更完满，原因是它们包含着更多的本质。但是，不可能所有的事物都是固体，因为这样的话它们就会相互阻碍。因此固体与流体混合在一起。固体的起源似乎不能仅从流体的运动来解释。顺便提一句，所有的固体似乎都有某种心灵。我们必须弄清楚，这些固体即使不能分离，是否至少也是有弹性的；我们还必须弄清楚，是否存在既不是固体也不是流体，而是就其本性而言介于固体和流体之间的形体；但这似乎有点难以解释。

① 从某个事物存在这个事实出发，我们可以推出，那个事物的存在有其必然性，因此要么所有事物本身是必然的，但这是错误的，要么至少它们的终极因是必然的。由此可以得出，一种绝对必然的存在者是可能的，也就是说，并不蕴含着某种矛盾；由此可得，它是存在的。在这里，我们必须弄清楚，这是否可以证明它是唯一的，等等。另外，既然有些事物是存在的，而有些事物是不存在的，那么最完满的事物肯定是存在的。

《关于至高无上者的神秘哲学的基本元素》从几何上对其进行了论证。

这看上去不是与存在着原子的理由相一致？如果原子一旦存在，它就会永远存在下去。因为周围充实空间的液体物质会立即努力使其消散，原因是，正如我可以轻易表明的那样，它妨碍了液体物质的运动。如果某个较大的一定程度上抵制消散的形体在液体中移动，它会立刻形成一个“小球体”（terrella）[3]和一个涡旋。

从液体中的固体来看，我们似乎可以推知，完美的流体物质不过就是无限复多的点，也就是，比任何可指定的东西都要小的形体[4]；或者，我们似乎可以推知，必定存在着这样一种穿插其间的真空，一种形而上学的真空，它与充实空间并不矛盾。一个形而上学的真空是一个空着的地方，无论多么小，都是真实的和实在的。物理学的充实空间与不可指定的形而上学的真空并不矛盾。或许我们可以由此推知，物质被分割成完美的点，也就是说，被分割成它可被分割成的所有部分。[5]我们由此不可能得出任何荒谬的结论。因为它意味着，一种理想流体并不是一个连续体，而是离散的，也就是说，是复多的点。因此我们并不能由此得知，连续体是由点构成的，因为流体物质不是一种真正的连续体，尽管空间是一种真正的连续体；由此我们可以再一次清楚地看到，空间和物质之间的区别到底有多大。只有物质可以用没有连续性的复多来解释。而事实上，物质似乎就是一种离散的存在；因为即使我们假设它是固体，但就它是物质而言，当它的黏合剂——例如，运动，或其他诸如此类的东西——不复存在时，它就会沦为一种流动的状态，也就是，可分割的状态，我们由此可以推知，它是由点构成的。我的证明如下：每一种理想流体都是由点构成的，因为 【474】 它可以被分解成点，而这一点我是通过流体中的固体的运动来证明的。因此，物质是一种离散的存在，而不是一种连续的存在；它只是交接的，通过运动或通过某种心灵结合在了一起。

整个宇宙似乎有某个中心[6]，和一个无限大的涡旋[7]；似乎也有某种最完满的心灵，或上帝。这个心灵作为整个灵魂存在于世界的整个形体之中[8]；事物的存在也归因于这个心灵。 [49] 它是自因。存在不过是引起一致感觉的东西。事物的理由就是事物一切必要条件的总和。上帝的理由就是上帝。无限的整体是一。[9] 总而言之，特殊的心灵之所以存在，只是因为那个至高无上者断定，在某个地方存在着某种有理解力的东西或者说某种理智的镜子或世界的摹本是和谐的。存在即和谐，一致的感觉是存在的标志。[10]

如果这一点是真的，即物质的任何一个部分，无论多么微小，都包含着无限多的受造物，也就是，都是一个世界，那么物质实际上也就被分割成无限多的点。而只要这是可能的，它就是真的，因为它增加了实存物的复多性和事物的和谐，或对神的智慧的赞美。因此我们还可以进一步推知，物质的任一部分与其他任一部分都是可通约的，这也是事物和谐所带来的一种令人叹为观止的结果。我们必须弄清楚这是否真的会发生。在这方面，我将考察一下我在别处使用过的论证，根据这种论证，我们似乎可以推知，一个圆如果存在的话，是与直径成比例的，就像一个数字与另一个数字成比例一样。[11] 我们必须弄清楚这种推理是否正确。另一方面，我们必须弄清楚，在液体中，随着固体在其中的各种运动，是否会发生时而更多、时而更少的再分割；因此，我们必须严格地考察，液体究竟是被完美地分割成形而上学的点，还是仅仅被分割成数学的点。因为数学的点可以被称作卡瓦列里的不可分量（Cavalierian indivisibles），即使它们不是形而上学的点，即最小量。而如果我们可以表明，液体可以被更大或更小程度地分割，那么我们便可以推知，液体不能被分解成不可分割的事物。不过，有人可能会为液体是由完美的点构成的进行辩护，即便它从来没有被完全分解成这样的点，理由是液体能够进行所有的分解，而且当它的黏合剂——即心灵和运动——不复存在时，它也将不复存在。

……

【475】 我们必须以最严格的方式解开关于连续体的构成的整个迷宫（参见弗洛蒙的著作）[12]，同时必须讨论接触角，因为这种争论不是几何学者所关心的，而是形而上学家所关心的。[13] 我们必须试着弄清楚，是否可以证明存在着某种无限小但却不可分割的事物。如果这种事物存在的话，那么就会产生许多与无限相关的奇妙结论：也就是说，假如我们想象有来自另一个无限小的世界的受造物，那么与它们相比，我们就是无限大的。因此，同样很明显的是，与另一个无限大但却有界的世界的受造物相比，我们可以把自己想象成无限小的存在者。由

此显而易见，无限——当然，正如我们通常想当然地认为的那 [51]
样——不同于无界的东西。这种无限应当更恰当地被称作广阔无垠者。[14] 同样，令人惊奇的是：有人活了无限多年，但有可能才刚开始活，而有人活了许多年，比任何有限的年数都要长，有可能在某一时刻死去。我们由此推知，存在着无穷大的数。[15] 另一种证明必然存在无穷大的数的方法源于这一事实，即一种液体实际上可以被分割成无限多的部分：如果这是不可能的，那么液体也就是不可能的。[16] 既然我们看到关于无限和无限小的假设在几何学上令人赞叹的前后一致和成功，那么这也就增加了它们确实存在的可能性。[17]

……

每个心灵都有着无尽的绵延。每个心灵也都不可分解地 【476】
被植入了某一物质；这个物质具有一定的积量。每个心灵都有 【477】
一个涡旋围绕着它。所有现实世界的球体或许都被赋予了一个心灵；心智看上去也并不荒唐可笑。当然，有人可能会反对说，它们并没有足够自由的运动，但是，既然它们了解自己的职责，并且它们通过它们所感知的形体的相互注入而与上帝沟通，那么它们就不会具有各种各样的运动。到处都是不可胜数的心灵；甚至人类的卵子在受孕之前就有心灵，即使它从来都没有受孕，心灵也不会毁灭。我们并不知道天意注定的事物的奇妙用途。

……我认为，心灵注定要获得无与伦比的快乐和意想不到的幸福，就像在大量的无穷大的数中存在着那些产生意想不到的定理的东西一样。在全部有穷大的数中，去发现我们是否可以确定哪个数字最美丽（这个数字有可能是同时表示它的所有次幂的数字 1），这将是一项非凡的探究。[18]

有穷大的数的数目不可能是无限的。由此可以推知，按顺序从数字 1 开始，有穷大的数的平方的数目不可能是无限的。由此似乎可以推知，无穷大的数是不可能的。我们似乎只需证明，有穷大的数的数目不可能是无限的。如果我们可以假定数字连续地以“1”为单位增加，那么这种有穷大的数的数目就不可能是无限的，因为在这种情况下，数字的数目等于那个最大的数字，而这个最大的数字应该是有穷的。我们必须回答说，没有最大的数字这样的东西。即使它们不是以“1”为单位增加，
[53] 但只要它们总是以有限大的差值为单位增加，所有数字的数目与最后一个数字的比就总是有穷大的数；而且，最后一个数字也将总是大于所有数字的数目。我们由此可以推知，数字的数目并不是无限的。① 因此，单位的数目也不是无限的。所以，不存在无穷大的数这样的东西，也就是说，它是不〈可能的〉。

10. 无界的广延 [1]Aiii66

[1676 年 2 月?] [2]

【489】 **无界的广延**不应意味着矛盾，因为有些东西似乎可以被用

① 不，注意，这只能证明这样一种数列是无界的。

来证明这一点，例如，同一个平面上的两条不平行的无界的直线有一个共同的点。不能说它们是有界的直线。而关于有界的 【490】
直线，我们所能说的是，它们有可能被进一步地制造，直到它们相交。事实上，我们似乎可以这样理解，即直线早就被制造了出来；或更确切地说，直线本身无界，以我们或形体为界。[3]

11. 关于科学和形而上学的笔记（节选）

第一个条目[1] Aiii36$_1$

1676 年 3 月 18 日 【389】

……

如果有人如我相信的那样可以证明，最大限度的广延物是 【391】
不可移动的，那么我们便可以得出结论说，存在着不可移动的广延物。[2]

现在我终于明白了，不存在的可能事物，即现在不存在，过去不存在，将来也不存在的事物，是不可能有数目或复多性的，因为就它们的处境而言，也就是，由于偶性，它们是不可能的。[3]

假定空间有部分，也就是说，只要它能够被形体分割成各种形状的空的和满的部分，即只要它的部分能够发生改变，并被其他部分所消灭和取代，那么空间本身就是一个由于偶性的整体或存在，它不断地变化，不断地变成不同的东西。但是，在空间中，有一些东西在变化中却保持不变，它是永恒的：它
[55] 只不过就是上帝的广阔无垠，即一种不仅单一、不可分割而且广阔无垠的属性。空间只是这种属性的表现，就像性质是本质的表现一样。[4] 我们可以很容易地证明，物质本身永远都在消亡，或者说，变成一个又一个的事物。以同样的方式，我们也可以证明，除了我们身上神圣的东西或来自外部的东西之外，心灵也在不断变化。简言之，就像在空间中存在着某种神圣的东西，即上帝本身的广阔无垠，在心灵中也存在着某种神圣的东西，亚里士多德习惯称之为“主动理智”[5]，它就是上帝的全知；正如在空间中神圣和永恒的东西就是上帝的广阔无垠，以及在形体中，也就是，在可移动的存在中，神圣和永恒的东
【392】 西就是上帝的全能一样；正如在时间中神圣的东西就是永恒一样。一种属性可以非常好地用于揭示另一种属性；因为永恒既然是存在的必然性，它就没有接续、绵延或可分性的意思，那么它也就是某种不可分割的东西。同样，全在或遍在并不像空间那样可分割；全能也并不像形体的形式那样受变化的影响。

这些东西都是非常值得注意的，因为它们表明只有上帝是永恒的。因为如果空间不是永恒的，那就更不用说物质了。因为，既然正如我在别处根据万物的个体化原则所指出的那样，物质只存在于关系之中，那么物质永远都在不断地变成一个又

一个的事物。[6]

任何可分割、被分割东西，都会被改变，或更确切地说，都会消失。物质是可分割的，因而是可摧毁的，因为任何被分割的东西都会被摧毁。任何被分割成最小量的东西都会湮灭；但这是不可能的。另一种湮灭的方式倒是可能的。从某种意义上说，物质从形式中得到了它的存在。

在物质中，就像在空间中一样，存在着某种永恒的、不可分割的东西；那些相信上帝本身就是事物的物质的人似乎理解了这一点。但是这样称呼上帝并不合适，因为上帝并不是事物的一部分，而是事物的一个原则。完满是一种绝对肯定的属性；它总是包含着它自身那一类的一切，[7] 因为没有任何限制它的东西：因为如果有一个事物，某些东西必须被认为归属于它，而你又没有任何理由只是把某一特殊的东西归属于它，那么你就会把一切都归属于它。

液体在所有方向上都会被搅动起来，这是因为它们是液体，也就是说，因为它们并不抵抗把它们分成部分，所以任何外界的冲击都会使它们波动。因此液体的本性并不在于此（即不抵抗分离），但如果假定有一个外部的推动，它就会随之而来。[8]

一个钟摆围绕一个固定的中心所作的努力就是它们的位置 [57]
的正弦值。

考虑到心灵是与某一份物质有某种关系的某种东西，那么我们需要说明的是，为什么它延伸到这一份物质，而不是所有
【393】相邻的那些份物质，也就是说，为什么只有某一个形体隶属于它，而不是所有的形体都以同样的方式隶属于它。我们不妨假设，有一份物质没有破裂，它的四周被真空所包围；我们不妨说，它的性质是它有自身的心灵，因为这一份与其他份彼此相分离。现在我们不妨假设，它与就像一个漂浮在真空中的岛屿一样的另一份物质接触：仅从这种接触便可推知，这两个心灵将合而为一，因为它们之间没有真空；因此，这两个心灵的思维将会融合在一起，它们中的每一个都会同时记得这两个心灵的思维，但这不太可能发生。另一方面，如果你认为这种接触会产生一种新的心灵，因为产生了新的形体，那么我们就不得不说，先前的那两个心灵已经毁灭了，因为那两个形体也毁灭了；而如果你认为，即便形体消亡了，它们还是保持守恒，那么事实上，任何形体中有多少可指定的点，就有多少心灵，但这是不可能的，因为点没有数目。我们很容易看出这是如何得出的。因为就这种把新的整体分割成部分的方式，我们可以这么说，那么就一切，我们也可以这么说。因此，当先前的心灵不复存在时，就有必要产生一个新的心灵，也就是说，产生一个对先前的心灵没有认同感的心灵。但我认为这与思维的本性相悖。此外，这样一来，心灵就会毫无困难、毫不费力地发生改变，而且会产生与以前的思维明显不一致的不同思维，但

我们一辈子也不会有这样的体验。因此，既然我已经在其他理由的基础上证实了存在着坚实的、牢不可破的某一份物质（因为在事物的原初起源中不允许出现任何黏结剂，我认为这是很容易证明的），而且，既然我认为我已经在别处令人满意地揭示了①连接不可能仅仅根据物质和运动来解释，那么，我们便可以由此推知，思维进入了这一份物质的形成，而无论其大小如何，只要它有一个单一的心灵，它都会成为一个单一的、不可分割的形体，即一个原子。

此外，自然界中有多少固体，就必然有多少涡旋被搅动了 [59]
起来，这完全是由固体的运动引起的。而世界上有多少涡旋，就有多少心灵，或者小世界，或者知觉。由此我们可以很容易理解，为什么任何心灵都无法被自然地分解；因为，既然事物的整个本性就是不断地努力分解所有的心灵，而如果它能够被自然地分解的话，它早就被分解了。我们还可以由此推知，即便心灵没有被摧毁，它仍能感知到所有的努力，并通过它自身的形体来接受它们。我们进一步可以推知，在事物的本性中，任何努力都没有丢失，它们在心灵中结合在了一起，没有被摧毁。[9] 当心灵获得某种恒定的并以类似的形式反复出现的受动
时，它就会认识到真理，并着手提出命题。因为我们只能从经 【394】
验开始推理。每一个心灵都是有机的，都能学到一些东西，但困难重重，而且要经历与心灵所感知的事物［重复］的周期成

① 上述说法：错误。

比例的漫长的时间。如果我们的感觉在很长时间内都不连贯、受到干扰，就像某个病人的梦一样，任何特定的东西都不会以某种似律性的方式重复出现，那么我们就会在很长一段时间内都是婴儿。灵魂轮回已经被最近关于预成型的胎儿的新实验充分驳倒了。[10][我们必须弄清楚]记忆是否仅仅依赖于器官，符号和影像对思想来说是否以及在多大程度上是必要的。不可否认，某种心灵与某一份物质有着更特殊的关系，而另一种心灵与另一份物质有着更特殊的关系，我们必须解释清楚这是怎么一回事。

12. 论世界的充盈[1]Aiii76

1676年［3月?］[2]

【524】

在我看来，每一个心灵都是全知的，只是有些混乱罢了；所有的心灵都能同时知觉到世界上发生的一切；这些对同时融合在一起[3]的无限的多样性事物的知觉引起了我们对颜色、味道和触摸的那些感觉。因为这样的知觉并不存在于理智的一个行为之中，而是存在于无限多的行为的聚合之中；尤其是因为对某种颜色或其他某些可感事物的感觉需要一定的时间。虽然时间无限可分，而且可以肯定的是，灵魂能在任何时刻知觉到

[61] 许多不同的东西，但是，对可感事物的知觉却是从所有这些无限多的融为一体的知觉中产生出来的。[4]但是，对存在、思想本身以及诸如此类的其他事物的知觉都是在一瞬间发生的。不

但如此，一个心灵可以知觉到整个世界上正在发生的事情，也就不足为怪了，因为考虑到这个世界是充盈的，那么任何形体就都不会因为太过微小而无法感知到所有其他的形体。于是便以这种方式产生了一种奇妙的多样性，因为宇宙中有多少种不同的心灵，就有多少个不同的关系——就像从不同的位置观察同一座城镇一样。因此，通过创造复数个心灵，上帝想要为宇宙带来某个画家想要展示某个大城市各个方面或投影的轮廓时为它带来的东西：画家在画布上做了上帝在心灵中所做的事情。

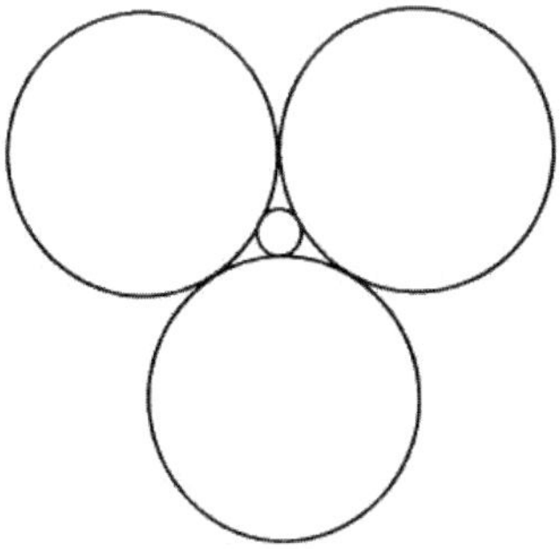

我越来越相信存在着不可分割的形体；由于这些形体不是由运动产生的，所以它们必须是最简单的，因而是球形的，因为所有其他的形状受制于多样性。[5] 因此，存在着无限多个球形原子，这似乎是毋庸置疑的。如果没有原子，那么，给定一个充实空间，所有的一切就都会被溶解。存在着一个像我所阐释的那样的奇妙的充实空间，这是合理的，尽管它只是由球体构成。因为没有一个地方小到我们无法想象其中存在着更小的 【525】

球体。如果我们假定是这样，那就不会有任何可指定的位置是空的。而世界就会是一个充实空间，某种不可指定的量由此便可以被认为是有意义的。最原初和最简单的东西不可能有不同程度的抵抗，因为必须解释这种多样性的原因。不过，有一种情况，我们从中可以推证多样性，例如，球体的多样性，因为假定世界是充盈的，必然存在着比其他小球更小的小球，以此类推直至无穷。

我们必须弄清楚，我们是否应该把小球看作是围绕其自身中心运动。形体之间的连接可以仅通过小球来解释，而不需要通过任何钩状物或弯曲物来解释，因为这些东西对事物的简单性和美来说是不适当的，也是与其无关的。[6]确切地说，这
[63] 种联系的原因在于，较大的球体如果不干扰聚集在它们周围的中等大小的球体的运动，它们便不可能轻易地被分开，中等大小的球体是不可能移动到较大的球体的位置的，因为较大球体之间的空隙不够大；出于这个原因，只有非常小的球体才能穿过；然而周围中等大小的球体的运动却受到了干扰，仿佛它们都被移开了，这些中等大小的球体整个环境变松散了，而如果周围的那些中等大小的球体能够移动到把它们分开的较大的球体的位置，而且能从它们空着的位置之间穿梭，这种情况是不会发生的。[7]是不是很难解释现实世界的形体围绕其中心旋转的根源？——除非我们假设它以与男孩子推着前进的旋转的陀螺以及诸如此类的事物相同的方式发生：因为所有这样的事物不仅被其他事物所推动，而且也是旋转的。但是，在一个事物

围绕其自身中心的运动中，人们很想知道的是，这个移动的形体的旋转周期究竟从何而来。

有多少不可分割的形体，就有多少涡旋，即与某一事物有关的不同的周围扇区的运动。但是，本身静止并仅靠其他形体的运动所推动的某个不可分割的形体与自发在一条直线上运动并将其运动强加于其他形体的不可分割的形体之间，存在着某种差异——除非我们认为，任何不可分割的形体都沿着一条又一条的直线移动的可能性是存在的，那么当然，我们就不可能画出任何一条不与某一不可分割的形体的运动方向相平行的直线。另外，在这一点上，我们还应该讨论一下所有方向上的倾向是否都应该具有相等的速度，或者是否可以观察到某种显著的比例，使得形体在不同方向上的速度与其积量成反比，从而 【526】使得每个原子的作用力总体上相等。[8] 在我看来，这是最美的，而且符合最高理性。因此小原子将移动得最快。

我并没有一开始就假定世界是充盈的，而只是假定了任何人都很容易承认的这一点，即任何地方都有一个比那个地方小的形体在漂浮，或被包含在内，这是可以理解的。既然假定没有一个地方不存在着某个与之相等或比其小的形体，那么世界上任何一个可指定的部分就都不是空的。但我并不因此就认为，形体和空间有着相同的广延；相反，我认为，它们并没有相同的广延，因为无论我们有多少球体，它们都不能填满整个空间。但是，所有虚空的总和与任何可指定的空间的比例并不大于接触角与直线的比例。

[65]
13. 论无穷小[1] Aiii52

1676年3月26日[2]

【434】

我们需要确切地看一看，是否可以在求积分中证明，微分不是无穷小，而是零。[3] 如果可以证实多边形总是能够向内弯曲到这样一种程度，即当人们假定微分无穷小时，误差也会变得更小，那么这一点就可以得到证明。[4] 假定是如此的话，我们便可以断定，误差不仅不是无穷小，而且根本就不存在——因为，毫无疑问，我们可以假定没有误差。[5]

我把其量不能用感官所能察觉到的任何符号来表示的东西
【435】称作**不可指定的**量。因为每一个可指定的积量无论如何总是可以在一本足够小的书中通过缩略词和表示法写出来。正是为了表明这一点，阿基米德在《数沙者》（Sandreckoner）中展开了他的研究。[6]

14. 无界的线[1] Aiii65

1676年4月[2]

【485】

无界的线，例如CB…，是某种东西。无界的线EB…是某种东西。无界的线CB…由处在同一条直线上并有一个共同点E的无界的线EB…与有界的线CE构成。直线CB…是整体，CE、EB…是部分。直线CB大于EB，尽管它们都没有边界。

如果直线 EB…是从 E 出发穿过 B 的所有直线中最长的，我便称其为在 B 的方向上“无界的线”。我也称其为没有端点的线。另一方面，我把比同一条线上其他所有的点都要远的那个点称为端点。或者说，一条无界的线是指，对任意一点来说，都可以取离那个给定的点更远的另一个点。从给定的点开始在给定的线上减去另一条比这条给定的线要短的线似乎是有可能的。 [67]
因此，可以假定一条从 C 开始并趋向于 E 的等于 EB…而又比线 CB…短的直线。因此，从给定的点 C 开始，可以取两条朝向 E 或 B 的无界的直线，一条是 CB…，另一条是等于 EB…但比线 CB 短的直线。但这是荒谬的，因为这样一来，从 C 走向 E 的线 CB…，将比那条等于 EB…的线更长；所以，它就会 【486】
有一个比那条等于 EB…的线上的某个点更远的点；所以，较短的线是不可能没有边界的。因此，如果某条线被认为没有边界，我们就不能在任何这样一条更长的直线上假定任何从它的一个端点开始的更短的直线；反之，如果人们总是能够这样做

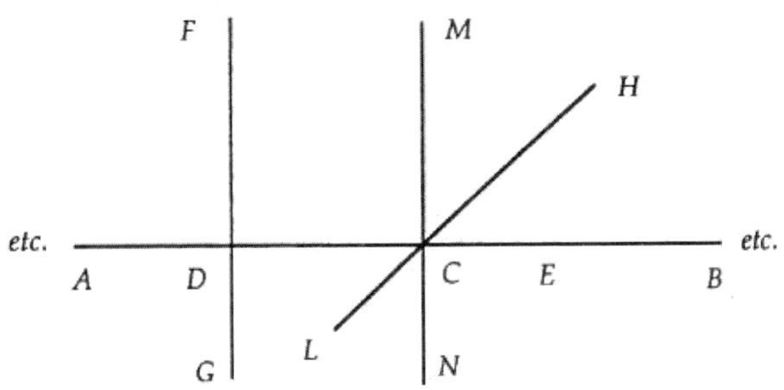

图 1

的话，那么这条线就不能被认为没有边界。此外，两端都无界的一条直线比三条只有一端无界的直线短。换言之，一条两端都无界的直线只能被分割成两条一端无界的线。

假设线…AB…被分割成…AE和EB…两部分。这两条线要么相等，要么不相等。如果相等，E就是中点；如果不相等，一条就会比另一条更长：假设…AE长一些，EB…短一些。现在我要说的是，这两条一端无界的线的差是一条有界的线。就此，我的证明如下：如果…AE大于EB…，那么它就会有一个部分，比如，…AD，与EB…等长，它们的差是线DE，是有界的。因为，如果它没有边界，那么这一两端都无界的整条线就会由三条无界的直线构成，其中一条是两条无界的线中较短的那一条，第二条是较长的线中与较短的线等长的那一部分，第三条线是较长的线和较短的线的差。但是，一条无界的线由三条无界的线构成，这是荒谬的。因此这个差DE必然有边界。假设这条线在点C处被等分，如果它是有界的，这当然是可能的，那么C必然是这一两端都无界的整条线的中点：换句话说，直线CA…［将］等于CB…，因为CD=CE，DA…=EB…。因此我们在一条两端都无界的线上找到了中点。在只有一端有界的直线上，我们不可能找到中点；因为它的一端一直都没有边界，另一端一直都有边界，而一条有界的线不可能等于一条无界的线。一条有界的直线可以被等分，因为如果两个点以相等的速度从两端被相向移动，它们将在某一点相遇，这一点就是中点。

两条一端无界但却共用一个边界的直线，有时候是不相等的，例如 EA…和 EB… ；因为假设它们相等，那么 DB…和 DA…肯定不相等；我们就会得到两条共用一个边界 D 但却不相等的线段。因此，我们曾经[3]认为它们是相等的，那是错误的，因为其中一条线，例如 EB…，总是可能被认为与另一条线 EA…重叠，也就是说，总是可能被假定为包含在 EA…中，而我刚才已经证明这是不可能的。再者，从这些考虑出发，我们可以推知，一条两端都无界的直线不可能绕着不是它的中点的中心 E 移动；因为以这种方式，通过某种连续的运动, EB…可以到达位置 EA…，而我已经证明了这是不可能的。 [69]

无界的空间中可能存在不同的中点，因为存在不同的两端都无界的直线。也就是说，假设有一条两端都无界的直线 FDG，它在点 D 与那条给定的无界的线 AB 相交，而这个点不同于 AB 的中点 C：我要说的是，这条线的中点不同于那条给定的线的中点 C。因为它的中点要么是 D，要么是另一个点。如果是 D，它肯定不同于 C ；而如果不是 D，它肯定在直线 AB 之外，因为两条线，即便都没有边界，也只有一个共同的点；而如果这个点在直线 AB 之外，它肯定不同于直线 AB 上的点 C。而如果我们在另一个平面上取一条直线，AB 甚至不与它相交，那么显而易见，它的中点不同于 C，因为那条两端都无界的直线与 AB 没有共同的点，所以也没有点 C。 【487】

我们必须还要探明的是，点 C，即一条无界的线的中点，是否就是 MCN 和 HCL 等所有其他在点 C 与 AB 相交的、无界的线的中点。但是，这一点可能会遭到这样的驳斥：一条直线穿过两条直线的中点，这是可能的，因为一条直线可以穿过任意两个给定的点。因此这两条直线的其中一条（如果不是两条的话）就会在它的某一点而不是它的中点与其相交。因此与一条直线相交的那条直线并不是必然在它的中点与另一条直线相交。因此，我们还可以推知，只要其他那些被认为可以通过某种运动转移到一条无界的线的位置的线不在它们的中点切割它，它甚至不能绕着它的中心移动。

我们必须弄清楚，同一个平面上的所有平行线的中点是否必然在一条线上（并且这条线与它们垂直）。假设是这样的话，那么所假定的所有不同平面上的所有与给定的线平行的那些线的中点就会落在垂直于它们的一个平面上。我们可以由此推知，有一个将宇宙等分的平面。实际上，有一个将宇宙等分的
[71] 的平面，这一点可以很容易用另一种方法来证明，而这种方法就是我们用于证明一条无界的线是可以被等分的方法。但是，为了使我们从线上升到平面，而不是使我们一跃而到达立体图形，我们必须弄清楚，是否能找到一条直线，它能将无处不在的任一无界的平面二等分。确实，在这一点上，如果我们承认一条无界的线可以被平行移动，那么任何平面显然都有可能被等分。当一开始这一边多一些，然后接着那一边又多一些，比如，刚才这一边的空间大一些，现在那一边的空间又大一些时，它最终会到达那一点，而当这种情况开始出现了，它就在
【488】 那一点被等分。这种推理也可适用于用点的运动来分割无界的

线。如果我们以同样的方式同假定这条直线或点从一边出发，那么同样我们也可以假定这可以通过从另一边出发的所有那些直线和点来进行；因为两边没有任何形式上的差异。而且这两个相向而行的点或线将在某一时刻相遇，而中点就在那里。但是，即便不假设运动，同样的事情也可以得到印证，如果我们考虑到，我们可以把平行线一条接一条地画出来，把某些平行线放在近处，把另一些平行线放在远处，通过不断地使它们彼此靠得更近，也就是说，通过画出越来越靠近的平行线，在某一时刻，它们就会像你所希望的那样靠在一起，这样，即便被截取的空间在长度上是无限的，但它在宽度上却不是无限的，而是比任何给定的宽度都要小。

但是，我们还需要证明，在两条平行的无界的线之间截取的那个其长度无界而宽度有界的平面，可以被一条与最外边的直线相平行的直线二等分。在我看来，似乎是这样的，无论大小，两边的一切都是一样的，它们也是相等的，但是，如果没有运动的假设，证据就不那么明显了。有了运动的假设，我们就会发现，对一个平面上的任一直线来说，可以画出另一条与之相平行的将这一平面等分的直线，而且只能画出一条这样的平行线。我们由此可以推知，两条将同一平面等分的直线相交。这些对于有界和无界的事物来说都成立，而且在有界的事物中，这些也适用于将平面三等分的线。一个无界的量不能被分成两个以上相等的部分。

现在我们必须弄清楚，是否所有将平面等分的线必然交于同一点，所以某个点将是整个平面的中点。这似乎可以用论证有限事物的重心的理据来证明。我们还必须弄清楚，它在这个意义上是否是中点，即从它画出的所有方向上的所有直线都相等。似乎在一个平面上确实只有一个这样的点；也就是说，它将所有穿过它的直线二等分。此外，一个无界的平面，如果以平行于它自身的方式前进，最终就会将宇宙二等分，如果几个
[73] 这类的平面相交于同一点，那么它们共同的部分就是宇宙的中心。但是，平面和宇宙二等分，以及它们的中点，并不是同样确定的。

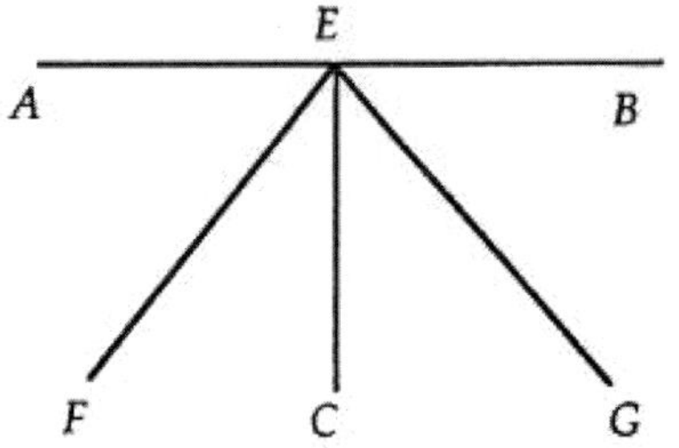

图 2

似乎可以证明，无界的线 AB 不能平行于它自身并垂直地沿着 EC 被移动。因为它［沿着］EC 的运动可能被认为是以这样一种方式——AB 所携带的平行于它本身的一条可移动的直线沿着 EF 移动，而另一条则沿着 EG 移动，这两个运动相
【489】 等——由［那些沿着］EF 和 EG 的运动构成的。因为这样它就会可以沿着 EC 移动。但是一个可能的运动怎么可能由两个不可能的运动构成呢？这一点需要仔细的考察。

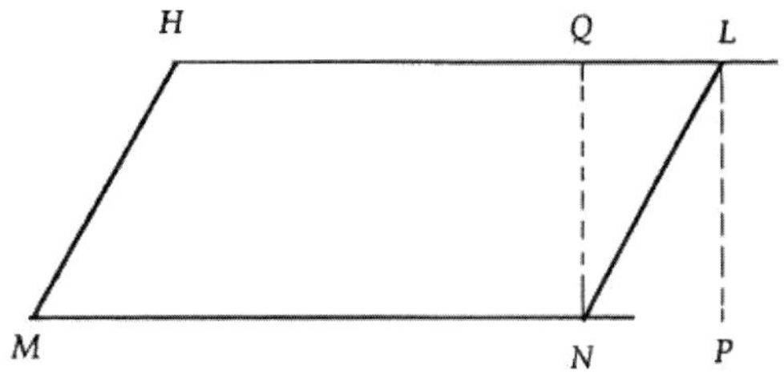

图 3

然而，无界的线 LH 之所以不能进入无界的线 MN 的位置，是因为上述的运动由一个不可能的运动——LH 以自身为轨迹的运动——和另一个沿着 LP 的运动构成。我们似乎可以用另一种方式来表达这一点：点 L 将从 LP 进入 NQ，线 LH 上所有其他的点也同样如此，这样一来，整个这条线就会进入它的另一个部分或区域，而 AB 则不是这样。仔细考虑一下这个问题，我么也许可以这样来证明这种构成的不可能性：如果某种给定的运动可以被分解成两个运动，其中一个是可能的，另一个是不可能的，那么给定的运动就是不可能的。因为我们不妨假设它随着其中一个运动而移动，如果它同时也随着给定的运 [75]
动而被移动，那么根据这个事实，它就会随着第二个运动朝另一个方向被移动；但是，如果这两个运动都是不可能的，那么在我看来，它们就必然不会发生，除非我们可以用另一种方式来描述这件事。

我们必须弄清楚，一个接触角是否可以被一条曲线二等分。我们必须考察一下人们对这个问题的理解。

15. 论运动与物质 [1] Aiii68

[1676 年 4 月 1 日（?）至 10 日] [2]

【492】 除非一个完美的圆已经被预先假定了，否则我看不出该如何描述它。确实，在我看来，如果两个反向运动（DA 和 CB）的形体，撞到一个形体 AB 上，就会产生一定的圆周运动。同样，我们似乎也证明了这一点，即曲线是由充实空间（即使有人承认其中穿插了真空）里的运动产生的。但另一方面，有一个很大的困难，那就是努力都沿切线方向，所以运动也会沿切线方向。因为我最近已经在别处证明了这一点，即努力是真正的运动，而不是无限小的运动。[3] 由此可以得出，沿切线方向努力的事物中不存在真正的曲线运动。因此，下面两种情况中有一种是真实的：要么有些事物并不沿切线方向努力，要么就不存在曲线运动。只要没办法直接确立求曲线面积的方法，人们就会对曲线的存在产生强烈的怀疑。否则，人们便可以直接确立某些关于它们的东西。我们必须考察希波克拉底的化月牙为方的方法 [4]；它假定圆是其直径的平方，如果这一点可以完

图 1

全证实，便可以得出这样的结论，即我们可以直接确立某种化圆为方的方法。与此同时，这种困境也就不存在了。

我们必须弄清楚是否有可能在任何时刻都能外加某种新的努力。如果有理想流体这样的东西，那就有可能。但如果承认这一点，时间实际上就会被分割成瞬间，而这是不可能的。因此任何地方都不会有匀加速运动，因此抛物线是不能用这种方式来描述的。所以确定无疑的是，圆和抛物线，以及其他诸如此类的东西，都是虚构的存在。我们必须弄清楚，是否不存在这样一种论点，其结论是，某种产生抛物线的方式是不可能 [77]
的：由此你可以证明抛物线本身是不可能的。因为假定一个点在一条抛物线上运动，那么确定无疑的便是，在任何一瞬间，它都是在一个方向上匀速运动，在另一个方向匀加速运动，而这是不可能的。但是，如果抛物线因此而不可能的话，那么同样的情况发生在圆上也就完全可以理解了。我们应该从中学到，当我们自以为清晰明白地知觉事物时，我们是多么容易上当受骗，因为几何学家并不认为圆本身是完全可以理解的。除此之外，我们还应该再加上霍布斯的推理。①

我们必须弄清楚是否每一个运动都包含一个方向。换句话 【493】
说，假设每一个运动都是直线运动，世界就不可能是一个真空仅穿插其间的充实空间，而是必将出现一些大的孤岛，或至少

① ——霍布斯对这些问题做了探讨，并把其中的困难集中在了一起，但并没有令人足够信服地对它们做出甄选，以确定应该证实哪些与其余困难相关的困难。5

是出现一些中断。因为毫无疑问，一条无界的线是不可能以自身为轨迹运动的[6]（但这也假定了一个形体占有一个确定的位置），所以，一个没有中断或孤岛的充实空间，也就是，一个真空穿插其间的充实空间，需要一种自行返回的运动。事实上，我们已经假定了运动总是有方向的，因为，为了使我们关于真空的推证有效，那些考量假定了形体有一个确定的位置。[7]因此，这一点还需要进一步研究。

经验告诉我们，一个形体被另一个形体所推动，就是说，如果一个形体向着某个位置移动，另一个形体就会努力离开这个位置。但是，除了它们不相容之外，这似乎无法用任何其他方式来解释。而不相容或多或少就是不容许的意思。但是，我们必须对此进行更精确、更细致的考察。形体或物质的本性，除了它从一个位置被推到另一个位置这个事实之外，还包含着一个直到现在仍然令人吃惊的秘密：也就是，积量补偿速度，它们就像是同质的东西。[8]而这表明物质本身可归结为某种东西，运动也可以归结为这种东西，也就是，某种普遍的理智。因为，当两个形体相撞时，很显然，并不是每个形体的心灵使其遵循补偿法则，而是普遍的心灵使这两个形体得到了平等的协助，或更确切地说，使所有形体得到了平等的协助。另一方面，运动量没有必要在世界上总是保持守恒，因为，如果一个形体被另一个形体带往某一方向，但它自身却正在以同等速度朝相反的方向移动，那么它一定会静止下来，就是说，它将不
[79] 会离开它的位置。由此可得，运动量的守恒必须被认为是活动

的守恒[9]，也就是，相对运动的守恒，正是通过相对运动，一个形体与另一个形体相联系，或作用于另一个形体。[10]

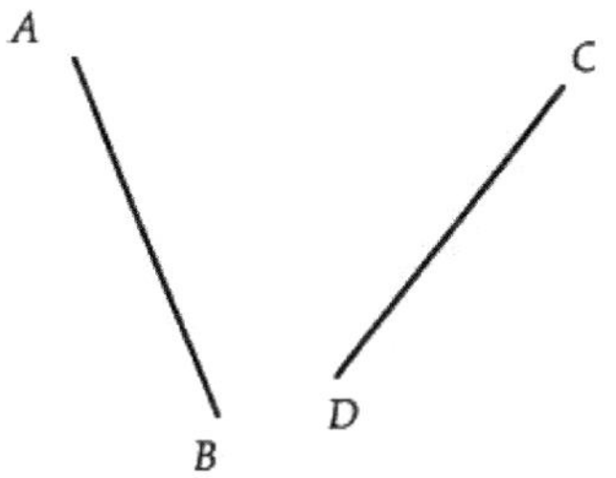

图 2

我们忽视了一个仍需考虑的问题，那便是直线运动及其[11]连续性。因为即便人们假定它被短暂的静止所中断（基于其他理由来看，这是不恰当的），某些部分仍将是连续的，否则就会得出这样的结论，即一个形体以这样一种不经过中间位置的方式从一个位置移到了另一个位置——我认为这是荒谬的，随 【494】
后我肯定会揭示这一点，尽管这看起来很困难。[12]但是，这样一种观点会诱使我们相信，不同的形体总是时而在这里、时而在那里被重新创造出来。不过，先不谈这个，我们不妨先看一看还可以得出哪些推论。假设形体 A 在直线 AB 上移动，形体 C 在直线 CD 上移动，这些直线并不平行，很明显，它们之间的距离随时都在变化，所以会有无限多的变化，或确切地说，有多少可能性就有多少变化，也就是说，这条线上有多少点就有多少变化，因此这条线会被分割成所有的点，但这是不可能的。而其余的一切也都将变得荒唐可笑。那么，然后呢？

我不得不得出这样的结论，即运动不是连续的，而是通过飞跃发生的：也就是说，在一个位置停留一段时间的一个形体，可能随后立刻就被发现处在另一个位置；也就是说，物质在这里消失了，在其他地方又被重新创造了出来。但是，协助它的心灵却总是保持完整无缺。而且同样的事情也可以用其他理由加以证实：因为，如果假设运动是连续的，那就可以证明它将永远都不会停止；正如霍布斯所推断的那样。[13] 而这是可以接受的，前提是我们不能由此推知，某些特定的运动或运动样式同样永远都不会停止——这是违反理性的。事实上，绝对地讲，我们可以证明，一个形体是有可能停下来的，也就是说，如果它以相同的速度朝相反的方向被移动的话。然而，既然我们可以证明，被移动的形体将继续移动，因此它与运动没有必然的
[81] 联系。这又一次证明了运动是不连续的[14]：这似乎是恩培多克勒的观点。[15]

但是，如果假定运动是连续的，某种运动怎么可能比另一种运动更快，这也是无法解释的，并且大量的困难也会随之出现。通过围绕某一中心的半径的运动，在这个半径上指定不同的点，有人证明了一种运动要比另一种运动更快；现在我们可以轻易地回答说，根本就没有圆周运动。假设没有曲线，那么人们关于曲线所说的一切就是多边形的性质。而某个特定的圆无非就是一个一般的存在，也就是说，关于它所推证的东西必须被认为是它的任一内接多边形的东西，或者说，必须被认为是其边数远超出我们使用范围的多边形的东西。

另一方面，我们根据如上所述还可以推知，所有原子的侧面都是平面。[16] 假设运动就是距离的再现，那么，上帝怎么就是万物的直接原因，守恒怎么就是持续的创造，除了上帝的本性之外怎么就不存在任何其他的自然法则，现在就很清楚了，甚至更清楚了，因为如若不然，假定运动是连续的，事物就会创造它们自身，也就是说，事物必然会从它们自身产生出来。[17] 因此，事物的原因，以及无中生有，最终以一种美妙的方式被弄清楚了。不过，心灵一直都持续存在。

4 月 10 日 【495】

运动是不连续的，因为在任何点上，都有距离的变化，所以，有多少个点，就会有多少距离。同样的论证也可以证明形体是不连续的；因为，如果我们以这种方式来摆放一个形体 AB 和另一个形体 CD，那么同样，在任何点上，都会有不同的距离，所以，有多少个点，就会有多少距离。就这种推理，我已经被迫改变了某些东西。如果有人曾相信，通过假定形体是不连续的，而是由完全分离的点构成的，这种推理可以得到补救，那么对于这一点，我们的第一个反对理由是，如果它们是被压缩在一起时，它们就不能构成一个形体；我们的第二个反对理由是，它们之间的间隔仍然存在着同样的困难。

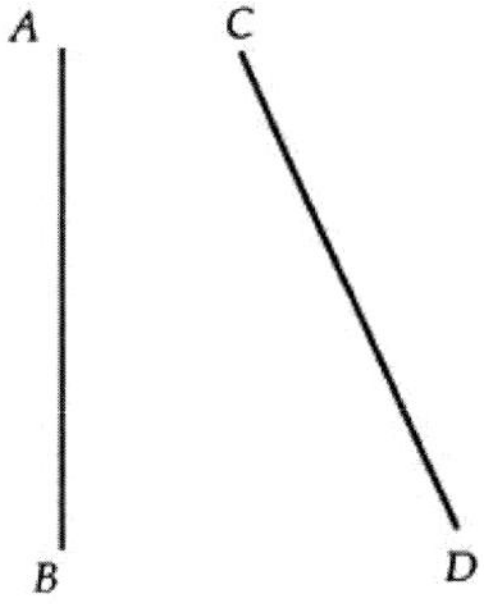

图 3

[83] 因此，我们似乎应该这样说：关系没有一个数目，只有当它们被我们思考时，它们才是真正的存在：例如，数字、线、距离以及诸如此类的其他东西；因为它们总是可以通过不断地反思而倍增，所以它们并不是实在的存在，也不是可能的存在，除非它们被我们思考。假设有人问，是否有这样一个数字，它在世界上不再存在了，在我看来，这是不可能的：因为只要（上帝保佑）我们还持续存在，我们就应该说我们必须理解数字，不过要以同样的事物有时会涉及不同的数字这样的方式来理解数字。因为否则的话，如果情况有可能是人们总是有对新事物的需求，那么，有多少数字，就会有多少事物；但这是不可能的，因为事物的复多性是某种有规定的东西，而数字的复多性则不是。[18]

存在的样态都是可能的；同样（——中断了）。

16. 无穷大的数[1]Aiii69

[大约完成于 1676 年 4 月 10 日][2]

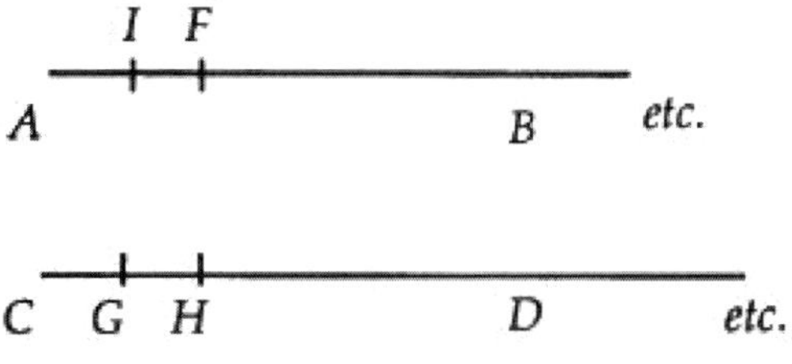

图 1

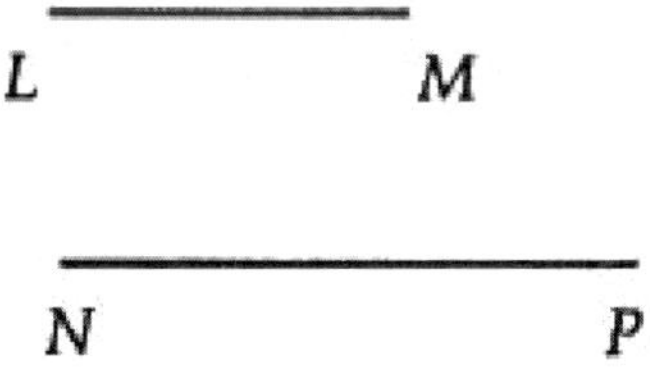

图 2

如果两个无穷大的数是同质的，也就是说，一个乘以某一 【496】
个有穷大的数超过另一个，或者说，它们的比等于两条可指定的线的比，而如果它们是可公度的，那么它们的比就等于有穷大的①数与有穷大的②数的比。假设有两条无限长的线AB…和CD…。我们不妨这样来理解，即两者恰好可以分割成若干英尺，比如，AB…可分割成 AI、IF 等，CD…可分割成 CG、GH 等；

① 上述说法：错误。

② 同样，上述说法：错误。

也就是，我们可以这样来理解，即两者由若干英尺组成，并且最后没有剩下丝毫。那么显而易见，这两条线，虽然无限长，
[85] 但却是可公度的；也就是说，有一个公度，即英尺 AI。现在我们不妨这样来理解，即同样这两条线，虽然无限长，但它们的比例却是有限的，也就是说，就像有限长的线 LM 和 NP 一样。换句话说，我们不妨把它们理解成是同质的，也就是说，那条较短的线，当重复几次（“几次”的意思是“重复的次数有限”）之后，就会超过那条较长的线；那么，很明显，这两条线的比就等于有穷大的数与有穷大的数的比。因为它们就像两条线 LM 和 NP 一样，并且它们是可公度的。因此，这两条线 LM 和 NP 是可公度的；两条可公度的有限长的线的比等于有穷大的[①] 数与有穷大的[②] 数的比。因此前面提到的那两条线 AB…和 CD…也同样如此。

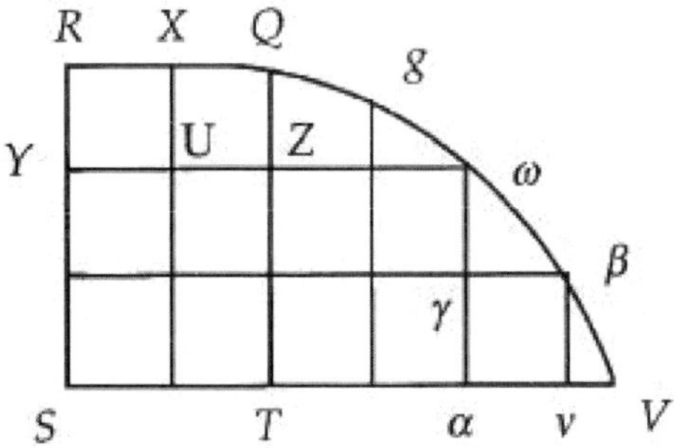

图 3

① 同样，上述说法：错误。

② 同样，上述说法：错误。

现在假设有两个图形，一个是直线图形 QRST，另一个是混合的曲线图形 QTVQ，它们具有相同的高度 QT。我们不妨假设，曲线图形是一个多边形 QTv$\beta\gamma\omega$，也就是说，一个梯度式的图形，它可以被分割成无限多个无限小的正方形，比如，ανβ[γ]。[3] 以同样的方式，我们不妨认为直线图形可以被分割成与这些正方形——比如，XQZ[U] ——相等的正方形。这样一来，高度 QT 便可被认为可以被分割成无限多的部分，并 【497】
且无论直线图形有多少纵坐标，例如 ZY，曲线图形也有多少， [87]
例如 Zω。[4] 现在我们不妨假设，任意曲线的纵坐标，例如，Zω，与相应的直线纵坐标 ZY，成有理数的比例，而如果曲线方程允许，这是可能的；那么一方无限［小］的正方形的数量与另一方的正方形的数量也将是可通约的，而且如果一方被重复的正方形所耗尽，那么另一方也将如此。既然以这种方式一个接一个地取出的个别纵坐标都有一个共同的图形，所以整个图形也有一个公约数，即假定的正方形。如果所有这些纵坐标沿直线方向被延展，也就是，直接取正方形，那么直线图形中正方形的数量与曲线图形中正方形的数量的比，就等于两条可公度的无限长的线的比，因此如上所述，也就等于有穷大的数与有穷大的数的比。但是，正如我在其他地方所示，上述曲线图形与圆形相一致。因此，圆形与正方形的比等于有穷大的数与有穷大的数的比，但这是荒谬的。

现在我知道错误的原因了。必须否认，两条可公度的有限长的线的比等于有穷大的数与有穷大的数的比。它们的比有可能等于无穷大的数与无穷大的数的比。[5]两个无穷大的数，而不是有穷大的数，也有可能是可通约的，也就是说，如果它们的最大公约数是一个有穷大的数——例如，如果两者都是质数。[6]与此同时，这里有一点是可以肯定的，那便是圆形和正方形这两个图形是可公度的，也就是说，有一个公度，它要么就是一个（1）有限大的、普通的公度（在这种情况下，它们的比将等于有穷大的数与有穷大的数之比，我认为这与近似值是完全矛盾的），要么就是一个（2）无限小的公度，而我认为这是必然的。[7]

因此，现在似乎终于有了一种办法，可以令人惊叹地证明，不可能有我们所寻求的那种化圆为方的方法，也就是说，用一个稳定的等式来表达这种关系的方法。为了做到这一点，我们必须证明，直径与边长甚至都没一个有无限小的公度，即便是
【498】像无理根那样的线，无论是二次的，还是三次的——例如，一个体积为 2 的立方体的边［$\sqrt[3]{2}$］——或是更高次的。因此在这里，我们可以很好地利用线对不可公度量进行证明，因为它们可以被运用于无限小，而这是算术所不能做到的。假设是这样的话，那么圆的积量就不能用任何次幂的等式来表示。[8]同样的道理，可以证明，即使是圆的一部分也不能通过这种方法化为正方形；对数曲线和双曲线也是如此。①

① 在页边空白处：只要这一点还没有被证明，即我们在假定有一个无限小的量度的情况下无法使得对角线——至少，通过减去一个无限小的量——与边变得可公度，这一似乎证明圆不可平方的推理就不能成立。而这同样适用于其他的根。

圆——作为一个比任何可指定的多边形的边都要多的多边形，就像那是可能的似的——是一个虚构的存在，其他诸如此类的东西亦然。因此，当我们就圆说到某些东西时，我们认为那些东西同样适用于任何多边形，这样就会有一个误差小于任何指定的量 a 的多边形，以及另一个误差小于任何其他确定的指定的量 b 的多边形。[9] 但是，即便可以说多边形以某种方式依序接近这样一个存在，也不会有这样一个误差同时小于所有可指定的量 a 和 b 的多边形。所以，如果某些多边形的边能够根据某种规律增加，而且它们增加得越多，我们就圆所说到的某些东西就越适用于它们，那么我们的心灵就会想象出某一最终的多边形；而且无论心灵在个别的多边形中看到什么东西变得越来越多，它都会宣称那种东西在这个最终的多边形中是完满的。[10] 即便这个最终的多边形根据事物的本性并不存在，人们仍然可以为了简化表达式而给出它的一种表达式。 [89]

至于其他，我们必须弄清楚是否还有其他无限小的东西，比如，角。举例来说，这里有一个角；难道它不是在一个点上吗？因为两条边的长度与它无关，即便两条边不断地变短，它仍然存在。因此，点有一个量，因为它是一个角的量。[11] 首先，我们应该这样回答，除非加上线，否则点本身没有角。现在，如果这些线无限小，但都是线，困难仍然存在，因为我会用同样的方式把它们截掉。其次，一个角不是一个点的量。因为我们已经假定，点没有部分，是一个末端；因为我们已经表明，没有其他别的不可赋值的东西。因此角的量只不过就是正弦这一比例的量，无论产生这一比例的距离有多远，正弦都一样，所以，在我看来，角本身是一个虚构的存在。如果我们把
【499】它看作是存在于这个点本身之中的某种东西，也就是说，如果我们假设，这个角就在点中，即当任何可赋值的线段被截掉时，它仍然存在，这个角的量是给定的。它与两边产生的夹角一样。如果假定有这些东西，那么角将存在于比任何相交的线段都要短的相交的线段中，也就是说，存在于由两条比任何可赋值的线段都要短的相交的线段构成的空间中。但是，这样一种存在是虚构的，因为这种线段是虚构的。

尽管这些存在是虚构的，但几何学展示的是实在的真理，而这种真理在没有这些存在的情况下也能以其他方式表达出
[91] 来。但是，这些虚构的存在都是表达式极好的缩写形式，因此非常有用。因为这类存在，即其边不明显的多边形，是通过想象而变得明显的，于是我们后面便想到了没有边的存在。但是如果那个影像不代表任何多边形，那它又是什么？那么呈现在心灵中的影像就是一个完美的圆。这里有一个令人惊奇的、难以捉摸的困难。因为，即便这个影像是假的，但它存在是真的；由此断定，在心灵中，有一个完美的圆，或更确切地说，有一个实在的影像。因此，其他一切也将存在于心灵之中：在心灵，我所否认的可能的一切现在都将成为可能。与此相反，我们必须要说的是，在心灵中，有一种均一性的思想，而没有一个完美的圆的影像：我们是事后将均一性应用到这个影像上

的，但后来我们忘了我们在感知到不规则之后应用了均一性。那么我们是否会在某个时候意识到我们感知到了它们？因为意识是遗忘的必要条件。我们并没有感知到它们。因此，我们必须说，相反，当我们感知到一个圆或多边形时，我们并没有感知到它其中的均一性，甚至也没有感知到它其中的非均一性，也就是说，我们不记得我们在其中感知到了哪些不均一的东西，因为这种不均并没有立即引起我们的注意。由于这种记忆，我们现在把均一性这个名称归之于它。我们必须弄清楚，我们是否有可能在非常短暂的时间间隙内意识不到我们无法记住的许多东西，或者我们不能说出来或写下来的东西，以及由于极其微小而我们无法用文字表达出来的东西，因为文字与这些东西几乎没有关系。但是，我们的意识并没有因此减少对它们的感知。更准确地说，我们只是忘了这些东西，就像我们忘了我们梦到过的东西那样。[12]

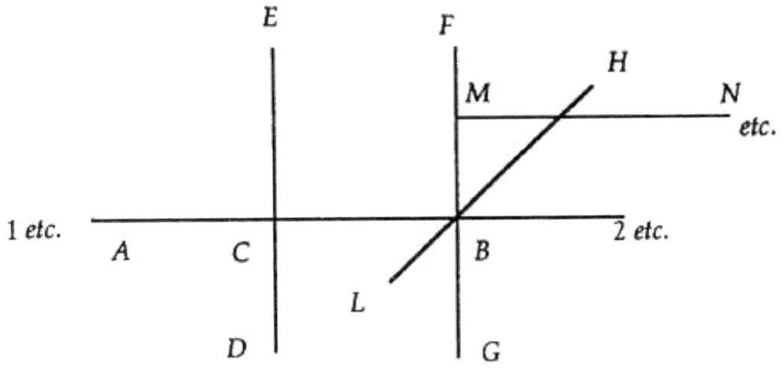

图4

关于无界的线还有一些东西有待于考察。[13] 首先，在一

【500】条无界的线上，必然有一个中点。假设其中有一个点 C。现
[93] 在，线 C1…和 C2…要么相等，要么不相等。[14] 如果它们相等，点 C 就是中点；如果它们不相等，那么其中的一条就会更长一些。在我看来，我可以直接假定，两端都没有边界的线…1 2…可以用这种方式进行分割，即通过在 B 处分割，从而使两部分相等。那么 B 将是中点。但是，我们必须弄清楚，这是否能够得到更充分的证明。因此，我们不妨假设较大的部分是 C2…，较小的部分是 C1…。首先，我要说的是，一个部分不可能是另一个部分的三倍，因为一条两边都没有边界的线不可能被分割成三条无界的线，而是只能被分割成两条。我们可以用同样的方法表明，出于同样的理由，这个比例不能用介于 2 和 3 之间有限大的可赋值的分数来表示。因此那个分数比 2 多出一个无限小的量。另一方面，如果一条无界的线 C2…比另一条线 CA1…多出一个有限大的量，例如 CB，因此，这个量就被赋值了，就是确定的，那么 B 就是中点。因此，穿过 C 的线 ED 并不处在宇宙的中间位置，但 FBG 处在宇宙的中间位置。同样地，我们不妨假设，B 也是无界的线 FG 的中点，也是无界的线 LH 的中点，以及所有其他通过它的线的中点。那么 B 点就是宇宙的中心。但是，我们必须弄清楚，我们是否必然能够发现这样一个中点。但是，一个难题似乎随之而来：我们不妨假设朝 N 画一条无界的直线 MN… ；这条线既然与 B2…平行，那么它就会等于 B2…，因为毫无疑问，那条无限长的线可以在一条与它本身成直角

的线上，也就是，在线 BF 上平行于本身地进行下去。现在，我们必须弄清楚，BH 是否等于 B2…，或者不等于它，也就是说，大于还是小于它。如果 BH 与它相等，也就是说，如果它处在宇宙的中间位置，就像可以从其他理由来判断的那样，那就必须说，BH 等于 MN。因此，现在我们可以清楚地看到，如何移动一条无限长的线，也就是说，BH 是如何被移到 MN 的：不是通过连续的运动，因为这是不可能的，而是通过飞跃——换句话说，如果它是**被移创的**。[15] 因为运动不过就是移创。①

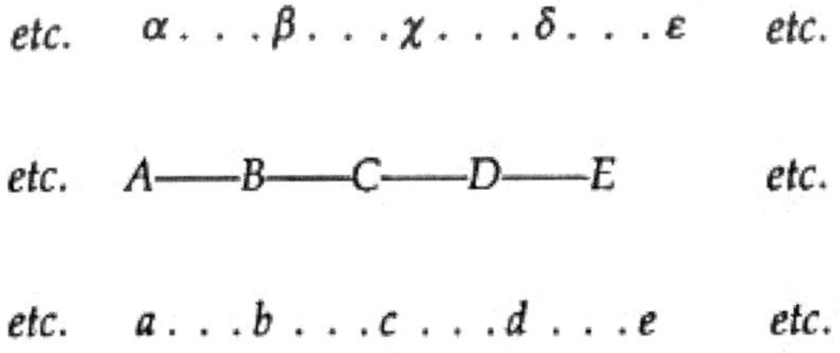

图 5

但是，还有一个很大的困难。[16] 我们不妨假设有一条两边都无限的线，或者如果你愿意，我们不妨假设有一条一边无限的线，我们假定这条线实际上被分解成 AB、BC、CD、DE 等部分。因为我们可以认为有无数这类的存在。每一个都可以 【501】
移动，第一个可以从 AB 移动到 αβ，第二个可以从 BC 移动

① 在页边空白处：也许由此可以证明，每一种努力不是在垂直的直线中，就是在重合的直线中。经验证实了这一点，比如，在切线中。这些内在的奥秘竟得到了经验的证实，这简直太令人惊讶了。

到 βγ，第三个可以从 CD 移动到 γδ，第四个可以从 DE 移动
[95] 到 δε。我们不妨认为它们尽可能多，一次取一个，以便一次移动一个。我们可以这样说，整条线平行于它自身移动同时沿垂直方向移动；而且这并不荒谬。现在，我们不妨假设 AB、BC、CD、DE 等被偏斜地移动到 ab、bc、cd、de 等；难道我们不能说整条线以同样的方式被移到了这里吗？但我们由此却可以推出，整条线朝 DE 这个方向前进，因为这种偏斜运动也是由一种垂直运动和一种沿着它自身路线前进的运动——也就是说，AB 向 BC 移动，BC 向 CD 移动——组成；而假定形体总是占据着同一个位置，并且因为一个形体总是在另一个形体进入它的位置时移动，所以毫无疑问，不会有任何的穿透，那么这是完全不可能的。

因此，要么无界的线是不可能的，要么它不能以这种方式进行偏斜运动，要么它不能被称为一个整体。但我认为，由此可以得出的最好结论是，对于这样一条无界的物质线来说，**不被间隙打断**蕴含着矛盾。但是，我看不出线中断是否能救助我们。因为各部分不会因此靠得更近，因为当一个部分靠近另一个部分时，另一个部分也向前推进。因此，我们必须承认，如果一个无界的量是一个整体或一，那么世界确实就是有限的。在这种情况下，亚里士多德将被证明是正确的，并且有形体的受造物的数量是有限的；但由于心灵的记忆，无形体的受造物的数量并不是有限的。而考虑到永恒，也考虑到其他各种被造物，无限将适用于上帝。

还有一种回答，那便是，这种偏斜的并且一次一个的平移是不可能的，我们也不能完全理解，因为，如果不理解宇宙的秩序，我们就不能一次一个地理解可能的事物。同样，这也可以通过一个非常好的例子来说明。因为否则的话，为了证明被造物的数量可能是无限的，我同样可以想象，我们可以假设从永恒开始的每时每刻都会有一个新的形体总是在同一条直线上出现。显而易见，既然有可能一次一个地假设它们，那么就会有无限的这样的形体。因此，除了否认有可能一次一个地假设 [97]
它们外，谁也无法以任何其他方式来回答。而且，如果可以用这种方式来想象的话，那么我为什么不从一开始就直截了当地作出同样的回答呢?

还有一件值得考虑的事情是，即便有人否认某种无界的线 【502】
存在，似乎也不可能承认（假定物质没有终点，也就是，人们总能找到延伸这条线的物质），AB 总是可以移动到 BC 的位置，BC 同时也总是可以移动到 CD 的位置，等等。因为我们不妨假设这种情况发生了，并且一个从别处取来的新事物被添加了进来，它占据了第一个事物 AB 的位置；当它们回到静止状态时，一切都会像以前一样，但是已经发生了变化。毫无疑问，当许多事物相继移动时，不可能腾出某个位置，也不可能获得任何新的位置。而且，简言之，存在着许许多多的整体，也存在着许许多多的部分，它们具有复多性。因此，要么我们必须否认无限现实存在的可能，要么我们必须回到我们先前的结论，即个别部分的运动必须被认为是不可能的，即便从它们自身来考虑，它们并没有出现任何荒谬的地方——因为，为了使它们得到全面的考虑，就必须考虑它们里面的心灵，并且必须把它们与整个宇宙联系起来。因此，我们必须坚持这一点，即如果在所有的事物中，我们都能够以同样的方式将一切事物与宇宙联系起来，那么我们就会清楚地认识到，事实上怎么会只有某种确定的、有规定的事物状态是可能的，以及许多我们认为并非不可能的事物怎么会被排除在可能的事物之外，那是因为我们缺乏物质概念，只是把物质当成了广延物，但事实上它并不是。

无界的东西，即比任何有限的东西都要大的东西，之所以是某种事物，而无限小的东西则不是，其理由在于，在连续体中，最大量是某种事物，最小量则不是；最完满者是某种事物，而最不完满者则不是，上帝是某种事物，而无则不是。在连续体中，整体优先于部分；绝对者优先于有限制者；所以，无界的事物先于有界的事物，因为边界是一种添加物。不存在最大的数，也不存在最短的线。

我们还必须研究一下，以下情况是否为真以及在多大程度上为真，即正方形比圆形等于 1 比 1/1–1/3+1/5–1/7+1/9–1/11+……[17] 因为当我们说“等等”，“……”，或“直至无限”时，我们并没有真的认为最后一个数字就是最大的数字，因为根本就没有最大的数字，但我们仍然认为它无穷大。但是，既然这个数列不是有界的，那么情况怎么会这样呢？因为即使假设它是一个无穷大的数，这个数列还是必须添加一些东西，所以必须说，这个数列从严格意义上讲并不真实。既然圆是不存在的东西，那么这个数列当然也就不存在。

与此同时，还有一个困难。既然对角线是一条线，是一个 [99]
实量，而正方形的边也是，那么对角线与边的比例就是确定的。如果借助于数字来说明这一点，那么这同样需要无限多的数字——事实上，一般说来，需要所有的数字。但是，说所有的数字等于什么都没说；而且由于这个原因，这个比例也就没
有任何意义，除非它和我们想要的很接近。然而，这两条线的 【503】
比例并没有因此而被消除，即便无法指定任一量度。除非（没有量度）你怎么说角的，你也怎么说比例，也就是说，它本身只不过是分割的一致；这种一致永远保持不变，就像上述的正弦那样。事实上，这个比例似乎总是存在，因为正是通过这个比例，两个图形才相似的。所以，在两个相似的量中，比例是唯一与积量有关的东西，而不是与积量的不同样式有关的东西——也就是说，如果它们在没有其他别的东西的情况下在自身中被考虑，那么比例就是由两者之间的关系所规定的量。若没有相似性，我们就无法理解比例。

积量是一个事物的构成，通过认出它，一个事物可以被看作一个整体。[18] 整体似乎并不是有部分的事物，而只是可以有部分的事物。整体只在许多事物可以从一个事物中产生时才存在。但是，从一个事物中产生意味着仍然保留一些东西。我怀疑，真正被分割的东西，也就是，一个聚合体，是否可以被称作一个事物。尽管它看上去是一个事物，因为名称就是为它

而发明的。但所有这些问题都必须经过非常仔细的研究。说某种事物变成另一种事物，就是说某种事物保持着属于它而不是其他事物的东西。但这并不总是物质。它可能是理解某种关系的心灵本身：例如，在**移造**（transproduction）中，尽管一切都是新的，但是，由于这种移造是按照一定的规律发生的，所以连续的运动就会在某种程度上被模仿，就像多边形模仿圆一样。因此，可以说，通过对想象的类似的滥用，一个事物可以被认为从另一个事物中产生。

每当有人说某个无穷数列有一个和时，我就会给出这样的观点，即他们所说的只不过是，任何具有相同规则的有穷数列都有一个和，而且误差总是随着数列的增加而减少，所以它会变得像我们所希望的那样小。[19] 因为数字本身不会绝对地趋近于无穷，否则就会有一个最大的数字。但是，当它们被应用于分割成部分的某一空间或无界的线时，它们确实会趋近于无穷。现在，出现了一个新的困难。这个数列的最后一个数字是不是无界的线的最后一个由分割产生的部分呢？不是的，否则这个无界的数列就会有最后一个数字。不过确实看上去存在着最后一个数字，因为这个数列的项数将是最后一个数字。假设我们认为后一个总比前一个大 1 的数字是
[101] 分割点，那么项数当然就是这个数列的最后一个数字。但事实上，这个数列并没有最后一个数字，因为它是无界的；尤其是如果这个数列的两端都没有边界的话。因此我们最终的结论是，不存在无限的复多性，因此，事物也并不是无限多。

或者我们必须这样说，无限多的事物不是一个整体，也就是说，不存在无限多的事物的聚合体。如果无限多的事物不可能存在，那么世界在时间上和空间上就必然是有限的，但是，【504】世界在时间上似乎不可能是有限的。事实上，我们还可以因此而得出这样的结论，即在某个时刻，事物会走向终结，一切都会化为乌有，否则，所有将来的事物［的数目］将是无限的。因此，如果你说，在无界的［数列］中[20]，不存在最后一个可以被写入数列的有穷大的数，尽管有可能存在一个无穷大的数：我的回答是，如果没有最后一个数字，那么就连这个无穷大的数也不可能存在。对于这个推理，我唯一需要考虑的另一件事是，项数并不总是这个数列的最后一个数字。也就是说，很明显，即便有穷大的数无限增加，它们也决不会——除非永恒是有限的，也就是，根本就不存在——到达无穷大。这种考虑极其微妙。

17. 斯宾诺莎作品摘注[1] Aiii19

［1676年4月下半月？］[2]

舒勒先生信中提到的内容[3]【275】

（1）**他证明了每一个实体都是无限的、不可分割的、唯一的。**[4]

所谓实体，他理解为在自身内并通过自身而被设想出来的东西①，也就是说，其观念或概念并不是来自另一个事物的观念或概念。**5**

---

① 在我看来，我们**通过那些东西自身来设想**它们，即那些其名词或表述无法定义的东西，也就是说，其观念不能分解的东西，例如，存在、自我、知觉、同一、变化，以及可感质性，例如，热、冷、光等。而只有当我们在没有设想另一种东西的情况下便设想出了某种东西的一切必要条件时，也就是说，只有当它是它自身存在的理由时，我们才能**通过那个东西本身来理解它**。因为我们常说，当我们能够**设想某些事物**的产生时，也就是说，它们产生的方式时，我们就**理解了**它们。因此我们只能通过它本身去理解自因的东西，也就是，必然的东西，即一个由于自身的存在者。所以，我们可以由此得出结论说，如果我们要理解一种必然存在者，我们就会通过它本身来理解它。但是，我们是否真正理解一种必然存在者，或者，即便我们知道或认识它，我们是否真的能理解它，这是值得怀疑的。

他把概念区分成了仅仅清楚的概念，和既清楚又明白的概念。每一个概念都是清楚的，因为人们总是能分辨不同的概念，例如，冷和热。但它往往并不明白，也就是，并不能够使我知道造成差异的原因是什么。观念、概念、认知、意识、知觉等归根结底是一码事。

根据笛卡尔的观点，意志是肯定或否定的能力。

其概念并不来自于另一个事物的概念的那种事物是通过它自身被设想出来的。当我们理解它的某一分殊时，便是明显从另一个东西来设想这一个东西。

事物的基本性质是相互性。

光和热是被设想出来的，是无法被理解的。光和热的性质是我们所熟知的，但只是被经验到了，因此，即便我们能够知觉它们，也无法理解或推证它们。所以，在我看来，关于存在，关于我们自己（自我本身，等等）的某些性质，也可能会被观察到或感知，但不能被推证。

凡是不能被推证的东西要么是某种同一性，要么是某种经验事实，要么两者兼而有之。

如果某个事物的几种属性，或关于它的几个相互独立的或先天的命题，得到了表述，那么这些命题要么就是经验事实，要么就是从经验事实引申出来的。

（2）**他对上帝的定义是这样的**：上帝是**绝对**无限的存在者，也就是说，一个具有无限多属性的实体，其中每一种属性都表示无限和永恒的本质，因此是广阔无垠的。[6] [103] 【276】

注意：他说的是**绝对**无限，而不是自类无限，因为，如果某个事物只是自类无限，那么无限多的属性可能就会因此而被它否定，也就是说，无限多的属性可能就会被认为不属于其本性。[7]

（3）［斯宾诺莎关于］无限问题［的信］

对每个人来说，关于无限问题即使不是无法解释，似乎也是很难解释的，而这完全是因为人们没有对以下两者作出区分，一种是由于事物自身的本性或由于其定义而必然是无限的东西，一种是由于事物的原因而不是由于它自身的本质而没有任何限制的东西。其次还因为人们没有对以下两者作出区分，一种是因为它没有任何限制而称作无限的东西，一种是即便我们知道它的最大量和最小量，也就是，它是有界的，但我们仍不可能用任何数字来阐明其部分或将其部分等同于任何数字的东西。最后，人们也没有对以下两者作出区分，一种是只能被理解但不能被想象的东西，另一种是也能被想象的东西。如果人们注意到这些区别，他们就决不会被如此众多的困难所压垮。因为那样的话，他们就会清楚地理解，哪一种无限不可能被分割成部分，也就是，不可能有部分；以及哪一种能够被如 [105]
此分割而又不产生矛盾。再说一遍，他们就会理解，哪一种无限可能被设想成大于另一种无限，而又不蕴含着某种矛盾，以及哪一种无限不能这样来设想。我马上要讲的内容会使大家明白这一点。

【277】 但是，首先我想简要地解释一下这四个［术语］：**实体、样式、永恒和绵延**。关于实体，我想要你考虑的是：(1) 存在属于它的本质①，也就是说，仅从其本质和定义就可得出，它是存在的（如果我没有记错的话，在谈话之前，我就在没有依靠其他命题的情况下向你证明了这一点）；以及从（1）中得出的（2）实体不具有杂多性；毋宁说，只存在一个具有同一本性的唯一实体；以及最后，(3) 每一个实体都只能被理解为无限。

① 应该指出的是，这一结论可由那种通过自身而被设想出来的东西推知。一个明白的概念就是一个可以给出理由的命题。所有简单的概念既清楚又明白。有些概念并不纯粹，在这些概念中，图像或符号起到了中介作用。这些概念甚至也不清楚。在某种程度上，我们可以说它们很混乱。有一些概念，为了解决其他问题或［证明］其不可能，它们可以进行充分的分解，就像我们通常在几何学中看到的那样。但这不一定适用于所有概念。因为，在寻找某些东西的原因时，如果对那些东西的分解终止于可感质性，那么有些概念的原因是无法被找到的，比如，当一切都被分解为广延和绵延时。运动和物质的原因都可以被找到，同样，坚固性的原因也可以被找到；所以，在这些东西那里，最终的分解并不足以解决其他问题或［证明］其不可能。但是，如果我们可以在某些特定假设的基础上证明某些定律是充分的（例如，如果我们假设物质的本性是这样的，即某一［份物质］填满某一空间，而作为结果，当空间是满的时，这便与探索性的尝试是一致的），那么这种推理今后对我们来说可能就足够了。与此同时，我们并不清楚坚固性的绝对的本性以及其他诸如此类的东西。如果一切坚固性相当，并且尽可能大［——中断了］。

我把实体的分殊称作**样式**。它们的定义，**因为**不是实体本身的定义[①]，不可能包含着存在。因此，即便它们存在，我们也可以设想它们不存在。由此，我们再一次看到，当我们只注意样式的本质，而不注意整个物质的秩序时，我们就不可能从它们现在存在这个事实推断，它们以后会不会存在，或者它们以前有没有存在过。由此显而易见，我们把实体的存在设想成了完全不同于样式的存在[②]的东西。

这就是**永恒**与**绵延**之间差异的根源。因为我们用绵延仅能 [107]
说明样式的存在；而实体的存在则只能用永恒来说明，也就是说，用“存在”（existendi）的无限分享或（用蹩脚的拉丁文来说）“在”（essendi）的无限分享来说明。[③]

从这些考虑中，我们可以清楚地看到，每当（这简直太常 【278】
见了）我们只注意样式的本质，而不注意自然的秩序时，我们就可以随心所欲地限定它们的存在和绵延，把它们设想为更大或更小的东西，把它们分成若干部分，而又不会因此[④]破坏我们关于它们所拥有的任一概念。但对于永恒和实体，由于它们只能被设想为无限的[⑤]，所以我们不能用这些方式中的任何一种来对待它们，而又不会破坏我们关于它们所拥有的概念。

---

① 那么样式的定义能否以某种方式成为实体的定义呢？

② 它就是通常所说的偶然的事物。

③ 这与波爱修斯（Boethius）对永恒的定义完全一致。8

④ “*Sans que pour cella*[如果不是因为这一点]”，它的意思虽然不是“因此”。

⑤ 实体只能被设想为无限的，这一点在此还没有被证明。

因此，简而言之，那些认为广延实体是由彼此实际上不同的部分或形体构成的人，不是在说胡话，就是在说疯话。① 因为这就像有人想要试着单纯地增加或累积圆来构成正方形或三角形，或其他任何本质上完全不同的东西。因此，他们为证明有形实体是有限的而进行的各种论证的大杂烩就自动土崩瓦解了。因为所有这些论证都假设，有形实体是由部分构成的。② 同样，还有一些人，他们认为线是由点构成的，他们也能找到许多论据来证明线［不］ **10** 能被无限分割。

但是，如果你问我们为什么会出于某种自然冲动，倾向于分割广延实体，我的回答是，我们以两种方式来设想数量：一种是抽象地或表面地设想数量，正如我们借助于感官在想象中来设想数量那样；另一种是把数量仅当作单独通过理智而出现的实体。所以，如果我们就像它在想象中那样来注意数量（我们经常这样去做，也很容易这样去做），我们就会发现数量是有限的、可分割的，是由若干部分组成的，是杂多的；但是，如果我们仅仅像它在理智中那样来注意数量的话，并且按照事物本来的面目来理解它（这是非常困难的），那么，正如我以前已经很好地向你充分证明过的那样，我们就会发现它是无限

① 这有点太刺耳了，因为这些［侮辱的话］有可能针对古人，也有可能针对笛卡尔。[——被划掉了]

② 迪格比（Digby）和托马斯·怀特（Thomas White）曾试图详细地证明部分并不存在于整体中。**9**

的、不可分割的和唯一的。

此外，时间和量度产生于这样一个事实，即当我们设想从 [109]
实体中抽离出来的量和将绵延与它从永恒的事物中涌出的方式
分离开来时，我们就会随心所欲地限定绵延和数量。时间是为 【279】
了限定绵延[11]，量度是为了限定数量，以便我们可以尽可能容易地想象它们了。

其次，由于我们把实体的分殊从实体本身那里分离了出来，并对它们进行了分类，以便我们可以尽可能容易地想象它们，所以产生了我们用来限定它们的数字。从这些考虑中，你可以清楚地看到，量度、时间和数字只不过是思维的样式，或者更确切地说，是想象的样式。所以，难怪所有那些努力通过类似的概念来理解自然过程并且在这一方面理解得很差的人，会让自己如此不可思议的纠结，以致最终他们除了强行穿过一切，对任何无论多么恶心的谬论都视而不见之外，他们无法使自己不再纠结。

因为有许多东西，我们根本无法用想象来把握，而只能用理智来把握，例如，实体、永恒，等等，所以任何试图用类似的只是想象的辅助工具的概念来解释这些东西的人，只不过是用想象去胡思乱想罢了。

此外，如果把实体的样式与类似的理性的存在或想象的辅助工具相混淆，实体的样式本身就决不可能得到正确的理解。因为当我们这样做的时候，我们就把它们与实体分离开了，就把它们与它们从永恒中涌出的方式分离开了，而不考虑这些东西，它们就不可能得到正确的理解。为了更加清晰地理解这一点，我们举个例子：每当有人抽象地设想绵延①，并通过混淆绵延与时间，开始把绵延分割成若干部分时，他是决不可能理解，例如，怎么可能度过一小时。因为，为了度过这一小时，首先必须度过它的一半，然后度过剩下的一半的一半，再度过剩下的一半的一半的一半。如果他以这种方式继续无定限地从剩下的时间中减去一半，那他永远不可能到达这一小时的
[111] 终点。② 因此，许多不习惯于把理性的存在与实在事物区分开
【280】 来的人大胆地宣称，绵延是由瞬间构成的，这可以说是在急于躲避大漩涡怪卡律布狄斯（Charybdis）时遇到了海妖斯库拉（Scylla）。因为说绵延是由瞬间所产生，就如同说数目是由零的叠加所得到的一样。③

再者，从刚才所说的，我们可以非常清楚地看到，数字、量度和时间都不可能是无限的，因为它们只是想象的辅助

① 换句话说，我认为，通过把绵延看作一个通过它自身而被设想出来的、从它自身的主体抽离出来的存在，在这种情况下，它就会像他所说的那样是想象的，或理性的存在者。这与霍布斯的观点非常一致。因为霍布斯把位置称为存在的幻象，把时间称为运动的幻象。[12]

② 我们只能由此推知，如果一小时可以连续按比例地被分割成若干部分，那么没有人能完成对这些部分的计数。这就相当于说，没有一本书可以写出一个公比为 1/2 的等比数列中所有的数字。[13] 然而，这并不是说不可能度过一小时，而是说只能在一个小时内度过一小时。

③ 其他人也试图用这个理由来证明连续体可以被无限分割，但这个理由似乎还没有经过足够仔细的推演，不足以令人信服。不过，这一点可以基于其他理由得到严格的推证。

工具。[1] 因为否则的话，数字就不是数字，量度就不是量度，时间也就不是时间了。因此，我们很容易就会看出，为什么许多人否认真实的无限，因为他们对事物的真正本质一无所知，把这三者与实在事物混淆了。就让数学家们来判断这些人的推理有多糟糕吧！因为这样低劣的论点从未使他们对自己清楚理解的事物产生一丝疑虑。

虽然他们不仅发现了许多不能用任何数字[2] 来**说明**的事物（这充分表明数字不可能限定一切事物），还发现了许多事物不可能**等同**于任一数字[3]，而是超出每一个能够给出的数字。但他们并没有得出这样的结论：这些事物之所以超出每一个数字，并不是因为其部分的复多性，而是因为事物的本性不可能容许一个数字，而又不会带来某种明显的矛盾。[4] 例如，两个圆之间的空间中包括 ab 和 cd 在内的所有不等量的数目，

① 那么时间和量度是由点构成的吗？这一点似乎得到了认可，因为他刚刚指出，那些认为绵延是由点构成的人是错误的，因为他们并没有把绵延和时间区分开来，前者是实在的，而后者是想象的存在。但我决不相信，这位作者是在断言连续体是由点构成的。

② 也就是说，任何有穷大的数。因为，如果你使用无穷大的数（它们超出了可赋值的量），那么即使是无理数也可以用数字与数字之比来解释。

③ 也就是说，任何有穷大的数。因为，如果你使用无穷大的数，那么即使它们的复多性大到超过了任何数字，也就是说，超过了我们可以赋值的任何数字，这个复多性本身也可以被称为一个数字，即一个比任何可赋值的数字都要大的数字。

④ 为什么它们不是因为部分的这种复多性而超出任何数字，这一点还有待证明；如果它们的数目远大于一个可赋值的数字，那么它们为什么不应该因为这一点而超出任何数字呢？

以及在其中移动的物质必须经历的所有变化的数目，都超过
[113] 任何一个数字。这个结论并非源于介于中间的空间过大①，因
【281】为无论我们取的空间有多小，这一小部分空间中所有不等量的数目仍将超出每一个数字。这个结论也不是源于这一事实，即正如在其他情况下发生的那样，我们并不知道它的最大量和最小量。因为我们在我们的这个例子中知道它的最大量和最小量，ab 是最大量，cd 是最小量。相反，这个结论仅仅源于这一事实，即两个非同心圆之间的空间的本性不可能允许这样的事情发生。因此，如果有人想用某个确定的数字来规定所有那些不等量的数目，那他就不得不同时确保圆不是圆。同样，为了回到我们的论题，如果有人想要通过把物质的一切运动及其绵延归到一个确定的数字和时间上去，那么毫无疑问，他只能要求有形实体（我们只能设想它是存在的）② 剥除它的情状，并使其丧失它所具有的本性。我本想清楚地证明这一点，以及我在这封信中提到的其他方面，但我不认为这是多余的。

---

① 他已开始着手证明这一点无法从部分的复多性得出；但在这里，他只是证明了这一点无法从截然不同的整体的积量得出。**14** 现在很显然，我们由此真正可以得出的结论是，无限可分的物质实际上被分割成所有它可以被分割成的部分。同样的考虑也适用于固体在充满理想流体的空间中移动的所有情况。的确，我们在这里遇到了困难，但正是困难的解决，才产生了某些伟大的定理，而如果笛卡尔碰巧发现了它们，他就会纠正他的某些观点。

② ——正是因为这个理由，用我们的作者的术语来说，它就是实体。

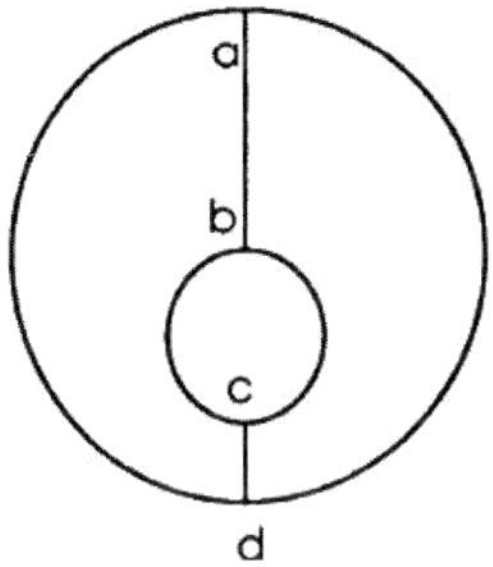

从前面所说的一切来看，似乎很清楚的是，有些事物按其本性是无限的，无论如何都不能被设想为有限的①；另一些事物，由于它们内在固有的原因的力量，是无限的②，尽管当人们抽象地设想它们时，它们可以被分割成为若干部分，并且被认为是有限的③；最后，另一些事物可以被称作无限的，或者如果你愿意的话，可以被称作无定限的，因为它们不可能等同于任何数字，虽然它们可以被设想为更大一些或更小一些。④ [115]
因为正如我们从所举的例子和其他许多例子中所清楚看到的那样，我们不能由此推断，凡是不能等于任何数字的事物都必然相等。⑤

至此，我已经简略地指出了关于无限问题所引起的错误和

① ——例如，根据作者的观点，实体和永恒。

② ——例如，绵延和广延。

③ ——例如，量度和时间。

④ ——例如，运动的变化。

⑤ 大部分数学家都承认这一点，卡尔达诺（Cardano）**15** 也明确承认这一点，但在我看来，最重要的是，我们的作者观察到了这一点，并对它做了详细的阐释。

【282】 混乱的原因[①]，如果我没有犯错的话，那么可以说，我已经把它们处理得很好了，因此我并不认为，关于无限，我在这里还有什么问题没有触及到，或者说，还有什么问题不能很容易地从我所说的话中得到解决。所以，我觉得，这些问题已经不值得你再耽搁时间了。

但是，我想在这里顺便提一下，我认为，逍遥学派误解了古人试图以此来表明上帝存在的那个推证。因为，正如我所发现的那样，根据一个叫克莱斯卡的犹太人的说法 **18**，那个推证是这样的：假设存在着一个无限的因果序列，那么存在的一切就都是有原因的；然而，这与任何藉由本身的力量而必然存在的事物无关；因此，在自然中，不存在任何必然存在属于

① 我一向把广阔无垠者和无界者——没有边界的东西——区分开来。我一向也把不能再添加丝毫的东西和超出可赋值的数字的东西区分开来。简单讲，我按等级进行了排序：万有、最大、无限。**16** 凡是包含万有的就是实体中最大的，正如在每一个维度上都无界的空间就是广延中最大的。同样地，凡是包含万有的就是最高等级的无限（我习惯这么叫它），或者说，绝对无限。最大的就是包含了同类中的万有，也就是说，不能再添加丝毫的东西，比如，一条两边都无界的线，它显然也是无限的；因为它包含所有可能的长度。**17** 最后，那些其积量要大于我们可以用与可感知的东西的一个可赋值的比例来说明的东西，即使存在着某种比这些可感知的东西更大的东西，但它们也可以说是最低等级的无限。正因为如此，在阿波罗尼乌斯的双曲线和它的渐近线之间，就有了无限的空间，这是一种最适度的无限，用数字表示，它对应的是这个空间的总和：1/1 + 1/2 + 1/3 +1/4 +……，也就是 1/0。我们只需根据我们假设的这个无穷分数数列的最后一个本身也无限的分母是更小还是更大，来理解这个 0，或者零，或更确切地说，一个不可赋值的无限小的量，是更大还是更小。因为最大并不适用于数字。

其本性的事物；但这是荒谬的，因此这种假设也是荒谬的。因此，这一论证的力量并不在于这一断言，即无限不可能实际存在，而仅仅在于这样一种假设，即那些按其本性并非必然存在 [117]
的事物不能被规定为存在①，[除非] 19 通过一个本身必然存在的事物来规定。

① 这个观察是正确的，并且与我惯常所说的一致，即任何事物若是无法给出其存在的充足理由，便不存在。很容易证明，这个充足的理由不可能在因果序列中。因为无论我们倒退得多远，我们都无法发现它在个别原因中可能持存的地方；如果我们把被带回无限的整个序列理解为接连不断的每一个原因存在的充足理由（对那些持不同意见的人来说，这仍然是一种逃避），那么它的反面很容易得到证实。因为任何一个理由都有可能在这个序列中被取消，反正剩下的必定还是随后那些东西的一个理由。我们由此可以推知：最后，整个序列，即所有可取消的原因的总和，可以从它自身中被剔除掉，与此同时却保留我们在其中假定的存在的理由，这是荒谬的。或更确切地说，假设的反面便直接得到了证实：也就是说，它存在的理由外在于这个序列。你也可以这样来表述该论点：在那个无限倒退的序列不得不是接连不断的原因的理由，并且它的一端没有边界的情况下，我们不能说，它在另一端是有边界的。它却不得不在它自身的末端开始有边界；任何个别的原因都可以从那一端被剔除掉，所以，正如我所说的那样，整个序列可以从它自身中被剔除掉。同样，从这一点可以明显看出，既然从这一论点看来，包含有随之而来的那些东西的理由的序列并没有一个有规定的确定的规模，所以不存在这样的序列。这些考虑尽管确定无疑，但是太难以捉摸了。不过，我手头上还有另一个明显得多的论点，它可以说明为什么整个序列不包含存在的充足理由。那便是，既然整个序列可以通过其他方式来想象或理解，那就必须从其外部提供一个理由，来说明为什么会这样。从这些考虑中，我们还可以得出一个真正令人印象深刻的结论：在因果序列中，较早的原因并不比较晚的原因更接近宇宙的理由，也就是，第一存在者，第一存在者也不会因为较早的原因的中介而成为较晚的原因的理由；毋宁说，它会同样直接地成为所有这些原因的理由。

18. 论形体、空间和连续体（节选）

（1）论真理、心灵、上帝和宇宙[1]Aiii71

【508】 1676年4月15日[2]

……

【509】 ……因此，我所相信的是：形体的坚固性，或统一性，归因于心灵，有多少涡旋，就有多少心灵，而有多少固体，就有
【510】 多少涡旋[3]；形体有一种抵抗力（也就是说，它抵抗任何努力
[119] 分割它的东西），而这种抵抗就是感觉。感觉是一种反作用。和心灵一样，形体同样不可摧毁，但它周围的各个器官却以不同的方式被改变……

【512】 ……然而，从这一点，我们可以清楚地看到[4]，空间不同于上帝，因为可以有很多空间，但只有一个上帝，上帝的广阔无垠在所有的空间里都是一样的。[5]但是，既然每个空间都是连续变化的，既然两个空间中的每一个空间都有某种东西持续
【513】 存在，那么这两种持续存在的东西是否彼此不同呢？或者说，它其实就是同一理念，也就是说，存在于每个空间的宇宙的本性吗？我认为是的。因为那个世界可能有另一种自然法则，所以这种本性可以使得上帝对于那个世界和这个世界来说都是一样的。

特别需要加以考虑的是：如果我们假定我们所喜欢的任何

形体实际上都可以被分解成更小的形体，也就是说，如果我们总是假定某些世界存在于其他世界之中，那么它是否因此可以被分割成最小的部分呢？因此，被无限分割不同于被分割成最小的部分，因为（在这样一种无限分割中）没有最后的部分，就像在一条无界的线上没有最后的点一样。举例来说，如果我们假定一个形体被分割成就像一条无界的线有多少英尺那样多的若干部分，那么它将不会因此而被分割成最小的部分；因为，如果它被分割成就像同一条无界的线有多少英寸那样多的若干部分，它就会被分割成更多的部分。但是，如果运动是在均质的液体中开始的，这种液体绝对会被分割成最小的部分，因为没有理由不把它分割成更小的部分。[6]

作为统一体的形体本身就包含着硬性，这或许与笛卡尔的看法并不矛盾。[7]

（2）论事物源于形式[8]Aiii74

[1676 年 4 月下半月?][9]

……

我们的心灵不同于上帝，因为祂是绝对的广延物，是最大的、不可分割的广延物，不同于空间或位置；也就是说，因为那种由于自身的广延物不同于位置。空间是位置的整体。空间有部分，但那种广延物本身却没有部分，虽然它确实有某些样式。根据空间可被分割成部分这一根本事实，空间是可变的， 【519】

而且能够以不同的方式被分割；确实，它的一个部分连续不断地接着另一个部分。但是，空间的基础，即那种广延物本身，是不可分割的，并且在变化中保持不变；它不会变化，因为它贯穿一切。所以，位置并不是它的一个部分，而是由于物质的增加而产生的它的一种样态，也就是说，由它和物质所产生的某种东西。显然，神的心灵之于我们的心灵的意义，就像他们
[121] 所谓的想象的空间（考虑到它肯定是最实在的，因为它就是上帝本身，上帝被认为是无处不在，即广阔无垠）之于位置，以及那个广阔无垠的东西所产生的各种形状的意义一样。相应地，我最好把它叫作“广阔无垠者”（the Immensum）[10]，以便将它和空间区分开来。所以，在空间不断变化的过程中持续存在的就是广阔无垠者；因此它没有也不可能有边界，是一体的，不可分割的。你也可以称之为“扩张者”（the Expanded）。[11] 由此可以很清楚地看出，广阔无垠者不是一种间隔，不是一个位置，也不是可变的；它的样态的出现并不是由于它自身的任何变化，而是由于增加了其他东西，也就是说，物质团块，即质量，由于增加了物质团块和质量，产生了空间、位置和间隔，而它们的聚合体就是普遍空间。但是，这种普遍空间是通过一种聚合而成的存在，是不断变化的；换言之，它是空的空间和满的空间的组合，就像一张网，这张网连续不断地接受另一种形式，并因此而改变；而这种改变中持续存在的是广阔无垠者本身。[12] 而广阔无垠者本身就是上帝，因为上帝被认为是无处不在，也就是说，因为上帝包含着那种完满性或绝对肯定的

形式，而这种形式是事物被认为在某个地方时所具有的东西。

……

不可能有最快的运动或最大的数字这样的东西。因为数字是某种离散的东西，在这种情况下，整体并不优先于部分，而是相反。不可能有最快速的运动，因为运动是一种样态，是某种事物在某一特定时间内的位移——简而言之，正如不可能有最大的形状一样。不可能有一种整体的运动；但却可能有一种关于一切事物的思想。当整体优先于部分时，整体便是最大的，例如，在空间和连续体中。如果物质，就像形状一样，是一种样态，那么似乎也就不存在一个物质整体。 【520】

……

……此外，普遍空间就像宇宙共和国，或者由全部心灵组成的社会一样，是一个聚合而成的存在。它们之间有一个区别，即空间或间隔可以被摧毁（因为当拥有位置的东西被摧毁了，它的位置也就被摧毁了），但是，按比例与它对应的灵魂却不可能被摧毁。无论什么，只要它活动，它就不可能被摧毁，因为只要它活动，它至少就会持续存在，因此它将永远持续存在。无论什么，只要它受动并且不活动，它就有可能被摧毁，例如，位置或形状就有可能被摧毁。每一个聚合而成的形体都可能被摧毁。某些基本要素，即不可摧毁的形体，之所以存在正是因为它们有心灵。正如一种形状被标示之前，广阔无垠者就已经有了这种形状，原初心智早就有了观念，也就是说，思想的种差。如同形状在空间中，观念在我们的心灵中。 【521】 [123]

根本就没有世界灵魂，因为一个连续体不可能由灵魂构成，就像连续体可以由空间构成那样。你一定会说，不，它也能以某种方式由灵魂构成，只要心灵能够彼此知觉。我的回答是，灵魂并不是一个聚合而成的存在，但是普遍空间却是一个聚合而成的存在。因此宇宙没有灵魂也就不足为怪了……

第二部分
关于连续性和运动的对话

19. 帕西迪乌斯与爱真理者的对话：第一运动哲学[1] Aiii78 [127]

[1676 年 10 月 29 日至 11 月 10 日]

编者序

莱布尼茨是在他第二次旅英结束时，在伦敦泰晤士河口的一艘船上写下这一对话的。他的目的地是荷兰，在那里他将与许多著名的知识分子见面，其中包括阿姆斯特丹数学家许德（Hudde）、阿姆斯特丹显微镜学家施旺麦丹（Swammerdam）和代尔夫特显微镜学家列文胡克（Leeuwenhoek），以及海牙的斯宾诺莎，然后再从那里前往汉诺威接受他的法院任命。他受邀搭上了普法尔茨选帝侯鲁普雷希特亲王（Prince Ruprecht von der Pfalz）乘坐的一艘途经鹿特丹到德国的帆船，并且于

1676年10月29日就登上了船，两天后，他起航了，结果却因为装货在格雷夫森德等了四天，后来又在泰晤士河口的希尔内斯等了六天，才等到了好天气。[2]

目前还不清楚他为什么要写这个对话，也不清楚他是为谁而写的，不过这个对话似乎与莱布尼茨这一年早些时候为一本名为《威廉·帕西迪乌斯〈论事物的奥秘〉》（“Guilielmus Pacidius’s *On the Secrets of Things*”）的百科全书拟定的计划有关。[3] 这个计划的条目6和条目7就是后来《神正论》前言中提到的两个迷宫：“(6) 第一个迷宫，或者说，论命运、运气和自由。(7) 第二个迷宫，或者说，论连续体的构成，论时间、空间、原子的运动，论不可分割的点以及无限。”在描述了第二个迷宫之后，莱布尼茨这样写道，即“一句话，关于运动的形而上学”，但随后又将其划掉了。[4] 这表明《帕西迪乌斯与爱真理者的对话》（*Pacidius Philalethi*）可能只是部分地完成了条目7。因为在这个对话的草稿 L^1 上有一个副标题，那就是“关于运动的对话”（*S. Dial. Mot.*），在修订本 *l* 的页边空白处写着“第一运动哲学”（*Prima de Motu Philosophia*）——我把它当成了我想要的副标题。

莱布尼茨最初在草稿中拟定的对话者的名字是帕西迪乌斯、波力比阿斯（Polybius）、特伦提乌斯（Terentius）、伽鲁迪乌斯（Gallutius）；在对话快结束时，自558页第5行开始，他首先把波力比阿斯改成了查里努斯（Charinus），把特伦提乌斯改成了西奥菲勒斯（Theophilus），后来又照此把名字通篇改了一遍。

帕西迪乌斯（Pacidius）是莱布尼茨偶尔用到的一个笔名。它可能来自“pax”、“pacis”（和平）和“dius/divus”（神圣），这使得它成了他的名字戈特弗里德（Gottfried）的拉丁文翻译。[5] 查里努斯被说成是“一个家庭出身显赫的年轻人，但他却仍然充满着好奇心和求知欲，他很小的时候就已经应征入伍，并因其杰出的成就而闻名遐迩”。不过，这一描述的早期版本更有启发性：“碰巧有一个年轻的德国人来到了巴 [129]
黎，他不仅聪明，而且好学。他曾在军队服役，成就斐然，他既精通战术，又有攻城拔寨的本领，刚开始接触算术和几何学的基本原理。”在这一点上，值得注意的是，莱布尼茨的一位朋友和处身巴黎的年轻同胞，埃伦弗里德·瓦尔特·冯·契恩豪斯（Ehrenfried Walther von Tschirnhaus, 1651–1708），是一位来自萨克森的年轻贵族，曾于1672—1673年在荷兰军队做过一段时间的志愿者，之后，于1675年8月抵达巴黎；在此之前，他在莱顿大学习得了高超的代数分析技巧，成了众所周知的狂热的笛卡尔信徒。如果这个角色是以他为原型的，那么查里努斯可能仿照的就是契恩豪斯的名字。第三个人物，西奥菲勒斯，被说成是一位上了年纪的绅士，也是帕西迪乌斯的一位密友，一位富有的退休商人。可以想象，莱布尼茨可能是以他在巴黎的东道主约翰·弗里德里希·西诺德·舒茨（Schütz, Johann Friedrich Sinold，逝于1692年）为原型塑造了这个人物[6]；但由于我们对他在巴黎的私人生活知之甚少，所以我不敢保证这种说法是否准确。最后一个人物是伽鲁迪乌斯，他被说成是一位医学专家，但不是专业的医生。这符合我们所了解的克里斯多夫·谢尔哈默（Günther Christoph Schelhammer, 1649–1716）的情况，他来自莱布尼茨在巴黎的另一个圈子，也是莱布尼茨的终生好友，他与斯图姆（Sturm）的争论促使莱布尼茨藉由1698年完成的《论自然本身》（*De ipsa natura*）站在了他这一边，他发表的作品中有一本关于听觉的书（*Deauditu, Liber 1*, Leipzig 1684），还有一部手稿《医学教学的新原则》（*Novae institutiones medicae*）**7**；但同样，这个鉴别纯粹只是主观臆断。

【529】 帕西迪乌斯与爱真理者的对话①

——第一运动哲学②**8**

最近，当我和一些杰出人士在一起时，我宣称，柏拉图对话录中所表达的苏格拉底的讨论方法在我看来非同凡响。因为，不只是灵魂可以通过熟悉的对话沉浸于真理之中，而且假如每个人在被问到一个合适的问题时没有人给出正确的答案而

① 在草稿 L^1 页边空白处：这个对话完成于我乘船自英格兰到荷兰期间。1676年10月[儒略历]。

② 在修订本 *l* 的这个副标题下方的页边空白处：这里被认为是变化和连续体的本性，因为它们与运动有关。仍需探讨的是，第一，运动的主体，要弄清楚，在两个改变其相互之间位置关系的事物中，运动应该归属于哪一个事物；第二，运动的原因，即动力。

是自己去回答，人们甚至可以看到沉思本身从已知到未知的次
序。在我提出这一主张之后，他们都希望我通过给出一个藉由 [131]
这样一种实验可以表明心灵天生具有一切知识的种子的样本来试着重新恢复这样一种非常有用的方法。不过，最后我还是想为自己做一番辩解，我承认这件事比想象中的要困难得多。因为就像说些颠三倒四、轻率鲁莽的话很容易一样，写对话也很容易；但是，要写一篇演讲稿，使真理本身可以逐渐地从黑暗中射出光芒，使知识可以在灵魂中自发地成长，这真的只有那些在承担起教导别人的责任之前自己仔细研究过种种推理的人能够做到。

我的朋友们通过鼓励我道，他们知道我就运动已经思考了很久，也知道我已经做好了去论证的准备，巧妙地避开了我的
抗拒。现在，碰巧来了一个家庭出身显赫的年轻人，但他却仍 【530】
然充满着好奇心和求知欲，他很小的时候就已经应征入伍，并因其杰出的成就而闻名遐迩。随着年龄的增长，他的判断力也成熟起来，为了能够把一些学问与他的灵魂的活力结合起来，他刚开始接触几何学原理。他每天都觉得，机械学令他失望，因为在这门学科的大多数作品中，除了一些关于重物的升降和所谓的五种力的老生常谈之外，并没有什么相关的东西，一门更一般性的科学的基础还没有被建立起来。不但如此，他还抱怨道，关于撞击和碰撞、力的增大和减少、介质的阻力、摩擦、拉伸弓和所谓的弹力、液体的流动和波动、固体的抵抗力以及其他日常的诸如此类的东西，所提出的规则也不够精确。

我的朋友们把这个年轻人带到了我面前，把事情安排妥当，将我渐渐地诱入了一场我常常盛赞的那种谈话之中。这对他们来说是成功的，我徒劳无益地用尽了所有的借口，最终决定屈服于他们对一切的热情。

查里努斯（这是那个年轻人的名字）是被西奥菲勒斯带到我这里来的。西奥菲勒斯是一位上了年纪的绅士，他对每一个论证都有出色的判断。他把自己的青春韶华都耗在了让他获得财富和荣誉的生意上，现在他决定把余生都奉献给心灵的平静和对神的崇敬。作为一个内心虔敬的人，他全神贯注于研究共同善，常常把希望寄托在共同善的增加上，对共同善，他既不吝惜财富，也不吝惜劳动。我们是密友，我很喜欢和他在一起。那时，我们碰巧正在进行一次长谈，谈的是国家，以及不
[133] 可靠的历史记载，这些记载通过对行动的原因的虚假说明败坏了行动的简单性，正如他在他所参与的商业交易中所出色地展示出来的那样。

此时，与西奥菲勒斯、查里努斯一道，还来了一个非常杰出的人物，那便是伽鲁迪乌斯，他在实验研究方面很有造诣，是一位研究人体特性的专家。事实上，他的医术尤其令人钦
【531】 佩，他的成功也使他声名卓著。朋友们一有需要，他就会给出治疗方法，尽管他对医生的姓名和职业并不熟悉，也不知道什么是赢利。所以，为了他的缘故，西奥菲勒斯也不反对，我把谈话的主题从国家转到哲学上来：

帕西迪乌斯：西奥菲勒斯，你就文明史被那些为显著的事件虚构一些隐藏的原因的人所败坏所说的那些，正如伽鲁迪乌斯经常抱怨的那样，对博物学来说甚至更加危险。

伽鲁迪乌斯：我确实常常希望，对自然的观察，尤其是对疾病史的观察，能够像希波克拉底（Hippocrates）的观察那样，不加修饰，不带任何意见地呈现给我们，而不受亚里士多德、盖伦（Galen）或更晚近的一些人的意见的影响。[9] 因为只有当我们为它奠定了坚实的基础之后，我们才能复兴哲学。

西奥菲勒斯：我并不怀疑坦途是通过实验走出来的，但是，除非通过推理把它理顺，否则我们就会进步得很慢，哪怕是历时数代人，也仍将在起点停滞不前。因为我惊讶于医生竟累积了如此之多的出色的观察结果，惊讶于化学家竟完成了如此之多的巧妙的实验，也惊讶于植物学家或解剖学家竟提供了如此之丰富的东西，而哲学家却没有利用它们，也没有从它们之中推导出任何可以推导出的东西。但是，如果他们这样做了，也许他们就会在自身能力的范围内拥有许多他们抱怨说他们所缺乏的东西。

帕西迪乌斯：但是，在自然哲学中，至今尚不存在这样一种技术，它可以从已知条件中推导出一切可以推导出的东西，就像在算术和几何学中按照确定的次序所作的那样。因为几何学家，在一个问题被提出之后，就会看看他们是否有充足的已知条件来解决这个问题，并且追求某种可靠的、确定的过程，花很长时间展开这个问题的所有条件，直到他们所找
[135] 的条件从这些条件中自然而然地脱落出来。一旦人们在自然哲学中学会了这样去做（只有当他们学会了沉思，这才是有可能的），那么他们也许就会惊讶地发现，他们竟如此之久地对这么多事物闻所未闻——这不应该归因于他们的前人的懒惰或盲目，而是应该归因于他们抛弃了唯一发光的真正的方法。

查里努斯：如果允许我就这些问题给出一种非专业的意见的话，那么我要说的是，从几何学很难过渡到物理学，我们需要一门把物质与形式、沉思与实践联系起来的运动科学。在我早些年的军事训练中，我从各种各样的实验中学到了这一点，因为我在尝试新机械和这个行当其他令人愉快的技巧时经常失败，原因是所涉及的运动和力不能像图形和形体那
【532】样被绘制出来，不能像它们那样受想象力的支配。因为每当我在心中构思建筑物的结构或防御工事的形式时，首先我就会用木头或其他材料制成的小模型来加固我摇摆不定的思想。后来，当我有了更大的进步之后，我开始满足于用平面图来表示固体实物了；最后，我逐渐形成了这样一种想象能力，我可以在脑海中描绘出整个事物，包括它的所有的数量，并能对它的所有的部分形成生动的表达，而且像它们就在我

之后，它会在 N 这一瞬间被转移到位置 B，并在那里停留一【557】段时间 NP，在这段时间结束时，也就是说，在 P 这一瞬间，它会再次跳到位置 C。由此看来，在 N 这一瞬间，动点 E 同时在整个位置 AB 上，就好像同一点 E 在整个时间［MN］[48]里都在点 A 上。但是，同一形体可以同时出现在几个位置上，这是不是太荒谬了。

帕西迪乌斯：那些愿意承认这种飞跃的人不会坚持认为，[191]形体在两个时间段所共有的瞬间 N 出现在几个位置；因为如果他们把两个时间段所共有的某个瞬间分派给两个静止状态，即在位置 A 上的静止状态和在区别于位置 A 的位置 B 上的静止状态，他们就会陷入上述困境。相反，他们会说，它在位置 A 上存在的这个时间段 MN 的最后一个瞬间 N 之后紧接着就是在位置 B 而不是位置 A 上存在的这个时间段的开始的一瞬间 O。虽然时间段 MN 和 OP 彼此紧挨在一起，但事实上，它们有着无间距或交接的末端 N 和 O。

伽鲁迪乌斯：求你了，帕西迪乌斯，你是在开玩笑吗？还是在一本正经地告诉我们这一切？

查里努斯：帕西迪乌斯，你说，动点 E 在 MN 这段时间一直存在和静止于空间中的点 A，随后，它将在接下来的 OP 这段时间存在和静止于空间中的点 B。但你并没有说这是怎么发生的。[49]

****

帕西迪乌斯：除了排除错误的观点，我什么都不能说。50 到目前为止，我已经证明了这一点，即它永远不会在中间的点上，相反，在刚刚出现在这里之后，它马上就会出现在那里。

【558】 **查里努斯**：请告诉我们一些至少可以说明你的观点的东西。

帕西迪乌斯：你在批评我行动迟缓。那好，我讲一下自己的观点，我认为，运点 E 在 A 处静止一段时间后会消失和湮灭，然后在 B 处出现和被重新创造出来；我认为，运动是不可能用其他方式来解释的。你也许很容易就作出这样的判断，即我之前运用所有这些逻辑策略，都是为了逐步地驱使你们所有人走向一个如此重要的真理，即使你们像预测的那样不情愿和挣扎。① 那么现在我们就开始抄近路了，而如果你们中有人对这个证明有什么回应，那就说出来。

西奥菲勒斯：我一直都在聚精会神地听 51 你所有这些曲折迂回的论证，我想我能找到反驳它们的论据。

① 在页边的空白处写道：如果我们假定，事物只有在活动时才存在，事物只有在变化时才活动，那么为什么不干脆说，事物只存在于一瞬间，而不存在于中间时间呢？

伽鲁迪乌斯：然而，把所有这一切集中在一起展示应该对大家很有帮助，这样我们就会对其更有信心。 [193]

帕西迪乌斯：我相信查里努斯会做得很好。

查里努斯：我试试看。无论是什么，只要它运动，它就会改变位置，也就是说，位置发生变化。① 无论是什么，只要它发生变化，它就会在两个相邻的瞬间处于两种对立的状态，一种是前一个瞬间的状态，另一种是后一个瞬间的状态。因此，如果有任何东西在一段时间内连续不断的变化，那么在这段时间，它以一种状态存在的任何一个瞬间后面紧接着都是以另一种状态存在的下一个瞬间。既然在这整段时间里，每个瞬间后面紧接着就是另一个瞬间，因此，这整段时间就是由瞬间聚合而成。但这是不可能的。因此，某段时间的连续变化是不可能的，因此某段时间的连续运动也是不可能的。现在不妨假设有一个动点 E，它将在 MP 这段时间内从点 A 转移到点 C。这要么就是通过连续运动来实现，要么就是通过连续静止来实现，要么就是通过运动与静止的混合来实现。但是不能通过连续运动，因为这是不可能的，也不能通过连续静止，因为它是运动

① 在页边的空白处：（注意：如果不考虑运动，我们就必须弄清楚是否可以普遍证明连续体不是由最小部分构成的，因此时间也不是由最小部分构成的。）

的对立面，因此只能通过运动与静止的混合。因此动点在NP这段时间部分处于静止状态，部分处于运动状态。①

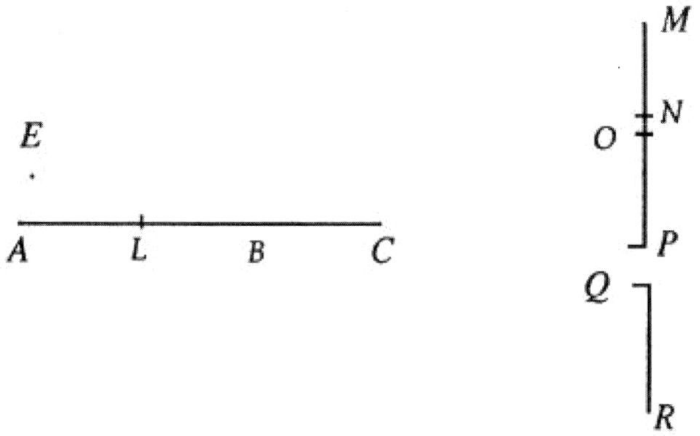

图 12

【559】 假设我们这样来表示这种混合，即在MN这段时间，动点E在点A处于静止状态，在NO这段时间，它从点A转移到了点B。在OP这段时间内，它在点B处于静止状态，

[195] 随后在PQ这段时间内，它从点B转移到了点C，而在QR这段时间内，它在点C再次处于静止状态，随后它再次运动，如此类推。假设情况就是如此，我要说，NO这段时间必然是一个最小量，也就是说，N这一瞬间和O这一瞬间（这对P和Q来说也是一样）是交接的，也就是说，彼此紧挨在一起。我们不能假设它们之间有任何其他的瞬间，否则我们就会在某段时间NO有一个从A到B的连续运动，

① 在页边的空白处：在每一种状态下，没有任何创造发生，否则，如果[这样]一种活动随时发生，连续体将由瞬间构成。

（2）我所知觉到的事物不尽相同。

有些人只教授第一条，并把它表述成了**我思故我在**。但他们却忽视了更加富有成效的第二条。因为最重要的是，在人的经验中会出现两种东西，一是知觉不尽相同，二是知觉者是同一个人。由此，我们不仅可以推断出有一个感知者，还可以推断出知觉不尽相同的理由必定外在于感知者；因此，在我之外，存在有其他事物。通过第一条，我认识了我自己，而通过第二条，我认识了世界。

[241]
【1396】

意见的原则

更简单的东西更有可能。

所谓更简单的东西，我指的是那种需要更少必要条件的东西，也就是说，为它而需要更少假设的东西。

不存在任何会发生变化的假定。

换言之，每个独立的事物都必须被认为它一直处在它曾经所处的状态，直到人们有理由相信它已经离弃了这个状态为止。

物理确定性的原则

与其他现象一致的现象被认为是真的，因此，**形体**、**空间**、**时间**、**世界**、**个体**也就被预示了。

事物被它本身所否定，或被它的对立面所肯定。**A不是A。A是非A。**

换言之，作为真理的基础，主项和谓项的联系要么是直接的；要么是间接的，因此通过解析——也就是，**先天地证明**，即**提供理由**——而还原为直接联系。

理智关于事物存在的原则

在若干不相容的可能事物中，更完满的可能事物存在。

我把包含更多本质的东西称为**更完满的**。因为完满性就是本质的程度。因此，最重要的是，存在着一个包含一切完满性的存在者，那就是上帝。世界也是上帝用最完满的方式造的，即用最少的空间、时间和物质来实现最大的投入。在各种的形成事物的方式中，那些最不排斥事物的方式通常会被优先考虑，就像一个聪明的建筑师以这种方式垒石头那样，即它们占用的空间不大于它们填充的空间，以免占据其他石头的空间。因此，如果某事物的存在本身并不妨碍其他事物的存在，那么它就会存在。最后，上帝的工作方式就像一个最卓越的几何学家的工作方式一样，他知道如何对他的问题作出最好的解释。[4]

感觉或第一知觉的**第一原则**

（1）我知觉，我存在。

而我们已经证明这是不可能的。但因为动点在N这一瞬间时处在点A上，在O这一瞬间时处在点B上，所以它不会在任何一个瞬间处在中间点L上。所以动点E会有一个飞跃，也就是说，它将以移创的方式 52 从点A来到点B，换言之，这种状态在点A消失，在点B复活。因为没有别的方法可以解释一个形体何以可能从一个位置转移到另一个位置，但又不经过中间位置。

帕西迪乌斯：你对证明的整个要点做了非常简洁的概括。① 我只想补充一点，那便是，困扰你的并不是移创。(因为说一个东西不再在这里存在，而是开始在那里存在，它们之间的过渡被消除了，这就等于说它在这里湮灭了，在那里复活了。如果我们消除了过渡的瞬间，中间状态的瞬间，那么这种说法便普遍适用于每一个变化。)② 因为如果

① 在页边空白处：(+这里有一些错误，它们都是由于太过急切地删节上述证明而造成的，因为上文只是证明了空间不是由点构成的，而没有证明时间不是由瞬间构成的。不过，这一点可以很容易从上文得到证明，特别是考虑到如果我们假设空间是连续的，运动也是连续的，那么时间也必然是连续的。+)

② 在页边空白处：[注意：正如空间中的形体形成了一种不间断的联系，其他更小的形体则依次插入它们内部，这样也就不存在没有形体的空间了；所以，随着时间的推移，当一些事物通过瞬间的飞跃而持续时，另一些事物则在某个中间时间经历着更细微的变化，继而是它们之间的其他事物。在这些(比如说)撞击或振动中，似乎有一种奇妙的和谐。无论如何，状态必须持续一段时间，或者说，没有变化。正如形体的端点，或接触点一样，状态的变化也是如此。在充实空间中，形体越小移动越快，形体越大移动越慢。任何时间或空间都不是空的。在任何一个状态下，任何其他事物都在变化。]

有人只是简单地说，某个事物不再处于其前一个状态，而是现在开始在另一种状态下存在，那么其他人也可以说，它在前一个状态下湮灭了，又在后一个状态下复活了。无论你接受这两种说法中的哪一种，从事物本身来看，它们并没有区别，它们的区别只在于第一种说法掩盖了原因，第二种说法揭示了原因。但是，除非存在一种永恒的实体，它既毁灭了一开始的事物，又创造了新的事物，否则我们无法设想在一种状态下不复存在的一个事物之所以会在另一种状态下开始存在（因为中间状态已被消除）的原因，因为随后的状态不一定来自于先前的状态。

****

[197] **帕西迪乌斯**：那些主张这种飞跃的人只是想说，动点 E 在
【560】位置 A 停了一段时间之后，它就消失了，湮灭了，但在随后的那一瞬间，它又出现了，在位置 B 被重新创造了出来；这是一种我们可以称之为移创（transcreationem）的运动。

伽鲁迪乌斯：如果这可以被认为是证明，那么我们就做了一件真正重要的事。因为我们证明了宇宙的创造者。

帕西迪乌斯：查里努斯，难道你不同意这个观点吗？

查里努斯：我在这里一直很安静，就像一只落网的鸟，挣

扎了很久，希望能够逃脱，但却无果，最后筋疲力尽，瘫倒在地。

帕西迪乌斯：那就是说，与其说你同意，不如说你没有什么可回应的。

查里努斯：是的，因为我觉得你的这些飞跃太折磨人了。因为假如其大小与物质无关，在我看来，一些非常小的微粒可以在不经过中间点的情况下从任意小的细小线段的一端到达另一端，就像我可以以同样的方式把所有的中间位置都排除在外——就好像它们在自然中根本就不存在——而瞬间被转移到罗马一样荒谬。因为假设这个微粒被赋予了理性和感觉，那么就像我们会觉得我们自身的飞跃缺乏比例一样，它肯定会觉得它自身的飞跃也是如此，尽管它的飞跃对我们来说极其微小，但对它来说已经足够大了。我们不妨假设在我们的身体中，有一些微生物，它们与我们比起来就像人的头与地球比起来一样小。如果这其中的一个微生物从一只耳朵到了另一只耳朵，那么如果我们设想它们会使用理性的话，它的朋友们就会说它从一极到了另一极。因此，对它们来说，一切都是成比例的，缺乏或违反比例，或者说得更贴切些，日常奇迹，比如你的这种飞跃，无论大小，都应该尽量避免。

[199] **帕西迪乌斯：**你最好抵制这种观点，查里努斯，因为它冒犯了事物的美和上帝的智慧。否则，这就完全像是上帝想要把某些祂在大自然中显然无法避免的不协调之处单独隐藏起来，并通过把它们转移到小得多的事物的领域来掩盖它们，而在那里我们不可能注意到它们。但你也看到了，如果我把这一点再讲得更清楚一些，那便是，无论我们假设这种飞跃有可能在哪里发生，我们都可以用同样的方式来避免它。因为正如我们所主张的那样，这种飞跃不会发生在我们身上，而是只会发生在某些小得多的形体身上，同样的道理，如果我们设想这些更微小的形体也对这些事情进行推理，那么它们就会将这同样的比例失调推到其他更小的事物上。这也与理性相一致，既然有了选择的能力，明智者至少会选择一种较小的比例失调。所以，这些微生物有理由说，这种飞跃应该发生在更小的形体上，而不是发生在它们身上。但由于任何其他更小的生命都可以使用同样的论点，所以很明显，在
【561】事物的本性中，所讨论的飞跃总是可以被驱入越来越小的事物的领域，并且不可能在任何地方存续。这些微粒碰巧没有被赋予理性也无关紧要，因为我们在这里要问的不是这些形体能以自身的名义说些什么，而是掌管万物的上帝能为它们说些什么；因为祂与其说是想使其他事物满意，不如说是想使自己满意。最关键的是，还因为祂创造了万物，这位有着无上智慧的万物的创造者做任何事都是有理由的；然而，为什么这些奇迹般的飞跃应该被归因于这个而不是那个等级的

微粒，这是没有理由的——当然，除非我们承认原子，即坚固到不会发生任何再分割或弯曲的形体。但是，除了把它们最大可能的坚固性这种奇迹归根于原子之外（这是一个奇迹，因为如果没有上帝不同寻常的协助，这是无法解释的）[53]，我们不妨把从一个位置跳到另一个位置而忽略中间位置这种新的奇迹也归根于它们。但我并不认为必然存在这样的形体；很明显，既然为什么上帝应该在这一点上停止祂手上的工作，只留下这些看上去像是瘫痪或死去的受造物，而它们里面没有其他各种各样的受造物，这是没有理由的，那么我就可以用同样的论据来拒斥这些飞跃。事实上，如果我们设想原子性微粒，或接近原子的微粒，被赋予了理性和感觉，那么它们就只能遇到比例失调和日常奇迹，而根本观察不到充满智慧的大自然的法则——对此，我们另择时间加以说明。我们将在别处对原子进行更加深入的讨论；就目前而言，用这样或那样的方式来驳斥飞跃就足够了，这样的话，如果确实可以避免飞跃，显然就必须避免它们。 [201]

西奥菲勒斯：但这是一件很难做到的事情，因为你已经把我们搞得纷乱如麻，以至于除了颠覆我们的整个解释，或如果你愿意，解开珀涅罗珀的织物（Penelope’s yarn）之外，我看不出最终还有什么别的似乎可以接受的解决办法。

帕西迪乌斯：我的朋友们，你们是知道的，我们所关心的是事物的第一原则，也是事物的最高原则，这当然需要耐心，不过，似乎不应拖延太久。但是如果我们不得不走回头路，那么我们应该责备自己的草率，并从这些例子中学到谨慎行事的技艺。最后，我觉得你找不到一个这些飞跃不会给他造成困难的人；所以这是迫使我们理清我们的论点的一个必要因素。

伽鲁迪乌斯：那么就让我们回到最开始，对前面收集到的
【562】所有论据做一个概述，以便我们一目了然，从而可以更容易看到哪里可能有缺漏。

帕西迪乌斯：我相信查里努斯会做得很好。

查里努斯：我试一试：

凡是运动的，都会改变位置，也就是说，在位置上发生变化。凡是发生变化的，它就会在两个相邻的瞬间处于两种对立的状态。

如果有任何东西连续地变化，那么它在一种状态下存在的任何一个瞬间后面紧接着都是在对立的状态下存在的瞬间。因此，具体而言：

如果有任何形体连续运动，那么它在空间中的某一点存在的任何一瞬间后面紧接着都是它在空间中的另一个点存在的一瞬间。

的难题了。

查里努斯：我敢说，可指定的点同样没有一个数目。

西奥菲勒斯：但是，难道不是点被指定之前就已经在线上存在了吗？因此，它们的复多性是确定的、有规定的。

查里努斯：帕西迪乌斯，如果你同意，我们会说点在被指定之前根本就不存在。如果一个球接触一个平面，那么接触的地方就是一个点；如果一个形体与另一个形体相交，或者一个面与另一个面相交，那么相交的地方就会分别是一个面或一条线。但在其他任何地方，都没有点、线或面，一般而言，只有那些由分割而产生的末端：在部分通过分割而产生之前，连续体中也没有部分。但是，所有可能产生的分割事实上不会产生。更确切地说，可能的分割的数目不超过与所有数字的数目相一致的可能的存在的数目。 【553】

帕西迪乌斯：查里努斯，你已经在这种推理上取得了惊人的进步，因为我想不出还有什么其他别的说法。你的话提醒了我，我们还有一个相当大的困难，笛卡尔也曾深陷其中。

查里努斯：既然我们使伽利略满意了，为什么我们要对笛卡尔丧失信心呢？

帕西迪乌斯：这是我唯一信任的两个人，他们在自身所从事的一切工作上都能出类拔萃。至于我们，作为以种种方式分心的人，作为只受我们思想而不是一成不变的方法推动的人，即使在我们的思维中，我们也会体验到一种幸运。假设在圆
[183] 形器皿 ABCD 中有一种液体 efg，假设它是一种完美的液体，我的意思是它的任何一部分，无论多么微小，都可以与任何其他给定的部分分离开来。假设里面有一个圆形的形体 H，即一种固体而不是液体，固定在器皿中心的一侧。现在我们让液体运动起来或流动起来：它在 g 处的速度将快于它在 e 处的速度，它在 e 处的速度将快于它在 f 处的速度。因为经过 g 的物质和经过 e 或 f 的物质一样多，但是 g 的空间比 e 或 f 的空间小，所以空间小必然通过运动速度来补偿。[44]

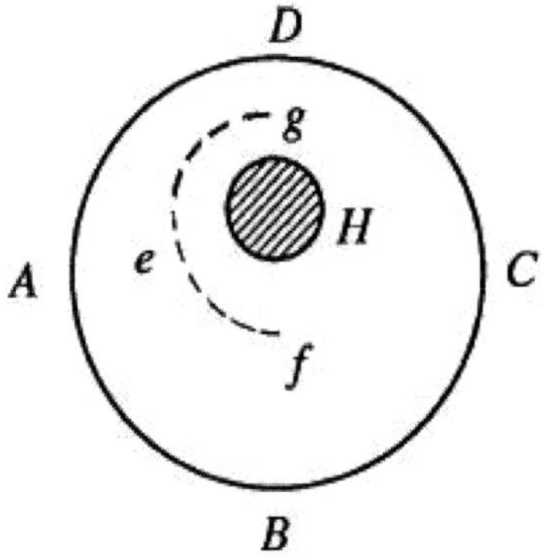

图 10

查里努斯：这是显而易见的，因为经过 e 的物质必然供给经过 f 的物质，因为我们假定器皿是满的，而反过来，它也必

然由来自 g 的物质来供给。

帕西迪乌斯：因此，既然我们可以在任何我们想要的地方取任何其他点而不取点 g、e 和 f，并且同样的推理也适用于任何地方，那么液体物质实际上在任何地方都是被分割的；如果 【554】
线 gef 上的任意一点不被自身的运动程度所激发，与其他点的速度不同，从而使其实际上与任何其他可指定的点分离，那么也就不能取线 gef 上的任意一点。

查里努斯：假定物质是完全流动的，并且器皿是满的，那么我们必须承认这一点。

帕西迪乌斯：由此可见，物质被分割成若干个点，因为它被分割成所有可能的部分，因此被分割成最小的部分。所以形体和空间都由点构成。

查里努斯：笛卡尔对此有何看法？

帕西迪乌斯：他满足于说物质实际上被分割成比我们所能想象到的都要小的部分，他警告说，他认为他已经证明的那些事物不应该被否认存在，即使我们有限的心灵无法理解它们是如何发生的。[45] 但是，解释某种事物如何发生是一码事，消 [185]
除异议和避免荒谬是另一码事。

查里努斯：既然很清楚，任何一个点都不与其他点凝聚在一起，因为每一个点自身都会以一种与其他任何点的运动都不同的方式移动，那么在这种情况下，他就至少应该解释，物质怎么没有分解成粉末，也就是说，物质是如何由点构成的。

帕西迪乌斯：如果他将他的推理延伸至这一步，也许他就会认识到，他的观点无法避免那些困扰着连续体由点构成这一说法的难题[46]，他至少会被迫对这些难题作出反应。

伽鲁迪乌斯：那么我们可以怎么说呢？

查里努斯：我们可以否认存在完美的流体或在每个地方都有弹性的形体。

帕西迪乌斯：完美的液体与在每个地方都有弹性的形体之间有很大的区别。我既不承认伽森狄的原子，即一种完美的固体，也不承认笛卡尔的精微物质，即一种完美的流体。但是，我并不否认一个在每个地方都有弹性的形体的存在，因为正如
【555】我后面要证明的那样，我认为每一个形体都是如此。如果假定存在完美的流体，则不可否认存在最细微的分割，即分割成最小的部分；但即使一个在每个地方都有弹性、但也不是没有一定的在每个地方都不等的抵抗力的形体，仍然有凝聚的部分，尽管这些部分以不同的方式打开和折叠。因此，连续体的分割

不应该被认为是像把沙子分成沙粒那样，而是应该被认为是把一张纸或一件长袍分成褶皱那样。47 因此，尽管有的褶皱比其他数量无限的褶皱都要小，但是一个形体永远都不会因此分解成点或最小部分。相反，每一种液体都有一定的黏性，所以，尽管它被撕成了部分，但这些部分的所有部分并没有全部再次被撕成部分；相反，它们只是在一段时间内具有某种确定的形式，然后就变形了；然而，以这种方式，它们并没有完全分解成点，即使任何一个点通过运动与其他点区别了开来。这就像我们假设一件长袍被无限次地折叠，这样一来，也就不存在小到不能被新的褶皱再细分的褶皱；而这样一来，长袍上的任何一个点如果没有被相邻的点推向不同的方向，都是不可指定的，尽管它不会被它们所撕裂。因此我们不能说这件长袍会一直分解下去，直至成为点；相反，尽管有的褶皱无限小于其他褶皱，但是，形体永远都是有广延的，而点决不会成为部 [187]
分，永远都只不过是末端。

西奥菲勒斯：在我看来，你的话就像是神启，因为与褶皱的类比太不可思议了。

帕西迪乌斯：我很高兴你赞同我的观点，我以后再对此作出更充分的说明。因为一种关于事物的本性的真实而确定的假说的建立有赖于关于液体与固体、真空与充实空间的争论。我认为我可以通过推证来解决这些问题，但我要另找时间。

伽鲁迪乌斯：我们希望你能不吝赐教，把你的这些高见告诉我们；在这种情况下，你现在就处理这个问题，我们是不会怪你的。

帕西迪乌斯：如若你们允许，我愿意马上就回到这些问题上来。你有没有注意到，查里努斯，我们在这里并没有白费口舌？

查里努斯：当然。我们已经得出了这样的结论：连续体既不能分解成点，也不能由点构成；在连续体中，并不存在固定的、有规定的数目（有限的或无限的）的可指定的点。

帕西迪乌斯：那么，我亲爱的查里努斯，同样也不存在连续的匀速运动，也就是说，一个形体不可能在一定时间内经过某个无论多小的空间。因为我们已经证明了位置的变化是两个存在的聚合，通过这种聚合，形体在两个相邻的瞬间处在两个相邻的点上，所以通过继续这种运动，我们只是增加这些聚
【556】合。因此，如果一个空间是通过在一段时间内继续这种变化来完成的，那么空间将由点构成，而时间将由瞬间构成。

查里努斯：假设有一种连续的匀速运动，并把你所说的变化概念确定下来，那么我不能否认连续体是由点构成的。因为只要运动持续，就像我们假设在下一个点或下一个瞬间会有另一个点那样，所以我们没有理由不假设在第二个点之后紧接着

就是第三个点。既然以这种方式继续下去，空间和时间将最终完成，那么它们肯定就是由彼此紧挨在一起的点或瞬间构成的。

帕西迪乌斯：但我认为，我们已经证明了它们不可能由这些东西构成。

查里努斯：因此，不管我们有可能以何种方式不断地改变我们的思想，我们都必须承认，连续的运动，即一个移动的形体在某一段时间内均匀地相继穿过某一位置并且没有任何发生于其间的静止，是不可能的。

帕西迪乌斯：尽管如此，我们仍然知道，一个位置被一个 [189]
移动的形体所穿过，也就是说，存在某种运动。

查里努斯：当然，这是我们所经验到的，我们不应该质疑感官的可靠性，也不应该怀疑运动的实在性。

帕西迪乌斯：而一个移动的形体在静止时是不会穿过一个位置的。

查里努斯：当然不会。

帕西迪乌斯：在两次静止之间，哪怕是一部分的连续运动也不会发生于其间，哪怕是很短的时间，否则我们之前这方面的困难就会重新出现。因此，要么就只有静止，形体将停滞不前，运动将从自然消失；要么就在静止与瞬间的运动之间插入一种飞跃，所以直到这一瞬间之前的一段时间内在这个位置上处于静止状态的形体，就会以不穿过中间位置的方式在下一个瞬间在某个不同的位置上存在并处于静止状态。

查里努斯：现在我知道你要把我带到哪里去了，临近悬崖之时，我终于看到了危险。你用娴熟的手法给我们带来的只不过是，一个形体通过飞跃从一个位置来到了另一个位置，就好像我瞬间就被转移到了罗马一样。既然连续的运动不会持续太久，我们由此可知，动点 E 在位置 A 上停留了一段时间 MN

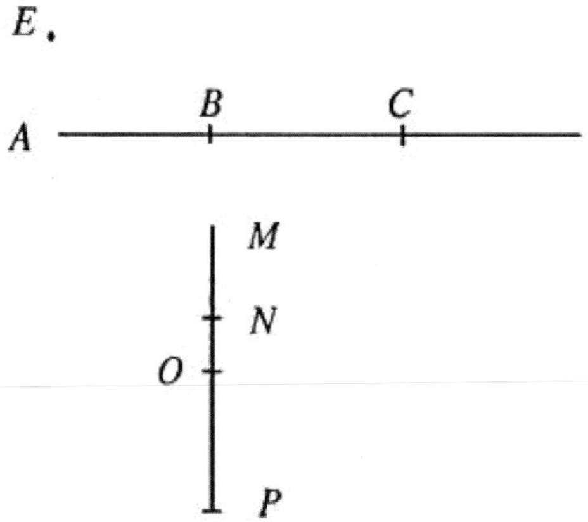

图 11

空间中的这两个点要么彼此紧挨在一起，要么中间还有其他的点。

如果紧挨在一起，我们可以得出这样的结论，即线是由点构成的，因为整条线将被这一从一个点到紧挨着它的另一个点的通道所穿过。

但说线是由点构成的，这是荒谬的。

如果两个点中间还有其他的点，那么瞬间从一个点来到另一个点的形体要么同时在中间点和端点上，这是荒谬的；要么 [203]
就有一个飞跃，通过省略掉中间点，从一个端点来到另一个端点，但这也是荒谬的。

因此，形体并非连续运动，而是静止与运动相互夹杂。

但是，夹杂其中的运动再一次要么是连续的，要么就夹杂着另一种静止；以此类推直至无穷。

因此，要么我们会在某个地方碰到纯粹的连续运动，而我们已经证明它是荒谬的；要么我们必须承认，除了瞬间的运动之外，其他运动根本就不存在，都已经分解为静止。

所以我们再一次碰到了瞬间的运动，也就是我们想要避免的飞跃。

帕西迪乌斯：查里努斯，你很好地总结了我们讨论的要旨，所以我们不妨看一看我们能否在任一点上都拒绝它。

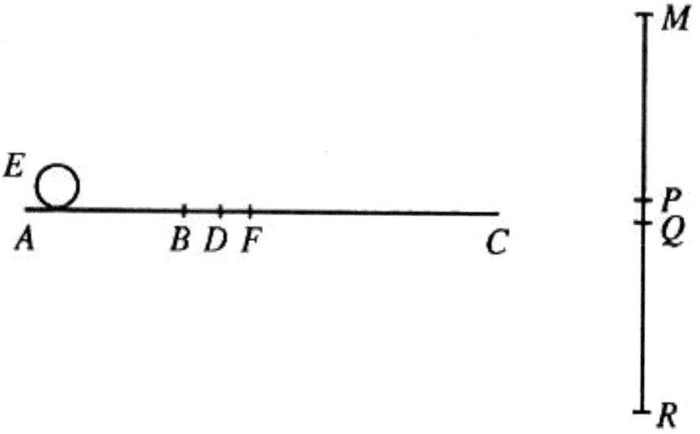

图 13

查里努斯：为了更准确地考虑一切，我将使用一些图，并
根据它们来检验我们上述的观点。假设有一个动点 E，它在 M
【563】这一瞬间时在位置 A 上，在 R 这一瞬间时处在位置 C 上。假
设情况是这样的，即如果 E 在其间的某个瞬间，比如 P，并不
在任何一个点，比如 B，我们便不能假定任何点——这是为了
避免飞跃。帕西迪乌斯，我也相信你所证明的，即任何变化都
不可能在瞬间 P 本身发生，否则矛盾双方就会同时为真。因
此，如果在瞬间 P，这个动点在位置 B 上，而变化必定在任何
情况下都发生，那么可以断言，在下一个瞬间 Q，它将在下一
个点 D 上，这两条线 AB 和 CD 将在不同的点接触，前者将在
点 B 与后者接触，后者将在点 D 与前者接触；同样，两个时
间段 MP 和 RQ 将在不同的瞬间接触，前者将在瞬间 P 与后者
[205] 接触，后者将在瞬间 Q 与前者接触——就像两个球在两个不
同的点相切，这两个点在一起，但不是一个点。如果现在我们

承认空间、时间和运动的均一性，那么我们关于某一点 B 和某一瞬间 P 所说的一切也必然可用来说任何其他点和任何其他瞬间。因此，我们关于点 B 所说的一切也可用来说点 D。所以就像点 B 后面紧接着是点 D 一样，点 D 后面接着是紧挨着它的另一个点，而这个点后面接着又是另外一个点，如此类推一直到 C。所以这条线是由点构成的，因为动点通过穿越这些连续的紧挨在一起的每一个点整个地穿过了这条线。但是说线是由点构成的，这被证明是荒谬的。另一方面，因为，空间和时间的均一性无法从它们本身来否定，所以它仍须在运动本身中被否定。另外，我们尤其要否定这一说法，即可以假设另一个点紧挨着点 D，就像假设点 D 紧挨着点 B 一样。

帕西迪乌斯：但既然在连续均一的线中，一点对另一点并不存在什么特权，那么你又有什么权利否定这一说法呢？

查里努斯：但我们讨论的不是连续均一的线，我们不能假定它有像 B 和 D 那样紧挨在一起的点。我们讨论的是线 AC，它实际上已经被大自然分割成了若干部分；因为我们假设变化是这样发生的，即在某一瞬间，动点将存在于它其中的一部分 AB 的端点 B，在另一瞬间，它将存在于另一部分 DC 的端点 D。这两条实际上彼此分割开来的交接的线与一条未分割的或连续的线之间的区别很明显：正如亚里士多德已经指出 【564】
的那样[54]，两条交接的线的端点 B 和 D 是不同的，而在一条连续的线上，正如我们前面提到的那样，它们是重合的。因此，我否定这一说法，即我们可以在线条DC上假定另一个点，它紧挨着点D，因为我认为，我们不应该理所当然地承认任何一个点，除非它是某种有广延的事物的端点。

帕西迪乌斯：假设大自然实际上把这条线分割成了AB和DC两部分，那么你的推理就是正确的。但是这种分割也太任意了。那么，如果分割是这样来进行的，即点D被放回线AB，使线AB变成了线AD，又会怎样呢？会不会有另一条线
[207] CF，会不会有一个点F，它紧挨着点D，因此，B、D和F三个点相互紧挨在一起？

查里努斯：我只能说，你的这个假设是不可能的，除此之外，我不知道还能作出什么回应。

帕西迪乌斯：为什么？难道点D不能像点B一样成为线AB的边界吗？

查里努斯：充分考虑过这个问题之后，我认为，正如我在前面其他地方所讲的（你也认同）那样，你的这三个点在实际分割之前并不存在，而是由分割所产生的。因此，如果以某种方式进行分割，那么另一种分割所产生的点就不会必然存在；所以来自不同分割的三个点B、D和F不能相加成为一个整

体。确切地说，因为线 AB 与 AD 相等、相似甚至相叠合，所以来自某种分割的点 B 与来自另一种分割的点 D 实际上并没有区别。

帕西迪乌斯：你很敏锐，但这还没有完全解决这个困难。你必须解释你在运动中确立的这种非均一性，因为由此可以推导出这条线的分割的非均一性。因此暂时的静止不可以嵌入到任何运动当中，否则结果必然就是飞跃。

（**查里努斯：**跨越无限小空间的飞跃或许并不荒谬，嵌入这些飞跃之间的无限小时间的短暂静止或许也不荒谬。因为假设瞬间飞跃的空间与静止的时间成比例，它们就会像我们前面讲过的穿过普通时段和线段的飞跃与静止那样一一对应。

帕西迪乌斯：为了发明创造，我确实承认几何学中的那些无限小空间和时间，即使它们是想象的。但我不敢确定它们是 【565】
否可以实际上被承认。因为正如我下一次将要证明的那样，它们似乎产生了两端有界的无限长的直线，但这是荒谬的。[55]此外，由于我们也可以假设进一步无限小的空间和时间，每一个都比上一个要小，直至无限，再者，我们也没有理由说明为什么我们应该假设某个空间和时间，而不是其他的空间和时间；而任何事情的发生都有其理由。）[56]

查里努斯：那么，如果我们说一个移动的东西的运动实际上被分割成无穷多个其他的运动，每个运动都彼此不同，而且它在任何一段时间内都不会保持同一和均一，又会怎样呢?

[209] **帕西迪乌斯：**说得对，你也看到了这是我们唯一想说的。但这也合乎情理，因为任何形体每时每刻都会受到它周围形体的作用。

查里努斯：所以现在我们找到了分割和非均一性的原因，也可以解释分割是如何安排的以及为什么点以这样而不是那样的方式被指定。因此，整个事情可以归结为：在任何实际上被指定的瞬间，我们都可以说移动的东西处在一个新的点上。虽然被指定的瞬间和点确实有无限多个，但在同一条线上，紧挨在一起的点都不会超过两个，因为不可分割的事物只有边界。

帕西迪乌斯：太好了！你终于给了我找到出路的希望。无论如何，设想一下，如果不可分割的事物只能是边界，那么瞬间也只能是时间的边界。

查里努斯：是的，当然。

帕西迪乌斯：因此，如果时间里有某种东西，但它不是瞬间，那么既然它并不处在某一瞬间，它并不真的存在。因为只有瞬间始终存在。

查里努斯：时间本身不应该说在某一时间存在还是不存在，否则时间就需要时间。我要说，除了时间的部分——也是时间——和它们的边界之外，时间里没有别的东西。

帕西迪乌斯：你让我的反对完全失去了意义。

查里努斯：我感到非常高兴。

帕西迪乌斯：不过，物质、时间和运动的和谐是值得考虑的。因此，我的观点是，每一份物质实际上都被进一步分割成若干部分，所以没有哪一个形体小到它里面放不下一个拥有无限的受造物的世界。同样，也没有哪一部分时间，形体的任何一个部分或点在此期间都不发生某种变化或运动。所以，无论 【566】
空间或时间多么小，任何运动都不会保持不变；因此，就像形体一样，空间和时间实际上都被无限再分割。也没有哪一个瞬间实际上没有被指定，或者说，也没有哪一个瞬间，变化不会发生，也就是说，没有哪一个瞬间不是某个形体旧状态的结束或新状态的开始。然而，这并不意味着形体或空间被分割成了点，或时间被分割成了瞬间，因为不可分割的事物不是部分，

[211] 而是部分的末端。这就是为什么，即使一切事物都被再分割，它们仍不会最终分解成最小的部分。

伽鲁迪乌斯：这是你向我们提出的一个令人叹为观止的实在性观念，因为为了原子的存在，我们会失去很多东西；然而，这一观念，即在你所喜欢的任何一个微粒里都应该有一个由无穷多的事物构成的世界，据我所知，到目前为止还没有得到充分的考虑。这么说，你承认空间和时间中，也可以说，物质中不存在真空，也不存在任何迟钝或缺乏生命的东西？

帕西迪乌斯：是的，伽鲁迪乌斯，我认为这是唯一配得上这位没有给我们留下任何贫瘠的东西、任何荒废的东西、任何未经雕琢的东西的无上造物主的观点。[57]

西奥菲勒斯：嗯，你真的让我大吃一惊。那些声称在这个现实世界的空间里有无穷多星球，每个星球里都有一个世界的人，似乎道出了某些重要的东西；而你却表明，在任何一粒不管什么样的沙子中，不仅有一个世界，甚至有无数个世界。我不知道还有什么比这更辉煌，更符合神的伟大的了。

帕西迪乌斯：但我希望你们能够注意到其他别的东西，那便是，这证明了形体在运动时并不活动。

西奥菲勒斯：这是为什么？

帕西迪乌斯：因为不存在为两种状态所共有的变化的瞬间，因此也就没有变化的状态，只有新、旧两种状态的聚合；所以形体中并不存在活动的状态，也就是说，并不存在一个可指定的它活动的瞬间。因为通过移动，形体会活动，而通过活动，形体会变化或被作用；但在形体中，并不存在被作用的瞬间，也就是说，并不存在变化和运动的瞬间。因此，除非通过一种嫌恶，否则形体中的活动无法被设想出来。如果你真能直接切入正题，检验每一个瞬间，你会发现并不存在活动。因此，特有的、瞬间的活动属于那些通过活动而不会发生变化的事物。因此，一个动点从一个球面转移到另一个与它交接的球面的活动——也就是说，使某一瞬间在某一球面上移动的形体 e 在下一瞬间处在另一个交接的球面上的活动——不属于将要被转移的形体 e。因为，正如上面所证 [213]
明的那样，当它在 B 点时它并不在运动，因此它并没有通过 【567】
运动而活动；同样，当它在点 D 时，它也没有活动。因此，移动和转移形体的不是形体本身，而是一个通过活动而不会发生变化的最高因，我们称之为上帝。由此可见，形体甚至不可能继续它自己的运动，它持续不断地需要上帝的推动力，而上帝按照一定的与祂的无上智慧保持一致的规律不断地活动。

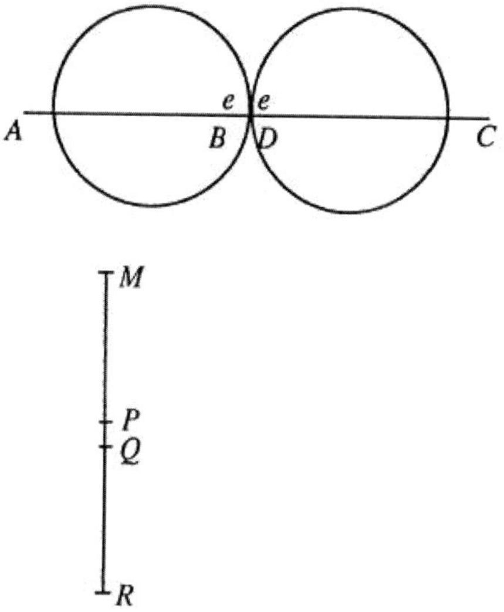

图 14

查里努斯：既然我们已经消除了过渡的瞬间，即中间状态的瞬间，那么形体是如何从点 B 转移到点 D 的呢？

帕西迪乌斯：我觉得这是最好的解释方式，即形体 e 在 B 处以某种方式消失和湮灭了，在 D 处实际上是被重新创造了出来，复活了，你可以用移创这个新的而又迷人的名字来称呼它。[58] 此外，虽然从球面 B 到另一个球面 D，这确实是一种飞跃，但它并不是我们上面所驳斥的那种飞跃，因为这两个球面之间并没有距离。最后，正是为了这件事，也就是说，强迫你们所有人最终承认如此重大的真理，我用了这么多的逻辑策略。我只想补充一点，那就是，困扰你的并不是移创：因为说一个东西不再在这里存在，而是开始在那里存在，并且它们之间的过渡或中间状态被排除了，这就等于说它在这里湮灭了，在那里复活了。如果有人只是简单地说，某个事物不再处于它前一个状态，现在开始处于另一种状态，那么其他人也可以说，它在前一个状态下湮灭了，在后一个状态下又复活了。无论你接受这两种说法中的哪一种，从事物本身来看，它们并没有区别，它们的区别只在于前一种说法掩盖了原因，后一种说法揭示了原因。但是，除非存在一种永恒的实体，它毁灭了一开始的状态，也创造了新的状态，否则我们无法设想在一种状态下不复存在的一个事物之所以会在另一种状态下开始存在（因为中间状态已被消除）的原因，因为随后的状态不一定来自于先前的状态。******** [215]

西奥菲勒斯：这很好地证实了神学家们不久前所说的话，即守恒就是持续的创造；因为这个观点与你已经证明的那个观点密切相关，即一切变化都是一种移创。【568】

伽鲁迪乌斯：是的，但是，随后的状态的理由似乎只能由先前的状态给出。比如，哲学家们有一条著名的公理，亚里士多德是这样表述的：**任何事物一旦开始运动，除非遇到障碍物，否则它总是以同样的方式移动。**[59] 这条公理可以从以下事实得到证明，即既然它在短时间内还没有停止过，我们便无法给出任何可以说明它为什么应该在目前停止的理由。

帕西迪乌斯：我很高兴你能提出这个反对意见，因为我们的学说的巨大优势会由此变得特别清晰。因为我看到有些人想从这一定理中推导出，物质一旦被上帝启动，就不再需要祂的帮助了，而它一旦得到一种推动力，就会出于自身的本性自发地保持这种推动力；[60] 而另一些深信运动永恒的人，却不明白上帝是如何开始使事物运动的，他们认为上帝因此就被完全排除在外了。[61] 然而，这条公理完全被我们阐发至此的运动学说推翻了。因为运动完全停止了，它不会持续，无论时间多么短暂，不过，无生命的东西可以在任何你想要的瞬间在最高因的帮助下复活。事实上，因为上帝以最完满的方式活动，所以对"**任何事物的存在都有其理由**"这一公理的使用就好像是通过公民资格恢复权才回来的。因为上帝一旦在某段时间选择了变化的形式，祂便不会毫无理由地改变它们。因此，"**只要运
[217] 动没有遇到障碍物，它就会以同样的方式继续下去**"这一公理在大自然中仍然成立。如果确实存在某种连续的运动和变化的中间状态，或过渡的瞬间，那么我们就必须承认，伽鲁迪乌斯的论点是有说服力的：事实上，如果是那样的话，物质一旦接受了运动，就有可能不需要上帝了，因为随后的状态会自发地从运动和物质的本性中产生出来，而不需要考虑神的本性。
【569】 所以你在这里得到了你意想不到的东西，那便是关于上帝与造

物的断言，即祂的具体效能是 **62** 万物变化的必要条件。①

伽鲁迪乌斯：谁会相信如此伟大之事竟从如此微不足道的发端显露出来?

西奥菲勒斯：至于我，我无法用语言来充分表达我有多么钦佩这样一个出乎意料的结论。

查里努斯：而我对它怀有最大的钦佩之情，这么说并非不合适。因为，作为一名只习惯于可感事物的军人，在我的一生中，我从来没有经历过，甚至从来都不觉得，在那些抽象的、远离想象的事情上，可以实现这样清晰而坚定的证明。我本人在很长一段时间里一直期待着这次会面能够带来不一样的东西，即运动规律和对力的机械的解释：这并不是因为我忽视了我现在所听到的一切，而是因为无知。事实上，现在我不愿把你所说的一切都换成代数和机械学，相反，如果帕西迪乌斯

① 注意：一个事物之所以存在的理由此刻不在它里面，也不在它之前的另一个事物里面，因为现在这个事物要么已经不再存在了，要么它里面已经没有理由再存在下去了。事物之前存在过一段时间，这个事实并不是它现在也应该存在的理由，而是只表明它现在也应该存在是有某种理由的，也就是说，让它存在了一段时间的理由仍然存在。——形体越大，运动越慢；因此，它们作出的飞跃 [越小]，否则它们周围微小的事物就会知觉到它们的飞跃。我们必须考察一下，飞跃是 [少] 而大，还是多而小。这一切都可以这样来解释，即形体永远不会知觉到这些飞跃。所以当一个大的形体飞跃时，小的形体也会飞跃，不过它们需要更长的时间。**63**

问这些问题的话，我愿花一年的时间去听形而上学。现在，他已通过讨论的艺术和问题本身的重要性消除了形而上学的单调乏味。另一方面来，我们就只能在有时间的时候再回到机械学上来了。

[219] **西奥菲勒斯**：来吧，我的朋友们，让我们真诚地品尝这种沉思的累累硕果吧！就我而言，我已经因此承担起了把自己从尘世中拯救出来的责任，我除了敬拜上帝、呵护自己的健康以
【570】及沉思永恒之外，别无他求。因为，如果我们的灵魂是不朽的，那么我们所拥有的有生之年对我们来说就不太重要了，除非我们相信我们的行为的影响会延续到未来。所以让我们留心注意德性和智慧这些对灵魂来说真实而长久的恩泽吧！而智慧尤其在于对自然有着最完满的认识，有没有人曾更清晰地证明了自然是如何存在和运作的，它是如何具体照料万物的，如何不仅从无创造了事物，而且还一直在创造它们和使它们复活的？就我而言，我承认理解这些推理的力量给我带来了极大的快乐。我也祝贺哲学，它最终似乎会以虔诚的态度回归恩典；在过去，人们从未就哲学达成过一致，这并不是因为哲学本身有什么错误，而是因为人们的意见和他们轻率的判断，乃至他们欠考虑的表述。所以对神的荣耀满腔热忱的虔诚之人不要再对理性感到恐惧了；只要他们留心注意，他们就会发现什么是对的。为什么他们不坚持认为，一个人在真正的哲学上越进步，他就越承认神的力量和良善；为什么他们不坚持认为，这

个人对启示或我们称之为奇迹和神秘的事物并不陌生，因为他可以证明，在大自然中，某些接近奇迹的事情每天都在发生。因为任何一种启示都不可能比一个事物被湮灭和被创造或在一个有限的事物中实际上有无穷多的部分更不寻常，更与感官相冲突。而哲学家们也应该停止用想象和图形来说明一切，也不要再把任何与那些粗鄙的唯物论观念——按照这些观念，有些人认为事物的整个本性是受限制的——相抵触的东西斥为琐碎和骗人的东西了。因为，当他们正确地反思这些问题时，他们会意识到运动本身根本不受制于想象，他们从中就会发现某些真正有精神性的形而上的神秘事物；他们也会意识到我们内在的神秘力量在帮助我们，就像被爱与情所点燃、通过其仔细的沉思而提升的灵魂可以享受到的那样。

当这位老人以如此非同寻常的虔诚和强烈的热情说出这些话时，我们这些爱真理者[64]都被他的激情所感染，竞相倾吐神圣的赞美之词，我们如此兴奋，竟达到了宗教狂热的程度， [221]
与之相比，其他一切都显得微不足道，因为它们可以被估量的唯一方式就是拿它们与灵魂的那种状态——在这种状态下，所有幸福都是命中注定的——进行比较。但同时我们也对智慧达成了共识，而为了证实其真理性，西奥菲勒斯介绍了神学家的 【571】
许多奥秘[65]，伽鲁迪乌斯也介绍了赫尔墨斯派和毕达哥拉斯学派的许多秘密。另一方面，作为这方面的一个新手，查里努斯似乎也已经变成了另外一个人。而我还从这一推证中得出了一个结论，那便是，我们似乎可以从中得知，活动与变化截然不同，某种事物有可能活动但却不受反作用的影响，而正如大家都以掌声所承认的那样，这一事实反过来又对神性大有裨益。

最后，当这场讨论持续到深夜，我们不仅同意再讨论一天，而且就共同研究的一些明确规则达成一致时，我们给予并得到了一种外人不得而知的信赖（因为有些话被反反复复地说了几遍，这里就不再重复了，因为并不是每一个人都配得上这些话，或者肯定没有几个人看上去成熟和准备好了），并结束了我们极其漫长的讨论。第二天早晨，当我的灵魂因最近的记忆而容光焕发时，为了你们这些爱真理者，也为了我自己，我拿起了笔，把这些东西写了下来，尽管我无法传达那些说话者因缺乏论证而苦恼不堪时所作出的表情和手势所表达的东西。[请好好享用,] 66 再见。

第三部分
汉诺威时期作品（1677—1686 年）

20. 空间与运动实际上是关系[1] Aiv359 [225]

[1677 年初?][2]

如果**空间**是某种特定的东西，即所谓的纯粹的广延，而**物质**的本性是去填充空间，**运动**是空间的变化，那么运动就是绝对的；所以当两个形体彼此接近时，就能够断定哪一个运动，哪一个静止；或者说，当两者都在移动的时候，就能够断定它们的速度。由此就可以得出我之前在《抽象运动理论》[3]中所给出的那些结论。但实际上，空间并不是这样的东西，运动也不是绝对的，而是关系。所以，假若两个形体相撞，那么我们必须这样来理解速度，即速度将以它们彼此以相同的力撞上对方的方式在它们之间进行分配。假若我们把它们看成是两个相同的形体，那么一切符合实验结果的现象就能完全从这个事实 【1968】

推导出来。不过，我认为，相撞后反弹的硬的形体是一回事，相撞后仍在一起的软的形体则是另一回事。我断言，当两个相同的软的形体以相同的速度相撞后，它们仍在一起，而硬的形体相撞后则以它们相撞前的速度反弹。

根据[4]这些假设，我们来看一下这个例子，有一条船 LMN，船上，两个同样的形体以相同的速度相撞。由于其中一个从 L 运动到 M，同时另一个从 N 运动到 M，NM 等于 LM，所以它们将以相同的速度但相反的方向弹回，同时因为它们在相撞前分别从 L 和 N 运动到 M，那么相撞后，它们就会回到 L 和 N。当然，前提是它们都是完全弹性的；
【1969】如果它们都是软的，它们就会停在 M 点。与此同时，我们假设船从 $_{1}L_{1}M_{1}N$ 向 $_{2}L_{2}M_{2}N$ 前进，船上的球也随着它运动。在静止的河岸 PT 上，PRQ 与 $_{1}L_{1}M_{1}N$ 相对应，SVT 与 $_{2}L_{2}M_{2}N$ 相对应。

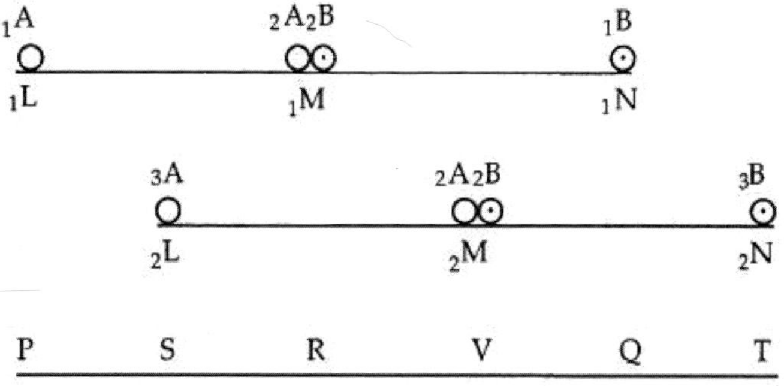

图 1

根据这些假设，我们来看一下这个例子，有一条船 LMN，[227]
船上，两个同样的球 A 和 B 相撞，其中球 A 从船头 L 匀速——稳定的速度——向船的正中央 M 运动，与此同时，球 B 以同等的速度从船尾 N 向船的正中央 M 运动。假如 A 和 B 这两个形体都是完全弹性的，那么它们一旦在 M 点相撞，它们就会以同样的速度在同等时间内弹回，也就是说，A 从 M 回到 L，B 从 M 回到 N。

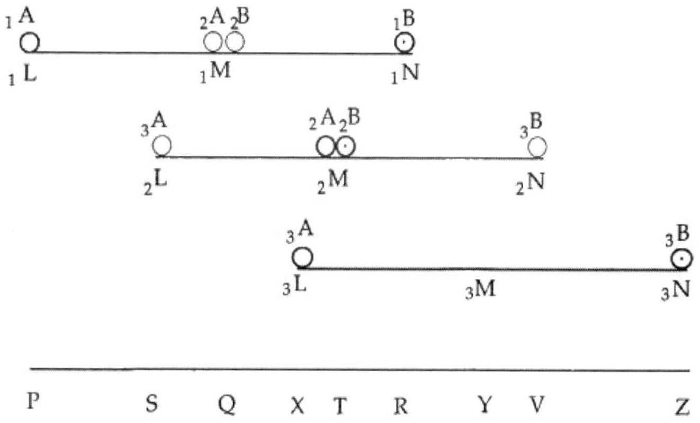

图 2

与此同时，当这一切在那条完全就像是静止的船上发生时，船本身正以稳定的速度顺流而下，即当球开始运动时，船处在 $_1L_1M_1N$ 的位置，但当球相撞时，船处在 $_2L_2M_2N$ 的位置，而当球最终完全回到它们的出发点时，也就是说，当形体 A 与 B 相撞后回到它们原先的位置时，船处在 3L_3M_3N 的位置。它们在静止的河岸 PY 上有对应的点，PQR 对应的是 $_1L_1M_1N$，STV 对应的是 $_2L_2M_2N$，而 XYZ 对应的是 $_3L_3M_3N$。很明显，我们完全也可以说，相对于静止的河岸，形体 A 和 B 以速度 PT 和 RT 在 T 点相撞，之后，又以速度 TX 和 TZ 弹回，由此，我们可以明显看到，如果两个形体相同，相撞后，形体的速度与方向将发生互换，也就是说，TX 等于 RT，TZ 等于 PT。因为 TX 等于 $_2M_2L$ 或 ML 减去 $_2L_3L$ 或 XS，即 PS。RT 等于 $_1N_1M$ 或 NM 或 ML 减去 $_1M_2M$ 或 $_1L_2L$，即 PS。不过，如果形体是软的，那么它们相撞后仍在一起，被船从 $_2M$ 带到 $_3M$。因此，如果两个软的形体以速度 PT 和 RT 相撞，那么相撞
【1970】后，它们将以 TY 的速度向前运动，也就是说，朝着那个更快的形体的方向运动。但是，速度 TY 或 $_2M_3M$ 或 XS 将是速度 PT 与 RT 的差的一半。因为 PX 等于 PT 减去 TX，或 PT 减去 TR。

[229] ## 21. 运动是相对的 [1] Aiv360

1677 年 2 月

【1970】

一个明显的事实是，运动是相对的，也就是说，人们无法准确地分辨究竟是哪一个形体在运动。因此，如果运动是一种情状，那么它的主体不可能是任一个别的形体，而是整个世界。[2] 所以，它的一切影响必然都是相对的。我们所想象的绝对运动不过是当我们把自己或其他东西看成是不动的时候我们灵魂的一种情状，那是因为只有认为这些东西是不动的，我们才能更容易理解一切。从这一事实出发，即运动是整个世界的

一种情状，不是某个形体的一种情状，可以明显得出，一切事物乃至整个世界的第一因是唯一的，其他天体上原动的心智也并非旁的东西。[3]

然而，需要指出的是，当我们在形式上不就其本身而是就其原因来考虑运动时，它就会归因于因为其接触而带来了改变的那个事物的形体。如果有人问为什么火堆在燃烧，我回答说，那是因为点着它的那个东西当时在燃烧，或者如果我以这种方式回答一切事情，比如，为什么这条狗在狂吠，我回答说那是因为它父亲曾经也狂吠，我其实没有作出任何解释。因为即使我以这种方式回答至无穷远，我也并没有因此对为什么狗狂吠或它们狂吠的原因是什么作出解释。

还有一个更好的例子，那就是内聚力，有人通过摞在一起 【1971】
的石板对它做了解释。[4] 但是，他们应该反过来解释这些石板的内聚力的来源，否则他们就应该承认，他们根本就没有对它作出任何解释，他们仅仅是通过假定其他有固定性的东西来理解固定性的原因。所以，他们并没有对固定性作出彻底的解释，我们可以从他们的解释得出这样荒谬的结论，即固定性本身是形体的一部分。

从运动是一种相对的存在这一事实出发，我们可以得出该结论，即根本就不存在真空这样的东西。运动是相对的，这排除了真空的运动，因为没有任何可用以分辨真空运动是否发生的东西；而凡是无法被分辨的，甚至是无法被全知者分辨的，都是不存在的。[5]

【69】 ## 22. 克律西普的谷堆[1]Aiv23

克律西普的谷堆[2]

1678 年 3 月

现在终于可以说："克律西普，你的谷堆的鉴定人已经找到了。"[3]因为经毫无保留地加以考虑之后发现，谷堆或斯多
[231] 葛学派的连锁推理所适用的一切概念，比如，**富裕**、**贫穷**、**秃头**、**热**、**冷**、**温**、**白**和**黑**、**大**和**小**，都是模糊的想象的概念，甚至是虚假的概念，也就是说，没有相应观念的概念。我们完全可以清晰地理解斯多葛学派所无法反驳的那些概念。换句话说，上述概念指的是某种与我们因人而异的意见有关的东西。比如，对某人来说冷的东西对其他人来说有可能是热的东西，一般说来确实如此，即使是对同一个人来说，冷的东西在不同的时间也有可能变成热的东西。贫穷也是如此。我们说某人在某方面贫穷，但我们却不认为他在其他方面也贫穷。如果经毫无保留地加以考虑之后发现，**贫穷**是一个真实的概念，那么它应该由一定数量的便士来定义，因为这对一个不穷但拿走他一个便士就变穷的人[4]或者不拿走他一个便士便永远不会变穷的人来说很有必要。于是，法律就会帮助来弥补这一缺陷，就会
【70】 把乞丐定义为没有多少先令的人，就会把成年人定义为年满25 周岁的人。对想象的概念来说，至少比较性命题依然正确，

连锁推理也不可能对这些命题提出异议。

我将那些并不存在于我们之外的事物之中，而是其本质就是向我们显现的概念称作想象的概念。因此，当我们开始怀疑的时候，比如，[当我们怀疑某人] 被拿走一个便士 [是否会变穷的时候]，我们也就不再感觉疑惑了，因为对我来说，这个人既不贫穷也不富裕。如果我们用某种特定的效果来定义这样的事情就不一样了，比如，乞丐是不能买特定东西的人，热的东西能够使温度计上升；因为那样的话，这样的事情就会重新拥有明确的意义。当我们怀疑一个东西到底是热还是冷的时候，我们说它是温的，因此温就是一个不明确的观念，它并不存在于我们之外的事物之中，而是存在于我们的怀疑之中。

23. 关于物理学原理的小册子的大纲（节选）[1] Aiv365

[1678 年夏至 1678 年—1679 年冬?] [2]

我们有必要写一本关于“物理学原理”的小册子；其中可 【1986】
以加上“对磷的描述”，即对持续不熄的夜明灯[3]同时也是一种既不消耗也不需要任何燃料的火焰的描述。

我们的物理学不打算讨论观察和博物学，而是打算讨论推理；换言之，我们打算讨论质以及那些由于自身而必然或确定由它们而来的东西（前提是它们不受任何阻碍）。因为只有
事后才有必要将这些推理应用于观察。所以，第一部分将讨 [233]
论质；第二部分将讨论质的主体，即世界上存在的形体，在这

里，对自然的探究将与推理结合起来。

如果要讨论形体及其质，那么我们应该首先讨论我们能够清楚地知觉到的可理解的质，然后讨论我们只能混乱地知觉到的可感知的质。

【1987】 形体有广延，可移动，有抵抗力。正是因为它有广延，所以它可以活动和受动。如果它在运动，它就是在活动，而如果它抵抗运动，它就是在受动。所以我们应该首先考虑广延，然后考虑运动，最后考虑抵抗力或碰撞。

广延物就是有积量和位置的东西。[4] 从另一方面讲，积量是用于规定事物的所有部分的一种样式，即用于规定可用来理解事物的那些［存在］的一种样式；[5] 位置（Situs）是用于规定可用来知觉事物的那些［存在］的一种样式。[6]

……

【1988】 现在，必须证明的是，空间是无定限的广延①，因为不存在它应该在某个地方结束的理由，因为如果我们可以说，它应该在无论哪个地方结束，那么我们同样也可以说，它可以在与之相似的无论哪个地方结束。因此，从一个较小的圆推导出来的结论与从一个较大的圆推导出来的结论一样。因此，我们不可能指定某种球体，说它之外没有任何空间。因为如果这是有理由的，那么同样的理由也相应地适用于其他一切球体。但上帝做任何事都是有理由的。[7]

① 上述说法：最好把这一点忽略掉。

还需证明的是，每个形体实际上都被分割成更小的部分，也就是说，不存在原子这样的东西，并且在形体中，任何连续体都无法被精确地指定。流体和固体就根源于这一分割；空的空间与完美的流体根本无法被区分开来。不存在理想流体这样的东西，也不存在真空这样的东西。笛卡尔引入了他的精微物质，但他也只是在名义上取消了真空。

接下来要讨论的是那些无形体的东西的主体。形体中的某些东西最终根本无法仅仅通过物质的必然性来解释。比如，运动规律，它完全取决于原因和结果相等这一形而上原则。因此，我们必须在这里讨论一下灵魂，必须证明万物都是有生命的。除非有灵魂，也就是说，除非有某种形式，否则形体不可能成为一个存在，因为我们无法指定它的任何一个部分，它的任何一个部分都将由其他部分组成，因此我们无法指定形体中 [235]
的任何一个东西，并将其称之为**这个某物**，或**某一物**。[8] 拥有某种知觉和欲望——灵魂的受动和活动——是灵魂或形式的本性，为什么，因为灵魂源于上帝对事物的思考，也就是说，它 【1989】
们是对祂的观念的模仿。一切灵魂都是不灭的，准确地说，它们是不朽的，是宇宙共和国的公民，也就是说，上帝不仅仅是它们的创造者，也是它们的国王。因为那些灵魂加入了一种特殊的理性，所以它们被称作心灵，它们永远不会忘记自己[9]，也唯有它们想到了上帝，不但如此，它们对事物也有着清楚的观念。那种认为知觉仅仅归属于人的想法是愚蠢的，因为一切事物都有与它们的完满程度相称的一定程度的知觉；它们确实有知觉，因为既然万物都按照尽可能完满的方式出现，那么无论是什么，只要不损害其他事物，都可能出现。这里需要解释的是快乐与痛苦的本性，它们完全来源于对圆满的知觉，即对它们自身完满性的知觉；所以当一个人使努力得到满足时，就会感到圆满，当一个人抵抗努力时，就会产生痛苦。有多少心灵，就有多少宇宙的镜子，因为每个心灵都能知觉整个宇宙，不过都很混乱。[10]

接下来我们应该讨论一下力或力量。在认识它的时候，我们必须从效果的量来估算力或力量。但是，效果的力量与原因的力量相等，因为如果效果的力量大于原因的力量，我们就会有永恒的机械运动，如果效果的力量小于原因的力量，我们便不会有永恒的物理运动。这里有必要指出的是，运动的量是不守恒的，但另一方面，力的量是守恒的。[11] 然而，我们必须弄清楚，即使是在整个宇宙中，运动的量是不是也不守恒……

【1392】 ## 24. 被造物实际上无限多 [1]Aiv266

[1678 年夏至 1680 年—1681 年冬] [2]

【1393】 被造物实际上无限多。

因为，既然任何形体都要被其他形体所作用，

那么任何形体实际上都被分割成几个部分。

而根据形体的定义，

一个形体的任何一个部分都是一个形体。

所以，形体实际上无限多，

也就是说，我们可以找到的形体远多于任意给定的数字中所包含的 1。

这个推论很容易理解。因为如果我们假设，任一被分割成的部分都可以至少分成两个部分（忽视其他部分），同时我们还假设，在这两个部分中，只有第二个部分可以被再分割，那么通过再分割就会产生至少与一开始被分割成的部分数量相当的部分，比如，如果 A=L+B，B=M+C，C=N+D，那么很明显，从这三个部分至少可以产生 L、M 和 N 这三个不同的事物。 [237]

25. 形而上的定义与反思 [1] Aiv267 【1393】

[1678 年夏至 1680 年—1681 年冬] [2]

I

形体是一种有抵抗的广延物。[3]

因为单凭这一点，我们就可以把它与空间区分开来，我们认为空间是不添加任何其他别的东西的绝对的广延物。

广延物有积量和位置。 【1394】

有抵抗的事物作用于对它产生作用的事物。

真空是一种没有抵抗的广延物。是否有真空，或者说，它是否可能，这是另一个问题。

就物理学涉及积量，它隶属于算术，或代数学；就其涉及位置，它隶属于几何学；就其涉及抵抗力，也就是说，活动与受动，它隶属于形而上学。

如果两个形体互相抵触，我们知觉到一个形体的活动和受动为我们所有，另一个形体的活动和受动并非为我们所有，那么我们就可以把前一个形体称作**器官**，把后一个形体称作**对象**；而我们把知觉本身称作**感觉**。

影像是受动在器官中的延续，尽管对象的活动停止了。

想象力是对影像的知觉。

回忆是对知觉的知觉。

判断就是肯定或否定，它要么为真，要么为假。

对可感事物的判断是根据以下原则得出的：

理智关于事物本质的**第一原则**

任何一个判断要么为真，要么为假。

任何一个判断都不能同时既为真又为假。

要么肯定为真，要么否定为真。

要么肯定为假，要么否定为假。

[239] 对于任何真理，我们都可以提供一个理由，但不包括第一真理，即同一事物被它本身所肯定，或被它的对立面所否定。**A 是 A。A 不是非 A。**

【1395】 任何谬误都可以被证明为假，但不包括第一谬误，即同一

越远离它。

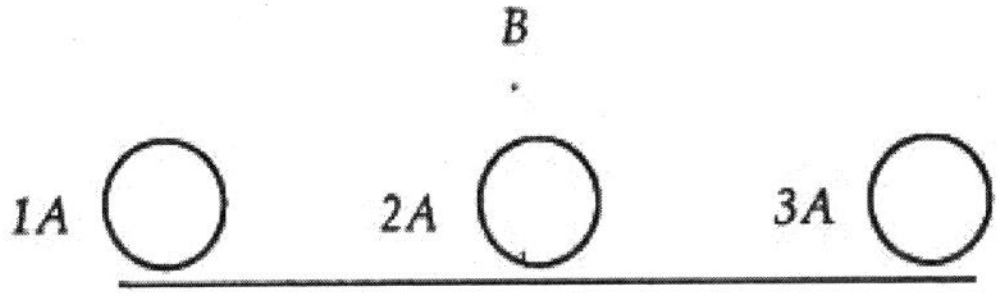

图 6

查里努斯：在我看来，同样的道理也适用于这种情况。因为正在走近的东西已经不再处在它所走出的更远的位置；因此它已经离开了那个位置。而离开一个更远的位置（但却不走 【545】
向一个等距或更远的位置）就是走近。同样，它也还没有处在它走近时正要走向的更近的位置；因此它仍然正在进入这个
位置。而进入一个更近的位置就是走近。因此它会一直走近。 [167]
因此，这种走近也将是永恒的，即没有开始和结束，而这被认为是荒谬的。

帕西迪乌斯：我们该怎么回应你呢？因为这个推理似乎已经破坏了我们所有的运动。

查里努斯：我要在我多次造访的港湾躲避这场风暴。

帕西迪乌斯：查里努斯，在我看来，你已经有办法了，你相信通过这个办法你可以避开这一论断的力量。

查里努斯：请你们所有人来判断一下。如果我们上述所确立的是正确的，那么我们必须否认以下命题是正确的或可接受的：**现在某个形体正在移动**；换言之，如果**现在**被假定为一瞬间，我们必须否认这个命题，因为不存在这样一种过渡的或中间状态的瞬间，在这一瞬间，形体可以说是移动的，即改变位置的。因为在那个瞬间，正如你所表明的那样，它**既**不会在它正在改变的位置上，**又**不会不在它正在改变的位置上。再就是，它要么就不存在于任何地方，要么就同时在两个位置上，一个是它离开的位置，一个是它获得的位置，这也许和你表明的一样荒谬，即它同时处于和不处于某种状态。如果我们说，正如我们在你的同意下开始做的那样，运动是一种状态，它包括在某个位置上存在的最后一个瞬间和在下一个不同的位置而不是同一个位置上存在的第一个瞬间，那么你的这些困难是可以避免的。因此，现在的运动只不过是相邻两个位置上的两个瞬间存在的集合。所以不能说，**现在某物正在移动**，除非这个**现在**被解释为两个相邻瞬间的加和或两个表征不同状态的时刻的接触点。[31]

帕西迪乌斯：我承认，我也看不出我们还能退到什么别的避难港去，但你们抛锚的地方恐怕仍然不够安全。

伽鲁迪乌斯：如果我们甚至都被从这里驱逐了出来，那么我们最终还能在哪里站稳脚跟呢？

帕西迪乌斯：事物的本性会找到一条路：没有人会被真正的原因所欺骗。

西奥菲勒斯：今天我听到了许多与我所预期的完全不同的【546】东西，我感到惊讶的是，我自以为很清楚的东西突然变得模糊了起来。但我欣然承认，这是我们的错，不是你的错；我欣然承认，使确定性受到怀疑的并不是哲学，而是把不确定的东[169]西错当成确定的东西的我们。认识到这一点，至少是朝着一门对子孙后代来说坚不可摧的科学迈出的第一步。

帕西迪乌斯：我乐意与如此明智审慎的人做生意，因为普通人会说我们是在浪费我们的时间。不过，让门外汉远离神圣的哲学问题非常重要。我们现在不妨仔细研究一下我们所假定的运动概念，以便弄清楚静止是否被允许存在于其中。查里努斯，你认为，运动只不过是某个事物在两个相邻位置上瞬间存在的聚合。

查里努斯：我确实这么认为。

帕西迪乌斯：我们回过头来再看一看上面的那个图[图 3]。假设有一个移动的形体 G，它有两个间隔必须为零——最小量——的相邻的位置 A 和 C；或者，换句话说，点 A 与点 C 之间不能再假定有任何点[32]，或者说，如果存在两个形体 RA

和BC，它们将在末端A和C处彼此接触。所以，运动现在就是事物G在两个相邻的瞬间在两个相邻的点A与C存在的聚合。

查里努斯：所以我们得出了结论。

帕西迪乌斯：如果现在一个运动在一段时间内是连续的，在一定的空间和时间内没有任何静止发生于其间，那么我们可以得知，这个空间仅仅由点构成，这个时间仅仅由瞬间构成。

查里努斯：我希望你能讲得更清楚一些。

帕西迪乌斯：如果当前的运动是两个存在的聚合，那么它将会由于更多的存在而持续下去，因为我们假定它是连续的、匀一的。但是，不同的存在属于不同的瞬间和点。在整个时间
【547】和空间里，只有不同的存在彼此紧随，因此，在时间和空间里，只有瞬间和点彼此紧随。

查里努斯：尽管我很欣赏这一论证的力量，但那是因为我们假设了一种连续的运动，我完全可以通过一个图来理解它。

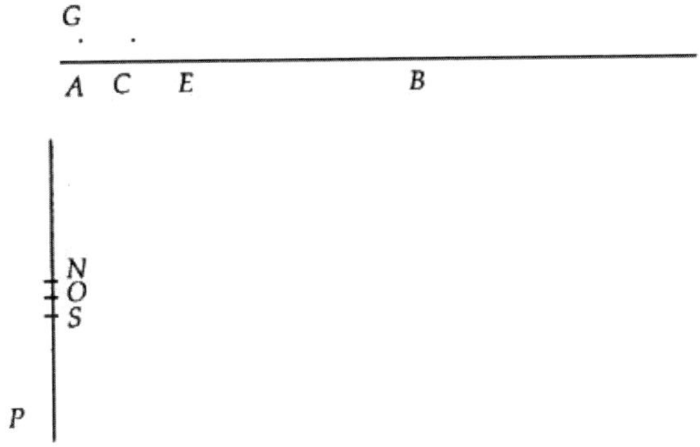

图 7

帕西迪乌斯：假设有一个动点G，它现在正在从A向C移动，也就是说，在两个相邻的瞬间N和O，它在空间中的A和C这两个相邻的点上，按照约定，在第一个瞬间N时，它在第一个点A上，在第二个瞬间O时，它在第二个点C上。但正如我们假设空间中的点C紧挨着点A，瞬间O紧挨着瞬间N那样，我们也可以假设点E紧挨着点C，瞬间S紧挨着瞬间O。 [171]

查里努斯：毫无疑问，由于运动、空间和时间的均一性，我们找不到任何适合于这一个而不适合于另一个的理由，因为一个形体只能从一个点前进到下一个点，而这也总是发生在接下来的一瞬间。

帕西迪乌斯：因此，既然运动只不过是穿过各个瞬间和点的不同存在的聚合，就像空间和时间一样连续，那么我们还可以得知，点在空间中的任何一个地方都彼此接续，瞬间在时间中的任何一个时刻也都彼此接续，而正是在这些点和瞬间中，运动通过连绵不断的接续得以发生。因此，时间只不过就是瞬间的聚合，而空间也只不过就是点的聚合。①

查里努斯：我同意。

帕西迪乌斯：如果空间或时间中还有别的东西存在，它就不可能被一个移动的形体穿过。因为，假如 C 与 E 之间有某
【548】个间隔 DF，如果移动的形体既不被分解成相邻的点，我们也
[173] 不重新接纳你所拒绝的飞跃（通过飞跃，形体可以在某一瞬间以它不会依次穿过所有中间点的方式穿过某个空间），那么它该如何穿过这个间隔呢？因为说间隔 CB 在 OP 这段时间内被穿过相当于什么都没说，因为我们已经证实瞬间和点总是一个接着另一个并且每个不同的瞬间都涉及一个不同的点，所以我们有必要清楚地解释，在任何可指定的瞬间，比如 O 与 P 两个末端之间的 S，在任何可指定的点，比如 C 与 B 两个末端之间的 E，将发生什么。否则我们必须承认移动的形体借此有可能在一个点上停留很多瞬间并且也有可能一瞬间就走过很

① 在修订本 *l* 的页边空白处：｜注意。这里有些东西可以先放一边：换句话说，我们必须否认这一点，即运动在任何一段时间内都是匀速的；因此我们也必须否认这一点，即人们可以假设紧挨着 A 和 C 这对点有另外一对点。｜——但这段话后来被划掉了。

多点的夹杂其中的静止（我们前面已经证明，它没有用处）和飞跃。

查里努斯：假设我们承认你所说的，空间只不过就是点的聚合，时间只不过是瞬间的聚合，那么你又有什么好害怕的呢？

帕西迪乌斯：如果你承认了这一点，你就会被一连串的困难所淹没，而这些困难源于连续体的构成，它们因迷宫这个响当当的名号而显得庄严肃穆。

查里努斯：这引子即使是从远处看也能引起人们的恐怖！

西奥菲勒斯：因此，除非我们被带入这个迷宫，否则我们将无法洞察运动的本性吗？

帕西迪乌斯：当然不是，因为运动本身是由若干连续体构成的。

伽鲁迪乌斯：不管是亚里士多德、伽利略还是笛卡尔都无法回避这个死结，尽管一个假装没看见，一个绝望地放弃了，另一个把它斩断了。[33]

查里努斯：我们必须留意他们所说的任何切中要害的话；与此同时，摆脱许多困难是非常值得的。

帕西迪乌斯：把他们所说的一切都搬到这里，并不是我应尽的职责。只要举出那些在理解时能揭示整个问题的症结的东西，只要举出那些当它们被排除和消除时能把问题的症结完全解决的东西，就足够了。我们首先必须要问的是，你是用有限多的点还是无限多的点来构成一条线或有限的积量的？

查里努斯：我们不妨试着用有限多的点来构成一条线。

帕西迪乌斯：这个堡垒撑不了多久，因为几何学家们早已证明，任何一条线都可以被分割成一定数量的相等部分。
[175] 假设有一条笔直的线 AB。我认为，它就像任何其他比它
【549】 更长的线一样，可以被分割成许多相等的部分。我们取一条更长的线 CD，并使其平行于 AB。现在把 CA 和 DB 这两条线连接起来，延长它们，直到它们在 E 点相交。假设 CF 是 CD 的若干等份之一，比如，百分之一。我们画一条笔直的线 EF，它与 AB 相交于 G 点。现在（根据欧几里得的《几何原本》）[34]——因为三角形 AEB 和 CED 相似，同样，三角形 AEG 和 CEF 相似——我们可以得出这样的结论，即 AG 与 AB 之比等于 CF 与 CD 之比。因为 CF 与 CD 之比等

于百分之一，或既然 CF 是 CD 的百分之一，所以 AG 也就是 AB 的百分之一。

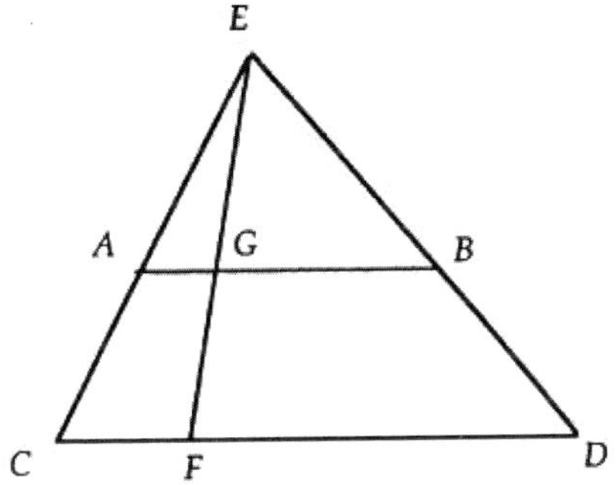

图 8

查里努斯：你没必要继续下去了，因为我从中已经意识到，一条线是不可能由有限多的点构成的。因为根据这个假设，无论如何都存在这样一条线，它可以被认为是由九十九个点组成，而如果点没有某种小部分或等分部分，那么毫无疑问，这条线的第一百个部分是无法被设想的。因此，必须说线的确是由点组成的，不过是由无限多的点组成的。

帕西迪乌斯：这个论点的力量似乎有效地反驳了点有一切可能的复多性的说法。我们不妨使用另一个更适合于这种情况的简图。在长方形 LNPM 中，连接对角线 NM。LM 中的点的数目和 NP 中的点的数目不一样吗?

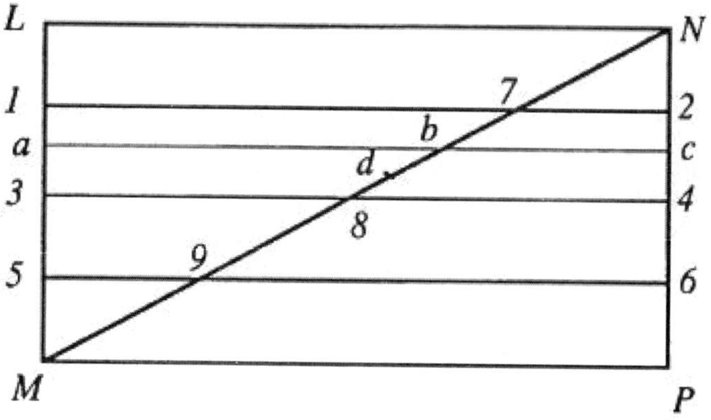

图 9

[177] 查里努斯：毫无疑问，完全一样。因为 NL 与 MP 平行，所以 LM 与 NP 相等。

[帕西迪乌斯]：[35] 现在，从 LM 中的任意一点，比如 1、3 或 5，到 NP 中的任意一点，比如 2、4 或 6，我们不妨设想存在笔直的线 1—2、3—4 和 5—6，它们平行于 LN，这些线与对角线 NM 交于点 7、8 和 9。我要说的是，NM 中可能的点与 LM 中可能的点一样多，所以如果线是点的聚合体，LM 与［NM］[36] 相等，而这是荒谬的，因为它们可以被认为具有任意的比例。

【550】 查里努斯：我想我知道你是如何得出这个结论的。因为如果 NM 中的点多于 LM 中的点，那么 NM 中就会有某个点，1—2、3—4 和 5—6 等任何一条线都无法穿过。不妨设这个点是

b。通过它，画一条平行于LN的直线，它与LM交于某一点a，与NP交于某一点c。但a不是点1、3、5中的任意一点，否则与假设相悖，b也将是点7、8、9中的任意一点。所以1、3、5等并不是LM中所有的点，但这是荒谬的，因为我们假设它们是LM中所有的点。这同样适用于点c。因此很明显，我们必须明白在LM和NP中的点与NM中的点一样多，所以，如果这些线只不过是点的聚合体，那么短的线就等于长的线。

[帕西迪乌斯]：[37] 现在我们不妨从MN中截取Md这个部分，使其等于ML，如此一来，由于ML等于Md，所以它们至少有相同数量的点。而如果ML与MN有相同数量的点(正如我们已经证明的那样，这可以由它们是它们的点的聚合体推知)，MN与Md也将有相同数量的点，那么部分与整体也就一样了，但这是荒谬的。由此可以确定，线不是由点构成的。[38]

查里努斯：你让我陷入了极度的困惑。

伽鲁迪乌斯：在这里，我想起了伽利略的著作中显而易见的类似推理。[39] 所有平方数的数目少于所有数字的数目，因为有些数字不是平方数。另一方面，所有平方数的数目又等于所有数字的数目，我的证明如下：因为任何一个数字都有与它 【551】
相对应的平方数，所以数字的数目并不多于平方数的数目；另一方面，每一个平方数都有一个数字作为它的根，所以平方数的数目不会多于数字的数目。因此，所有数字（平方数和非平方数）的数目既不大于也不小于而是等于所有平方数的数目，也就是说，整体等于部分，而这是荒谬的。

[179] **西奥菲勒斯：**请问帕西迪乌斯，你对此作何回应？

帕西迪乌斯：我觉得你应该问一下查里努斯。

查里努斯：你真会开玩笑！

帕西迪乌斯：绝不是开玩笑，因为我相信你有能力自己走出迷宫。

查里努斯：伽鲁迪乌斯，请让我先听一听伽利略说了些什么。

伽鲁迪乌斯：他说，大于、等于和小于等名称在无限的量中根本没有立足之地。[40]

查里努斯：很难同意这一点。因为如果平方数在数字中都能被找到，那么谁又能否认所有平方数就包含在所有数字之中呢？而包含在某物之中，必然就是它的一部分，我认为，在无限的量之中，就像在有限的量之中一样，部分小于整体。[41]

伽鲁迪乌斯：查里努斯，你认为还有任何其他的出路吗？

查里努斯：难道说，根本就不存在所有数字的数目这种东西，这个概念蕴含着一个矛盾？

西奥菲勒斯：查里努斯，你的话不仅令人惊讶，而且大胆鲁莽！

帕西迪乌斯：不，他的话很清楚，而如果我是法官，我会说他说得对。因为凡是蕴含着矛盾结论的，无论如何都必然是不可能的。

查里努斯：我很高兴自己能有这样一种幸运的灵感。

帕西迪乌斯：难道你没有看到，当遇到困难时，如果灵魂被正确的质疑所刺激，它自身能做什么吗？

伽鲁迪乌斯：所以，帕西迪乌斯，你同意查里努斯的说法？

帕西迪乌斯：我有许多很好的支持其观点的理由。因为我认为这是某些概念的本性，即它们不可能达到完美和完满，它们那个种类中也不可能有最大的。数目就是这样一种东西，运动也是：因为我不认为最快的速度是可理解的。[42] 假设某个轮子以最快的速度旋转；现在，如果我们设想它的一个半径被延长，那么我们从轮子外延长出来的半径上所取的任何一点都将
【552】比轮子转得更快，也就是说，比最快的速度还要快。正如最大的速度是不可能的，最大的数目也是不可能的。但是所有数字的数目和所有统一体的数目是一样的（因为一个新的统一体与前面的统一体相加总是会得出一个新的数字），所有统一体的数目只能是最大的数目。

[181] **西奥菲勒斯**：所以甚至是上帝也不知道所有统一体的数目吗？

帕西迪乌斯：你怎么认为祂理解不可能的东西呢？祂能理解一个与它的部分相等的整体吗？[43] 同样，我们很容易证明，所有曲线的数目同样蕴含着不可能；一旦我们承认最大的数目是不可能的，这也就不足为奇了。因为任何次幂的解析曲线的数目不管怎么说都是有限的，但是有多少数字，就有多少次幂。因此所有次幂的数目是不可能的，因为它与所有数字的数目一样；而每个次幂所包含的所有数字的和的数目就更多了。

西奥菲勒斯：但现在你们两个是不是该解决一下与点有关

眼前那样思考它们。但是，一旦涉及运动，我所有的小心和勤勉就都白费了，我永远也达不到这样一种境界，即可以通过想象力来理解力的理由和原因，并对机械的成败进行评判。因为我总是在起动的最开始就卡住，原因是我已经注意到，在剩下的时间里必定发生的事情，一定是以某种方式在第一时间就已经发生了。但我不得不承认，对瞬间和点进行推理确实超出了我的理解。这就是为什么我的推理让我失望，我只能依靠我自己和别人的经验。但往往是，每当我们为我们所经历的事情假定了虚假的原因而不是真正的原因，并且将我们从中得出的论点也用到在我们看来相似的事情上去，这种经验就会欺骗我们。

帕西迪乌斯：查里努斯，你讲得很清楚，并且你习惯于判断各种能力，从这一点，我很容易看出，如果你得到正确的指导，我能对你有什么期许。[10] 因为很高兴看到你从你的经验中极其努力地了解到，力与运动不受想象的支配，这在真正 [137]
的哲学中是非常重要的。另一方面，你说自然哲学需要运动学说，这一点千真万确，但这并不反对我上面所说的首先建立逻辑。因为沉浸于古人所谓的“中间性质”[11]——也就是说，沉浸于图形（它们本身是不可腐蚀的、永恒的），就好像它们假定了一个形体——的关于一般性推理的科学构成了几何学。如果把同样的科学与易消亡的、易腐蚀的事物结合起来，它也就构成了涉及时间、力和作用的关于变化或运动的科学。正如 【533】

我们这个时代的一位杰出的哲学家① 不无正确地指出几何学是数学的逻辑那样 [12]，我将大胆地宣称，运动学就是物理学的逻辑。

查里努斯：帕西迪乌斯，如果你能帮我弄清楚这个问题，你也就帮了我一个大忙。

伽鲁迪乌斯：好多年前你就答应向我们讲解你对运动的沉思。现在也到了你该满足我们期许的时候了，除非你更希望我们把你放论文的箱子撬开。

帕西迪乌斯：你会发现里面并没有人们所说的宝藏，只有灰尘；你会发现里面并没有精美的作品，只有几张纸和一些仓促思考留下的词不达意的残迹，我完全是为了记忆才把它们保存了下来。所以如果你想从我这里得到什么值得你考虑的东西，那也只能由我来决定。

西奥菲勒斯：在推三阻四这么多次之后，债务人最好还是做好准备，除非他想给自己留一个坏名声。

伽鲁迪乌斯：我们建立这种情谊就是为了弄清真相，但你

① 在修订本 *l* 的页边空白处：伽利略。

知道，帕西迪乌斯，为朋友做一些事，你不能超出自己力所能及的范围。但你为我们做多少，我们会让你来决定，这样你就能看到我们有多宽宏大量。换句话说，我们将满足于部分解决；我们只想确保，我们给你带来了热情似火的查里努斯，这不是徒劳无益的。

查里努斯：请允许我在我的朋友们的要求之外加上我自己的：我不要求完整的解决方案或进行持续的讨论，但我强烈要求你能够在讨论过程中视情况需要给我一些指导。[13]

西奥菲勒斯：帕西迪乌斯，请记住，关于苏格拉底的对话，你经常对我们说教的那番话：现在是什么东西在阻止我们最终通过例子来了解它们的效用，除非你认为查里努斯在斐多或阿尔西比亚德之下[14]，他在能力、精神和命运方面不如他们。 [139]

帕西迪乌斯：我明白了，你们是有备而来，准备好了对付我的。当你们有人用律法来威胁我，有人用同样有力的咒语攻击我的迟钝时，我该怎么办呢？如你们所愿，我屈从于你们的意志。但是不管接下来得出什么东西，都将由你们自己负责，因为我不想用我自己的意见（在如此匆忙下，我甚至都记不清它们了）或苏格拉底法（这种方法需要仔细思考）来损害这种东西；其他的一切都会对你有所帮助，查里努斯。

查里努斯：这是为什么？

【534】**帕西迪乌斯**：因为你会教导你自己，而这就是苏格拉底法。

查里努斯：我怎么可能向一个不知道的人学习呢？

帕西迪乌斯：你是向自己学习，不是向不知道的人学习，因为你所知道的东西比你所能记住的东西要多。我只是给了你一个机会，让你回想起你所知道的，然后从中推断出你所不知道的。就像苏格拉底所说的那样，当你怀孕分娩时，我会在你身边充当助产士的角色。[15]

查里努斯：你这是在要求我，每当我想通过保持沉默来掩盖我的无知时，我都应该在讨论中把这种无知暴露出来，这种要求太苛刻了。

伽鲁迪乌斯：如果我们相信帕西迪乌斯，你会对自己的知识感到惊讶。

查里努斯：虽然我的老师帕西迪乌斯对我来说很重要，但我的自我意识却更直接。

帕西迪乌斯：查里努斯，你还从未经历过你自己能做什么；有时你必须碰碰运气，才能知道应该给自己多高的评价。

西奥菲勒斯：来吧，查里努斯，你就把自己交到我们手里，别再在你的能力和我们的渴望中间徘徊了。

查里努斯：我让步——尽管冒着损害你们对我的印象的危险。因为不管你们过去对我的印象有多差，它都将因这次实验而变得更差。[141] 但不想辜负你们是很自然的。所以，我乐意照办，这样你们就可以根据事情的发展来判断我，只要你们在我陷入困境时帮助我，给我进步的机会。

帕西迪乌斯：我们会竭尽所能做到这一点。当我问问题时，你只管回答就行。既然有人建议我们应该讨论运动的问题，那么查里努斯，请你告诉我们在你看来运动是什么。

查里努斯：我怎能一开始就告诉你在我看来我们就算付出艰辛的努力也很难从根上弄清楚的东西呢?

帕西迪乌斯：难道你从来都没有思考过运动吗?

查里努斯：这完全等同于问我有没有用过我的感官和理性。

帕西迪乌斯：所以告诉我们，当你思考运动时，你在你的心灵之眼中看到了什么？

查里努斯：很难一下子回忆起这一切，并不假思索地作出解释。

帕西迪乌斯：但无论如何，试一试。这里没有犯错的风险，因为无论你说你所理解的运动是什么，它就是什么；前提是在这个过程中，你不添加任何你所假定的概念中不包含的东西。

查里努斯：那是你要注意的事。我认为运动就是**位置的变化**，我的意思是运动存在于改变位置的那个形体之中。[16]

帕西迪乌斯：很好，查里努斯，你大方坦率地向我们直接展示了我从来都不敢奢望通过几次发问才能勉强得出的东西。你只需确保你的回答是完整的。

查里努斯：那么你认为还有什么需要进一步补充的吗？

帕西迪乌斯：如果我们理解了你所说的话，就没什么需要补充的了。

查里努斯：难道还有什么比"变化""形体""处所"或"存

在于”某种东西之中更清楚的吗？[17]

帕西迪乌斯：请原谅我的迟钝，这妨碍了我对那些在他人 【535】
看来很清楚的事物的理解。

查里努斯：请不要取笑我。

帕西迪乌斯：查里努斯，我恳求你相信，没有什么比这更违背我的本意的了，我是完全出于真心才说自己茫然不知的。

查里努斯：如果你愿意提问，我会试着解释我的观点。 [143]

帕西迪乌斯：好的。难道你不认为一种变化的状态是事物的一种状态吗？

查里努斯：它是事物的一种状态。

帕西迪乌斯：它是不是不同于变化之前的、一切都还未受影响时的事物的前一个状态？[18]

查里努斯：是的。

帕西迪乌斯：它是不是也不同于它变化之后的状态？

查里努斯：毋庸置疑。

帕西迪乌斯：恐怕这会使我们陷入某些困境。

查里努斯：我可否问一下到底会陷入什么困境呢？

帕西迪乌斯：请准许我举个例子，好吗？

查里努斯：你不需要请求我的准许。

帕西迪乌斯：难道死亡不是一种变化吗？ 19

查里努斯：毫无疑问，它是一种变化。

帕西迪乌斯：我把它理解为死的过程。

查里努斯：我也是这么理解的。

帕西迪乌斯：垂死之人还活着吗？

查里努斯：这个问题令人费解。

帕西迪乌斯：还是说垂死之人已经死了？

查里努斯：我认为这是不可能的。因为死了意味着某人的死亡已经成为过去。

帕西迪乌斯：如果死亡是死者的过去，那么它也将是生者的未来，就像正从娘胎中诞生的人一样，他并非将要诞生，也不是已经诞生了。

查里努斯：看起来是这样。

帕西迪乌斯：因此，垂死之人并非还活着。

查里努斯：同意。

帕西迪乌斯：所以垂死之人并非死了，也并非还活着。

查里努斯：我承认这一点。

帕西迪乌斯：但你似乎承认的是一些荒谬的东西。

查里努斯：我看不出有什么荒谬之处。

帕西迪乌斯：难道生命不是某种特定的状态吗？

查里努斯：毋庸置疑。

[145] **帕西迪乌斯**：这种状态要么存在，要么不存在。

查里努斯：不存在第三种选择。[20]

帕西迪乌斯：我们说，任何不存在这种状态的事物都没有生命。

查里努斯：是的。

帕西迪乌斯：某人从死亡那一瞬间起就开始没有生命了，不是吗？

查里努斯：当然。

帕西迪乌斯：或者说，死亡的那一瞬间就是他不再有生命的那一瞬间？

查里努斯：这种说法很准确。

帕西迪乌斯：我要问的是，那一瞬间，生命还存不存在呢？

查里努斯：我明白其中的困难了，因为我没有理由说这一种而不说另一种。

帕西迪乌斯：因此，你必须要么都不说，要么都说。

查里努斯：但是你却封死了这条路。因为我很清楚，一个给定的状态必然存在或不存在，不能同时既存在又不存在，也不能既不存在又存在。

帕西迪乌斯：下一步怎么办？

查里努斯：是啊，下一步怎么办？如果这样，我就卡住了。

帕西迪乌斯：如果我也卡住了，那该怎么办？

伽鲁迪乌斯：帕西迪乌斯，你就这样弃我们于不顾吗？ 【536】

帕西迪乌斯：我时常感慨，说到原则，就会陷入极大的困境。

伽鲁迪乌斯：如果你在我们跌倒时不能扶我们一把，那么你为什么把我们带到这种湿滑的地方呢？

帕西迪乌斯：不过，承认困难很重要。

西奥菲勒斯：就我对你的了解，帕西迪乌斯，在你感到满意之前，你绝不会保持哪怕是一丁点的冷静，因为今天并不是你第一次遇到这样的困难，所以现在是你向我们表明你自己的观点的时候了。

帕西迪乌斯：朋友们，如果我满足了你们的要求，那么我就会在没有出海之前就已经在港口遭遇海难了。

西奥菲勒斯：这是为什么呢？

帕西迪乌斯：因为我就会违反今天我在你们的鼓励下第一次尝试使用的苏格拉底法的法则。

[147] **西奥菲勒斯**：至少我不希望这种情况发生。

帕西迪乌斯：那样的话，你们就不应该指望听到我的观点。我们是为了让查里努斯在我的鼓励下去发现真理，而不是去问我发现了什么。因为我们不该嫉妒他因为这种方法所结出的硕果或所带来的成功的喜悦。

伽鲁迪乌斯：请接着讲下去，这样我们也就可以开始品尝你所说的硕果了。

帕西迪乌斯：通过问下一个问题，我将试着进行下去：查里努斯，告诉我，你是否认为有些曾经活着的人已经死了？

查里努斯：不管我们怎样争论下去，这确实是事实。

帕西迪乌斯：他们的生命是不是在某一时刻结束了？

查里努斯：是的。

帕西迪乌斯：所以生命有某个最后的瞬间？

查里努斯：是的。

帕西迪乌斯：查里努斯，我想再问你一个问题，你是否认为有些人曾经活着，但现在已经死了？

查里努斯：这同样确定无疑，与前一种情况一样。

帕西迪乌斯：这就足以使其确定无疑了。所以他们的死亡状态开始了？

查里努斯：是的。

帕西迪乌斯：这种状态是否有其第一个瞬间或开始？

查里努斯：是的。

帕西迪乌斯：你还需要回答这个问题，即有生命的最后一个瞬间是否就是没有生命的第一个瞬间？

查里努斯：如果除了我们确定无疑的东西之外，什么都不能断言的话，那么我绝对不敢当真坚持这一点。

【537】 **帕西迪乌斯**：祝贺你，查里努斯，你已经学会了绝非无足轻重的怀疑的艺术。因为在这里（我必须承认）我想考验一下你的判断力。请告诉我，到底是什么使你此时如此小心谨慎的。

查里努斯：我明白你想给出这样的推论，即如果有生命和没有生命有一个共同的瞬间，那么同一个人将同时既有生命又没有生命，我认为这是荒谬的。

帕西迪乌斯：你认为我的推论正确吗？

查里努斯：我认为它是不可抗拒的。

帕西迪乌斯：因此，对于这一必然会从中产生谬论的观点，你有何感想？

查里努斯：它是荒谬的。 [149]

帕西迪乌斯：因此，有可能是两个瞬间，一个是有生命的瞬间，一个是没有生命的瞬间，一个紧跟着另一个？

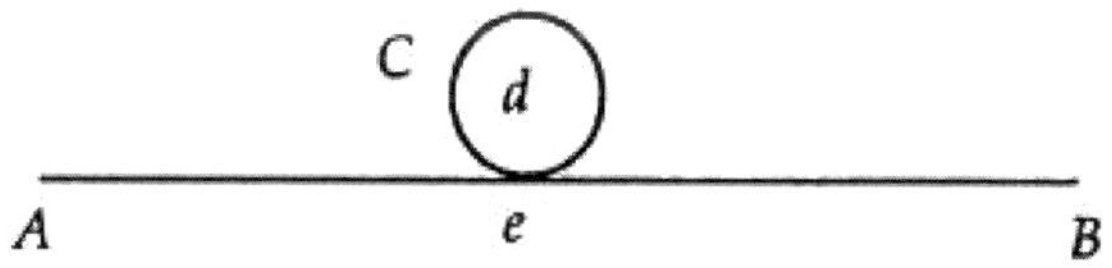

图 1

查里努斯：如果这对于两个点来说也是可能的，那么为什么不是这样的呢？我发现，在我能以某种方式把这个事情呈现在我眼前时，这是我最容易想到的。所以我们不妨把一个完美的圆球 C 放在一个完美的平面 AB 上。很明显，球体与平面不重合，它们没有共同的末端，否则其中一个就不能离开另一个而运动。另一方面，很明显，它们只在一个点上有接触，球体有某个末端或点 d，它与平面的末端或点 e 没有距离。所以这两个点，d 和 e，在一起，尽管它们不是一个点。

帕西迪乌斯：没有什么比这更清楚更恰当的了。

西奥菲勒斯：我记得，亚里士多德也以这样的方式把交接的事物和连续的事物区分了开来，即那些其末端合二为一的事物是连续的，那些其末端在一起的事物是交接的。[21]

帕西迪乌斯：因此，我们同样也可以对查里努斯说，活着的状态与死了的状态只是交接的，并没有共同的末端。

查里努斯：你把我说成是你带给我的灵魂的一切的创造者，你这也太过客气了。

帕西迪乌斯：我早就告诉过你，你的观点来自于你自己，我只是为它们的出现提供了机缘。而这将在更大的视野内得到证实，尽管在各个阶段都是如此。

伽鲁迪乌斯：为了弄清楚，我想知道你是否认为特定瞬间的任何东西都可以由此推导出来。

帕西迪乌斯：伽鲁迪乌斯，如果我不知道你是谁，你这么久才问我这个问题，我是会很惊讶的。因为我知道，如果不可
【538】以的话，那么对于那些熟稔自然研究和实验之光的人来说，这些东西要么是愚蠢的，要么至少是无用的。但考虑到当原则受

到威胁时，任何东西都不应当被视为微不足道，我认为，你会默认这一点的。

伽鲁迪乌斯：实际上，我对抽象的事物并不陌生，所以我并不认为所有科学的要素都是脆弱的东西，就像一根较粗的经纱最初的那些丝线一样。只是因为我知道你通常会逐步建立一条通往更大的目标的道路，所以我希望能预先了解一下将会照亮你所说的和将要说的话的这种东西。 [151]

帕西迪乌斯：伽鲁迪乌斯，此时，我不能满足你的愿望，即使能，我也不应该满足你的愿望。我之所以不能这么做，是因为正如猎人并非总是追逐某种指定的野兽，而是常常满足于他们碰到的无论什么猎物，所以我们应该强迫自己在真理来临时抓住它们。抓住某个真理，绝不会永远没有用处。如果我们收集到了足够多的真理，列出了它们的理由，并重新审视和消化了我们的工作，那么最后我们就有希望获得更大的财富。此外，不仅根据我的判断，这次对话是连接在一起的，而且根据查里努斯的判断，也是如此：我提出的问题必须得到适当的回答。所以，即使我真能在你们眼前概述这场讨论接下来的走向，即使你在听我讲时对它有自己的判断，我也不应该这么做：因为有时我们会为失望而高兴，当一件事出乎意料时，它更有吸引力。你是知道的，小贩们最高兴的是，当围观者的眼睛转向另一个方向时，他们从似乎空无一物的袋子里拿出了一些意想不到的东西。

伽鲁迪乌斯：有了这个希望，我们就不会再打岔了。

帕西迪乌斯：因此，查里努斯，我要回到你这里来。我们的结论是，变化的状态是不可能的。**22**

查里努斯：是的，如果变化的瞬间被认为是中间状态或共有状态的瞬间，我们确实会得出那样的结论。

帕西迪乌斯：但是，难道事物不变化吗？

查里努斯：谁会否认它变化呢？

帕西迪乌斯：那么变化就是某种东西。

查里努斯：毫无疑问。

帕西迪乌斯：它不是我们已经证明其不可能的某种东西，即一个瞬间的状态。

查里努斯：是的。

帕西迪乌斯： 那么一个变化的状态是否需要一段时间呢？

查里努斯： 似乎需要。

帕西迪乌斯： 某种东西能部分存在或不存在吗？ [153]

查里努斯： 你应该更清楚地解释一下你这句话的意思。

帕西迪乌斯： 某一命题的真理性是否会在某段时间内增加或减少，就像水变热或变冷一样？

查里努斯： 当然不会。我认为一个命题要么就是完全真，
要么就是完全假——现在我明白你的问题了。比如说，尽管水 【539】
是热的（即使它正变得越来越热），但必定仍然有一个瞬间，
它从不热的变成了热的，或反之亦然，就像必定有一瞬间，一
条线从直的变成了斜的。

帕西迪乌斯： 因此，我们又回到了似乎不可能的瞬间的变化状态。

查里努斯： 我不知道我们是如何再次陷入我们已经逃脱的困境的。[23]

帕西迪乌斯：如果两个人的财富仅仅相差一便士，那么其中一个可否被认为是富有的，而不对另一个作出同样的判断呢？

查里努斯：不，我不这么认为。

帕西迪乌斯：因此，一便士的差别并不能使一个人变得富有或贫穷。

查里努斯：我认为不能。

帕西迪乌斯：我们还可以说，一便士得失不能使一个富人变穷或一个乞丐变富。

查里努斯：不能。

帕西迪乌斯：因此，所以无论给谁多少钱或从谁那里取走多少钱，他永远都不会从穷变富，也不会从富变穷。

查里努斯：请问这是为什么？

帕西迪乌斯：假如给了一个乞丐一便士。他脱离贫穷了吗？

查里努斯：没有。

帕西迪乌斯：如果再给他一便士，他是不是就脱离贫穷了呢？

查里努斯：并不比之前好多少。

帕西迪乌斯：因此，如果接着再给他一便士，他是不是仍旧没有脱离贫穷？

查里努斯：是的。

帕西迪乌斯：这同样也适用于任何其他一便士：因为要么他永远贫穷，要么他靠一便士脱离贫穷了。假如他已经有了九百九十九便士，当他得到第一千个便士时，他便脱离贫穷了，那么消除他贫穷的仍然是一便士。 [155]

查里努斯：我能看到这个论证的力量，我很惊讶我就这样陷入了迷惑。

帕西迪乌斯：那么，你是否承认这一点，即要么就是没有人会变富或变穷，要么就是某人会因为一便士的得失而变富或变穷？

查里努斯：我不得不承认这一点。

帕西迪乌斯：我们不妨把论证从离散量转到连续量[24]，比
【540】如说，如果点 A 逐渐靠近点 H，那么在某一时刻，它就会从不接近变得接近，例如，在点 B。难道我们不能用刚才的论证得出结论说，要么它永远不会接近 H，要么它会通过增进一英寸——例如，FB——接近 H？

查里努斯：能。

帕西迪乌斯：而我们能不能用百分之一或千分之一英寸或任何其他无论多小的部分来代替一英寸呢？

查里努斯：能，这并不影响这个论证的力量。

帕西迪乌斯：所以，我们也能用比任何我们指定的部分都要小的一部分来代替一英寸？

图 2

查里努斯：当然。

帕西迪乌斯：如果使接近变得不接近的是一英寸 FB 的第一百个部分 CB，那么就不是整个一英寸 FB 使接近变得不接近的。

查里努斯：当然不是，因为前九十九个部分 FC 还没有使这个点接近。

帕西迪乌斯：那么很明显，只有增加一英寸才会使不接近变得接近，因为它包含最后的百分之一英寸。

查里努斯：出于同样的原因，除非借助于最后一部分 B，否则最后的百分之一 CB 也不会使它接近。

帕西迪乌斯：但最后一部分不是一个最小的部分吗？

查里努斯：是一个最小的部分，因为如果它不是最小的部分的话，我们便可以从中移除某些东西，同时不影响任何能产生接近的东西。

因为假如 CB 的最后一部分不是最小部分 B，而是一条笔直的线［DB］[25]：这条线不会自然而然地使接近变得不接近，而是由于它自身其他更小的部分，比如，EB。 [157]

帕西迪乌斯：因此，我们认为，要么就是没办法使某种东西自然而然地变得完全接近，要么就是某种东西通过增减最小部分，从接近变成不接近，所以现实中存在最小的部分。那么最小的位置是否有可能在并非最小的时间内完成？

查里努斯：不可能，否则，位置的某一部分就会在这段时间的某一部分内完成，但一个最小量没有部分。

【541】 **帕西迪乌斯**：因此，很明显，变化的状态在本示例（从远离到接近）中是瞬间的。

查里努斯：是的。

帕西迪乌斯：因此，我们前面的困难又回来了，那么变化的状态应该被认为是前一个状态的最后一个瞬间，还是后一个状态的第一个瞬间。

查里努斯：我想我终于有办法了。因为我认为它由这两种状态组成，虽然它通常被称作瞬间的状态，但它实际上包含两个瞬间：正如一个接触的位置——它被认为在一个点上——包含着彼此接触的每一个形体的末端。

帕西迪乌斯：你说得对，并且与你上述所说一致，所以我不反对你的这个观点。

查里努斯： 所以，我们似乎通过公民资格恢复权在本质上恢复了我们不久以前放逐的变化。[26]

帕西迪乌斯： 前提是，我们坚持把它当成是两个对立的状态接触或聚合的点，而不是一种不同于性质或状态本身的存在，甚至也不是一种从潜在到实现或从缺乏到形式的中间状态或过渡，就像哲学家们通常所设想的变化和运动那样。

查里努斯： 所以现在应该允许我把运动定义为一种变化。

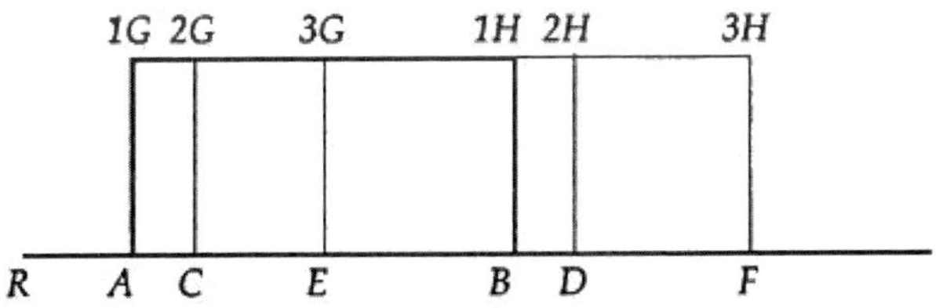

图 3

帕西迪乌斯： 那么你必须承认，一个形体的运动，比如 GH 从 AB 或 1G1H 到 EF 或 3G3H，包括它在开始被移动的位置 AB 存在的最后一个瞬间，以及它在被移动到的下一个位置存在的第一个瞬间组成。现在，查里努斯，请给我指出它前往的下一个位置。 [159]

查里努斯： 我会为你指定任意一个位置 CD 或 2G2H。

帕西迪乌斯：但我要求的并不是任意一个位置，而是下一个位置。

查里努斯：我很清楚，为了让它成为下一个位置，间隔AC必须是一个最小量。

帕西迪乌斯：否则移动的形体就必须通过一跃从位置AB来到位置EF，这样它就不会穿过所有的中间位置了（比如，CD）。

【542】 **查里努斯**：而这是不可能的。

帕西迪乌斯：看起来的确如此。但请告诉我，这个运动不是连续的吗？

查里努斯：在这种情况下，你还管这叫连续的？

帕西迪乌斯：连续的意思是运动不能在任何时候被静止所中断，也就是说，它能够以这样一种方式持续，即形体GH在任何一个位置（与它本身相等），比如，AB，CD，EF，或它们之间的位置上，只存在一瞬间。

查里努斯：如果我否认你所说的这一点呢？

帕西迪乌斯：没有先例，你是不会这样做的，因为古代的恩培多克勒和近代某些有学识的人都曾宣称，运动其间夹杂着某些短暂的静止。[27]

查里努斯：有了这样的保证，我一定会否认这一点，否则，我就不敢。

帕西迪乌斯：查里努斯，否认任何东西都不需要权威，质疑它们当然也不需要权威，除了你自己的。但请回答我这个问题：夹杂着的静止不就是某个形体在同一位置存在一段时间吗？

查里努斯：毫无疑问。

帕西迪乌斯：假如夹杂着静止，那么我问你，夹杂在运动中的两次静止之间是否存在某种发生于其间的运动。

查里努斯：毫无疑问，除非我们想要的是一种连续的静止，而不是夹杂着的静止。

帕西迪乌斯：那么发生于其间的运动要么就是瞬间的，要么就是持续一段时间？ [161]

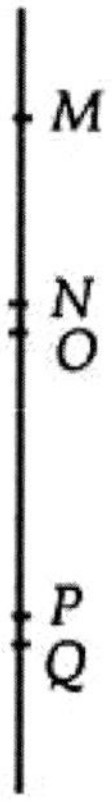

图 4

查里努斯：它肯定不是瞬间的，否则，形体就会瞬间穿过某个空间，而这相当于又回到了我们之前拒绝的飞跃。因为，假设有一段时间 NQ，在这段时间内，形体 GH 从位置 AB 运动到了 EF。假设静止的时间是 MN，在这段时间内，
【543】 形体停留在位置 AB 上，OP 为形体停留在位置 CD 上的时间。那么毫无疑问，NO 就是形体从 AB 到 CD 的运动时间，PQ 就是它从 CD 到［EF］[28] 的运动时间。然而，我假定 AC 与［CE］[29] 的间隔不是最小的，而是例如百分之一英寸，或某个更小或更大的部分。毫无疑问，运动的时间也不应该是瞬间的或最小的，而应该是可指定的；否则，要么就没有前进，要么，假设两个静止的时间间隙之间存在某个最小的时间或瞬间 NO，形体 GH 将从位置 AB 飞跃到远处的位置 CD；所以要么它不会在某一中间时间（因为在最小的时间中不存在

中间时间）出现在 A 与 C 之间的某一中间位置（比如，L），要么它会在瞬间同时出现在所有的中间位置——这一切看起来都很荒谬。

帕西迪乌斯：你的推理很好，但对我有利。

查里努斯：为什么会这样？

帕西迪乌斯：因为它承认至少在 NO 这段时间内通过空间 LC 的运动是连续的，没有被任何更短暂的静止所打断。所以你又回到了你所拒绝的东西上。

查里努斯：我不能否认这一点，因为如果我继而再次引入其他更短暂的静止，那么同样的问题就会再次出现；即使我无限地再分割，把无限小的、不可指定的短暂的静止间隙 [163]
与性质相同的短暂的运动混合在一起，仍然需要细小的时段（timelets）和细小的线段（linelets），而同样的推理也总是适用的。现在看来，每次静止的时间将总是比一瞬间要长，否则就不会有静止；因此，运动也不是瞬间的，否则它们的集合与短暂静止构成的集合将没有可指定的比；因此，要么形体不会前进，要么就会出现我们所拒绝的那种飞跃。

帕西迪乌斯：查里努斯，我很高兴，你敏锐的智慧免去了我大部分的工作，因为证明所有的这一切原本是我的职责。我只想补充一点，那就是，一旦允许某种连续运动，那么夹杂其中的静止就达不到作者想要的目的了；因为这些人
【544】无法理解，如果不假设一种夹杂其中的静止，一个运动怎么可能比另一个运动快。但我想告诉你的是，如果一个形体在一段无论多小但并非最小的时间内保持连续的运动，那么不需要假设夹杂其中的静止，另一个与它不相等的运动也会产生。因为如果一个形体 A 通过连续运动从 d 被带到了 e，那么半径 cfd 同样通过连续运动来到了 cge。因此，半径在点 d 处穿过弧线 dhe 的运动要比半径在点 f 处穿过弧线 flg 的运动快。

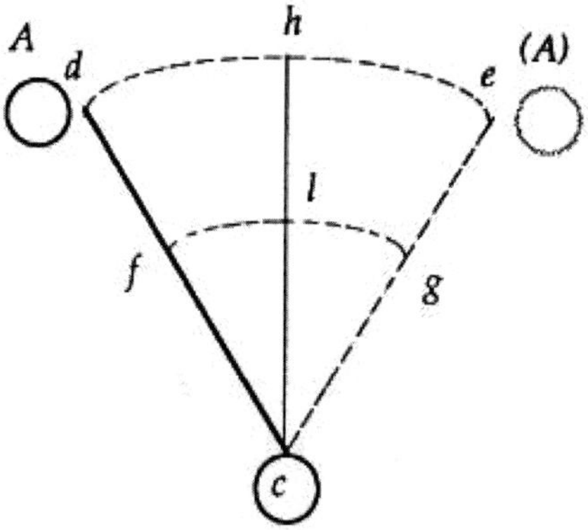

图 5

查里努斯：这显而易见。

帕西迪乌斯：现在我们来看一下，如果允许连续运动，会

发生什么。

查里努斯：请问会发生什么呢？

帕西迪乌斯：现在正在移动的东西还在它正在移开的位置吗？

查里努斯：我不这么认为，否则它同样也在它正在趋向的位置；因此它同时在两个位置上。

帕西迪乌斯：因此它已经离开了某个位置。 [165]

查里努斯：是的，它已经离开了它原来的位置。

帕西迪乌斯：但是，它不可能不移动就离开了。

查里努斯：我赞成。

帕西迪乌斯：因此，任何正在移动的东西之前就已经在运动了。

查里努斯：这是一个惊人的结论！

帕西迪乌斯：同理，我们还可以得出这样的结论，即正在移动的东西将继续移动。

查里努斯：我同意。因为正在移动的东西还不在它要去的位置；除非它继续移动，否则它不可能到那里。因此，任何正在移动的东西都将继续移动。

帕西迪乌斯：但由此却得出了这样的结论，即运动是永恒的，它既不会开始，也不会结束。

伽鲁迪乌斯：亚里士多德会同意你的这一点，同样，讨论过这一论断的普罗克洛斯也会同意。[30]

西奥菲勒斯：我们必须避免这样的结论。

帕西迪乌斯：毫无疑问，我们必须避免这样的结论。而如果有人不认为它真的荒谬，我们将通过类似的论证迫使他认识到它明显是荒谬的。如果我们不使用不确定的运动，而是使用某种特定的运动形式或运动阶段，比如，当一个形体不断地走近另一个形体时，同样的论断将证明它过去一直都在不断地走近另一个形体并且它仍将继续走近另一个形体。这是荒谬的，因为通过从 1 移动到 2，形体 A 走近了点 B，但如果它继续前进，从 2 移动到 3，那么它将不再越来越接近点 B，而是越来

藉由这个原则，我们将梦与清醒时发生的事情区分了开来。因为如果某个梦与它之前和之后的生活状态完全连贯一致，或者说，如果它持续了很长一段时间，并且梦中没有出现通常的不一致，那么没有人会怀疑自己在做梦。如果某个柏拉图学派的成员说他目前的整个生活就是完全连贯的梦，他的灵魂将在死后醒来，如果不知道宇宙不可能经历这种穿插事件的理由，他也许无法被先天地驳倒。宇宙之所以不可能经历这种穿插事件是因为每个事物都涉及类时空，并且根据某些特定的规律受到其他事物的挤压。同样，这也可以用来驳斥某些否认在思考者之外存在任何形体或任何其他实体的人。因为尽管你的心灵有可能是这样构成的，即只要你这个思考者存在，同样的影像就会立刻呈现出来，就像与现在共存的或其他思维的事物所产生的一样；不过，这不符合事物的原初理由；因为它没有给出为什么会有一个你在宇宙中的理由，特别是当有那么多比你更完满或肯定不比你逊色的其他思维实体有可能存在时。所以毫无疑问，今天似乎在与你说话的那些人和你一样真实，因为他们也有同样的理由怀疑你。现象的原因同样必须外在于你，也外在于其他思维的存在者，因为它们似乎与许多事物都 【1397】
一致；而且由于你的天性受到这样的限制，所以你无法就它们之间如此多新的连贯一致的显象给出理由。

因此，当某些特定的位置被分配给现象，并且有人观察 [243]
不会无故改变的事物的距离和角度时，他就会出现对某种**类空间**[5]的考虑。因此，如果我们把某个东西放在一个固定和

封闭的处所，那么毫无疑问，除非有某种力或其他事件随后发生，否则我们就会在这个处所发现它。这个空间对所有事物来说是共有的，而那些我们可以指定其位置的现象，比如，星体，我们称之为**形体**，这样的形体都被认为存在于这个类空间，并与其他给定的形体有一定的距离。因此，那些没有确定位置的形体，比如，彩虹或水中的倒影，我们称之为明显的或单纯的幻影，尽管如此，我们仍然可以通过形体的活动来为它们提供理由。

但既然变化发生了，扰乱了指定的位置，那么为了避免混乱，人们通过使一切都参照那些被发现是一致的变化，比如，星体的运动，设计了一种区分哪些在前、哪些在后、哪些同时发生的方法。事物之间的这种关系被称作**时间**，它也是类时间，也就是说，它把整个一切都囊括了进来，因为无论是什么，要么在其他给定事物之前发生，要么在它之后发生，要么与它同时发生。

现在，借助于时间和处所，我们还可以区分**个体**，判断哪些是相同的，哪些是不同的；比如，如果在我面前有两个完全相似、相同的鸡蛋，要想区分它们，我们必须给它们做些标记，使它们变得不同，或者把它们统一放在某个固定的处所，比如，一个放在上面，一个放在下面；或最后，如果它们不受限制，甚至可以运动，比如，如果它们在水上漂浮，那么只要眼睛跟踪它们的运动就足够了。换句话说，通过这种方式，我们可以看出，它们是如何随着时间的推移而改变位置的，因为

在同一时间不可能在不同的处所发现同一形体，也不可能从一个处所到另一个处所，除非经过中间的处所。

此外，所有被认为存在于空间中的形体——那些有着共同位置的形体——的集合被称作**世界**，而世界在不同时间有不同状态。不过，这些状态都是按照有待物理学来研究的某些规律【1398】
一个接一个地产生出来的，所以我们可以从当前的事物推断出过去和将来对生活有利的事物。因为最终能够成功作出预测的人必须被认为足够精通自然。所以怀疑论者对观察的反对都很空洞。当然，他们可能会怀疑事物的真实性，如果他们愿意把发生在我们身上的事情称作梦，那么这些梦只要彼此一致，并[245]
遵循某些规律，从而为人的谨慎和预测留下了空间，这也就足够了。就算是这样，这只是一个名称的问题。对于这种幻影，我们称其为**真**，因为我找不到任何能够使它们变得更真实或把它们中更真实的挑选出来的办法。

II

形体是一个可移动的广延物，或者说，形体是广延实体。**6**

可以证明，这些定义是完全一致的 **7**，因为我把实体定义为可以活动的东西；不过，广延物的活动是通过运动来实现的，也就是说，通过局部运动来实现的。

每一个形体实际上都在运动。

因为正如形而上学所推证的那样，每一种实体实际上都有效能。

每一个形体都是有机的，也就是说，实际上都被分割成更小的自身有其特定运动的部分，所以不存在原子。

因为每一种有限的实体实际上都受动（它实际上是活动的，但由于它是有限的，也就是说，不完满的，所以它的活动总是散乱的，或者在某种程度上受到阻碍）；另一方面，形体的每一种受动都是通过分割产生的。

每一个形体都是有生命的，也就是说，都有感觉和欲望。[8]

因为每一个实体都可以通过其他所有的实体尽可能达到完
【1399】满。但如果不是每一个形体都有灵魂的话，也就是说，如果它不是有多少活动的力就有多少欲望，有多少受动的力就有多少感觉，它不可能依赖其他所有的形体。而把灵魂仅仅归属于人，归属于为数极少的其他形体，这就像以为一切事物都是为了人类而造的一样不恰当。

实体形式，或灵魂，是统一性与绵延的原则，物质是复多性与变化的原则。[9]

因为我们曾经说过，形体实际上被分割成若干部分，每个部分都被不同的运动所搅动，出于同样的理由，每个部分还被分割，所以毫无疑问，如果我们只考虑物质，我们根本找不到与另一个点永远在一起的那样一个点，也找不到形体将与自身保持同一的那样一个瞬间；我们永远都没有理由说，形体是一个统一体，它不止是一个点，并且可以长时间保持同一。既然点和瞬间本身不是某种事物，而是事物的边界，即样式，那么我们可以得出这样的结论，如果形体中只有物质，那么它也就

没有实在性或完满性可言。但如果形体中只有形式，它也不会有任何变化和不完满可言。

没有形体就没有处所，没有变化就没有时间。[10]

那些不能很好地理解形而上学原理的人很容易轻信真空和原子，即坚不可摧的形体，而事实上，存在不能被作用[11]或不能有感觉的形体是荒谬的。现在，如果我们假定每个形体实 [247] 际上都被分割成若干部分，那么对充实空间提出的异议便可以迎刃而解。[12]确实，如果每一个事物都被认为是充满了球体，那么很明显，在间隙之间还可以放置无限多的新的球体，而不会妨碍运动，因为这只需要更小的球体移动得更快。现在，如果每一个事物有可能成为一个充实空间，那么每一个事物就将是一个充实空间，因为遗弃任何一个可以放置无限多受造物的处所都是荒谬的。[13]这也是没有变化就没有时间的原因。因为那样的话，它存在就好像它不存在一样。

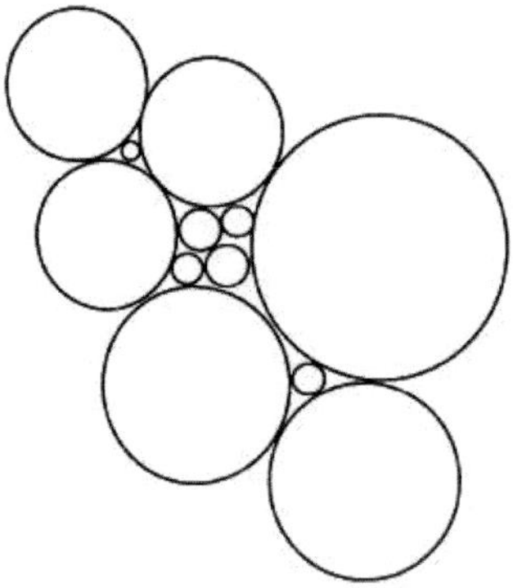

图 1

III

形体是一种能够活动和受动的实体。

物质是受动的原则，即被作用的原则；**形式**是活动的原则。

纯粹的心智能活动，但不能受动。因此，只有上帝是纯粹的心智；其余的一切都在物质中，比如，我们的心灵，以及天使的心灵。

【1400】因为受动的原则本身必定有效地包含着复多性，所以物质是一种同时包含着复数个事物的连续体，也就是说，一种**广延物**。

从某种意义上讲，任何形式都是一种**灵魂**，也就是说，是有感觉和欲望的。

尽管一切事物都有生命，但它们都按照机械规律来活动，因为感觉和欲望由器官（形体的部分）和对象（周围的形体）所规定。[14]

每一个形体实际上既活动又受动。

每一个形体既作用于其他所有形体又受到其他所有形体的作用，也就是说，知觉其他所有形体。

[249] 因此，每一种实体本身一定程度上分有神的全知全能，尽管它的认识是混乱的，它的活动因以相反的方式活动的事物而散乱了。

只有那些能够认出自身保持同一的真正的灵魂是不朽的；因为只有它们才能得到奖赏和惩罚，并因此能够接纳律法。对

它们来说，上帝不仅仅是原则，也是君主。因为它们是宇宙共和国的公民，而它们的国王是上帝。既然这个共和国是最好的，那么任何善行都不会被忽视，任何罪恶也都逃脱不了惩罚。

不管每一份物质有多小，它实际上都分割成被不同的运动所搅动的更小的部分。

形体的内聚力，即它的各个部分的内聚性，源于这样一个事实，即它们被非常微小的运动所搅动，以至于它们几乎不会分离，而且既然它们的运动是整个周围的系统所赋予的，那么如果没有外力，也就是说，如果没有对系统的干扰，它们不可能被分开。

任何形体都不会完全处于静止状态。

当两个形体彼此靠近时，只能通过运动的原因而不是运动本身来判断哪一个静止，哪一个运动，或它们是否同时运动。就若干形体来说，也是如此。

Ⅳ

任何一个形体都作用于其他每一个形体，也受到其他每一个形体的作用。既然每一个事物都是一个充实空间，那么每一个努力都会转播至无限远。而每一种努力都有一定的效果，尽管微弱的努力所产生的效果比较小。

每个形体的力量都无限大。既然如果某个形体的部分的每 【1401】
一个活动都是这个形体的活动，并且如果这个形体的部分无限多，我便称一个形体为一。所以，周围强有力的形体对等的甚

至更大的努力所包含的无限大的力随后就要向内施加，以阻止它向外作用或排斥置于其上的形体。这可以通过类比自然空气来阐明，一旦除去容纳它的东西，它就会自发地、超乎想象地向空间扩散。

如果一切形体彼此都处于相对静止状态，那么每个形体就会拥有和同一物质团块中的其他任一形体一样多的力量。

因为每个形体都要承受其他所有形体的力。这可以通过类比空气的弹力来阐明，因为空气的任一部分都没有因为太小而无法承受周围空气紧紧压在它上面的整个重量和弹力。

任一形体的各个部分都构成一个连续体。[15]

[251] 因为一个统一体总是在不破坏复多性的情况下尽可能地持续下去，而如果形体被理解为是折叠的而不是分开的，这种情况就会发生。[16]比如，弦是一种振动，尽管它的任何一部分都有自身特定的运动。凡是能够充分理解这个命题的人，都会嘲笑那些关于灵魂之座的徒劳无益的问题。

凡是想寻找事物的原初起源的，都必须研究事物是如何被分割成各个部分的，以及其中的哪个部分是运动的。

以我所见，我已经对此进行了研究。统一性必定总是尽可能地与复多性结合在一起。因此，我认为，物质并不像有些人所认为的那样被分割成大小相等的各个部分，或被分割成速度
【1402】相等的各个部分，而是被分割成力量相等、大小与速度不等（确切地说，速度与积量成反比）的各个部分。因为这样，一切事物才真正受到干扰，但却出于最大可能的理由。因为如果

它们不受干扰，它们就不能充满活力，而如果它们不以一定的比例受到干扰，它们就不能被知觉。

灵魂的整个原因和事物的整个目的是上帝最大的荣耀，它能使灵魂产生最大可能的幸福。

这个命题有赖于对上帝的本性所作某些相当深刻的沉思。

那些能够接纳律法的灵魂最终是不朽的。

只有这些灵魂被认为是宇宙的公民，即上帝作为其国王的共和国的公民。这些灵魂注定受到惩罚，也注定获得奖赏。17
只有这些灵魂考虑宇宙给了它们什么恩惠，更确切地说，上帝给了它们什么恩惠。上帝是其他灵魂的原则，不是它们的君王；因为它们不可能知晓祂是统治一切的某一唯一实体。由此可得，某人越是了解他的创造者，他就越值得拥有真正的生命。

虽然一切事物都有生命，它们凭感觉和欲望来活动，但它们仍然按照机械规律来活动。

我注意到，在这个问题上，大多数人都走向了极端。因为那些认为一切事物都受机械规律支配的人消除了所有无形的实体和目的因。另一方面，那些承认这些东西的人认为它们仅凭本能就能带来一切，而不试着找出事物以何种方式受到了支配。我认为动力因和目的因应该被结合起来，因为一切之所以发生是因为灵魂的意志，所以灵魂凭意愿来活动，但需要再次强调的是，它们的每一个趋于无限大的力都由机械规律所规定。然而，这些力却源于其他形体对等的、但却相反的努力。

因此，一个人的灵魂所能使他的形体飞跃的高度，只能与他内
[253] 部各个部分为此而聚集的运动施加于形体的动力成正比。这不就是那些消除一切形体的灵魂而不仅仅是人类的灵魂的人——也许都是些可笑的模仿大师的伪君子[18]——似乎比其他人更了解自己的原因吗？因为，就像人那样，即使是他有感觉和欲望，但却还是丝毫不差地按照运动定律活动和受动，所以同样的事情在其他有生命的存在者那里也会以一定比例得到体现。
【1403】然而，那些能够认识上帝并以合理的理由引导其生命走向宇宙王国中普遍的善的灵魂仍将与其他灵魂有无限的区别。因此，我们没必要担心低等动物的灵魂与人类的灵魂会处于同样的状况。

一切自然现象可以仅仅通过目的因来解释，就好像不存在动力因一样；一切自然现象也可以仅仅通过动力因来解释，就好像不存在目的因一样。

前者似乎是柏拉图的方法，他在取笑阿那克萨戈拉的“种子”说的《斐多篇》中对该方法做了精致的论述；后者是德谟克利特的方法，我们这个时代的某些杰出人士以他们自身的方式复活了这种方法。[19] 因为上帝不仅可以被看作是有形体的事物的原则，也可以被看作是灵魂的向导。因为正如祂用外加的运动激发了物质的各个部分那样，祂也用良好的判断力激发了灵魂。最后，那些把两种方法结合起来的人都认为，上帝是万物的创造者，拥有至高无上的力量和至高无上的智慧，并且出于某种理由在这个世界上表达了祂自身的积量和美。除此之

外，这些东西在生活和科学本身中也都有用，因为我们不只是应该崇拜主宰一切的天意，而且还应该洞悉大自然神秘的杰作，这对于用效果来检验事物的限度和用途来说是一种进步。从各个部分的用途开始谈起，这在的解剖学中经常发生。我们还想举一个例子来说明另一种情况，即光的反射和折射定律，它们通过沉思目的因而不是动力因更容易得到证明。[20] 【1404】

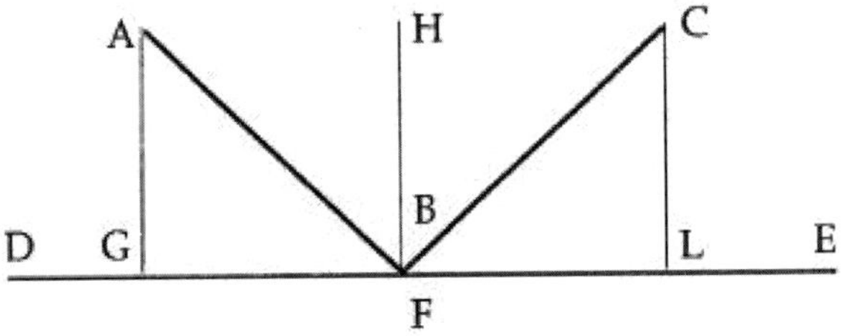

图 2

例如，入射光线 AB 的入射角 ABD 与反射光线 BC 的反射角 CBE 相等，这一事实可以用两种方式来证明。它可以用 [255] 动力因来证明，我们只需这样考虑，即直线 DE 在入射形体下落时弯成了弧线 DFE，而在复原的过程中沿着垂线 BH 将入射形体向后推回。因此，现在我们得到了那个在别处没有理由便作出的假设的理由[21]：为什么入射形体的运动与由此而来的反射形体的运动在这里应该是垂直方向 AG（只有在这个方向上，弧线才会因为被迫屈从于入射形体下降的程度而发生弯曲，并按照相反的方向以相等的速度反冲而恢复原状）与始终不发生改变的水平方向 GB（它的速度与垂直方向的速度保持同一比例）的组合。因此，当前者从 B 到 H 的时候，后者从

B到L，所以如果BL之于BH就像是BG之于AG，或如果BL=BG并且HB=CL，那么由方向BH和BL组合而成的运动方向就是FC。

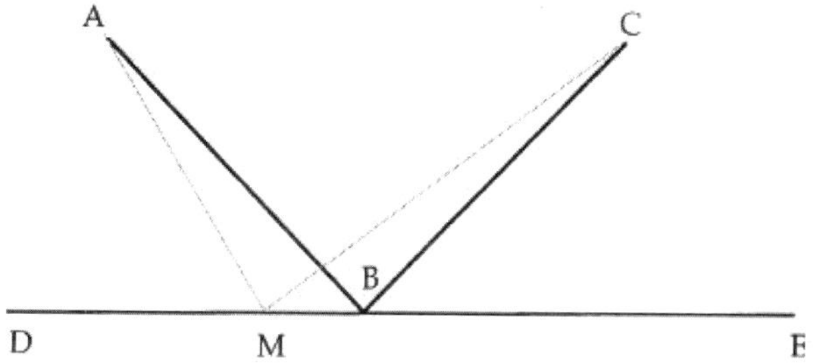

图3

但是，古人却通过诉诸目的因以下述方式证明了这一点[22]：不妨设有一个点A和另一个点C，他们认为，从任一点A出发，由于反射面DE各个部分均相同，某束光线会到达任一假想点C。但是，那束光线到底是AMC还是ABC呢？为了找到答案，他们用到了目的因的原则，也就是说，为自身提出目
【1405】的的大自然会选择最佳方法。因为在这里，由于有着均匀的透明度，所以只有路程是长还是短应该有一个理由，由此可见，如果ABC是所有路径中最短的，或者如果直线AB+BC的和比其他的都小，比如，AM+MC，那么从点A经由反射到点C的路径就会经过点B。而通过几何学可知，如果角ABD与CBE相等，那么和ABC将是所有可能的这种类型的和当中最小的。对于这种论证，近代某些人提出了反对意见，他们认为，来自A的光线并没有被赋予认知能力，也不会去探究它

是否会达到 C 以及到达那里的最佳路径，它只是以盲目的动力降落到反射面的某一点上，沿着已经认定的方向被带到了这一点，并按照机械规律从这一点反弹。不过，这些人不认为古人的论点来自目的因；并不是光线本身，而是光学定律原初本性被赋予了认知能力，并且预见到了什么是最好和最合适的。 [257]

26. 物质和运动都只是现象[1] Aiv277

[大约完成于 1678 年至 1679 年？][2]

物质和运动都只是现象，或者本身包含有某种想象的东西，这主要表现在我们可以就它们提出不同甚至矛盾的假说，不过，任何假说都能完全满足现象，所以没办法确定到底哪一个更好。从另一个方面来讲，在实在的事物中，我们可以准确地发现和证明任何一个真理。因此，就运动而言，我已经在其他地方做了这样的解释，即我们无法确定运动的主体[3]；就物质而言，我们很难说它是否已经被摧毁。比如，我们很难说一个地方是空的还是充满了理想流体；因为这两种情况没有任何区别。[4]同样，我们很难说我们是不是可以这样设想，即物质的一部分被摧毁了，其余的物质就会从宇宙的各个部分来到它的位置上。因为宇宙是无定限的，它没有尽头，所以其中某些事物被注入这一满的空间中那个被摧毁的形体所抛弃的位置，这是无法让人理解的。所以一切仍将像以前一样。我们也很难说我们是不是可以这样设想，即上帝让那个地方空着，就好像它其中的形 【1463】

体没有被摧毁，但为了抵抗那些从四面八方努力涌入它的事物，它以无限快的速度运动，但却不以任何其他方式作用于那些事物，或排斥那些事物，因为上帝已经催毁了这种作用。

27. 不存在一个形体这样的东西[1] Aiv278

[大约完成于 1678 年至 1679 年][2]

【1464】 (1) 我推测，那些并不比柴火或木桩堆中的木头和一块摞着一块的砖块有着更多统一性的东西严格来讲不是一个存在，而是若干存在，尽管它们被认为可以使用同一个名称。

这无疑的正确的，而不管它们紧密地放在一起还是相隔很
[259] 远，也不管那堆砖块或木头是否排列有序，因为这并没有给它们带来更多的统一性；各个部分同样可以有某些共同的运动，或者其他别的可以作为其属性的东西。

(2) 同时，我推测，在一个形体中，除了广延——也就是说，有部分的东西——之外，一切都是不可想象的。

(3) 最后，我推测，任何一个形体实际上都被分割为几个部分，而部分同样也是形体。[3]

由此可得：

第一，不存在一个形体这样的东西。

第二，也不存在若干形体这样的东西，只有一个又一个的形体。

由此可见，要么形体仅仅是现象，不是真正的实体，要么

形体除了广延之外还有其他属性。

假如承认仅仅接触并不能形成一个存在，那么即使不承认第三个推测，这个论证也没有问题。因此，如果我们这样去设想，即两个相等的三棱柱（没有被进一步再分割）构成了一个立方体，如果它们只是通过它们的顶点彼此接触，也就是说，只在点上彼此接触，那么它们不会形成一个新的存在。[4]，同样，如果一个三棱柱在立方体的构成中以静止的状态处在另一个三棱柱上方，它们也不会形成一个新的存在，那就更别说它们正在运动，或者它们仅仅一瞬间处在了立方体的情形之下，因为 【1465】
在这种情况下，我们可以得知，立方体产生的同时也就消亡了。

同样，不管它们是不是为了彼此接触而以相同或不同的运动方向移动，或者说不管它们是不是作为构成立方体的相互伴随的部分而移动，它们都不会形成一个新的存在。

28. 形体不是实体[1] Aiv316

[大约完成于 1678 年至 1679 年?][2]

形体不是实体 【1637】

而只是一种存在样式或一致的显象[3]

我所说的“形体”无论如何都不是经院哲学家用物质和某种可理解的形式构成的东西，而是德谟克利特在别处称之为物质团块[4]的那种东西。我要说的是，它不是一种实体。因为我将证明，如果我们认为物质团块[5]是一种实体，那么我们就会因为连续体的迷宫而陷入矛盾。关于这一点，最重要的是，我们必须考虑到，第一，不可能有原子，因为它们与神的智慧相
[261] 抵触；第二，形体实际上被分割成无限多的部分，而不是点。因此，任何人都没有办法指定一个形体[6]，或更确切地说，任何一份物质都只是一个由于偶性的存在，甚至可以说，它处在永恒的流变当中。但如果我们只说形体是一致的显象，那么这就终结了一切关于无法知觉的无限小的东西的探究。而对于我那个海格里斯论证，即“对任何人来说都无法知觉其存在与否的一切事物都不存在”[7]来说，这也是一个证明它的很好的理由。这就是形体的本性，因为如果上帝自身希望创造人们所设想的那种有形体的实体，祂将什么也不做，而既然说到底知觉到的只是显象，祂也不会认为自己做了什么。所以，一致性是真理的标志，但它的原因是上帝的意志，它形式上的理由是上帝认为某些事物是最好的或最和谐的，也就是说，某些事物讨上帝的喜欢。所以，神的意志本身可以说就是事物的存在。

29. 灵魂和心灵的本原[1]Aiv275

[1681 年 3 月至 6 月?][2]

【1460】 **灵魂和心灵的本原[3]**

只要上帝把宇宙与某个特定的形体联系起来，并把整个宇

宙看成就好像来自这个形体，或者是，把事物的一切显象和关系都与这个被视为不动的形体联系起来，那么由此就会产生这个形体的实体形式或灵魂，而这种灵魂还会有某种感觉和欲望。因为在一切事物中都存在着某种感觉和某种自然欲望，而这一点并不会贬损机械论法则；因为后者与其说是上帝活动的原因，不如说是上帝活动的机缘。

另一方面，当上帝不仅仅把整个宇宙看成是一个事物系 【1461】统，还是一个共同体，而祂是国王时，心灵就出现了。所以心灵不同于其他灵魂，这不仅表现在完满性上，也表现在它们的整个属或本性上。因为上帝允许心灵思考自己，而这又带来了记忆，使它永远记得自己和以前一样，是同一个东西。由此，不朽也随之而来，因为心灵不能忘了自己，并且一个念头总是引起另一个念头。但就灵魂来说，我们没有任何理由说它们会保持不变，尽管它们与形体有区别。因为真正的守恒在于一个人对守恒有感觉，如果缺乏这种感觉，那就好像我被消灭了，另一个人而不是我被创造了出来；因为两者无法区分开来；所以他们将不得不被认为是同一的。

低等动物有感觉和分辨力，但没有观察力。只有上帝拥有 [263] 那种有力量的理智、意志。我们也有理智、意志，但我们的理智和意志没有力量。[4]

实在性不同于某个事物在某个时刻存在，这或许可以通过这个事实来理解，即时间本身有某种实在性，但我们却不能说它现在存在。一个理解的人和一个以特殊的方式被理解的人是不同的，尽管从另一个角度来讲他们是同一的。因为根据假设，他们是同一的。因为一般认为心灵理解自身。然而，他们是两种东西，因为两个其间存在着某种关系的事物在某种意义上是不同的。正因为如此，心灵有某种二元性，由于在上帝那里智识本身是某种永恒的持存的东西，所以我们不可能拥有一个真正的关于三位一体的观念；然而我们同样可以精确地证明上帝的三位一体，但我们却无法精确地证明我们的二元性。在这些考虑中，并不存在矛盾，因为人们没有充分地考虑什么是同一性与差异性。

30. 关于有形实体之本性的疑惑[1]Aiv279

[1683 年 3 月 29 日][2]

【1465】 **关于有形实体之本性的疑惑**[3]

尽管相比其他性质，我们能够更清楚地理解广延与运动，因为其他一切性质都要通过它们来解释，但我们也必须承认，我们根本不能清楚地理解广延和运动。一方面是因为我们总是卷入与连续体的构成和无限相关的难题，另一方面是因为事物的本性中事实上不存在确切的形状，所以也没有确切的运动。[4]正如颜色与声音只是现象，不是事物真正的属性，并不包含某一与我们没有关系的绝对性，广延与运动同样也是如此。因为我们实在无法指出运动属于哪一个主体。所以，除了事物所具有的力和力量之外，也就是说，除了事物所具有的从中可以产生受某些规则约束的现象变化的这样一种构成成分之外，运动中的任何东西都是不实在的。[5]

广延并不是一个形体的实体，运动也不是。形体的实体是 [265]
物质（受动原则或有限定性原则）和形式（活动原则或无限定性原则）。因为每一个被造物既蕴含着有限定性又蕴含着无限定性：[6] 从清楚的认知与不可抵抗的力量来讲，它是有限定的， 【1466】
从混乱的认知与散乱的活动来讲，它又是无限定的。因为每一个灵魂，或确切地说，每一个有形实体，都是混乱的全知，都是散乱的全能。[7] 因为整个世界上发生的一切事情，没有一件是它没有知觉到的，并且它的努力都延伸到无穷远。形式可以说就是原初的活动（actus primus）。每个被造物都有物质与形式，也就是说，它是有形的。每个实体都是不朽的。每个有形实体都有灵魂。每个灵魂都是不朽的。每个灵魂，甚至每个有形实体很可能从万物产生之初就一直存在。聚集而成的一堆东西或存在，比如，一大堆石头，就不应该被称作有形实体，而是只能被称作现象。[8] 有形实体没有确定的广延。

有多少实体性的原子或有形实体，就有多少灵魂。

如果物质团块是人这种实体的本质，那么我们便无法解释为什么一个人会保持同一。

这也就终结了那些与万物与形式的本原有关的解不开的难题，因为它们根本就没有本原，实体不会生成。

31. 论实体、变化、时间与广延（节选）[1] Aiv132

[1683年夏至1685年初?] [2]

……

【559】 一个**基体**（suppositum）要么是一种**个体实体**，一个本身单一的完全的存在，比如上帝、心灵、自我；要么就是一种**实在的现象**，如形体、世界、彩虹、柴堆。我们总是根据完全实体来设想后者，但是，因为形体——除非它有生命，或它里面包含某种相当于灵魂的单一实体，即他们所谓的实体形式或第一隐德莱希——不是一个实体，而是一堆柴薪，而且因为它的任何一部分本身都不能被视为一个统一体（因为形体实际上进一步被再分割成若干部分，或必定可以被再分割成若干部分），所以形体就像彩虹一样，只是一种实在的现象。同样，数学中
【560】 的事物，比如空间、时间、一个球体、一小时，也是现象，但
[267] 我们总是根据实体来设想它们。因此，没有一种实在的实体是可分的。事实上，我们可以证明，那些可分的并且由积量构成的事物，如空间、时间和物质团块，都不是完全的事物，而是必须有某种东西附加在它们之上，这涉及到所有那些可归结于这个空间、这个时间、这个物质团块的事物。

……

【561】 最重要的是，心灵中似乎出现了某种实有的东西的概念，即实在性或本质；在这种概念中，我们知觉到的一切全都结合

在了一起。正因为如此，我们才得以称某种东西为存在或**事物**，即主体，接着我们设想出了**实体**，即终极主体，然后我们似乎又设想出了当前，即**现在**，尽管我们会认为，除非我们通过经验学会了区分纯显象的想象和梦与实在的现象，否则心灵观察到的一切现在都是真实的。

从现存的事物中，我们观察到了某种多样性。同样在那些事物中，我们注意到了差异、多和**同时**。举例来说，当我们知觉到一匹马和一头牛时，我注意到牛与马不是**同一事物**，而是有**差异的**。但是，既然它们结合在一起，那么就会有**多**个事物，也就是说，动物或生物。如果一个事物可以替代另一个事物而又不改变事实，那么它们就是同一事物。如果 A 是 D，B 也是 D，C 也是 D，那么 A、B、C 是同一事物，D 就是**一**。另一方面，如果，A、B、C 彼此有差异，那么它们就是**多**，数字也由此产生。

紧接着，我们还观察到了新颖性或**变化**，即同一事物自相矛盾的属性。举例来说，交接的事物彼此被分开，它们除了不 【562】
再接触，其他一切都保持不变。由此，我们认为先前交接的同样的事物被分开了，而不是先前交接的事物被摧毁了，其他分离的事物取代了它们。但既然两个完全矛盾的事物不可能说的是同一事物，那么当其他一切仍保持不变时所出现的唯一差异，当我们说同样的事物既交接又分离时并不会带来矛盾的那种差异，就是**时间**的差异。但那些事物是否如我们所认为的那样实际上总是同一的，这个问题需要进一步深入的讨论。我们在这里只需知道存在有某些事物，它们在变化的时候仍然保持同一，比如，自我。但如果有人声称自己哪怕一瞬间都不可能持续存在，那么他是不可能知道自己是否存在的。对此，他知道只能通过经验和知觉他自己来解决。但每一个知觉都需要时间，所以要么他在知觉的整个过程中始终不变，这对我们来说足够了，要么他自身没有知觉，要么只有瞬间的知觉，即只有在他存在的那一瞬间能够知觉。

[269] 此外[3]，由于对一个人的知觉的意识涉及记忆，并因此也涉及过去，所以无论是知觉的那个人还是被知觉的那个人都不是现在正在说话或思考的那个人。一般来说，如果时间中的万物都是瞬间的，那么时间必然由瞬间组成。而可以肯定的是，如果可变的万物连续不断地湮没，被其他事物替代，那么必然存在某种作为万物的原因并完成替代的不可变的东西，因为如果曾经什么都没有，那么也就永远什么都没有。但这种永恒的存在本身就会拥有自相矛盾的属性，因为它现在既是在前的事物的原因，又是在后的事物的原因。但如果你否认它既可以被说成是**现在**也可以被说成是**过去**，那么它要么就不在时间中，要么就不能持续存在。因此时间仅仅由瞬间组成，因为脱离了事物，时间无法被理解。但是说时间由瞬间组成就像说直线由点组成一样荒谬。而那些说上帝连续不断地重复创造同样的事物的人不会遇到同样的困难，因为他们不需要把时间分成瞬间，但他们只能说什么都不存在。|

此外，由于对我的知觉的意识涉及记忆，并因此也涉及过去，因为我在同一瞬间不可能既思考又知觉我的思想，所以，如果无论是知觉的那个人还是被知觉的那个人都不是正在思考或回忆的那个人，那么当我们说我们经验了我们自己时，我们就错了。【563】

但是，如果没有对自我的这种经验，即对万物的第一经验，那么其他一切也都会终止。因为如果不确定我是否存在，那么也就不确定我是否知觉到了，因此也就不确定其他那些我断定仅在我知觉到的事物中有其来源的事物是否存在。所以要么我们什么都不知道，要么我们知道即使我们发生了变化，我们仍然持续存在。

接下来，从同一事物的两个自相矛盾的状态来看，那种**时间上居先的状态**，就其本性而言就是那种在先的状态，也就是说，那种蕴含另一个状态的理由的状态，或说得更贴切些，那种更容易被理解的状态。例如，就钟表来说，为了完全理解它的指针的当前状态，我们需要理解它蕴含在先前状态中的理由；依此类推。在其他任何事物序列中也是一样，因为总有某种联系，尽管并不总是必然联系。

同时存在的事物是那些有联系的事物；要么联系是必然的，要么联系的理由可以被确定无疑地给出。而那些绝对或按理不可能同时存在但却仍然存在的事物只是在不同的时间存在；[271] 正如我说过的那样，那种在时间上居先的事物相比另一个事物蕴含一个更简单的理由。

……

【565】 我们把我们所观察到的为所有同时存在的知觉所共有的东西称作**广延**；通过对某种东西的知觉，出于某种不确定的理由，我们可以同时知觉到若干事物，我们把这种东西叫做**广延物**。因此，广延物是一个连续的整体，它的各个部分同时存在，并且有自身的位置，同样，这个整体也是另一个整体的一部分。连续的整体是那种其部分无定限的东西[4]；如果把空间里面的那些事物的灵魂抽离出来，那么空间本身就是这样一种东西。因此，这样一种连续体是无限的，就像时间和空间那样。因为它在任何地方都与自身相似，所以任何一个整体都将是一个部分。我们认为，"有广延"就是可分割成部分，可成为另一个事物的部分，有界限，相对于其他事物有自身的位置。点是那种有自身的位置、但却没有广延的东西。

广延之后，我们要讲一讲广延的变化，即运动。但在此之前，我们必须讲一讲一般意义上的变化，即活动和受动；必须先讲一讲力量、努力及其他诸如此类的东西……[5]

32. 论部分、整体、变形与变化（节选）[1] Aiv147

[1685 年中][2]

……

【627】 **必要条件**是一种更简单的条件，或通常所说的，一种先天条件。

条件是那种东西，即如果它被取走，某些东西就会被消除。

事物的有些必要条件是间接的，必须通过推理来追查，比如，原因；有些必要条件是直接的，比如，部分，末端，以及通常包含在事物中的任何东西。

如果当若干事物被设定起来了，根据这一事实，某种统一体也就立刻被理解为被设定起来了，那么前者就是所谓的**部分**，后者就是所谓的**整体**。它们甚至没有必要同时存在，也没有必要在同一个地方存在；只要它们被同时考虑就足够了。因此，把所有的罗马皇帝摆在一起，我们从中构建了一个集合。但实际上，任何实在的存在都不是由复数个部分构成的，也就是说，任何实体都是不可分的，那些有部分的事物不是实在的存在，而只是现象。古代的哲学家们也因此正确地把心灵、灵魂或第一隐德来希等实体形式当成了那些他们所说的本身构成统一体的东西，否定了物质由于自身是单一存在的说法。毫无 [273]
疑问，那些缺乏这些形式的东西并不是单一存在，而是一堆柴薪。实际上，它们并不是实在的存在，最多只能算是彩虹或幻日这样的东西。无疑，它们不可能保持同一，哪怕是一瞬间， 【628】
而真正的实体在变化中持续存在；因为我们在自己身上经验到了这一点，否则我们甚至无法知觉我们自身，因为我们的每一个知觉都涉及到一种记忆。但我们只能顺便提一下这些东西。

就像我喜欢把相等的事物定义为通过变形可以变得全等那样，我也喜欢把同质的事物定义为通过变形可以变得相似，但是通过变形来解释却有一个困难。因为当分析不是一直进行到最小部分，而是部分持续存在，只是调换了一下位置时，通过变形来解释很容易被理解。然而，比如，当一条曲线是由一条直线制成的，我们认识到，同一事物就像以前一样仍然存在，而实际上什么东西都没有保留下来：因为直线的任何一个部分都已不再存在于曲线当中；如果有人说所有点都持续存在，那么他这个说法就太含糊了，因为在连续体中根本就不存在确定数目的点，实际上，点只是样式。因此，除非我们承认广延物中除了物质以外还有其他别的东西，否则我们就不清楚它们是如何持续存在的。不过，我们至少可以通过某种标示来定义我们的变形，以便当某物在不添加也不去掉任一部分的前提下变成了另外一个事物时，我们可以称之为变形。因为尽管先前存在的部分在每一种变形中都被破坏了，但它们却没有被移除，也就是说，它没有以它持续存在或通过自身变形构成其他别的东西的方式被分开，即（免得变形进入它自身的定义），没有以尽管它发生变化、但它的变化却对我们的事物没有任何进一步影响的方式被分开。

如果我们不想用变形来定义它们，我们就必须用另一种方式来定义**同质**的事物，也就是说，把它们定义为有精确（或尽可能精确以致剩余的部分小于任何给定的量）的公度的事物。

那么**相等**的事物就是类似地由全等的事物规定的那些事物。

较大的事物就是其部分等于另外一个被称作**较小的**事物的

整体的那种事物。

一个事物既不大于也不小于其他别的事物，而且还与它是同质的，那么它们就是相等的事物。

如果那些事物是另一个事物的绝对的条件，那么它们就会**同时存在**。而如果第一个事物通过发生于其间的变化成了第二个事物的条件，那么第一个就**早些**，第二个就**晚些**。现在我们可以把早些的事物理解为与原因同时，把晚些的事物理解为与 [275] 结果同时。也许，我们还可以认为早些的事物比第二个事物更简单，或者说，是第二个事物的必要条件。我把事物的必要条件定义成了这样一种条件，即它就本性而言比以它为条件的事物更简单。

如果 A 是 B，并且 A 又不是 B，则 A 被认为发生了**变化**，【629】 即在不同的时间为真。现在我们通过永恒事物的各个部分的均匀变化来测量时间，这样，早些便适用于距离假定的起点较近的部分。

测量事物的持续时间的基础是假定均匀的若干运动（就像若干精确的钟表的运动）保持一致；这样，无论发生什么事，它们要么同时发生，要么先于某事发生，要么晚于某事发生。

与某种状况不相容并且比它简单的那种状况**在时间上早些**。另一种状况被认为在时间上晚些。那些根据假定共同必然的事物**同时存在**；我说，根据假定，也就是，根据设定的事物序列。

就像处所、质及其他许多东西一样，**时间**也是一种想象的存在。

我们可以通过某种均匀的变化识别出某种东西是早还是晚，但因为若干不同的均匀变化同时存在，所以存在着这种同时和早的原因；因为钟表并不引起早和晚，只是显示早和晚。天体运动也是如此，它与钟表运动的区别仅是大小不同而已。由于时间根植于本身潜在地包含着事物的接续的第一因，第一因使得一切事物要么同时发生，要么早些或晚些的。空间也是如此，因为第一因使得一切事物有了一定的距离。因此，在空间和时间里，任何实在的东西都存在于包含一切的上帝之中。

但后面的所有这些东西都很难解释，并且迫使我们去考虑神性[3]……

【1797】

33. 科尔德穆瓦作品摘注[1]Aiv346

[1685 年][2]

【1798】

摘自科尔德穆瓦的《论形体与心灵的区别》[3]

1. 关于第一篇章 Aiv346$_1$

普通物理学的大多数错误都源于这一事实，即还没有充分认清形体与心灵的本性以及它们之间的区别。

[277] **形体**是广延实体，因此（由于存在许多这样的形体），它们是有限的，也就是说，被赋予了形状；由于每个形体都是一个独特的、自我同一的实体，所以它既不能被分割，也不能被

穿入，它的形状也不能被改变。

物质是许多形体的组合；如果若干形体被认为是结合在一起，那么它们便被称作**一份物质**；如果它们之间没有结合在一起，那么它们便被称作一种**堆积**；如果它们在彼此之间流动，彼此交换位置，那么它们便被称作一种**流体**；如果它们通过某种小钩子连接在一起，或者，只有轻微的移动，以至于它们无法被轻易地分开，那么它们便被称作一种**有广延的质量**。

一个形体不能有部分，但物质可以。**广延实体的观念不管怎样都是很清楚的**；但我们却错误地把它与我们对物质的知觉混淆了。并不是一切广延物都可分。

如果我们不是以事物的显象来考虑事物，而是以事物的本来面目来考虑事物，那么物质之所以有广延，就仅仅是因为它所包含的每一个形体被赋予了广延；一个有广延的质量之所以可分，是因为它由作为不同实体的部分构成。（+值得注意的是，不只是那些认为一切广延物都可分的普通的笛卡尔主义者，甚至是那些认为一切实体皆不可分并且真正一体的半伽森狄主义者科尔德穆瓦，都诉诸于观念。在我看来，他们实际上都是对的：因为如果一切有机的形体都有生命，而一切形体要么是有机的，要么是有机形体的集合，那么我们由此可知，每一个有广延的质量[4]都可分，但是实体本身既不能被分割，也不能被摧毁。+）没有这些考虑，物理学原理就不能被承认。

人们普遍习惯于把物质和形体（+广延实体+）混为一谈。我们可以说形体是一种广延实体，但却不能说物质是一种实体。因为每一个单一实体就其本身而言是不可分的（+这位最尊贵的绅士也很困惑，也只能透过云层来看他无法准确推证的真理+），而如果它一经被认为是有广延的，它的本性便存在于广延之中，那么我们就必须承认，既然它的所有的末端都一
【1799】样，那么它的任何一个末端就都不能与其他末端相分离。[5]（+通过同样的论证，他还将证明，人的形体也不能被分割，因为只有一个灵魂存在于整个形体中。换句话说，他的错误是，他不承认在有形实体中除了广延之外还有别的东西；也就是说，实体概念可能就是由这种东西产生的，而仅仅靠广延不可能产生这种概念：按照活动隶属于主体这一广泛接受的公理，这种东西就是活动和受动的力量或潜能。[6]+）

在我有所耳闻的那些把物质与形体似乎当成同一种东西来
[279] 讨论的人当中[7]，即使是我背弃自然之光，愿意与他们一样也假定实体是可分的，我也没有找到一个人能向我解释他自己在这个问题上的看法。[8]当我问实体是否无限可分时，他们会否认这一点，并且说它只是无定限的可分；但他们却还是以解释无限可分性的方式来解释这种无定限的可分性。尽管最终他们会坦率地承认，在这个问题上，有些东西超出了人类的理解，但他们仍然会说，以这种方式发生是必然的。[9]而我所提出的观点似乎没有同样的含糊其词。

笛卡尔主义者这种相反的观点的第二个麻烦之处在于，他们无法在不考虑运动的情况下形成一个单独的形体的概念。按照他们的学说，我们甚至无法设想一个形体在其他形体中保持

静止，因为如果它与其他形体接触，它就会因此与其他形体融为一体（+ 除非只在某一点有接触。但是，这些对科尔德穆瓦来说也是难题：假设两个三角形的原子相互接触，构成了一个完美的正方形，而它们就这样相互靠在一起，同时，假设有另一个有形实体或原子，它也是正方形的，与由两个三角形构成的正方形相同。我想问的是，这两个广延物在哪些方面不同？毫无疑问，它们现在的样子没有任何区别，除非我们假定在形体中除了广延之外还有别的东西；确切地说，只能通过对它们先前状态的记忆来区分它们，而在形体中没有这样的东西。[10] 它们本身后来怎样才能像它们受到了第三个形体的撞击，其中一个分裂成了部分，而另一个没有分裂那样，变得不一样呢？对所有的原子论者来说，这都是一个难题，而且迫使他们不得不承认，在物质中除了广延之外还有别的东西 +）。与此同时，对于一个在其他形体中保持静止的形体，我们确实有一个完美的观念。[11]（+ 我们有一个静止的形体的**影像**；假设我们把形体想象成本质上是 [12] 其本性即被移动的广延实体，那么现象就会和现在的一样，我们仍然可以想象形体是静止的；简言之，这是一种想象，就像人们说他们能设想出真空一样 +）。

第三个麻烦之处在于，我们将从他们的观点得知，形体哪怕是一瞬间都不可能保持同一积量和形状。这是因为形体被不同的形体朝不同的方向挤压，它以多少种方式被挤压，它就以多少种方式被分割，同时，从它那里分离出来的部分又去挤压剩下的那些部分，把它们也分割开来，而这样的分

割是没有限制的。如果一个正方形的形体被认为绕着它自身
【1800】的中心旋转，即使他们说，有多少部分被破坏，就有多少部分重新连接在一起，他们还是很容易陷入这样的麻烦，即形体不
[281] 会保持同一。这些人在进行哲思时将不得不假定，许多形体实际上一段时间内不进行分割（+ 不，他们将不得不坚持认为，没这回事 +）。[13]

另一方面，我们受天性的驱使，把形体看作不可分的，把我们自身由无数形体构成的形体看作一个整体，因为它的所有部分相互协作，都是为了实现同一个目的，所以如果没有破坏它们的运作机制，它们就不能被分割。法律专家称，如果没有遭到破坏，**形体**无论如何都不能被分割[14]（+ 不，他们并不把它们称作形体，而是称作种 +），而他们把**量**称作彼此独立存在的事物——比如，小麦、酒或油——的集合。[15]

显然，根据一种自然观念，我们把形体表象为一种不可分割的事物，把物质表象为一种可分割的事物。然而，一个形体不能仅仅因为我们可以在不考虑其他末端的情况下考虑它的一个末端而不可分；相反，正是因为形体是有广延的，所以它必然有若干末端；由此，我们更应该得出这样的结论，即它们是不能分离的，因为它们是同一事物的末端。

此外，就像广延恰好适用于形体那样，量恰好适用于物质（+ 广延为什么不应该有量呢？[+)]。

并不是所有间隙都必然充满形体。有些人坚持认为如果器皿里面装的东西被摧毁了，器皿各边就会黏合在一块，我不同

意这样的观点，[16] 因为我不知道一个形体对另一个形体的持存到底有什么帮助(+ 正相反，一切实体都彼此相互依赖[+)]。实体不会有距离，但有位置。(+ 位置或关系必然建立在某种东西之上；如果你说，它建立在一种可能的插入物之上[17]，那么我就会说，这种可能的插入物则必须建立在某种已经现实存在的东西之上 +)。[18]

2. 论有生命的机器[19]Aiv346$_2$

形式对某种排列有序的东西来说是不能否认的：有些人把这句话当成了确凿无疑的公理，以至于他们深信如果他们可以给予一个有广延的质量像人体那样有序的排列，那么它也就不 【1801】
会缺少灵魂；他们不会说自己造了一个与我们相似的形体，而是会说自己造了一个与我们相似的人。对于这样的哲学家，如果他认为时钟是有生命的，那么我们很难再以相反的观点说服他。但是，既然真正的存在不得增加，那么钟表中的一切只要都可以通过形状和运动来解释，这就足够了。

这便是科尔德穆瓦《论形体与心灵的区别》的第三篇章。 [283]

在我看来，这个公理非常正确，但除非有人能够通过无限分割来保持秩序，否则没有一个人能造出一个与人体完全相似的形体。所以天使不可能塑造一个人或任何一种真正的动物，除非用人或动物已经以某种方式在其中先行存在的种子来塑造。他可能造出一个机器，而如果你不仔细地检查它，它可能会因为自身的外观让你觉得它是一个人，但它不可能真的是一个人或一个动物。

【1505】 ## 34. 论现存世界[1]Aiv301

[1684 年 3 月至 1686 年春][2]

【1506】 每一个**可想象的**东西，要么是一个存在，要么是一个非存在。

存在是那种其某些方面可以被肯定的东西。

非存在是那种只具有否定属性的东西。换句话说，如果 A 不是 B，不是 C，也不是 D，依此类推，直到无穷，那么它就是**无**。

每一个存在要么是实在的，要么是想象的。**实在的存在**——比如，太阳——是那种在心灵运作另一边的东西，我们可以从若干知觉的一致中对其作出判断。**想象的存在**——比如，彩虹、幻日、梦——是那种以某种知觉样式按照实在的存在的模式被知觉到的东西，但它们不像实在的存在那样，不能以其他知觉样式被知觉到，也经不起检验。因此，作为我们和媒介的倾向的结果，它成了被知觉到的东西，尽管它本身并不是知觉的原因。通常，一旦我们理解了这种现象的起源，我们也就知道了这种假象的原因。

每一个实在的存在要么是一个由于自身的统一体，要么是一个由于偶性的存在。一个**由于自身的存在（统一体）**[3]是，比如说，一个人；一个**由于偶性的存在（统一体）**——比如说，一堆柴薪，一台机器——只是一个聚合而成的统一体，它里面并没有实在的统一，而只是连接在一起：也许只是接触，甚至只是相撞而成为同一物，或至少是将其聚集成一个统一体的心灵所观察到的一致。但是，在一个由于自身的存在中，某种实在的统一是必要的，其本质不在于各个部分的位置和运动，就像一条链子、一座房子或一条船中的各个部分的位置和运动那样，而在于它的各种属性和效能有某种唯一的个体原则和主体，就我们而言，这种主体就是所谓的灵魂，而假如形体是一个由于自身的统一体，那么就形体而言，这种主体就是所谓的实体形式。

每一个存在要么是**实体**，要么是**偶性**或**样式**。实体就是，比如说，心灵、形体；样式就是，比如说，热或运动。根据偶性或样式，我们可以形成一个具体的词项，它是一种实体或另一种偶性的谓项。然而"实体"概念已经是一个具体的概念了，[285]
除了实体之外，它不能是其他任何东西的谓项，个体实体并不【1507】
蕴含于任何其他个别东西，但另一方面，个别偶性却蕴含于拥有若干偶性的个体实体。实际上，个体实体概念是某种完全的东西，它已经潜在地蕴含着一切可以被认为属于它的东西。因此，比如，在设想彼得这个实体时，上帝就是通过这一事实设想出了已经发生或将要发生在他身上的一切。如果这不能被设想为蕴含于一种个体实体，那么它也就不能被说成是一种个别偶性。根据阿方索的君主权力，我无法设想他的天文学，除非我诉诸于阿方索的个体性。[4] 此外，普遍实体不过就是每一个这样的个体实体，不过由于个体实体包含与整个宇宙的关系，所以它显然总是无限的。

实体要么是完满的，也就是说，绝对的，即**上帝**，要么就是有限的，在这种情况下，它就是所谓的**被造物**。不过有限实体必然依赖于绝对实体，否则后者本身就会是有限的。它也是唯一的，因为根据它的本质，它的概念是完全的。[5]而完全的概念是个体实体的一个标志。

每一个实体内部都有一种效能，这种效能要么是作用于它自身的，在这种情况下，这种效能被称作反思或思维，而这种实体是精神实体，即心灵；这种效能要么就是它的各个部分的效能，而这种实体就是所谓的**有形实体**。

因为上帝是一种心灵，并且理解和爱祂自己，所以这是同一个人与其自身之间的奇妙差异的来源，或者说构成了我们在**三位一体神的位格**中所承认的、我们的心灵在思考时同样有与其相关的某种迹象的那种不可分割物。[6]

心灵要么与形体相分离，要么与形体相结合：相分离，就像上帝那样；相结合，正如**我们的灵魂**那样。还有一些比我们的心灵更完满的心灵，我们称其为**天使的心灵**。古人认为，天使的心灵与某些形体相结合，不过这些形体比我们的形体要精微得多。但如果这是真的，那么我们的灵魂，即使本身是无形体的，也只能被看作是在死亡的时候放弃它肉体。如果没有附加的形体，就没有被造物。

有形体的实体有**不同的部分**和**不同的种**。这些部分是物质

和形式。**物质**是受动原则，或原初的抵抗力，它通常被称作 【1508】
物质团块或抗变性（ἀντιτυπίαν），它是形体不可入性的根源。
实体形式是活动原则，或原初的活动的力。但是，在每一种实 [287]
体形式中都有一种认知，也就是说，外在事物在某一个别事物中有其表达或表象，[7] 根据这种说法，形体就其本身而言，也就是说，就其实体形式本身而言，是一种统一体。这种表象与一种反作用——根据对其作用的认知而产生的努力或欲望——结合在一起。

这种实体形式必然存在于一切本身一体的有形体的实体之中。所以，如果禽兽不仅仅是机器，它们必然拥有实体形式，即所谓的**灵魂**。另一方面，其他缺乏实体形式的形体也就只能是形体的聚合体，比如，一堆柴薪或一大堆石头，因此没有认知或欲望。每一种实体都是由于自身的统一体，就其本性而言是永恒的，除非通过创造和湮灭，否则心灵、灵魂、实体形式，即由于自身的存在的统一性原则，是如何可能被制造出来的，又是如何可能被消灭的，这是不清楚的，因为物质的有规定的部分不属于它的本质。所以我们很容易相信，动物通常应该源自某种原本就存在于精液中的看不见的微小动物，这种微小动物被带入了子宫，并在那里开始生长了起来；我们也很容易相信，经常发生的应该不是灭绝而是变形，举例来说，当毛毛虫变成蝴蝶时，变形前后仍然是同一个灵魂，尽管老动物变成新动物在我们的感官上并不像毛毛虫变成蝴蝶那样明显。我们从梦的情况了解到知觉并不总是需要感官，物质的变化最终是大还是小也不重要，重要的是早些的知觉与晚些的知觉之间的差异程度。另一方面，因为所有的心灵构成了上帝之国，所以它们保留了它们前世的记忆。

至于形体的种，我们现在要忽略对实体形式的考虑，以及形体是否是一个由于自身的统一体，而应该只考虑**物质**的种差。因为在大多数情况下，一个形体究竟是一台由各个部件聚集而成的机器，还是真的被赋予了一种实体形式或灵魂，这是有争议的。这是一个事关动物本身的有争议的问题，更重要的是，它也是一个事关植物、石头和金属的有争议的问题，而最重要的是，它是一个事关星体乃至整个世界的有争议的问题。

【1509】 所有形体的聚合被称作**世界**，如果它是无限的，那么就像无限长的直线或最大的数字不是一个存在那样，它甚至也不是一个存在。所以上帝不能被理解为**世界的灵魂**：不能被理解为一个有限世界的灵魂，因为上帝本身是无限的，也不能被理解为一个无限世界的灵魂，因为一个无限的形体不能被理解为一个存在，而是只能被理解为那种不是由于自身的统一体、没有实体形式因此也没有灵魂的东西。[8] 所以就应该向马提诺斯·卡布拉（Martianus Capella）那样把上帝称作超越现实世界的心智。[9]

[289] 世界上，无论是在物质中，还是在形式中，都没有**真空**：也就是说，在这个现实世界的空间里，既不可能创造更多的形体，也不可能创造更完满的形体。人们可以将事物区分为容器和占用容器的东西，即它们的容纳物。**时间**和**处所**，或空间，

是容器。存在于其中的形体是容纳物。

考虑到我们和我们所处的位置，现存世界可以被分成两部分：一是星体之外的世界或**恒星之外的世界**，我们无法知觉到它；二是**恒星的世界或可见的世界**，我们把地球之外的称作**诸天**，把我们居住的天体或球状星体称作**地球**。

可见的世界不仅包含有从遥远的地方照耀着我们的巨大固体，或至少是凝聚在一起的形体，我们称之为**星体**；它还包含有着携带某些星体前进的周期性运动的流体。正因为如此，人们不无恰当地将这些流体称作**涡旋**。

星体要么自身发光，在这种情况下，它们被称作像太阳一样的恒星；要么被照亮，在这种情况下，它们有可能被称作像地球一样的行星。

星体要么是恒星，要么不是恒星。恒星一直呆在一个地方，或至少截至目前它们的位置变化还不足以引起我们的注意。其他星体要么有着完整的周期轨道，在这种情况下，它们被称作**行星**；要么在这个现实世界的空间里按照迄今为止尚不为人所知的规律并沿着几乎笔直的轨迹前行，在这种情况下，它们被称作**彗星**。

事实上，到目前为止，我们已经注意到，恒星就像太阳一样，而行星就像绕着它们自身的太阳运转的地球一样，所以我们说，一颗恒星及其行星构成一个**庞大的天体**。我们还认为，有多少恒星，就有可能有多少庞大的天体或行星系统。与此同时，没有什么能阻止游移的像太阳一样的恒星和固定的像地球 【1510】

一样的行星的存在。

还有一些行星，它们围绕其他更大的行星运转，它们被称作**卫星**。因此，伽利略在木星周围发现了四颗卫星，惠更斯在土星周围发现了一颗卫星，后来卡西尼又补充了一些。[10] 月亮本身是我们地球的卫星。另一方面，我们的地球是围绕照耀着我们的太阳运转的行星。所有这些古人所不知道的东西，直到我们这个时代才最终被清楚地展现了出来。

值得注意的是，彗星有时候会放射出像头发但通常更像尾巴那样长长的指向背离太阳方向的射线。

但在我们进一步讨论之前，我们必须解释一下**流体**与**固**
[291] **体**——或至少它的各个部分有某种联系的形体，即它的各个部分凝聚在一起的形体——之间的区别。的确，我们必须认识到，任何的形体确实都有一定程度的固定性，而且没有什么东西是如此流动的，以至于不需要某种力就可以使它的部分弯曲或完全分开；任何形体也都有一定程度的流动性，所以它的部分不仅有可能被足够强的力分开，也有可能通过哪怕最小的力而在某种程度上向内弯曲。但如果某些先前接触的东西没有被拉开，弯曲是不可能发生的。所以事物中没有**原子**，也就是说，任何事物都不可能具有无限的硬度。

造成这一切的原因是造物主没有留下任何不毛之地，而是在每一个不管多么微小的物质粒子中都塑造了一个拥有无数[11] 受造物的世界。因为连续体可以被无限分割，所以如果物质的某个部分实际上没有被再分割，那么就会留下形式的真空，而这与上帝的完满性相悖。所以，世界上不存在笛卡尔所认为的那种长久以来一直绕着它们的轴转动的完美的球体 12，也不存在任何元素，即构成其他形体的原初形体。所以同样不 【1511】存在具有最大流动性的精微物质，也不存在作为次级元素的小球，对一个形体来说，说它是完全流动的就像说它是完全坚硬的一样荒谬。某些形体对我们来说可能是基本的，但它们相对于其他更小的形体可能被认为是太阳相对于火花的两倍。因此，我们必须指出，世界上没有一个点的运动不被设定为与其他任何无论离它多近的点的运动有所不同，但是，另一方面，没有一个点的运动不与世界上其他给定的点有共同的运动；按照前面的说法，一切形体都是流动的；按照后面的说法，一切形体都凝聚在一起。但是，只要一种共同或固有运动或多或少可以被观察到，我们就可以把一种形体称作固体，或单独的形体，甚或流体。

而这可以从我们在拆分它们时所感受到或没有感受到的抵抗力来加以观察。原因是，如果不用很大的力，我们不可能对事物作出重大的改变。所以，根据目前事物的状态和宇宙以及贯穿宇宙的流体（无论是可见的还是不可见的）的运动，如果不用力，那些由相互挤在一起和被周围事物挤压在一起的各个部分构成的事物不可能被分开，比如，如果不用力，一个重物不可能与支撑它的底座分开，同样，一个被夹起的形体也不可能与夹住它的钳子分开。所以，即使它们没有被挤压在一起，但如果有人无论以何种方式分离它们，它们仍然不可能在周围

形体没有明显扰动的情况下被分开；因为正如我们从两块抛光的石板的实验中所了解到的那样，为了达到这种分离的目的，
[293] 力是必要的。换句话说，在那些既没有被挤压在一起也没有由于周围形体的扰动而被分开的事物中，我们看不到任何内聚现象。我们往往都认为那些由拥有平整的表面或大量相叠合的表面的粒子构成的事物很难分开，因为它们之间有着最大程度的接触，所以如果不干扰它们周围的形体，它们不可能被分开。而对于那些几乎没有任何接触的形体来说，在分离它们时几乎感觉不到抵抗力。一般来说，我们必须指出的是，世界上没有完全的静止，也就是说，既没有绝对的静止，也没有相对于邻近形体的静止，但如果运动太小，我们会把它当成静止。正是由于这个原因，如果没有某种力，也就是说，如果那些紧挨着并处于静止状态的事物——那些以一个共同的运动移动的事物或那些努力靠近彼此的事物——周围的形体不发生改变，那么它们是不可能被分离开来的。另一方面，越多的形体表现出不同的运动方式，并且已经在努力把彼此分开，它们就越容易分开。因此，固定性源于周围形体的压力，即一种被它们的分离
【1512】所搅起的运动。静止本身并不存在，如果它存在，那么固定性的原因就无法被理解。而一旦固定性被确立，新的凝聚体就可以进一步通过固体彼此间的纠缠得以形成。

一个在其所处的位置因压力而弯曲的形体有时会恢复原状，我们把这种形体称作**弹性体**。它立刻恢复原状，其理由与它在弯曲开始时抵抗的理由是一样的，即，以此方式，周围不

可见的流体的运动就不那么受到干扰。但是，如果这些流体在形体被分离时还有其他同样方便的方式溢出，恢复就会停止。因此，从整体中拆离出来的部分重新结合在一起，这种情况很少发生，尽管我们从磁铁的例子中了解到这种情况有时会发生。不过，我们应该意识到，任何事物都有一定程度的弹性。比如，还有什么有可能比玻璃更硬更脆呢？然而，极其纤细的玻璃丝却是有弹性的。反之，还有什么有可能比极其纤细的棉线更柔软更柔韧呢？然而，如果棉线一个接一个地加在一起，形成稍微粗一点的棉线，那么它也就不仅有了一定的抵抗，它的脆性 [13] 也得到了恢复。因此，任何事物都不会因为太过柔软以至于在被敲打时不会产生声音，而我们都知道，这种声音起因于弹性体颤动的恢复过程。

把这些东西联系起来似乎是适当的，所以我们应该习惯于把我们的灵魂从感官中分离出来，去考虑宇宙令人钦佩的秩序与最广泛的多样性之间最大程度的联系；所以我们无论是在广延上还是在事物的再分割上都不应该给造物主规定任何界限，我们应该认为一切事物都被运动、生命和受造物所填充；所以我们应该放弃这种虚假的希望：形成一个关于普遍的世界系统的概念，把我们的分析延伸至所谓的第一原理，以及形体的要素，即不存在的原则。但是，就像一位筑城学的教师，当他讲解土壤时，关于沙子、鹅卵石、石灰和黏土，他会讲很多，他不会因那些隐藏在土壤中的较小的形体感到烦恼，因为他认为它们与他的目的无关。所以如果我们能够 [295]

解释那些不可感知的、但却对我们有明显影响的形体，我们应该很高兴，因为我们这些凡人再继续下去，既没有用处，也不可能了。

【1513】 此外，由于世界上有这么多种类的东西，所以也就难怪当上帝通过祂无上明智的意志把万物搅动起来，使它们作出最适当的运动时，祂在某个地方创造了某种类似于凝结的牛奶中的凝乳那样的东西：所以，换句话说，某些相对于我们来说巨大的物质团块部分地变成了比其余部分更加固定的部分，部分地变成了明显更加细微的部分，也就是说，变成了星体和涡旋，与此同时，每一个星体都维持着邻近流体的运动。世界上到底有没有另一个像凝结以前的牛奶那样既没有星体也没有涡旋但却有着更稳定的黏稠度的地方，我们不敢说。但毫无疑问，星体是球形的，因为它们一开始就像滴状物一样。

行星事实上是否来自逐渐被地壳包裹起来的像太阳一样的恒星，或者相反，像太阳一样的恒星是否源自燃烧了起来的行星，以及这些事物是否会受到任何变化的影响，或者说它们是不是在一开始或很短的时间内就直接变成了它们现在的形态，我们无法仅凭理性就下结论。不过，在我看来，很多人都认为我们整个的地球表面曾经烈焰冲天。这与《圣经》并不冲突。因为上帝在创世之初曾说过，“要有光”[14]，这与祂将它从黑暗中分离出来相一致，也就是说，这与祂用火完全浸透光明的东西之后把以前混合在一起的光明的东西与黑暗的东西分离开来相一致。

前面提到了通过触觉所知觉到的流体与固体之间的区别，接下来要讲的是通过视觉所知觉到的光明与黑暗之间的区别。在我们与发光物之间确实需要某种可以来回传送东西的流体，以便从发光物那里将一种运动传送给我们。换句话说，仅仅有运动的努力似乎还不够。[15] 就像在猎枪或炸药中所发生的那 [297]
样，在发光体那里，似乎发生了无数次的强有力的碰撞或突然的爆炸，或从稠密到稀薄的转变，四周都受到了强大的直线压力。透明体 [16] 是一种均匀多孔的形体，它的孔隙均匀到足以朝各个方向沿直线传输可感知的压力。

35. 形体没有完满的形状 [1]Aiv310

[1686 年 4 月至 10 月?] [2]

形体没有确切的、固定的形状，因为其部分实际上被无限 【1613】
分割。

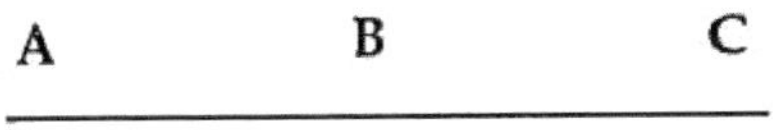

比如说，有一条直线 ABC：我认为，它不完全是直的。因为宇宙的每一部分都与其他所有部分发生交感，所以这种情况就是必然的，即如果点 A 有沿直线 AB 运动的倾向，那么点 B 就应该有沿另一个方向运动的倾向。因为任一部分 A 都努力携带其他所有部分，特别是最靠近的 B，B 的方向将由 A

的方向和其他部分的方向构成；而无限靠近A的B根本不可能以与A完全相同的方式暴露于整个宇宙当中，因为如此一来，AB就构成了一个无法被再分割的整体。

诚然，我们任一瞬间都可以画一条假想线；但这条线只能在这一瞬间以同样的部分持存，因为每一部分都以不同的方式表达整个宇宙，所以每个部分都有着与其他部分不同的运动。因此，根本就不存在一定时间内有某一形状的形体，不管时间多么短。所以，我认为，仅仅瞬间存在的东西并不存在，因为它的开始同时就是结束。我已经在别处证明过，没有居中的瞬间，也没有变化的瞬间，只有前一个状态的最后一瞬间和后一个状态的第一瞬间。[3] 但这假定了一种持续的状态。由于所有持续的状态都是模糊的，不存在任何关于它们的确切的说法。
【1614】比如，我们可以说一个形体在一定时间内不可能留下比它本身更大的空间，但是，不存在形体可以在其中持存的与形体完全相等的空间。

因此，我们可以得出这样的结论，即不存在有着固定形状的移动的东西。比如，在自然界中不可能找到一个能构成移动的形体的完满球体，它可以穿过最小的空间。在一堆石头中，
[299] 我们可以很容易想象出一个穿过所有这些石头的想象的球体，但我们却永远找不到一个表面完全是球面的形体。[4]

在一瞬间，如果不考虑运动，似乎整个物质团块都结合在了起来；因此我们可以给予它任何我们想要的形状。但是，形体的一切变化也就停止了；因此，一切形体也就都被摧毁了。

因为运动或努力制造了它们的本质或差异。而在这一瞬间，一切又回到了混沌状态。仅靠物质团块，努力无法被设想。

36. 灵魂可能有无限的等级 [1] Aiv304

[大约完成于 1686 年?] [2]

灵魂可能有无限的等级，这似乎可以通过与我们的几何的 【1524】
惊人相似来说明。灵魂有能力把形体的不同状态联系起来，所
以过去和将来可以在它的帮助下共存，正如过去通过回忆而存 【1525】
在，将来通过预感而存在那样。尽管形体确实也把它的过去与当前状态联系了起来，但不同的是，在形体中，只有当前状态，虽然它是与过去这一原因相关联的结果，同样，它也是与将来这一结果相关联的原因。但在灵魂中，每个状态本身，即过去本身，将来本身，现在本身，都能被表象出来，也就是说，每个状态并不仅仅表现为结果，而且本身也能被表象出来。

不过，表象样式的清晰和完整与灵魂的完满性成正比，正如线条的过渡也有不同等级那样。无疑，在一切曲线中，过渡是从点到点。但如果现在把这条线视为一个多边形，它有无限多个边，那么对于这条线的过渡或进程来说，就应该考虑多个点。现在看来，一个点指出了一种特定的当前状态，而不是一种变化。如果我们只是把两个点连起来，这条线的运动方向或切线就会呈现出来；如果我们把三个点连起来，我们不仅会得

到方向，还会得到弯曲度，或方向的变化；所以，我们也就有了密切圆（曲率圆）。如果我们把四个点连起来，我们就会得到第二等级的密切；依此类推。但这仍不能表达出能够同时包含一切可能的密切的完整曲率，而是只能表达出哪条密切线属于每一等级。形体对应于一个点的位置或现状；灵魂对应于点的运动的变化程度。最低级的灵魂相当于给定方向上的倾向，第二等级的灵魂相当于第一等级的密切，第三等级的灵魂相当于第二等级的密切；依此类推。但心灵相当于第无穷等级的密
[301] 切，它能表达出一条线在某一给定点上的整个曲率，换言之，这个给定点上的一切都没有被漏掉。因此，显而易见，心灵之于简单灵魂如同无限之于有限，或者说，如同有限之于无限小。而无限的心灵相当于穿越这条线的整个运动进程，相当于从给定的点到与其有任一可指定距离的点的过渡，也就是说，相当于一种飞跃。

【1526】 此时，有人可能会认为，他们可以对那些能够在不同的有限距离上完成飞跃的心灵——无限超出那种不能完成飞跃的心灵，但却无限低于那种飞跃一切距离的心灵——进一步区分：但对于这一点，我们必须指出的是，当这种区分是纯连续的，或只是通过更多或更少的距离的差别，我们就不可能对不同种类的心灵加以区分。所以，一个能够完成飞跃的心灵，不管距离有多远，都能飞跃，因为，很明显，密切的数目上是不同
【1527】 的，也就是说，是离散的。[3]

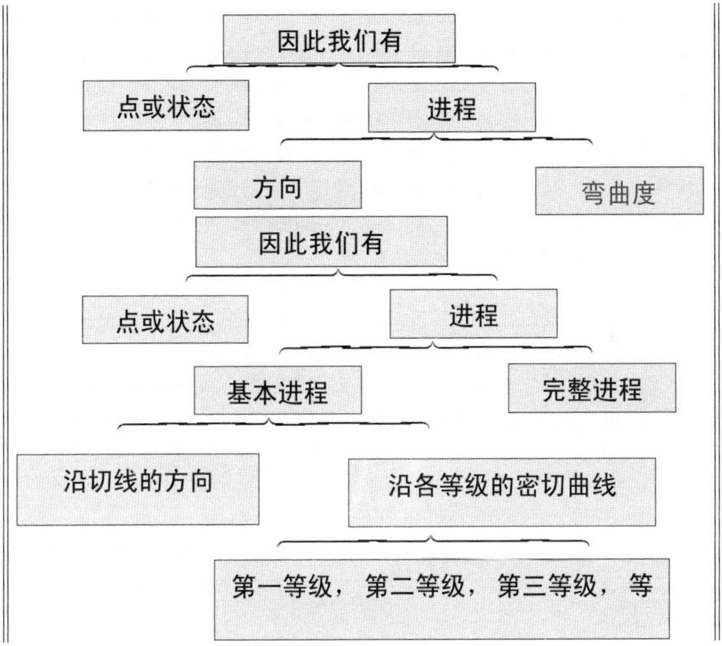
因此我们有
点或状态
进程
方向
弯曲度
因此我们有
点或状态
进程
基本进程
完整进程
沿切线的方向
沿各等级的密切曲线
第一等级，第二等级，第三等级，等

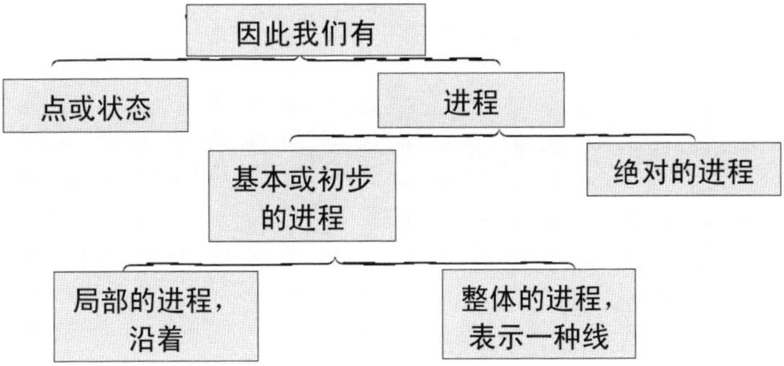
因此我们有
点或状态
进程
基本或初步的进程
绝对的进程
局部的进程，沿着
整体的进程，表示一种线

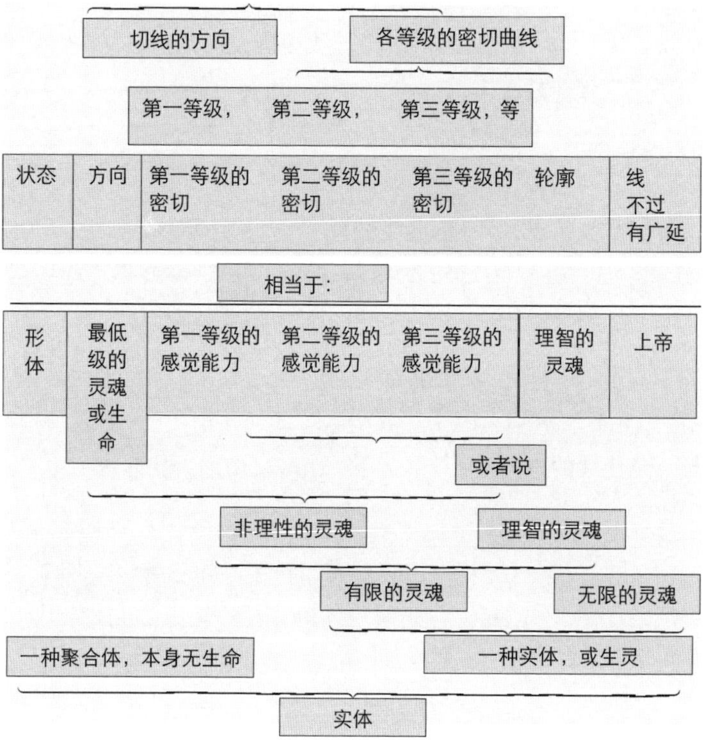

【1615】 ## 37. 发现大自然之绝妙奥秘的标本 [1]Aiv312

[大约完成于1686年?] [2]

【1616】 ### 发现大自然之绝妙奥秘的标本 [3]

在每一个普遍肯定的真理中，谓词都存在于主词之中：在唯一通过自身而被认识的原初真理或同一性真理中，这一点表现得很明显；在其他所有通过对那些用另外的被定义的词项和定义来替代的词项的分析而被证明的真理中，这一点表现得很隐晦。[4]

因此，所有推理都有两条第一原则：矛盾原则，即每一个同一性命题都为真，而它的反面则都为假；提供理由的原则[5]，即每一个不是通过自身而被认识的真命题都有一个先验的证 [305]
据，也就是说，每一个真理都有一个理由，或者像通常所说的那样，一切皆有原因。算术和几何学不需要这个原则，但物理学和机械学却需要，阿基米德就用到了这一原则。

必然或永恒真理与事实或偶然真理之间有着本质的区别，它们之间的区别就像有理数和无理数之间的区别一样。因为就像可通约的量能够分解成公约数那样，必然真理能够分解成同一性真理，而在偶然真理的情况下，就像在无理数的情况下一样，分解会无限进行下去，并且永远不会完结。所以只有凭直觉便可把握无限的上帝知道偶然真理的确定性和完满理由。而一旦知道了这个奥秘，关于万物绝对必然的困难就消除了，而绝对无误的事物与必然的事物之间的差别也就很清楚了。[6]

这[7]些事物存在而不是那些事物存在的真正原因来源于神的自由意志的谕旨。其中最主要的就是尽可能做好每一件事情的意愿，这适合于最有智慧者。因此，尽管较完满的事物偶尔会受到较不完满的事物的排挤，但在一切创造世界的方式中，被挑选出来的方式包含更多的实在性或完满性，所以说，上帝就像喜欢用最好的方法来解决问题的一流的几何学家在 【1617】

活动。[8]因此，所有的存在者，就其包含在第一存在者之中而言，除了单纯的可能性之外，它们还有某种与它们的善相称的存在的倾向；如果上帝愿意，它们便确实存在，除非它们与较完满的存在者不相容，或与更大数量的存在者不相容。后者在这种情况下发生，即如果它们占有的容积太大，与它们的潜能不相称，以至于它们占据的空间就会比它们填充的空间大，就像有角的事物或弯弯曲曲的事物那样。任何一个实例都会让这个问题变得更加清楚。所以，有规定的事物也优先于无规定的事物，因为在无规定的事物中，选择的理由是不可理解的。因此，如果一个智者决定在某空间指定三个点，并且如果不存在选择这种而不选择那种三角形的理由，那么他就会选择等边三角形，因为在这种情况下，三个点得到了相似的安排。如果三个相等并相似的球体被安排在了一起，并且没有任何附加条件，那么它们就会以互相接触的方式被安排。

所谓实在定义，即按照该定义，我们可以确定所定义的事物是可能的，并且不蕴含矛盾。因为如果它对某一给定事物来说不成立，那么关于它的任何推理都不可能安全地进行。因为
[307] 如果它包含矛盾，那么关于同一事物同样也就有可能得出相反的结论。这也正是后来被笛卡尔发扬光大的安瑟伦的证明——既然最完满或最伟大的存在者包含存在，那么它必定存在——的缺陷所在。因为它在没有证据的情况下假定最完满的存在者不蕴含矛盾；而这让我有机会认识到了实在定义的本性。所以，包含事物的产生的因果定义也是实在定义。事物的观念也

是实在定义，我们只是凭直觉才想到它们的可能性。9

必然存在者只要是可能的，它便一定存在。这是模态理论的巅峰，它实现了从本质向存在，从假设的真理向绝对的真理，从理念向世界的过渡。①

如果没有必然存在者，那么也就不会有偶然存在者。因为必须有一个理由来解释为什么偶然存在者应该存在而不是不存在。但是，并没有这样的理由，除非存在者本身就存在，也就是说，它存在的理由就蕴含于它的本质，所以不需要一个外在于它的理由。即使有人在给出偶然事物的理由时想无限继续下去，他也只能在它们整个序列（在那里不存在充足理由）之外【1618】找到这个序列的理由。10 从这一点来说，必然存在者在数目上是一，但潜在地却是万物，因为就万物蕴含着种种实在性或完满性而言，它是万物的终极理由。而且，既然一个事物的完整理由是所有原初必要条件——不需要其他条件——的聚合，那么很明显，万物的原因都可以归结为上帝的属性本身。

如果没有永恒的实体，那么也就没有永恒的真理。由此我

① 第一个夹页注释（Aiv315）：**如果必然存在者是可能的，那么它便存在**，这个命题是模态理论的巅峰，它完成了从可能性向存在的最初的过渡，也就是说，从事物的本质向事物的存在的最初的过渡。由于这样一种过渡是必然的，否则任何东西都不可能存在，由此可推知，必然存在者是可能的，因此便存在。毫无疑问，除非存在一个必然存在者，否则无法给出万物存在的理由，也无法给出任一事物为什么应该存在的原因。或者，简言之：某种事物必然存在，所以存在着一个必然存在者。这种推理是否充分还有待观察。因为从这一点来看，我们似乎至少可以推知，某些存在者是必然的，但却是有条件的；而有条件的必然性必须建立在某种绝对的必然性之上。

们又一次证明了上帝的存在，祂是可能性的根源，因为上帝的心灵就是观念的领域，即真理的领域。不过，使永恒真理和善的事物依赖于神的意志，这是极其错误的，因为意志的每个行
[309] 为都预设了理智对善的判断——除非有人想通过交换理智与意志的名称，从而将理智作出一切判断改为由意志作出一切判断，但即便如此，也不能说意志是真理的原因，因为判断也不是真理的原因。真理的理由在于事物的观念，而事物的观念就包含在神的本质之中。谁敢说神存在这一真理取决于神的意志？

每个实体都有某种无限的东西，因为它包含着自身的原因，也就是上帝，即全知全能的某种印记。因为每一个个体实体的完满概念都蕴含着它自身所有的谓词，不仅蕴含着必然的也蕴含着偶然的，不仅蕴含着过去的、现在的也蕴含着将来的；事实上，每一种实体都根据它自身的位置和视角来表现整个宇宙，因为所有事物都与之相关。所以，我们的某些知觉尽管是明白的，但也必然是混乱的，因为它们包含了无限多的事物——比如，我们对颜色、热度等的知觉。事实上，杂多的有限实体都只是从每一种实体特有的不同方面和限制出发对同一宇宙的不同表现，就像一幅平面图有无限〈多个侧面透视图〉[11] 那样。因此，希波克拉底就人体所说的话[12] 也适用于宇宙本身，也就是说，万物和谐一致[13] 并相互交感，即在一个受造物中，发生任何事情，某些完全对应的结果都会波及其他所有的受造物。事物也没有任何绝对外在的

名称。

这些考虑消除了那些与预定和恶的原因有关的难题。因 【1619】
为我们可以这样来理解，即上帝并没有规定亚当是不是应该犯罪，祂规定了其中有一个其完满的个体概念包含着罪恶的名叫亚当的那个事物序列是不是应该优先于其他序列。圣维克托的于格[14]也意识到了这一点。当他被问及为什么上帝喜欢雅各而不是以扫，他简单地回答说："因为雅各不是以扫。"换句话说，在上帝就什么事物将会存在颁布每一道实际的谕旨之前，如果它应该存在，那么将会发生什么，以及它确实构成了其中一部分的整个的事物序列，这些就已经蕴含于个体实体的完满概念，在纯粹可能性的状态下得到了上帝的考虑。因此，我们不应该问亚当是否将会犯罪，而是应该问一个将会犯罪的亚当是否应该获准存在。因为在普遍实体与个体实体之间存在着这样的差异，即后者的概念中也包含着偶然的谓词。因为毫无疑问，在决定创造亚当之间，上帝已经看到了有什么事情会发生在亚当身上，所以在这一点上，自由根本就没有障碍。一个可能的亚当的概念也蕴含着关于神和人的自由意志的谕旨，这被认为是可能的。而从可能性的方面来考虑，宇宙的每个可能的序列都受到与之相称的某些特定的自由的原初谕旨的支持。因为就像不管是多么鲁莽轻 [311]
率的手都不可能画一条不是几何形状并且不具有某种对它所有的点来说恒常不变的[15]性质的线条那样，因此也不可能有如此混乱的事物序列，也没有理由可以设想去创造一个如此混乱的世界，以至于它不遵循自身固有的、有规定的秩序和发展规律。但就像有些线条比其他线条更有力更简单那样，有些序列同样也是如此，它们用较少的必要手段表现出了更
【1620】大的完满性。由此，我们还可以清楚地看到，恶的原因并不源自上帝，而是源自祂的受造物本质上的局限性，也就是说，源自受造物先行于每一个过失的原初的不完满性，就像物质团块越大，即形体的自然惯性越大，施予形体的动力产生的速度就会越小那样。

由个体实体的概念，我们可以在形而上的严格意义上得出这样的结论：实体所有的效能，包括活动和受动，都是自发的；除了受造物对上帝的依赖之外，它们彼此之间没有任何实在的注入，这是可理解的。因为它们中的任一个体实体所发生的一切皆源自它自身的本性和概念，即使所有其他的个体实体被设想为不存在，情况也是如此，因为任一个体实体都表现整个宇宙。只是那些表现比较清楚的被认为在活动，那些表现比较混乱的被认为在受动，因为活动是一种完满性，受动是一种不完满性。如果从某种事物的状况出发，最容易给出变化的理由，那么那种事物就被认为是原因。因此，如果有人可以假定，在流体中移动的固体会激起不同的波浪，那么对于同样的现象，我们也可以假定，固体在流体中处于静止状态，与此同时流体〈以不同的波浪〉进行某种等效运动；确实，同样的现象有无限多种解释方式。虽然运动实际上是一种相对的东西，但把运动归因于固体并由此推导出液体中

的波浪这个假设却比其他假设都要无限简单，因此，固体被认为是运动的原因。原因并非来自于实在注入，而是来自于所给出的理由。

从某种程度上来讲，这些东西在物理学中也同样适用，经过仔细研究，我们就会发现，任何动力都不可能从一个形体转移到另一个形体，每个形体之所以移动完全是出于它固有的力，而这种力只有借助于或相对于其他形体才能被规定。因为那些杰出的知名人士已经承认，一个形体被另一个形体所推动的原因是这个形体本身的弹性，正是借助于弹性，它从另一个形体那里反弹了回来。而弹性的原因是弹性体的各个部分的内在运动；虽然弹性可能源于某种一般流体，但是，[313]
只要四处弥漫的流体的各个部分在形体中穿行，它们就包含在形体之中。但要想正确理解这一点，我们必须将发生碰撞【1621】
的每个形体的固有运动与它们的共同运动区分开来。无论是碰撞发生之前，还是发生之后，我们都可以设想后者永远守恒；但是，另一方面，固有运动，也就是给另一种事物制造障碍的运动，除非凭借另一个事物的弹性，否则对该事物的形体没有任何影响。

同样，灵魂与身体的完全统一通过我们的实体概念得到了充分的解释。因为有些人认为我不知道什么可以从灵魂传递到身体，也不知道什么可以从身体传递到灵魂：这是**实在注入假说**。[16] 其他人则似乎认为，上帝在灵魂中激起了与身体的运动相一致的思想，反过来，在身体中也激起了与灵魂的思想相一致的运动：**这是偶因假说**。① 但是，在一个明显遵循我们的原则的问题上，我们没必要召唤**救急神**（deus ex machina）。**17** 因为每一个按照它自身本性的法则以自身尺度表现同一宇宙的个体实体以这样一种方式行动，即它的变化与状态与其他实体的变化与状态完满对应② ；彼此之间尤其对应的是灵魂与身体，它们的密切统一就在于最完满的一致。尽管这不能被视为一个先验的推证，但作为最可信的假设，它应该站得住脚。为什么我们不可以认为上帝从一开始就创造了极其工巧的灵魂
[315] 和身体，以至于当它们追求自身的法则、属性和效能时，彼此之间完全和谐呢？我称之为共存假说。根据这个假说，在达成一致的过程中，上帝就没必要持续不断地发挥特定效能了，我们也就不需要引入某种令人极其费解的实在注入了。

【1622】 根据 **18** 个体实体的概念，我们还可以推知，实体不可能产生或腐蚀，只能通过创造而得以产生或通过湮灭而被破坏；

---

① 第二个夹页注释（Aiv320）：对于偶因系统，我们应该部分地接受，部分地拒绝。每个实体都是其内在活动的真实的实在的原因，都有一种活动的力，尽管它凭借神的协助而得以维持，但它不可能仅仅被动地行动，不管是对有形实体来说，还是对无形实体来说，这都是事实。但是，我想再次强调的是，每个实体（除上帝外）都只是它对其他实体的**短暂**作用的偶然原因。因此，**灵魂与形体相统一的真正理由**，以及一个形体适应另一个形体的状态的原因，简言之，那就是同一个世界系统的不同实体从一开始就是被如此创造出来的，以致由于它们自身本性的法则而彼此协调一致。

② 在页边的空白处：为了理解时间的本性，我们必须考虑变化，也就是说，同一事物从一个不一样的方面来看相互矛盾的谓项，而这一不一样的方面只不过就是对时间的考虑。空间和时间并不是事物，而是实在的关系。不存在绝对的位置或运动，因为不存在规定运动的主体的原则。

所以灵魂必然不朽，惟有奇迹能阻挠它。我们由此还可以推知，要么根本不存在任何有形实体，形体都只是一些真实的或相互一致的现象，比如，一道彩虹或一个极其连贯的梦；要么在所有有形实体中都有某种类似于灵魂的东西，即古人所谓的形式或种。因为一个实体或一个存在者不是某种仅仅聚合而成的东西，例如，一堆石头，再就是，如果不存在真正一体的存在者，那么诸多存在者也不可能得到理解；由此可知，要么就存在着原子（这也正是科尔德穆瓦通过这个论证想要证实的东西），那么我们可能会有一个存在者的某种第一原则，或者更确切地说——因为正如我们所证明的那样，每个形体实际上都可以被进一步细分（正如接下来将详细阐释的那样）——要么就是有形实体的实在性在于特定的个体本性，也就是说，它并不在于物质团块，而是在于一种活动和受动的力量。

诚然，这看起来有点自相矛盾，但必须意识到广延概念并不像人们普遍认为的那样清楚明白。由于任何形体都不会小到实际上不能被分割成受不同的运动所激发的部分，所以任何一个有规定的形状都不可能指派给任何一个形体，事物的本性中也找不到一条精确的直线、圆或形体任何其他可指定的形状，尽管某些规则在自然界即使偏离无限序列的情况下也为其所遵守。因此，形状包含着某种想象的东西，任何其他别的利剑都无法斩断这个我们自身由于误解了连续体的构成所打的死结。

同样的道理也适用于运动，因为就像笛卡尔正确地认识到的那样，运动与位置一样都仅仅存在于关系之中。再就是，没

办法精确地规定应该分派给每个主体多少绝对运动。但是，动
【1623】力——活动的力量——却是某种实在的东西，可以在形体中辨识出来。因此形体的本质必定不在于广延及其样态，即形状和运动（它们就像热度、颜色及其他可感质性一样，包含着某种
[317] 想象的东西），而是在于活动力和抵抗力，我们无法通过想象力知觉到它们，但我们可以通过理智知觉到它们。就无形体的东西来说，即使活动可归因于它们，它们却没有抵抗力。但是，每一种实体却都包含着一种活动和受动的力。

此外，根本就没有什么原子，相反，每个部分还有很多实际上彼此分离、受不同运动所激发的部分，或许我们还可以由此得出这样的结论，即每个形体无论多么小，实际上都有无限的部分，因此，在每一粒粉末中，都有一个由无数的受造物组成的世界。这个结论可以通过许多不同的方式得到了证实，它也可以由这一事实得到证实，即每一份物质都会受到整个宇宙的运动的搅动，都会受到物质其他所有部分的作用，并且无论距离多么遥远，都会受到物质其他所有部分的与距离成比例的作用。既然每一个被作用的情况都会产生某种效果，那么这一物质团块中以不同方式受其他粒子活动影响的那些粒子必然在不同的方向上运动，因此这一物质团块可以被再分。

真空也与事物的理由不一致，因为，且不说空间并不是某种实在的东西，真空必然与事物的完满性相冲突。因此，真空是不必要的（有什么东西可以阻止某个形体再次被放回空的地方，另一个形体再次被放回其余的空间，如此无限循环），无

论如何，它都没有立足之地。此外，它打断了形体之间的相互作用，以及一切形体对一切形体的相互斗争。

但是，对于我们在有形实体中所承认的灵魂或形式（类似于灵魂），我们仍然有疑惑。因为，且不说其他有形实体（比如，那些似乎有某种程度的知觉和欲望的实体），如果灵魂在低等动物身上也可以看到，那么它同样遵循我们的原则，即低等动物也是不朽的。确实，正如有些人所提出的那样，动物的每一次出生都只是现在活着的同一种动物的一种变形，是一种逐渐使它拥有感知能力的增加[19]，那么人们也有同样的理由来捍卫这一观点，即每一次死亡都是现在活着的动物向另一种 【1624】
较小的动物的变形，是一种逐渐使它失去感知能力的减少。这似乎是《摄生法》（*De diaeta*）这本书的作者希波克拉底的观点，它不会为既不接受形式会自然而然地产生也不接受形式会自然而然地毁灭的大阿尔伯特和培根索普的约翰所不容。[20]因此，如果生物既没有出生，也没有死亡，那么，若是它们有灵魂，它们的灵魂将会是永恒的、不朽的，因此（所有的实体通常都是这样）只有通过创造才会开始，或通过湮灭才会终结。这对于坚持动物变形的观点而不是灵魂轮回的观点（依我看来，这是一种误解）来说很有必要。但是，心灵必须被排除在其他灵魂的命运之外，因为它们不仅由上帝创造，而且依照 [319]
神的智慧，即当它们摆脱了身体后，它们将拥有自身特有的效能，这样它们就不会被物质难以数计的更替漫无目的地搅动。因为上帝不仅是事物的原因，也是心灵之王，并且既然祂本身也是一个心灵，所以祂与它们培养起了一种特殊的伙伴关系。事实上，既然每一个心灵都是神的形象的一种表现（因为我们可以这样说，即其他实体更能表现宇宙，而心灵更能表现上帝），那么很明显，心灵是宇宙最重要的部分，万物皆为它们而设立。换句话说，在选择事物的秩序时，要最大程度地考虑到心灵，万物都以这样的方式被构造了起来，即它们看起来越美，就越容易被理解。所以可以肯定的是，上帝最大程度地考虑到了正义，并且正如祂寻求完满的事物一样，祂也寻求心灵的幸福。因此，我们不应该感到惊讶的是，无论是在我们称之为人类的那种动物的由来上，还是在人类的绝灭上，心灵与低等动物的灵魂都有所不同；尽管所有灵魂都是不朽的，但是唯一被赋予记忆的是那些对奖赏和惩罚有意识、有理解的心灵。

就我而言，我倾向于认为低等动物身上有灵魂，因为这有助于事物变得完满，当所有那些与灵魂相协调一致的事物都在场时，灵魂也应该被认为在场。因为灵魂，或至少是形式，彼
【1625】此不相妨碍，所以**形式的真空**（甚至被古人所拒绝）似乎比形体的真空更不可行。但是，为了避免让人觉得他们同样可以得出这样的结论，即低等动物应当也有心灵，我们必须认识到，事物的秩序不允许所有的灵魂从物质的变化中解脱出来，正义也不允许让某些心灵被抛弃，任其自生自灭。因此，对于低等动物来说，被赋予灵魂就足够了，特别是因为它们的身体生来就不是为了推理，而是注定为了各种各样的功能，比如，蚕是为了织布，蜜蜂是为了制造蜂蜜，其他动物则是为了其他功

能，而通过这些功能，宇宙被区分了开来。

此外，为了避免有人抱怨一定程度上区别于心灵的灵魂概念不够清楚，形式概念更不够清楚 [21]，我们必须认识到，这个概念依赖于前面所解释的实体概念。因为有一个把同一主体的所有谓项都包含其中的完全的概念是单一实体的本性；因此，虽然一个圆应该是木质的或铁质的，这不属于圆的概念，但它是铁质的，甚至它将要发生的一切，都属于这个现存的圆的概念。但既然每个事物之间彼此或直接或间接地相互作用，[321]
那么每个实体的本性就是通过它的活动或受动的力——通过一系列的内在作用——表现整个宇宙。并且它是真正一体的存在者，否则它将不是一个实体，而是多个实体。而造成一系列的不同状态的这一活动原则，或原初的活动力，是实体的形式。如果这适用于所有形式，那么很明显的是，知觉就是多在一中的表现。它完全不同于镜子或身体器官的表现，因为后者并不是真正一体的。如果知觉相当清楚，它就会形成感觉。不过，在心灵中，除了对客体的表现之外，我们还发现了意识或反思，在那里，出现了上帝的某种表现或形象，这也正是只有心灵才能有幸福和痛苦的原因。虽然我们提出了形式或灵魂，认为如果没有它们，就无法正确理解一般的性质，但是，在解释具体形体的现象时，我们不使用灵魂或形式，最多也就是在讨论人体的功能时用到人的心灵。正如我们已经证明的那样，这【1626】
是因为事物的和谐是这样的，就像形体中所发生的一切仅仅通过运动的法则就可以得到解释一样，灵魂中发生的一切仅仅通过知觉的法则就可以得到解释；而所有的事物是如此的相互一致，就好像灵魂可以移动形体或形体可以移动灵魂似的。

[有形自然的法则]

但是现在到了我们逐步阐述有形自然的法则的时候了。首先，每个形体都有积量、形状或其他方面。正如一个形体不存在于若干地方那样，若干形体也不存在于一个地方。同样的物质团块不会占据比之前更大或更小的体积，稀薄化和稠密化只不过是吸收和排出了更具流动性的形体。一切形体都是可移动的，都能接受一定等级的或快或慢的速度，有朝某个方向的倾向。所有的运动都可以相互组合，它们的运动路线可以通过几何学被指定。因此，一个在曲线上移动的形体有沿着与曲线相切的直线的方向继续运动的倾向，除非它受到了阻碍，而这一点很容易被证明——开普勒最先注意到了这个问题。此外，每个地方都被形体所填满，而所有形体都是可分的、可变形的，
[323] 因为原子根本没有任何存在的理由。至少这些东西被认为早已得到了证实。

除了这些考虑之外，我还想补充的是，在每个形体中，都有某种力或运动。任何形体都不会小到实际上不能被分割成受不同的运动所激发的部分；因此，在每个形体中，实际上都有无限多的形体。每个形体的每一次变化都会将其效果传播至其他所有的形体那里，不管它们相距多远；也就是说，每个形体

都会作用于其他所有形体，并受到其他所有形体的作用。每个形体都受到了它周围的那些形体的限制，所以它的部分不会飞离，因此，所有形体彼此之间都在相互斗争，也就是说，每一个形体都在抵抗着由各个形体构成的整个宇宙。

每个形体都有一定的固定性和流动性，即它凭借自身所具有的流动性或可分性，由各个形体的运动所产生的坚固性。[22] 【1627】

[关于固定性和流动性的注释] [23]

除非考虑到一个系统，否则无法解释固定性。因为每个形体都是可分割的，也就是说，它本身并不与其他形体凝聚在一起，每个形体除了要受到它自身的努力的影响之外，还要受到外在强加的努力的影响；所以我不明白为什么一个部分在受到外在的影响之后不会远离其他部分。除非我们这样认为，即每一个直线运动同时也是偏斜运动①，所以打扰到了邻近的形体。假设，比如说，形体ABC有AB和BC两个部分，而这个形体有从B到F的运动倾向；某个球H以更快的速度HG向前撞向了部分AB，那么有人就会问，它是否也向前撞向了BC。我想说是，因为撞击HG由撞击HL和撞击LG组成，或者说，撞击DE由撞击DM和撞击ME组成，所以BC同样被推动；因为我们可以用无数种方式来设想其他各式各样的组成，所以

① 在页边的空白处：我不这样认为，因为在现实中，形体并不是横向移动的。

当部分被推动时，整体会以多种方式被推动 **24**，尽管这个运动——本身被认为是一个简单运动——看上去与 AC 没有任何共同之处。**我们必须通过实验来揭示**①，当缺乏弹性的事物被放在彼此旁边并且高度抛光的表面相互接触的时候会发生什么，比如，AB 与 BC。我们必须弄清，当只有 AB 沿 HG 方向被推动时，BC 是否也被推动，以及在多大程度上被推动。

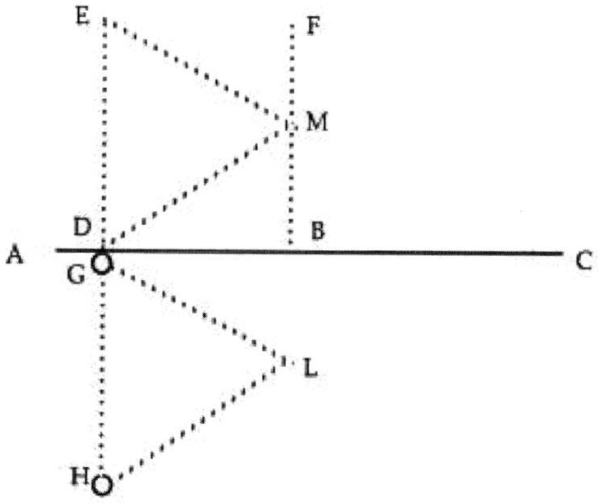

图 1

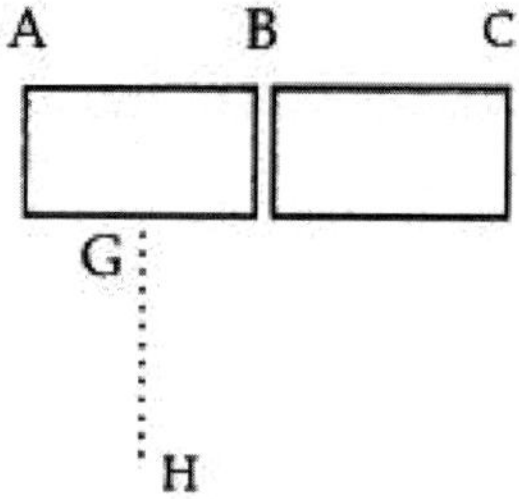

图 2

① 在页边的空白处：注意。

或者我们是不是应该这样说，即形体由于自身具有内聚性，
只是由于偶性具有流动性：它们之所以具有内聚性是因为宇宙中
的一切实体都彼此和谐，而只当它们以不同的运动被搅动时，它
们才有流动性？① 不过，凝聚在一起的事物并不是那些共同处于 [325]
静止状态的事物，而是那些在运动中很难彼此分离的事物，因
为，为了使它们以可感知的运动彼此分离，需要很大的力。因 【1628】
此，流体本身必定有各式各样的运动，因为它们很容易被分离。
但是，对沙子来说，就没必要这样做了，因为在那里，各个形体
早已互不相连，尽管它们在某种微弱的程度上凝聚在一起。例
如，每一粒沙子本身都是一个小系统。同样，两个黄铜球通过各
自的运动而被确立，因此，除了当它们接触时，一个球的弹性推
开另一个球之外，它们都只是在某种极其微弱的程度上凝聚在一
起。即使把一个放在另一个里面也是如此，比如以这种方式，即
把小球c放在环状物ab里面。如果ab在d处受到了撞击，那么
它不会带着c一起走，因为后者会朝b的方向后退。[25] 形体更
容易弯曲而不是移动，这一点似乎对形体具有天然的内聚性提出
了异议；但是，另一方面，两者［即弯曲和移动］似乎同时发生， [327]
因为它们都需要力。无论如何，这都应该被认为是上帝关于形体

① 在页边的空白处：**内聚性来自运动**，只要运动是和谐的，我们可以通过两个实验得出这一结论：石膏一遇见水就会形成气泡；当磁铁靠近铁屑，后者会变成线状体——姑且不说玻璃状物。但是，为什么冷却之后，当运动停止了，就会变得更固定？是不是因为［各个组成部分的］各个接触面达成了一致呢？

本性的原初谕旨，即任一形体都与其他所有形体凝聚在一起，除非是它通过自身的运动与其他形体分离了开来。

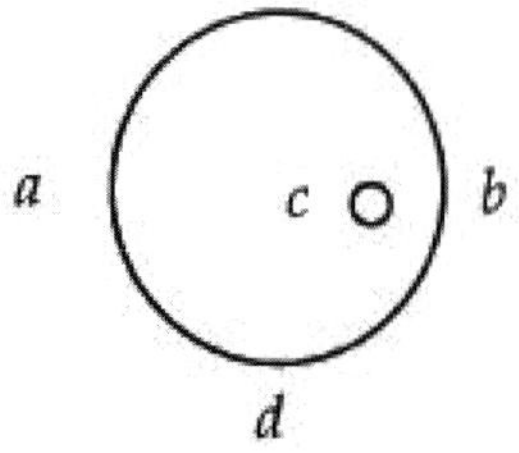

图 3

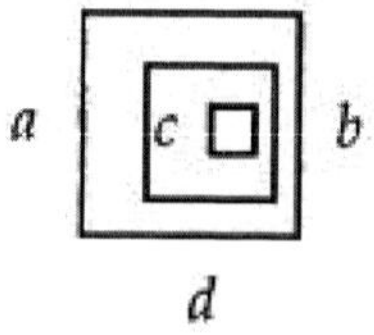

图 4

我们不妨再来设计这样一个实验。让形体 a 和 b 沿其表面 cd 完美接触；为达到这一目的，它们将被完全抛光。我们不妨通过风箱 eb 和 fa 的风把它们挤压在一起。b 处于静止状态，与此同时，移动 a：我们必须弄清，b 是否会与它一起被移动。这种情况必须加以考虑并且进行实验检验，[26] 即中间缺少流体的固体似乎很难分离。事实上，我注意到，只有当接触极其紧密，流体无法轻易地进入的时候，才会发生这种情况。如果我们想从周围环境的压力中获得内聚性，正如石板那样，那么我们就会陷入困境，因为石板的固定性需要首先被确立。

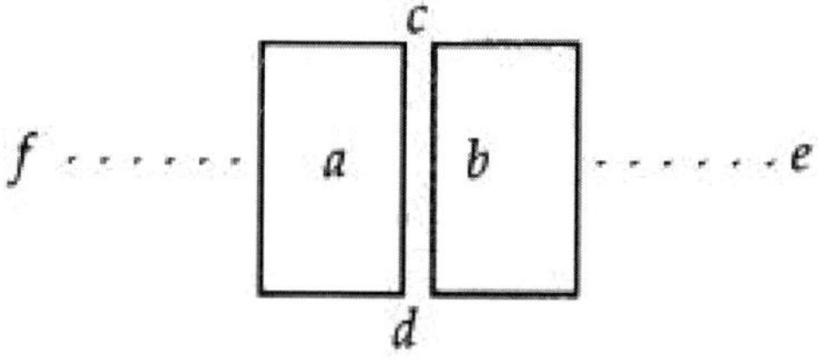

图 5

形体本身就具有内聚性，因为每个事物都是一个连续体，流动性来自它内部的运动；因为各个部分受各种先已不同的运动所激发，所以它们是可分离的。宇宙应该被看成是一种连续的流体，不过是一种由各个有着［不同］[27]黏性的部分构成的流体，就像一种由彼此之间各方面不同的水、油、沥青以及类似的东西构成的复合物。任何事物无论多么具有流动性，它的各个部分都具有某种内聚性；任何事物无论对我们来说多么坚硬，它都有一定程度的流动性。

即使宇宙中没有极度流动的事物，也没有极度固定的事物，但为了澄清问题，我们仍然可以想象万物都由任意小和有 [329]
着无限固定性的小球与在小球之间流动的有着无限流动性的流体组成，就像在几何中我们可以想象无穷大和无穷小的线那样。

问题是：所有获得自由的形体都努力飞离，也就是说，沿它们的切线方向后退，因此只能通过它们周围环境的阻力来阻 【1629】
止。那么，内聚性怎么可能来自它们内在的运动呢？[28]难道我们应该这样说，即使没有任何东西阻止它们，它们也不会完全飞离，不过，它们会变得更加分散，进一步延展（膨胀）？

一个形体是不是决不会与另一个形体完全分离，完全没有联系，比如，“一缕青烟”，分开的距离越大，时间越长，或者形体的各个部分受到的搅动越少，它就会越精微，越无效力？——正如当每一种事物经过时，它们都会留下一些痕迹或气味。

为了解释各个形体通过压力凝聚在一起，我们必须首先确立部分的固定性。假设 ab 和 lm 都是涡旋运动，之所以这样假设是因为我们希望阻止运动在它们之间传递。假设我们想象某些［运动］可以传递，即使这显然是不合逻辑的；因为所有［部分］的运动早前和谐一致，各个部分构成了像固体一样的东西，或至少像涡旋一样的东西，那么当某种［运动］进入之后，那些［部分］的运动将不得不比受到干扰之前更和谐。但是，人们会说，那又怎么样呢？一切事物对一切运动漠不关心。所以即使它们没有内聚性，也无关紧要。因此，自然对扰动的抵抗取决于一种自然的内聚性。如果理想流体拥有像固体那样运动的部分，它就会有一定的黏性，这样它就不会轻易容忍其他东西进入，从而改变它的所有运动。这是由于这个一般的理由，那便是自然不会轻易容忍巨大的改变，除非这些改变循序渐进地发生。

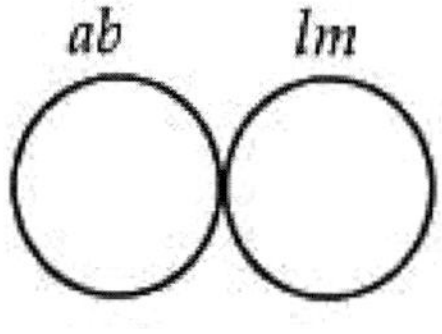

图 6

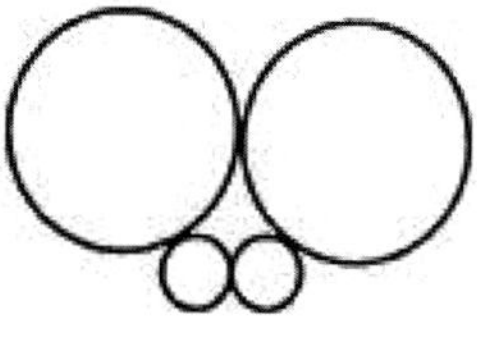

图 7

［有形自然的法则（续)］

在事物的本性中，同一力量是守恒的，也就是说，因果是等效的。我把在活动中消耗的东西，即在产生效果时消耗的东西称作“力量”。

在事物的本性中，同一进程或趋向的量是守恒的[29]，但同一运动的量却不是守恒的，而是有时是同一和，有时是同一差。 [331]

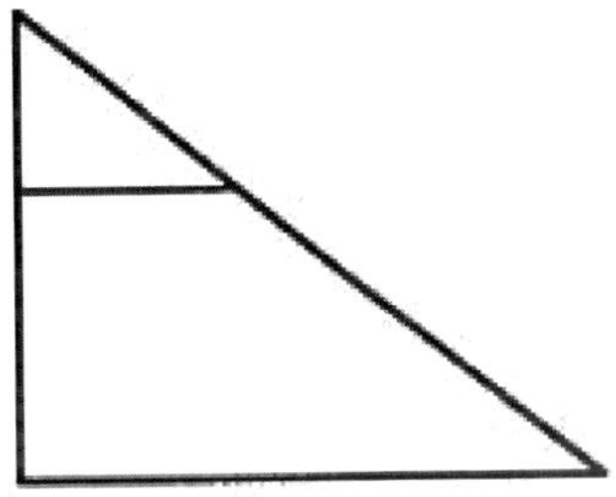

图 8

运动的的总量一直保持不变。运动的总和就是从形体静止时起就存在于它身上的、减去那些已经转移到其他形体上的运动的所有运动之和。

大自然总在追求它自身的目的。

任一运动都可以与其他运动组合在一起。任何运动也都可以被理解为是由其他运动组合而成。

自然均匀地趋向于宇宙相同的各个部分或区域，并且平等地朝着相同的平行线的方向前进。因此，整个自然也平等地朝 【1630】着相反的平行线的方向前进，同样，它也平等地顺着任何一条直线及其平行线的方向前进，即进入任何一个区域。此外，整个自然趋向我们在世界上所假设的任何一个点的努力始终是一致的，趋向中心的努力也总是等于远离中心的努力。

内聚性原则是使运动和谐，流动性原则是使运动多样化。即使在特定的扰动下，宇宙系统的某些法则中也存在着某种普遍的和谐。在每一个系统中，都存在着某种和谐，它不妨碍各个部分多样的运动。每一个扰动都是永恒的，就像振动一样[30]：此刻它被分成了几个部分，接着它的几个部分重新聚集在一起，成了一个统一体，而事物的变动就在于此。内聚性原则引起了自然对扰动的反抗。因为在扰动下，那些先前一起移动的事物在遇到扰动后必然朝各个方向彼此分开。

同一扰动所引发的一切复原活动持续同样长的时间。宇宙中的每一个物质团块都有一定的内聚性。

整个宇宙是一种其各个部分有着不同程度黏性的连续的流体，它就像是有人通过把水、油、沥青以及类似的东西以各种不同的方式搅在一起而制成的一种液体。

[333] 每个形体在运动时都激起一个以它本身为中心的由周围物质精微的部分构成的涡旋，这样它前面的空间就会被清空，他后面的空间就会被填满。但是，在此之前，它就已经有了它自身的系统。

通过飞跃，不可能过渡到静止，也就是说，在不经过所有中间运动等级的情况下，任何事物都不可能从运动转变为静止，或转变为一种反向运动。正如任何从一个地方到另一个地方的运动不可能瞬间发生那样，任何从一种程度到另一种程度的变化也不可能瞬间发生。

严格地讲，任何力都无法从一个形体转移到另一个形体，每个形体之所以移动都是因为它固有的力。

运动[31]与静止都是相对的，在自然中无法被绝对地确定；但是力——变化的原因——却可以被绝对地确定。

在形体的每一次碰撞中，活动与受动相等。

每一个效果无论是在空间上还是在时间上都无限地传播下去，但会减弱。

我们的形体并不是系统而是结构，它们的内聚性可以根据抛光石板的模式通过周围物质的压力来解释。但是这一结构的固定性却源自小系统的和谐并置，正如在磁体和恒星那里看到的那样。系统本身源自和谐的运动。

38. 运动不是绝对的[1]Aiv317

［大约完成于1686年?］[2]

运动不是绝对的，而是相对的，亚里士多德和笛卡尔都同意这一点，前者在根据周围［物质］的表面来定义处所时，后者在把运动定义为邻近事物的变化时，都讲到过这一点。[3]与时间一样，绝对空间并不是一个事物，尽管它令想象力感到愉悦；事实上，我们可以推证，这样的存在不是事物，而仅仅是试图把一切都归因于可理解的假说——也就是，匀速运动与不动空间——以及在此基础上推导出来的数值的那种心灵的各种关系。 【1638】

此外，在形而上学的严格意义上，一个实体不会对其他实体有任何实在的注入[4]（除了受造物对上帝的依赖——持续创造——之外）。任何动力也不会真的从一个形体转移到另一个形体上，而是正如现象也证实的那样，每个形体都会通过它自身的弹力——由存在于形体中的各部分的运动产生——从另一个形体那里弹回。事实上，每一个实体都是一种活动的力，或者说，一种根据自身本性的某些规律而相对于其他所有实体改
[335] 变自身的努力。由此看来，任何实体都根据它自身的视角来表达整个宇宙。而在运动现象中，这一事实尤为明显，因为在那里，每个形体都必须被认为与任何其他形体有共同的运动，就像它们在同一条船上，而且船自身的运动与它的物质团块是反比关系；倘若运动是绝对的，而且每个形体都不表达其他一切形体，那么我们无法想象这是如何可能的。

39. 论时间和地点，绵延和空间[1] Aiv321

[大约完成于 1686 年?][2]

【1641】 时间和地点，或，绵延与空间，是实在的关系，也就是说，存在的秩序。它们的现实基础是神圣的积量，即永恒和广阔无垠。[3] 因为如果在空间或积量中添加了欲望，或添加了努力，因而也就添加了活动，那么也就引入了某种实体性的东西，而这种东西只能在上帝之中，或在原初的统一性之中。换言之，实在的空间本身是单一的、不可分割的、不变的东西；

它不仅包含着实存的事物，也包含着可能的事物，因为就其本身而言，如果欲望被移除了，它便对不同的切割方式漠不关心。但如果把欲望添加到空间中，它就会产生现有的实体，并因此产生物质，即无限多统一体的聚合体。

[337] # 附录 1
莱布尼茨关于连续体的早期作品摘录
(1669—1671 年)

(a) 1669 年 4 月 30 日致托马修斯(摘录)[1]A VI. ii N54

……即使经院哲学家和现代人的解释都是可能的,也必定始终选择两种可能的假设中更清楚、更容易理解的那一种,毫无疑问,那便是现代人的假设,它并没有假定形体内部拥有无形体的存在,而是假定了除了积量、形状和运动之外,什么都没有。因为除了要求我接受亚里士多德任何不能用积量、形状和运动来解释的原则之外,我无法更好地展示[亚里士多德与现代人]和解的可能性。

原初物质就是物质团块本身,它只有**广延**和抗变性,即不可入性。它从自身填充的空间中获得了广延。物质的本性就在于，它是某种粗糙的、不可入的东西，因此如果别的东西撞击它（只要它必须给其他别的东西让路），它是**可移动的**。既然这个填充世界的连续的物质团块——只要它的所有部分都处于静止——是原始物质，那么一切也就都是通过运动而从它中产生出来的，一切又都是通过静止而消散在它之中。因为就其本身而言，它内部并没有多样性，而只有同质性，所以多样性只能是运动的结果。因此，经院哲学家所有的绳结现如今都被解开了。首先，他们问的是先于一切形式的它的实存的现实性。我们必须这样答复，即它是一个先于一切形式的实体，因为它有自身的存在。因为存在于某个空间里的一切事物都存在，这是此种物质团块所不能否认的，尽管它不存在任何运动和**不连续性**。但是，物质的本质，或**有形存在**的形式，就在于抗变性或不可入性。物质也有量，但正如阿威罗伊学派所说的那样，那是**不定的**，或无定限的。因为只要物质是连续的，它就没有被分割成部分，因此它实际上没有边界（我不是说世界或整个物质团块的边界，而是它的部分的边界），尽管它确实有广延或量。

让我们从物质有序地进入**形式**。在这里，如果我们假定形式只不过就是形状，一切事物也同样非常符合。因为形状是一个形体的边界，所以将形状引入物质就需要边界。因此，为了在物质中产生各种各样的边界，便需要它的各个部分不连续。正因为各个部分是不连续的，所以它们都有各自的边界（因为亚里士多德把连续的事物定义为“ων τα εσχατα εν”，即那些 [338]

其末端是一体的事物）。但是，**不连续**可以通过这两种方式引入这个先前连续的物质团块：以第一种方式，即当它的各个部分被迫分开，留出**真空**时，交接性也就同时被打破了；以第二种方式，即当它的各个部分仍然彼此紧挨着，但它们却朝不同的方向移动时，交接性仍然完好无损。比如，两个球体，一个包含在另一个里面，可以沿着不同的方向被移动，尽管它们不再连续了，但它们仍然交接。由此可知，如果事实上物质团块从一开始被创造出来就是不连续的或被真空所中断了，那么物质的某些形式就会直接与它们一起被创造出来。但是，如果它从一开始就是连续的，那么形式将不得不通过运动而产生（因为我并不是在谈论通过消灭物质的某些部分来获得物质中的真空，因为那是超自然现象）。因为从运动中产生分裂，从分裂中产生各个部分的边界，从各个部分的边界中产生它们的形状，从形状中产生形式，所以，形式是运动的结果；由此可知，任何形式的安排都是运动；对于形式的起源的争论，我们也就有了一个明确的解决办法……

（b）摘自《新物理学假说》

具体运动理论[2]A VI. ii N40

[1670年—1671年，冬季][3]

43. 因为，正如那些著名的**显微镜学家基歇尔**和**胡克**所观察到的那样[4]，我们应该认识到，我们在较大的事物中所能感知到的大部分的性质，一个敏锐的观察者也可以在较小的事物中相应地察觉到。如果这样无限地进行下去(这当然是可能的，因为连续体无限可分)，那么任何原子都会有无限多的种，就像某种世界，**世界中**还会有**无限多个世界**。那些更深刻地思考这一点的人由于自身对万物创造者本就应得的赞美所产生的某种狂喜而不能自已。

44. 因此，现在看来，阿那克萨戈拉无限多的种子（ομοιμερειας）与我们关于为数不多的事物元素的观点达成了和解。因为，即使果真**腐烂**是不可感知的蠕虫侵染，**发霉**是不可感知的抽芽，**空气**是不可感知的水，**冷**是凝固的空气，**火**是精微的硫磺，**水**是精微的硝石，以及导致腐败的小动物可以再分解成其他更小的动物，以此类推，如果你愿意，可 [339]
以直至无限；我想说的是，即使这一切都是真的，因为它们也许只有一部分是真的，但它们也不足以提供事物的原因，因为所提出的是一个例子或类比，而不是原因。因为到处都有问题，没完没了，而且解释为什么次加工的或精细的硝石与精细的硫磺发生反应并不比解释为什么未加工的或粗劣的硝石与粗劣的硫磺发生反应难度小。不管怎么说，我们提供了即使对于那些构成无限倒退的解释（如果有的话）来说也足够充分的理由。

（c）摘自《新物理学假说》

抽象运动理论 [5]A VI.ii N41

[1670 年—1671 年，冬季]

可预先推证的基本原理

（1）与最敏锐的托马斯·怀特（Thomas White）的观点相反 [6]，**实际上，连续体中存在着部分**，而且

（2）**实际上，存在着无限多个部分** [7]，因为笛卡尔的“无定限”并不存在于事物之中，而是存在于思维者之中。[8]

（3）**空间和形体中不存在最小的部分**，也就是说，不存在没有积量或部分的事物。[9] 这样一种事物没有任何位置，因为任何处于某个位置的事物可以同时被若干互不接触的事物所接触，所以就会有若干面；如果假定最小的部分，就不可能不得出这样一个结论，即整体与部分有同样多的最小部分，但这蕴含着矛盾。[10]

（4）**存在着不可分的点或无广延物**，否则运动或形体的开端与结束就是不可理解的。推证如下：假设任何空间、形体、运动和时间都有一个开端，也都有一个结束。假设要寻找的开端用线 ab 表示，它们的中点是 c ；假设 ac 的中点是 d，ad 的中点是 e ；以此类推。假设从左边，即 a 这一边寻找开端。我

认为，ac不是开端，因为在不破坏开端的情况下，可以去掉dc；ad也不是开端，因为也可以去掉ed，以此类推。因此，凡是可以去掉其右边的，都不是开端。但凡是无广延可去掉的，都是没有广延的。因此，一个形体、空间、运动或时间（即，一个点，一个努力，或一瞬间）要么不存在，但这是荒谬的，要么没有广延，而这有待推证。

（5）**点不是没有部分**[11]，也不是它的部分不被考虑[12]，而是**没有广延**，也就是说，它的部分之间无间距，它的积量不值得考虑，不可赋值，它小到无法用与另一个可感知的积量之比来表示，除非这个比例小于任何可以给出的比例。而这是卡瓦列里的方法的基础，据此，只要我们考虑到某些比所能给出的线条或图形都要小的线条和图形的雏形（也可以说，开端），它的真理性便可以得到清楚的证明。[13] [340]

（6）静止与运动之比相当于零与一之比，而不是点与空间之比。

（7）运动是连续的，即不被任何短暂的静止的间歇所打断。[14]因为

（8）一个事物一旦静止，它将永远处于静止状态，除非出现新的运动原因。

（9）反之，一个事物一旦被移动，那么只要有可能[15]，它将总是以相同的速度、相同的方向移动。

（10）努力之于运动，正如点之于空间，即一之于无限，因为它是运动的开端与结束。[16]

（11）因此，**凡是移动的**——无论多么无力，无论障碍多大——**都会把一种努力传播出去，穿过充实空间中的一切障碍**，直到无限远，因此它将把它的努力强加到其他一切事物之上。[17] 因为不可否认的是，即使当它停止继续移动时，它至少也在努力这样做；因此，它会努力——同样也可以说，开始——移动任何无论多大的障碍，即使它受到了这些障碍的极大影响。

（12）因此，**同一形体中可能同时存在若干相反的努力**。因为如果有一条线 ab，c 从 a 到 b，反过来，d 从 b 到 a，并且它们相撞；在相撞的那一瞬间，即使 c 被认为已经停止移动了，但它仍将向 b 努力，因为运动的结束是一种努力；但是，如果对面的形体被认为占了上风，它也会朝相反的方向努力，因为它要开始后退了。但即使没有一个形体占上风，这一切也都一样，因为每一种努力都会穿过各种障碍，被传播出去，直到无限远，因此每一个形体的努力都将被传播至另一个形体；如果当它们速度相等时没有影响，那么当一个的速度是另一个的速度的两倍或比另一个的速度大得多时也没有影响，因为零的两倍还是零。

（13）**一个移动的形体在它努力的时间里**，即在比任何给定的时间都要短的时间里，**它的一个点在空间的**几个地方或**几个点上**，也就是说，它会占据比它自身更大的一部分空间，或比它处于静止状态、移动得比较缓慢或只朝一个方向努力时填充的空间更大的一部分空间；不过，这部分空间仍然不可赋值，或仍然由一个点构成，尽管形体的一个点（或它处于静止状态时所填充的空间的点）与它移动时所填充的空间的点之比相当于接触角与直线角之比，或相当于点与线之比。 [341]

（14）但一般来说，同样，**凡是移动的就从来都不会移动的同时又逗留于一个位置**，哪怕是在一瞬间或最短的时间也不会；因为那个随着时间移动的事物，每个瞬间都在努力移动，也就是说，每个瞬间都在开始和停止移动，即改变位置。说在任何比所能给出的时间都要短的时间里努力的事物实际上处在一个最小的位置上，这毫无裨益：因为时间没有最小的部分，否则空间也有最小的部分。因为凡是在一段时间里完成一条线的事物，都会在比任何给定的时间都要短的时间里完成一条比任何给定的线更短的线，即一个点，所以，它就会在绝对最小的时间内完成空间绝对最小的部分；但是根本就没有这样的东西（根据**基本原理 3**）。

（15）另一方面，**在碰撞**、推动或撞击**的时候**，相撞形体的两个末端或端点相互渗透，即**处在空间的同一个点上**：因为其中一个形体会努力移入另一个的位置，它会开始进入另一个的位置，也就是说，它会开始渗透，或与另一个形体结合在一起。因为努力就是一种开始，渗透就是一种结合：因此它们处在结合的开始，即它们的边界是一体的。

（16）因此，**相互挤压**或推动**的形体凝聚在一起**：因为它们的边界是一体的了，按照亚里士多德的定义[18]，那些末端是一体的[ων τα εσχτα εν]的事物同样也是连续的，也就是说，是凝聚体，因为如果两个事物在一个位置上，那么没有其中一个事物，另一个事物便不能被推动。[19]

（17）**任何努力都不会在没有运动的情况下持续哪怕一瞬间，除非在心灵中**。因为瞬间的一个努力，在时间中就是一个物体的运动。在这里，我们为探求形体与心灵之间直到现在仍没有人解释清楚的真正区别打开了一扇门。因为每个形体都只是一个瞬间的心灵，即一个缺乏**记忆**的心灵，因为它无法将它自身的努力和一种相反的努力结合在一起，哪怕是一瞬间（因为有两样东西是**感受快乐**或痛苦所必需的，即作用和反作用，也就是说，比较与因此而来的**协调**——没有这两样东西，便没有感觉）。因此，形体缺乏记忆，它缺乏对它自身活动和受动的感觉，它缺乏思想。

（18）**一个点大于另一个点，一个努力大于另一个努力，但一个瞬间却等于另一个瞬间**，因此时间可以用同一直线上的匀速运动来说明[20]，虽然它的各个部分不会在一瞬间停止，而是无间距的。在这个意义上，它们就像一个点上的角度，经院哲学家（是不是效仿欧几里得，我不得而知）称之为符号(signs)，因为在它们里面出现的东西在时间上是同时的，但
[342] 在本性上却不是同时的，因为一个是另一个的原因。同样，在加速运动中，因为它在每个瞬间都在增加，所以它是从一开始就同时增加的；但是，要增加，就必须预设一个先一个后；所以在这种情况下，在给定的一瞬间，必然有一个符号先于另一个；虽然它们没有间距或广延（加上**问题** 24、25）。[21] 没有

人会轻易地否认努力不相等，但却总是轻易地否认由此而来的点不相等。显然，一个努力大于另一个努力，也就是说，一个比另一个运动得更快的形体从一开始就穿过了更大的空间：因为如果它在一开始就穿过了同样多的空间，它就会永远穿过同样多的空间，因为随着运动开始，它就会继续，除非有某种改变它的外在的原因（根据**基本原理**9）。……因此，在任何给定的一瞬间，速度更快的形体所穿过的空间大于速度更慢的形体所穿过的空间，但是，在某一瞬间，任何努力只能穿过一个点，或只能穿过比所能说明的任何一部分空间都要小的一部分空间，否则它就会在一段时间内穿过一条无限长的线。因此，有的点大于其他点。因此，一个大圆的不可赋值的弧大于一个小圆的不可赋值的弧，并且从圆心到圆周所画的任何一条与圆可公度的线，即其旋转产生圆的线，都是一个不断增加、但内部无广延的**最小扇形**。因此，我们也解决了关于在一个平面上旋转的两个**同轴的轮子**的难题[22]、关于**接触角**的难题以及其他许多难题，这些难题是最雄辩的贝兰（Belin）向世界上所有的哲学家提出的挑战[23]，也是**怀疑论者**取得最大的胜利的原因。**角**是一个交点的量，即比圆的任何可赋值的一部分都要小的一部分，即**圆心**的一部分——关于角的整个学说也就是关于无广延事物的量的学说。比任何所能给出的**弧**都要小的弧仍然大于它的弦，尽管这个弧小到无法表示，也就是说，它只是一个点。但是，既然如此，你就会说，一个**无限多边形**不等于一个圆，而我的答复是，即使它们的广延相等，它们的积量也不相等，因为它们的差小到了无法用任何一个数字来表示的程度。因此，根据欧几里得的定义，即**点没有部分**，任何错误都无法悄然进入与广延有关的推证中去，……但前提是，我们理解了广延的部分，即彼此之间有距离的部分。……

（19）**如果同时出现的两个努力是守恒的，它们组合成一个，那么它们各自的运动也是守恒的**，正如我们从一个球体在平面上沿直线滚动中所清楚看到的那样，球体表面上某一点的运动由结合成一种摆线运动的直线运动和圆周运动的最小量——努力——构成。……几何学家应该更加认真地对待这一
[343] 论点，以便弄清楚哪些线通过它们的努力的组合将产生哪些新的线；用这种方法，他们或许能够证明许多新的几何学定理。

……

用途

即使这些问题（即莱布尼茨刚刚概述的一般问题和特殊问题）或其他问题不能用以绝对的方式考虑的形体运动的抽象理由来解决；然而，就可感知的形体而言，至少如果假定存在不可感知的以太，我们就能很容易解释为什么没有可感知的误差干扰我们的理性，而这对于现象来说足够了。因为大自然（就它是可感知的而言，因为如若不然，根据所提出的问题，用抽象的运动规律来构造其内部的准确形象——我称之为一种**物理的**构造——就不只是可能的，甚至是必然的）……[24] 解决这

些问题的方法完全不同于几何学家的解决方法，也就是说，它用的是机械的解决方法，它的运动不是连续的，而是间断的；就像几何学家用点来描述割圆曲线，阿基米德用多边形来化圆为方，而不考虑不会干扰现象的误差。因为感觉无法辨别某些形体是一个连续的或交接的单元，还是许多被间隙分隔开来的不交接的形体的一种堆积；（形体）各部分是完全处于静止状态，还是通过不可感知的运动来补偿自身；交角是非常小的斜角，还是恰好就是直角；接触角是在点上形成的，还是在线或面上形成的；速度在多大程度上是一条真正的曲线，或者是正如从我们的理论中所清楚看到的运动也会因其变化而变化的、由虚线构成的曲线。……

（d）论原初物质[25] A VI. ii N42$_3$

[1670 年—1671 年，冬季][26]

亚里士多德的原初物质与笛卡尔的精微物质一样。它们都无限可分。它们本身都缺乏形式和运动，都通过运动获得形式。它们的运动都来自心灵。它们都是在特定的涡旋中形成的，亚里士多德的涡旋并不比笛卡尔的涡旋更坚固。每一种涡旋皆从运动中获得其坚固性，因为没有任何东西干扰它，尽管笛卡尔本人并没有把这当成是坚固性的原因。由于物质的连续性，每个涡旋都通过外加的运动将其作用传播到另一个涡旋上。因为就像笛卡尔和霍布斯一样，亚里士多德也仅仅从普遍 [344]

的涡旋的运动得出所有特殊的涡旋。因此，亚里士多德只把心智给予了最主要的涡旋，因为这些涡旋的碰撞产生了其他涡旋的活动。亚里士多德错误地认为地球是世界和所有旋涡的中心。但这种错误可以原谅，因为哲学还不具备充分的观察能力。

对于这些评论，我现在想补充的是，**如果原初物质处于静止状态，那么它就什么都不是**。这就是某些经院哲学家在说到原初物质其实从形式中获得其存在时含糊其词的说法。对此，这里有一个证明。因为凡是没有被感知到的就什么都不是。而没有什么变化的事物就没有被感知到。同理，**如果所有的原初物质都朝一个方向移动，也就是说，沿着平行线移动，那么它就是静止的**，因此也就什么都不是。**每一个事物都是一个充实空间**，因为原初物质与空间是同一的。因此，**每个运动都是圆周运动**，或是由圆周运动组合而成的，或至少循环往复。若干环流将相互阻碍，或相互作用。**它们将努力结合成一个**，也就是说，一切形体都趋向于静止，即湮灭。**如果形体没有心灵，运动是不可能永恒的**。[27] **相互冲突的普遍的环流产生了特殊的环流，即形体。物质实际上被分割成无限多个部分。每一个形体中都有无限多个受造物。所有形体都彼此凝聚在一起。然而，每一个形体又都彼此分离，尽管不是没有阻力。并不存在原子**，也就是说，并不存在其部分永不分离的形体。有两个使运动发生变化的原则：努力的组合与{——}[28] 的组合

（e）摘自《关于世界系统的假说》[29]A VI. ii N44

[1671年春季至秋季?][30]

我**认为**，正如所推证的那样，世界不是一个充实空间，因为如果它是一个充实空间的话，就不存在一个形体对另一个形体的作用，也不存在不同的运动中心，而所有事物要么就同样都是固体，要么就同样都是流体。

其次，我认为，正如所证明的那样，世界的这种外观并非自永恒起就已存在，也不会永远存在下去。

……

7. 我们不妨设想世界的整个空间充满了球体，它们只在一点上彼此接触，所以它们之间所撇下的间隙是真空。但所有完整的形体，即那些没有真空插入其中的形体，都是一致的，即球形的。

9. 形体要么是完整的，要么是破碎的。**完整的**形体是那些没有真空插入其中的形体，**破碎的**形体是那些有真空插入其中的形体。只有完整的形体是原子。 [345]

10. 形体要么就是现实世界的，即持续一段时间，要么就是瞬间的。

11. 现实世界的形体的表面离中心是等距的，即使它们不是连续的，比如，它们最外层覆盖着大小相等的球体。

12. 形体要么可以自然分解，要么不可分解，即原子。完整的形体是原子性的，破碎的形体是可分解的。

13. 形体有三个等级：原子性的、现实世界的、瞬间的。

14. 处于静止状态不可能使一个形体具有内聚力，也不可能使它不被另一个形体的推动所分解，除非撞击它的那个形体只在一个点上与它接触，其运动不是围绕其自身中心。

15. 只要形体表面是完整的就足够了。因为它内部同样也由无限［多］的球体构成，它里面包含着无穷的新世界。

……

(f) 摘自《论有形事物的本性：由现象得出的推证的一个标本》(第二稿)[31]A VI. ii N45$_2$

[1671 年底?][32]

[莱布尼茨基于这两个命题，即“凡是被清楚明白知觉到的，都是可能的”与“凡是被直接感知的，都是真实的”，对空间与形体的差异做了先验推证之后，继续写道:]

由现象得出的另一个推证将在它自己的地盘被给出，而那些习惯于图形的人可能更容易理解它。因为我们将根据我们所感知的运动来证明存在真空[33]；现在如果存在真空，那么空间与形体之间肯定是有差异的。

因为我们在形体的定义中设定了空间，在空间的定义中设定了广延，所以我们必须解释广延。同样，我们必须解释间距，因为我们在形体的定义中提到了无间距（indistance）。

由于**广延**的应用极其广泛，甚至也适用于时间，所以它是连续事物的积量。

积量是部分的复多性。

连续体是一个在其任何部分之间都可以插入同一事物的其他部分的整体。[34] [346]

如果某物到两个事物的间隔之和等于这两个事物之间的间隔，那么某物就是**被插入了**这两个事物之间。[35]

……

所有的世界都是交接的。同样的道理，每一个地方都有一个世界。如若不然，四周被真空包围的东西将很快就会因为它的各个部分被挤出而消散。但如果有人不承认这一点，我们可以找到一个更好的理由，那就是，如若不然，世界上将不会有抵抗力，因为到处都有让步的空间。

……

需要进一步推证的是：每个形体都在运动。

连续体中不存在最小的部分。

每个连续体中都存在着无广延的部分。

每个连续体都有无限多个部分。

换句话说，形体以这样一种方式被分割，即它的任何一个部分都不可能脱离其他任何部分，也不可能与其他任何部分的间距变得更远。

两个形体不可能在同一个处所。

同一形体不可能同时在若干处所。

同一形体不可能在不同时间填充不等的空间。

同一空间不可能在不同的时间容纳不等的形体。

形体比真空多。否则，世界上就会有让步的空间，因此也就没有抵抗力。

一切事物皆由小球构成。

有些球体绕着它们自身的中心转动；除此之外，它们不移动，或者说，是固定的。

所有其他球体则同时在运动，也在绕着它们自身的中心转动。

有一些涡旋，它们不是其他涡旋的部分，也就是说，它们不是行星。

附录 2 [347]

莱布尼茨之前论述连续体的先驱者

(a) 亚里士多德

亚里士多德在他作品中，在很多不同的地方，其中最著名的是在《物理学》(第五卷和第六卷) 中，还有就是在这之前的《范畴篇》(4b 20–5a 14) 中，以及在这之后的《论生成和消灭》(316a 15–317a 26) 中，都讨论了连续体。再就是，在《论天》(268a 6–7) 与《形而上学》(1068b 26–1069a 14) 中，有些地方也讨论了连续体，我将这些讨论放在了脚注中。[1]

关于这里的译文，我最初只是打算对巴恩斯版本和洛布版本进行修正。但为了使所有的专业术语保持一致，我发现有必要提供希腊文的新译本。在这方面，我非常感谢唐・亚当斯所提供的无可估量的援助。下面是一些关键术语（及其同根词）的翻译：διωρισμένον ：离散的；διώρισται ：是分离的；συνεχής：连续的；ἅπτεσθαι：发生接触；ἐφεξῆς：连串的；ἐχόμενος：交接的；ἔσχατον：终端；ὅρος：界线；περας：边界；απείρον：无界的、无限的；πεπερασμένον：有界的、有限的；ἄκρον：末端；ἀμερὲς：无部分之物；διαρετὸν：被分割的、可分的；ἀδιαίρετον：不可分的；διηιρημένον：被分割的。

《范畴篇》

在这部著作中，亚里士多德将所有的量分成了**离散的**（例如，数字和话语）和**连续的**（例如，线、面、体、时间和处所）。（4b 20–21, 4b 23–26）数字是间断的，因为数字的部分没有任何在此它的各个部分连接在一起的公共的界线："虽然 5 是 10 的部分，但两个 5 并不在任何公共的界线上连接在一起，而是分离的"（4b 26–29）；同样，话语中的音节也是分离的（4b 33–38）。相反，线是连续的，因为它的各个部分在点这个公共的界线上连接在一起。同样，面的各个部分在线这个公共的界线上连接在一起，而体的各个部分在线或面这个公共的界线上连接在一起。处所的各个部分在与占据它们的物体的各个部分相同的公共界线上连接在一起，而过去的时间和将来的时间在当下——或"现在"（5a 1–14），亚里士多德认为它就是一个无绵延的瞬间（参见 *Physics*, 6, ch. 3）——连接在一起。

《物理学》

亚里士多德在《物理学》第五卷和第六卷（E 和 Z）中为理解连续性提供了理论基础。亚里士多德在第五卷第三章（226b 18–227 b2）中，后来又在第六卷的开头以简要的形式，给出了一系列的定义："如果它们的终端在一起，那么事物就是**接触的**"（226b 23），"如果没有任何与它们同类的东西把它们隔开，那么事物就是**连串的**"（226b 34–227a 5, 231a23），而"如果它们既连串又接触，那么事物就是**交接的**"（227a 6）。这样一来就确立了莱布尼茨经常引用的那个定义："如果它们的终端是一个，那么事物就是**连续的**"（231a 22）。因此： [348]

> 连续是交接的一种，而当一个事物与另一个事物彼此发生接触的边界变成了同一个[2]，并且（如这个词所表明的那样）连在了一起时[3]，我就可以说它们是连续的；如果终端是两个，连续性就不可能存在。这一定义清楚地表明，连续性属于那些由于它们的相互接触而成为一体的事物。而且，无论以何种把它们连在一起的方式，比如说，无论是铆接、粘合、接触还是嫁接，这种方式是一，整体也将是一。（227a 7–17）

在这些定义的基础上，亚里士多德在第六卷中指出，任何连续物都不可能由不可分的东西构成，例如，连续的线不能由不可分的点构成：

> 因为两个点的终端既不能**是一个**（因为一个不可分的东西不可能有与其他部分相区别的终端），也不能**在一起**（因为终端与终端所从属的那种东西是不同的，所以无部分之物不可能有终端）。（231a 26–29）

连续物也不可能由仅仅彼此**接触**的不可分的部分组成。因为不可分的东西，作为无部分之物，只能是整体与整体的接触；但这样一来，它们就不是明显的、空间上可分的部分，即适合于连续体的部分了。（231b 1–6）再就是，连续物也不能由**连串的**不可分的东西构成。"因为连串就是没有同类的东西夹在它们之间，但是，点与点之间却总是一条线，现在与现在之间也总是一段时间。"（231b 8–10）

亚里士多德从这些定义中推导出的连续物的另一个重要性质，也是常被用来定义连续物的性质，即**无限可分性**：

> 显然，每个连续物都可以被分成总是能够再分的部分；[4] 如果它可分割成不可分的部分，不可分的部分就会与不可分的部分发生接触，因为彼此连续的事物的终端是一个并且发生接触。[5]（231b 15–18）

[349] 亚里士多德接着指出，时间、积量和运动在这方面是一样的："它们要么是由不可分的部分构成的并且可以被分成不可分的部分，要么不是这样。"（231b 18–20）例如：

> 既然一切运动都在时间内进行，而且某种东西在任何时间都有可能被移动，既然任何移动的东西都既能更快地也能更慢地移动，所以在任何时间都可能有更快的或更慢的运动。既然如此，那么时间也必然是连续的。**我所谓的“连续的”是指那种可以分成总是能够再分的东西**；因为如果我们假定连续性是这样的，那么时间必然是连续的。（232b 20–26；黑体为英译者所加）

无疑，时间、积量和运动的无限可分性是芝诺在阐述他的悖论时所诉诸的重要性质。所以很自然，亚里士多德在讨论那些悖论之前应该首先讨论它。但这个讨论的一个奇怪的特点（正如我前面用黑体所指出的）是，他以“总是能够再分”的性质定义了连续物，也就是说，将其在逻辑上与他之前的定义等同了起来。[6] 既然他已经证明后者蕴含着前者，这也就意味着，他含蓄地假定前者蕴含着后者，也就是说，总是能够再分的东西必须是这样的，它被分割的任何两个相邻的部分必须共用它们的边界。如果上述的部分和分割是实际的，各部分都有它自身的边界，那就很难理解怎么会这样了。不过，我们似乎可以得出这样的结论，即如果一事物是可分的，或无限可分的，那么这便意味着，它潜在地可以以任意多种方式被分割成部分，但实际上并没有被分割成部分。这样的话，每个点都将成为一个可分割的位置。这就是说（尽管亚里士多德并没有明确地这样说），他的定义的等价性似乎预设了他在《物理学》

前面的章节——他在这些地方阐述了他那著名的关于**潜**无限与**实**无限之间的区别——中对**无限**的解释。

根据亚里士多德对无限的解释，“无限并不是在它之外全无什么，而是在它之外总有什么。”（206b 33–207a 1）“一般说来”，他指出，“无限是这样的：可以一个接着一个不断地被取出，被取出的每一个虽然都是有限的，但却永远不相同。”（206a 28–29）因此，任何无限的东西都不可能突然一下子就存在。时间上的无限直接满足这种状况，空间上的无限间接满足这个状况：“从空间的积量来看，无限表现为取之不竭，从时间和人类的接续来看，无限表现为它们不断消
[350] 逝，但供应之源却永不枯竭。”（206b 1–2）这意味着，“增加不可能产生一个无限，至少不可能产生一个超过每一个有规定的积量的无限”（207a 35）。然而，分割却可能产生一个无限，因为这相当于说，无论我们进行多少分割，我们总有可能进行更多的分割。但这意味着，“这种无限是潜在的，不是实际的”（207b 12–13）。这样一种由增加而来的无限可能是当我们把无限分割的过程颠倒过来时所得到的东西。因为如果我们无限地分割一个有限的积量，然后把它的部分相加，“这些部分的和不会超过每一有规定的积量”（206b 18–19）。因此：

连续的东西可以被无限分割，但对于更大的东西，它不是无限的。因为它在潜能上是多大，它实际上也只

> 能是多大。所以，既然可感知的积量不是无限的，那么，它也就不可能超过每一个有限的积量；因为不然的话，某个东西就会比天还要大了。（207b 16–21）

这些考虑使亚里士多德能够很好地解决芝诺想要证实运动不可能的二分法悖论。芝诺曾辩称，一个人在有限的时间内穿过一定的距离之前，必须先穿过一半；而在穿过一半之前，他必须先穿过一半的一半，即四分之一；在穿过四分之一之前，他必须先穿过八分之一；以此类推直至无穷。因此，一个人必须在有限的时间内穿过（并因此接触）无限多的小间隔，但这是不可能的。因此，运动是不可能的。但是，亚里士多德回答说，这是混淆了连续物可以被称为无限的东西的两种方式：就可分性而言的无限（任何连续的量就可分性而言都是潜无限的），就广延而言的无限，从字面上说，即“就其末端而言”的无限（任何可感知的积量就其末端而言都不可能是无限的）。

> 因此，一事物在有限的时间内不可能与就量而言无限的事物发生接触，但却可以与就可分性而言无限的事物发生接触。因为时间自身就可分性而言也是无限的，所以，这个事物是在无限的而不是在有限的时间中穿过无限的，它通过无限的而不是有限的时间部分与无限的空间部分发生接触……因此，芝诺的论证是错误的。他

> 认为一个事物不可能在有限的时间中逐个地穿过无限的事物或者与其发生接触。(233a 26–31, 21–23)

对于这一点，有人可能会反对说，亚里士多德无权像他在这里所讲的那样，说可以穿过无限的事物。他后来在《物理学》(263a 4–b 9) 中承认了这一批评，并解释说，上述理由就已经足以驳倒芝诺了。在他后来的讨论中，亚里士多德给出了
[351] 一个更准确的解决方案，他指出，在他看来，连续体的部分是潜在的，不是实际的。(263a 28) 因此，“对于是否可能穿过无限的时间或长度的问题，必须这样回答：在一种意义上是可能的，在另一种意义上则是不可能的；因为，无限的实际存在的［部分］不可能被穿过，但无限的潜在的［部分］却可能被穿过。”[7] (263b 4–6)

最后，亚里士多德在论述无限时，他煞费苦心地指出，只要他的论述“否认无限从增加的角度来看实际上是无穷无尽”，它就符合数学家的用法：

> 实际上，他们并不需要这种无限，也不使用它，而是只需要（假定），一条有限的直线可以按照他们的意愿产生，并且任何积量都可以以与分割最大的积量相同的比例来分割。所以，就证明而言，是否能在实存的积量中找到这种无限，对他们来说并没有区别。(207b 31–34)

《论生成与消灭》

在亚里士多德关于连续体的思想中还有许多其他的微妙之处，这些微妙之处可能影响到了莱布尼茨。[8] 举例来说，他在《论生成与消灭》（316a 15–317a 26）中讨论了原子的积量和物体的可分性，在这里，他阐述了其他人对他的**潜在可分性**学说的反对意见：

> 每个可感物体在任一点上都既是可分的，又是不可分的，这毫不荒谬；因为它潜在地可分，实际上不可分。但是，即使是潜在地，物体似乎也不可能整个地同时可分。因为如果这是可能的，就会出现这样的结果：物体不应同时既不可分又被分割，而应是在任一点上都被分割。……［因此，有人极力主张］分解的过程不能无限进行下去，一个物体也不能在每一点上同时被分割（因为这不可能），而是有某种限度，超过那个限度，分解便不能进行了。因此，在［可感知的］物体中必然存在不可见的原子的积量，尤其是，如果生成和消灭分别通过聚合和分解来发生的话。（316b20–26, 30–35）

亚里士多德解释说，这个论点的谬误在于，它建立在这样一种假设之上，即整个地可分意味着，不只是在它里面的某一处有一个点，而是在它里面的每一处都有一个点。但是，“点与点不是交接的”，所以物体只是在这种意义上整个地可分， [352]

即"它里面的**某一处**有一个点，并且如果你逐一地取它的点，它所有的点在它里面的**每一处**；但它里面的**某一处**都只有一个点，因为点不是连串的"（317a2–9）。

（b）伽利略

《关于两门新科学的对谈》

以下摘录来自《关于两门新科学的对谈》（*Discorsi e dimostrazioni matematiche, interno a due nuove scienze*），在对谈1中，伽利略对不可分量、不可分的虚空以及连续体问题进行了深入的讨论。这里的翻译由我与加布里埃尔·克鲁奇·亚瑟（Gabriella Colussi Arthur）共同完成，我非常感谢她的合作。原文出自1638年的莱顿版本（我从多伦多大学宗教改革与文艺复兴研究中心借到了该版本的复印件，对此，我深表感谢），但这个文本（据我所知）与我所键入的最权威的国家版本（Edizione Nazionale）完全相同。

伽利略根据自然厌恶真空来解释大理石板的内聚力时提出了物质中存在虚空的可能性（参见术语表中关于"cohesiveness"和"tabula"的词条），他（通过他的代言人萨尔）宣称：

> 萨尔：……实验肯定地表明，除非用很大的力，否则两块板不能被分开，其原因是对真空的厌恶阻止了它

> 们被分开；对于一个大理石柱或青铜柱的两大部分，也可以说同样的话。既然如此，我就看不出这种厌恶为什么不会发生，以及为什么它就不是这些物质的较小部分乃至最小的部分凝聚在一起的理由……（EN 66）

当有人提出这一问题，即这些基本粒子和把它们分开的虚空在数量上是否有可能不是无限的时，伽利略建议他们“看看能否以某种方式推证，在一个连续的有限的广延内有可能发现数目无限的虚空并不是不合理的”（EN 68）。推证一开始是让我们设想两个同心的正多边形——举例来说，正六边形——在 [353]
平滑的平面上滚动，如下图所示。当它们滚动时，较大的六边形将接触 AB、BQ、QX 等，而较小的六边形将接触 HI、OP 等，跳过 IO、PY 等间隔，伽利略将其等同于虚空。滚动一周之后，“可以清楚地看出，较小多边形所经过的空间几乎等于较大多边形所经过的空间”，“所差的只是其中一条弧线的弦长，前提是我们认为 HT 包括［跳过的］五条弧的空间”（EN 69）。如果现在用两个同心圆来代替两个六边形，我们就会得出一个被称为“亚里士多德之轮”的难题，这个难题最初是由亚里士多德学派的某个人在《机械学》中提出的。[9] 这两个圆将画出大致相等的平滑的线，并且不会跳过任何间隙。[10] 可是，“小圆怎么可能走过一段大于它的周长的距离呢？除非它会飞跃。”（EN 70）伽利略给出了这样的回答：

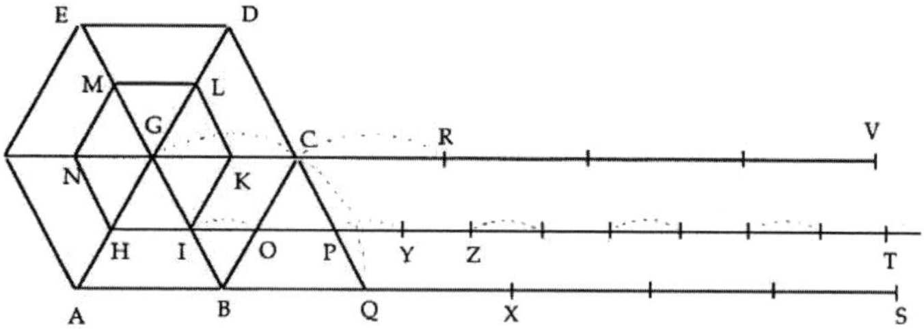

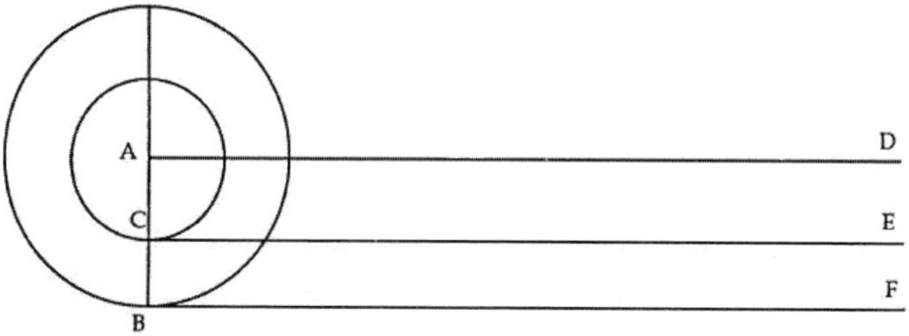

萨尔：……正如我所说的那样，在有着 100000 条边的多边形的事例中，较大多边形的周长所经过的线，也就是说，由它的 100000 条边线一条接一条地展开而成地那条线，等于以较小多边形的 100000 条边来测量的那条线，前提是我们把夹在中间的那 100000 个虚空也
[354] 包括在内；那么，我就会说，在圆的事例中，也就是在有着无限多条边的多边形的事例中，由较大的圆的连续分布的那无限多条边所穿过的那条线，在长度上等于由较小的圆的无限多条边所穿过的线，但是，这后一条线上是插入了一些虚空的。而且，正如它们的边是不可量化的，严格来说有无限多个，所插入的虚空也是不可

量化的，也有无限多个；也就是说，较大的圆所画过的线包括着完全填满了它的无限多个点，而较小的圆所画出的线则包括留下虚空而只是部分地填充了它的无限多个点。

在这里，我希望你们注意，如果我们把一条线分成可量化的部分，因此也就可以数出来的部分，我们是不能把它们排列成比它们在连续地连接起来而不插入许多虚空时更长的线的。但是，如果我们设想线被分成不可量化的部分，也就是，无限多个不可分量，我们便能够设想，通过插入无限多个而不是任何数量的可量化的不可分割的虚空，线将无限地延长。

考虑到面和体也是由无限多个不可量化的原子组成的，以上所说的关于简单线条的那些话将被认为也适用于面和体：当我们希望把它们分割成可量化的部分时，毫无疑问，我们不能把它们排列得比以前占据更大的空间，除非我们插入可量化的虚空——我的意思是，至少没有被构成那个固体的物质所占据的虚空。但如果我们认识到，通过某种最大程度、最大限度的分解，物体分解成了不可量化的无限多个基本组成部分，那么不是通过插入可量化的虚空，而是通过插入无限多个不可量化的虚空，我们便能够设想，这些组成部分扩张成不可测量的空间；这样扩张就不会前后矛盾了……（EN 71–72）

在这里，伽利略通过辛普警告说，“由点构成线的方法，由不可分的量构成可分的量，由不可量化的东西构成可量化的东西”面临着深刻的困难，就更别说“假定那种被亚里士多德如此决定性地反驳了的虚空的必要性”所面临的困难了。（EN 72–73）萨尔对此表示赞同，他提醒道：“我们夹在无限的量和不可分的量中间，二者都超出了我们有限的理智的理解范围：前者由于它们的巨大，后者因为它们的微小。”（EN 73）不过，他指出，“人类的理性总是忍不住去讨论它们”，接着，他阐述了他自己关于圆锥体、碗和环带的“幻想”，根据这种幻想，环带的最终的部分，即一个圆，将等于圆锥体的最终的部分，
[355] 即一个点。（EN 73–77）伽利略将这个论点寄给了卡瓦列里，作为对他的“不可分法”的一个警告（参见 Stillman Drake's edition of Two New Sciences, p. 35）。莱布尼茨在上述 Aiii11 中对这一论点的总结足够准确，所以这里就不再重复了。伽利略接着又开始了他“无拘无束的”冥思，他（半开玩笑地）宣称这样的冥思与“超自然的学说”完全不同，认为后者“是我们在昏暗而可疑的道路上，或更确切的说，在迷宫中的一种永远可靠的指南”（EN 77）。

萨尔：促使人们反对由不可分的量来构成连续体的主要理由之一，就是一个不可分的量和另一个不可分的量相加，不能得出一个可分的量。因为如果可以，那么不可分的量也会变成可分的量；因为，如果两个不可分

的量，例如两个点，连在一起构成一个量，它将是一段可分割的线，那么一段由 3 个、5 个、7 个或任何奇数个［不可分的量］构成的可分的量就更可分割了。但是，这些线就会二等分为两个相等的部分，使得恰好位于中间的那个不可分割的点二等分。为了答复这一类的反对意见，我们所能给予对手的满意回答是，一个可分的、可量化的积量，不可能由 2 个或 10 个或 100 个或 1000 个不可分的量构成，而是由无限多个那样的不可分的量构成。

辛普：这里就出现了一个在我看来无法解决的困难。既然我们确实发现一条线比另一条线更长，其中每一条线都包含着无限多个点，我们就不得不承认，在同一类中，会有某种比无限更大的东西，因为长线中的无限多个点比短线中的无限多个点更多。倘若情况果真如此，一个无限大于另一个无限便完全超出了我的理解力。

萨尔：这就是当我们用自己有限的理智去讨论无限时出现的那些困难之一，这时我们赋予了无限以一些我们本来赋予有限的、有界的事物的属性，但我认为这是恰当的。因为我认为，大、小或相等这些属性不适合于无限，我们不能说某一个无限大于或小于或等于另一个无限。为了证明这一点，我想到了我曾经做过的一次类似的讨论，而为了解释得更清楚，我将通过质问提出这一困难的辛普里修来给出这一讨论（EN 77–78）。

[356] 在这一点上，伽利略给出了他的论证，而我们将在莱布尼茨的《帕西迪乌斯与爱真理者的对话》中就所有的数的数目与所有的平方数的数目进行比较的部分再次看到这一论证。伽利略的论证是，既然有非平方数，那么（1）“所有的数，包括平方数和非平方数在内，比所有的平方数更多”（EN 78）；然而，（2）“平方数和它们自身的根一样多，因为每一个平方数都有一个它自身的根，每一个根都有它自身的平方数；而任何平方数都只能有一个根，而任何根也只能有一个平方数”（EN 78）。但同样，（3）“如果我问总共有多少个根，那么不可否认，和所有的数一样多，因为任何一个数都是某一平方数的根。倘若如此，我们就必须说，有多少数就有多少平方数，因为平方数恰好和它的根一样多，而且所有的数都是根”（EN 78）。所以，平方数的数目既小于数的数目，也等于数的数目。为了避免这样的矛盾，伽利略指出：

萨尔：除了说所有的数共有无限多个，所有的平方数也有无限多个，而且它们的根也有无限多个，即平方数的数目不少于所有数的数目，后者也不大于前者，我

> 不认为还能做出什么判断。最后，“等于”“大于”和“小于”的属性不适用于无限大量，而只适用于有界的量。（EN 79）

实际上，这是倒数第二个结论。因为萨格利多插话说，我们所趋于的数越大，它所包含的平方数（所占的比例）就越少，因此，我们离无限大（这个性质）就越远，但是，无限大中的平方数的数目不能少于一切数的数目；由此，萨尔得出结论说，“大于”“小于”和“等于”不仅不适用于无限大量的相互比较，也不适用于无限大量和有限量的相互比较。（他后面将在同样的基础上得出这样的结论，即“如果任何数都可以说是无限大，那么无限大就是1”[EN 83]）。紧接着，这种论证就被用在了连续的量上：

> 萨尔：……假定线和一切连续的量可以分成总能再分的部分，我便看不出如何避免这样一个结论，即线是由无限多个不可分的量所构成的，因为可以无休止地进行下去的分割和再分割假定了这一点，即部分有无限多个，不然的话再分割就会终止。而无限多部分的存在，必然导致它们是不可量化的，因为无限多个可量化的东西将构成一个无限的广延。……能够无休止地分割成可 [357]
> 量化的部分意味着必然由无限多的不可量化的东西所构成……（EN 80）

（c）笛卡尔

《哲学原理》，第二章[11]

33. 在每一运动中，一整圈的物体是如何同时移动的。

我们从上面可以发现，所有处所都充满了物体，物质同样的部分总是占据同等大小的处所。但由此可知，只有围成圈，也就是说，只有一个物体把另一个物体从它所进入的处所驱逐出去，另一个又把下一个驱逐出去，下一个又把再一个驱逐出去，直到把最后一个驱逐出去，最后一个则进入第一个物体在它离开的那一瞬间留下的处所，物体才能移动。在完美的圆的情况下，我们很容易理解这一点，因为我们注意到，只要在圆的A部分向B部分移动的同时，B部分向C部分移动，C部分向D部分移动，D部分向A部分移动，那么A部分向B部分移动就不需要真空，也不需要稀薄化或稠密化。即使是就不完美的、任意不规则的圆而言，我们也可以理解这一点，只要我们注意到如何用不均等的运动速度来补偿所有处所大小上的不均等。因此空间EFGH中所包含的所有物质都可以在不需要稠密化和真空的情况下能绕圈运动，也就是说，它在E处的这个部分可以向G处移动，与此同时，G处的这个部分也向E处移动：前提是，如果我们假定G处的空间是E处的空间的四倍宽，是F和H处的两倍宽，那么物质在E处的运动速度就是物质在 G 处的运动速度的四倍，就是物质在 F 或 H 处的运动速度的两倍；所以在其他处所，运动的速度补偿了处所的狭小。因为以这种方式，在任何规定的时间内，通过这个圆的这一部分的物质的总量与通过这个圆的另一部分的物质的总量相等。

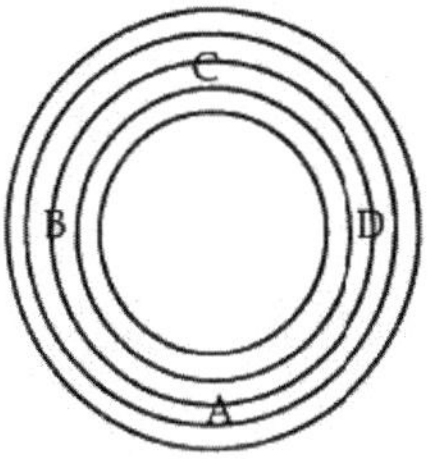

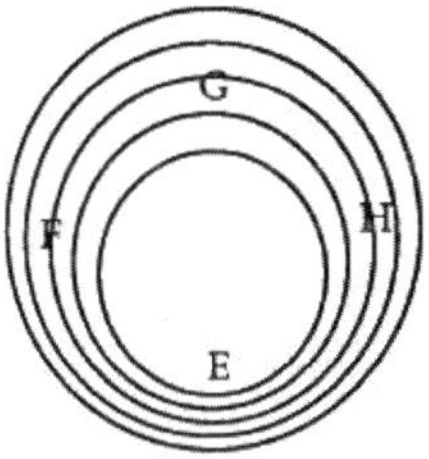

34. 由此得出以下结论，物质分割成实际上无定限的[12] [358]
粒子，尽管这些粒子对我们来说是不可理解的。

然而，我们必须承认，在这种运动中，我们发现了某种我们的心灵视作真实的东西，尽管它并不理解这是如何发生的。因为所发生的是某些物质粒子无限分割，也就是说，无定限分割，由此产生的部分是如此之多，以至于我们无论在思想上把一个粒子弄得多小，我总是明白，它实际上被分割成更小的粒子。因为现在填充空间 G 的物质不可能相继填充 G 和 E 之间无数的逐级变小的空间，除非它的某个部分让它自身的形状适应那些空间不可胜数的不同尺寸；而要做到这一点，这部分物质中所有可想象的粒子——事实上，它们不可胜数——必须在某种程度上相互之间彼此发生位移；这样一种位移，不管多么微小，都是一种真实的分割。

35. 这种分割是如何发生的；它的发生尽管无法被理解，但却毋庸置疑。

然而，应当指出的是，我在这里讨论的并不是整个物质，而是它的一部分。因为尽管我们可以假设，它的两个或三个部分在G处与空间E一样宽，而且还有几个更小的未分割的部分；但是，它们仍然可以被认为是朝着E绕圈运动，前提是，与那些仅调整其运动速度以适应其所占据的处所的部分混合在一起的其他某些部分在一定程度上可以照着这样的方式弯曲和改变自身的形状，即当它们与那些不以这种方式改变自身形状的部分结合在一起时，它们完全填满了所有那些其他部分所不能占据的缝隙。[13] 此外，尽管我们无法在思想上理解这种无定限的分割是如何发生的，但我们不能因此就怀疑它确实发生了，因为我们清楚地认识到，这种分割必然来自于物质的本性，并且我们也认识到，它是我们的心灵所无法把握的，因为我们的心灵是有限的。

[359] ## （d）霍布斯

《论物体》[14]

第八章　论物体与偶性

9. 何谓交接与连续

就像我们说两个空间是彼此**交接的**和**连续的**那样，我们也说两个物体是彼此交接的和连续的；也就是说，**那些其间没有任何空间的东西是交接的。**[15] 现在，正如上述所解释的那样，通过空间，我理解了物体的观念或幻象。所以，虽然两个物体之间没有放置别的物体，因此它们之间没有积量，也就是所谓的实空间，但如果它们之间可以放置一个物体，也就是说，如果它们之间有一个可接纳一个物体的空间，那么那两个物体也就不是交接的。这一点太容易理解了，以至于我很奇怪，人们怎么会在进行更精细的哲思时作出不同的判断，并且就像被难以捉摸的话引入歧途似的，产生一种形而上的微言大义。因为谁会凭自己的直觉认为，两个物体必然会因为它们之间没有其他别的物体而相互接触呢？或者谁又会认为，真空因为其是虚无或非存在而不存在呢？这就好像有人争辩说：没有人能绝食，因为绝食就是什么也没有吃，但什么也没有是不能吃的。

当两个物体有共同的部分时，这两个物体便是连续的；而当若干物体中彼此紧挨着的任何两个是连续的时，这些物体同样也是连续的；简而言之，就像上述两个空间被定义为连续的一样。[16]……

12. 何谓点、线、面、体

如果不考虑一个运动物体的积量（即使总是有一定的积量），它所经过的轨迹便被称作一条**线**或**一维**，它所穿过的空间则被称作**长度**，而那个物体本身则被称作一个**点**；在这个意义上，地球通常被称作一个点，它公转一年的轨迹则被称作黄道线。但如果我们现在认为一个运动物体**有长度**，并且假定它以这样一种方式被移动，即它的每一部分被理解为都构成一条线，那么这个物体的每一部分的轨迹被称作**宽度**，其所构成的空间被称作由**长度**和**宽度**这两维组成的**面**，其中的每一维都适用于所有其他的各个部分。……

[360] ## 第十五章　论运动和努力的本性

2. 添加到这些原理之上的其他一些原理

[霍布斯在第十五章第1节总结了他到目前为止给出的11条原理后，又添加了6条原理，前两条是：]

首先，我将努力定义为**通过比任何给定的空间和时间都要少的空间和时间的运动，也就是说，通过比任何由表象或数字所规定或指定的空间和时间都要少的空间和时间的运动**，即[**在一瞬间或一个时间点**] [17] **通过一个点的运动**。在解释这个定义时，我们必须记住：我所说的一个点并不是指没有任何量的东西，或不能以任何方式被分割的东西（因为在事物的本性中并没有这类东西），而是指那种其量不予考虑的东西，也就是说，那种其量或部分在推证中未被计算在内的东西；所以一个点不应被看作是一个不可分割的事物，而是应被看作是一个未被分割的事物。因此，**一瞬间**也不应被看作是一个不可分割的时间，而是应被看作是一个未被分割的时间。

同样，一个努力也要以这样一种方式来理解，即它确实是一种运动，但是，不管是它所经历的时间的量，还是它所穿过的线的量，都无法与它所从属的时间的量和线的量相比较；但是，正如一个点可以与另一个点相比较一样，一个努力也可以与另一个努力相比较，从而一个努力可以被发现比另一个努力更大或更小。因为如果两个角的顶点可以相比较，那么它们就会依这两个角的比而相等或不相等；或者如果一条直线切割若干同心圆的圆周，各个交点就会依这些圆的周长的比而不相等。同样，如果两个运动同时开始和结束，则它们的努力就会依它们速度的比例而相等或不相等；就像我们看到一个铅球以比一个毛线球更大的努力下落一样。[18]

（e）伽森狄

《对第欧根尼·拉尔修第十卷的批判性评论》
第二部分　论伊壁鸠鲁的物理学 [19]

按照伊壁鸠鲁的说法，任何积量都不能被无限分割 [20]

……然而，与此同时，伊壁鸠鲁所采用的解释的要义主要在于：假设一个有限的物体，如果它被分割成的部分的数目 [361]

不是有限的，那么我们就可以认为，它确实有无限的部分；因此，由这些部分所产生的整体就是无限的，但这违背了前面的假设。

……

我们现在不妨研究一下那种通常被视作反对伊壁鸠鲁的理由：这种情况确实令人惊讶不已，即不仅古代有人批评伊壁鸠鲁，好似他真的相信对积量的分割止于某些数学的点，而且近代的一些学者也以皇皇巨著痛斥他[21]，好似他真的说过体由面构成，面由线构成，线由点构成，因此，体甚或一切事物都由点构成，体和一切事物因此也就被分解成了点。我之所以说这令人惊讶不已，是因为只要他们稍加留意，便会发现，伊壁鸠鲁认为终止分割的不可分割的东西不是数学的点，而是最微小的物体；还因为他不仅在人们普遍认为点没有积量这种东西的情况下赋予了它们积量，而且赋予了它们不可思议的多变的形状，比如，在一个缺乏积量和部分的点上所无法设想的形状。

论积量和形状［以及随之而来的性质］，
精细、粗钝、平滑和粗糙，在此，
有必要特别指出的是，任何具体的事物
都不是绝对连续的，也不是绝对光滑的

关于积量的连续性，我们必须说些什么；而在我们讨论了事物的混合之后，这个问题就会很容易弄明白了。因为从这一点可以看出，每个物体都必须被说成是连续的，只要它的各个部分都连在一起，凝聚在一起，彼此不分开，以至于即使它们只是彼此交接，它们的接合点也不能被任何感官所辨认。换言之，积量，或他们(经院学者）所谓的连续量，不同于“复多”，即离散量，因为**连续量的各个部分确实可以分离，但事实上却并没有分离，而离散量的各个部分事实上或实际上是分离的。**这并不是说，“复多”的各个部分彼此也不交接，例如，许多石头堆在一起；但它们并没有抓住彼此，粘合在一起，以及相互之间钩挂连环。……因此，一句话，一切可以被热力或其他 [362]
别的东西分开的物体，其各部分只是相互接触，而当这种联系被切断，它们的连续性被打破时，这些部分也就分离了。

因此，如果有人问，什么东西是如此连续的，以至于它决不是由交接的东西构成的，那么我们唯一能给出的答案就是原子。我们应该清楚，当德谟克利特根据亚里士多德的说法提出“一个不能变成两个，两个也不能变成一个”时，他一直在谈论原子，因为，毫无疑问，一个原子不能被分割，从而产生两个原子，两个原子也不能相互渗透，从而合并成一个原子。但这并不妨碍每一个实际上未被分割成部分的物体被说成是连续的（按照这个词的通常用法)，因为感觉无法触及原子或它们的接合点。

然而，亚里士多德却认为，连续体是“那种其各个部分在共同边界上连在一起的东西”。这种说法就这一点来说在物理学上是正确的，即它没有两个经由某个中间部分而不连在一起的可指定的部分，也就是说，没有两个经由一个**可感知的**部分而不连在一起的可指定的部分（比如，在一个三英尺的积量中，两端的那两个一英尺通过中间的一英尺连在了一起），也没有两个经由一个**不可感知的**部分而不连在一起的可指定的部分（比如，在一个两英尺的积量中，前后两个一英尺之间有一个东西，它避开了感觉，而这将在我后面所讲的内容中得到证实）。在那里，我将表明，任何连续的事物都不可能被如此精细地分割，以至于不可能从中剥离出由无数原子构成的中等大小的聚合物。当然，我们同意亚里士多德所说的公共边界是一个数学上独立的单位（因为他断言，线的各个部分由点连在一起，面的各个部分由线连在一起，体的各个部分由线或点连在一起），这种不可感知的边界不可能是一种物理学的实在，因为事物的本性中并不存在这种不可分割的东西，正如我们在前面已经提到并在后面仍将进一步讨论的那样，它们只是想象的或假定的东西。……

何谓运动，它是否存在

[在这一节，伽森狄研究了伽利略先前讨论过的“亚里士多德之轮”（参见上述附录 2b），但他没有提到亚里士多德的《机械学》（伪书），也没有提到伽利略。他在分析一开始谈到，
[363] 在感官看来是连续的运动实际上可能是不连续的，例如，由于

纸张的缺陷，显微镜显示，钢笔所画的表面光滑的线条被许多间隙所打断。这样他就可以按照伊壁鸠鲁的原子运动不连续的学说给出自己的解决方案了，他的解决方案让我们想起了伽利略的解决方案，他只是用有限的虚空取代了伽利略的**不可量化的**无限的虚空。[22]]

> 当对一个速度较慢的形体与一个速度较快的形体进行比较时，每一个形体都可以在物理学的不可分割的东西中转移，也就是说，如果这两个运动都是连续的，那么当较慢的形体在一瞬间移动并穿过一个物理学的不可分割的东西时，较快的形体必定同时但并非相继穿过许多按顺序排列的不可分割的东西，但这是完全无法理解的。由于这一困难，我是否应该补充一句，重复一遍，缓慢是由于静止的混入而产生的？
>
> 当然，正如我们认为正午的阳光最亮，而通过混入或多或少的黑暗，创造出了不同等级的光明直至黑暗那样，我们也可以设想，我们借以推知原子在**虚空**中穿行的运动——或者，如果你愿意，你也可以将这种运动归因于**原动天**（the Primum Mobile）——是最快的；那么从这种运动到纯粹的静止的所有等级的速度都是由或多或少的静止的粒子的混入造成的。根据这种说法，我们可以从雪或牛奶的白得出乌鸦、碳、沥青的黑，也可以从火的热得出冰的冷，以此类推：亚里士多德并没有否

认这些变化来自对立面的混合。

因此，当有两个移动的物体，其中一个的速度是另一个的两倍时，我们必须这样来设想，即在较快的物体持续移动的每两个瞬间里，较慢的物体只在其中一个瞬间移动，而在另一个瞬间保持静止；同样的道理，当一个的运动速度是另一个的三倍时，我们必须这样来设想，即在前者持续移动的每三个瞬间里，后者仅仅在其中的一个瞬间移动，而在另外两个瞬间保持静止，以此类推。

你也不可以反对说，这种运动本身因此就不是连续的；因为它对感觉来说仍然是连续的，就像当一根火把快速旋转时，火在感觉上似乎是圆形的，或者说，这根火把连续不断地存在于圆圈的任何部分，但它并非如此，而是以一种断断续续的方式。这就像当你用一支笔在一张干净的纸上画一条线时，你看到自己画的是一条连续的直线，然而由于笔的清晰度和纸张表面的不均
[364] 匀，那条线被不可思议地、难以解释地分割了开来；不只是我们上述的演绎论证了这一点，而且有辨别力的反光显微镜（engyscopes）[23]也证明了这一点；除此之外，还有许多其他这类的东西。……

最后我想补充一点，那便是我们惊奇地注意到，伽森狄的两个主要门徒，即法国的弗朗索瓦·贝尔尼埃（François Bernier, 1620–1688）和英格兰的沃尔特·查尔顿（Walter Charleton, 1619–1707），都不赞同他的“运动被静止所打断”的学说。查尔顿在他的《生理学》（*Physiologia*）中几乎再现了伽森狄在《批判性评论》（*Animadversiones*）中提出的所有其他论点（并对它们进行了有益的重新整理），但他却将这一学说归给了阿里亚加：“阿里亚加就是这么固执己见，为了避开这一无法解决的难题，他自称发现了这样一种新的**运动**，其特点是有某些**间歇**或**停顿**发生于其间；因此，我们可以推断，万物在它们运动的过程中都以同样的速度移动，但因为一个事物的运动被许多停顿所打断，另一个事物的运动很少出现停顿，所以前者的运动似乎就很快，后者的运动似乎就很慢。……如果确实是这样，那么蚂蚁（pismire）[24]比老鹰移动得慢，就只是因为老鹰在运动中停顿的时间较短，蚂蚁在运动中停顿的时间较长……”更多讽刺性的例子（比如，猎鹰与鹧鸪，树懒和亚历山大里亚跑马场里跑得最快的骏马）似乎表明，“那些被想象成发生于运动之中的**阿里亚加式的寂然不动**并不是运动的一部分。”[25]

至于贝尔尼埃，他在 1678 年版的《伽森狄哲学简本》中完整地复述了伽森狄的论点。[26]但是，在 1684 年的修订版中，他否认了这一学说。在“疑问 11：运动的缓慢是否起因于被短暂静止截断”[27]中，他写道：“因此，如果认为这些不同的运动中都应该混有短暂的停顿[28]或静止，缓慢运动与快速运动的区别在于，缓慢运动中的停顿较多，快速运动中的停顿较少，那就太好笑了……”事实上，他的反驳完全建立在伽森狄的原则和术语——其中包括莱布尼茨同样也提到的“物理学的点”——之上。这一难题，他解释道，“只属于那些用数学的点构成连续体和用数学的瞬间构成时间的人，不属于那些像我们一样只承认物理学的点和瞬间的人”。较慢的物体“相继地、连续地穿过一个物理学的点”，与此同时，以两倍速度移动的物体也以同样的方式穿过其物理学的点。

注 释 [365]

引 言

1 这段引文来自 *De usu geometriae*, 1676（Aiii54: 449）。另参见 G.ii.262，G.ii.451，G.vi.29 等。

2 G. W. Leibniz, *Theodicy*, ed. A. Farrer, trans. E. M. Huggard（La Salle: Open Court, 1985），p. 53; G.vi.29。另参看“On Freedom”（c. 1689）：“人类的心灵有两个迷宫：一个是关于连续体的构成，另一个是关于自由的本质，两者有一同一来源——无限”（PW 107）。

3 这些描述均出自关于那部名为《威廉·帕西迪乌斯论事物的奥秘》（*Gulilielmi Pacidii De rerum arcanis*）的百科全书式著作的一份手写的计划书（Aiii77, in DSR 88–91）。

4 “或许我还会有机会陈述我对于第二个问题的观点，并且指出，由于缺乏关于实体和物质本性的正确概念，人们采纳了导致不可克服的困难的错误立场，而这些困难理应被用于废除这些错误立场。”

(preface to the *Theodicy*, p. 53)。

5 罗素将其中的许多片段收录在了“莱布尼茨著作选录”中，并将其附在了他的《对莱布尼茨哲学的批评性解释》的附录中（参见 Bertrand Russel, *Critical Exposition of the Philosophy of Leibniz*, London: Routledge, [1900] , 1992: pp. 205–305)。此外，正如格伦·哈尔茨和简·科弗所指出的那样，他与选帝侯夫人索菲的通信也应该被包括在内（参见 Glenn Hartz and Jan Cover, “Space and Time in the Leibnizian Metaphysic”, *Noûs* 22, 1988, 493–519: 500)；他们翻译了莱布尼茨 1705 年通信中的四个关键的片段（500–501)。或许莱布尼茨对他在迷宫中所付出的艰苦努力所作的最全面描述可以从他在 1689 年的《弗拉诺姆斯》(*Phoranomus*）中的“自传式的”评论中看到，其中的一些片段于 1888 年由格尔哈特（Gerhardt）以拉丁文原文的形式出版，其中的一个小片段被罗素译成了英文（pp. 84–85)。现在我们可以在安德烈·罗丙内（André Robinet）主编的一个带注释的评论版中找到其完整的拉丁文文本：G. W. Leibniz, *Phoranomus seu De potentia et legibus naturae, Dialogus I* in Physis, 28, 3, 1991, pp. 429–541; *Dialogus II* in Physis, 28, 23, 1991, pp. 797–885。

6 参见 G.ii.98, G.ii.262, G.ii.267–268, G.ii.278, G.ii.282, G.ii.379, G.iii.583, G.iv.394, G.iv.491 ；另 参 见 Russell, *Critical Exposition*, pp. 108, 245–246。

7 我已经在我的文章中对这些研究成果中的某一些——比如，莱昂哈德·欧拉（Leonhard Euler)、伯特兰·罗素、尼古拉斯·雷舍尔（Nicholas Rescher）和 J. E. 麦奎尔（J. E. McGuire）——做了考察，参见 “Russell’s Conundrum: On the Relation of Leibniz’s Monads to the

Continuum, ” pp. 171–201 in James RobertBrown and Jürgen Mittelstraß, eds., *An Intimate Relation: Studies in the History and Philosophy of Science*, Boston: Kluwer Academic Publishers, 1989。

8 正如凯瑟琳·威尔逊所注意到的那样（参见 Catherine Wilson, *Leibniz's Metaphysics*, Princeton: Princeton University Press, 1989, p.8），迷宫是 17 世纪修辞学中常用的隐喻，伽利略在《试金者》（1631）和《两门新科学》（1638）中，利贝尔·弗洛蒙（Libert Froidmont）在他的《连续体构成的迷宫》（*Labyrinthus de compositione continui*, [366]
1631）中就已经用迷宫的形象来描述连续体问题了。

9 尽管我们应该虑及谦逊的传统，但在第二部分的对话中，莱布尼茨的代言人帕西迪乌斯却把巴黎时期的文章描述为“几张纸和一些仓促思考留下的词不达意的残迹，我完全是为了记忆才把它们保存了下来”。

10 正如安德烈·罗丙内所注意到的那样，这些文章的风格是以典型的引入语“我们必须弄清楚是否……”（Videndum est...）为特征：“Ce reclassement des structures est obtenu à suite d’hypothèses éphémères, toutes cespièces restant sur le style du ‘*videndum est*’，” Robinet, *Architectonique disjonctive, automates systemiques et idéalité transcendentale dans l’oeuvre de G. W. Leibniz*（Paris: J. Vrin, 1986）, p. 189。

11 “我这个英国蛮子有幸悟出了明显的奥秘。……彭睢有一次说：我引退后要写一部小说。另一次说：我引退后要盖一座迷宫。人们都以为是两件事；谁都没有想到书和迷宫是一件东西”（Jorge Luis Borges, “The Garden of Forking Paths, ” quoted from Donald Yates and

James Irby, eds., *Labyrinths*, New York: New Directions Books, 1964, p. 25）。

12 参见 Gilles Deleuze, *Le Pli: Leibniz et le baroque*（Paris: Les Editions de Minuit, 1988）, translated by Tom Conley as *The Fold: Leibniz and the Baroque*（Minneapolis: University of Minnesota Press, 1993）。

13 连续体问题在斯图尔特·布朗的简洁的阐述中得到了很好的描述：这个问题也就是"在空间和时间中任何有广延的东西怎样可能是实在的，如果它的每一部分都可以进一步无限分割下去的话"（Stuart Brown, "The Seventeenth Century Intellectual Background," pp. 43–66 in Nicholas Jolley, ed., *The Cambridge Companion to Leibniz*, Cambridge: Cambridge University Press, 1995, p. 51）。

14 古代和中世纪整个传统的早期思想家们也对它们进行了广泛的讨论，尤其参见 Norman Kretzmann, ed., *Infinity and Continuity in Ancient and Medieval Thought*（Ithaca: Cornell University Press, 1982），以及 Richard Sorabji, *Time, Creation, and the Continuum: Theories in Antiquity and the Early Middle Ages*（Ithaca: Cornell University Press, 1983），但是，莱布尼茨在他的任何作品中都没有提到这个丰富的中世纪传统。

15 参见 Lynn Sumida Joy, *Gassendi the Atomist*（Cambridge: Cambridge University Press, 1987）, pp. 83–105, 255–261。我们把乔伊提供的拉丁文本翻译过来，这个问题就是，"是否存在这样一种像数学一样完全精确的、完全合乎逻辑的、完全理智的推证，我们可以据此来证明，存在这样一个有一定限度的积量，这一积量在某个时间和某个地点被包含在一个没有部分的真正的数学的点之中，但它本身在这同一个点上却有不同的部分”（255）。

16 Joy, *Gassendi the Atomist*, p. 105.

17 在 1714 年 1 月写给尼古拉 · 雷蒙的一封信中，莱布尼茨回忆说：“在从三科学校（Trivial Schools）解脱出来之后，我把精力放在了现代人身上，我记得 15 岁的时候，我独自走在莱比锡附近一 [367] 个叫罗森塔尔的杂树林里，思考着我是否应该保留实体形式”（GP. iii.606）。莱姆克（Loemker）报告称：“卡比茨（Kabitz）已经证明，[莱布尼茨] 记错了，他的决定不可能在 1664 年之前作出”（L84）。

18 在 1714 年 6 月给雷蒙的另一封信中，莱布尼茨写道：“至于伽森狄，……我现在对他的沉思不那么满意了，不再像我还是一个学生时，开始放弃学校的观点时那样了。因为原子学说满足了想象，那时我便使自己完全沉溺在其中了，而德谟克利特或伊壁鸠鲁的虚空，连同这些作者的坚不可摧的微粒，在我看来似乎可以解决所有的困难。”（GP.iii.620）

19 我认为，这在很大程度上低估了伽森狄的观点对莱布尼茨在理解连续体上的影响。不管怎么说，对数学的点和物理学的点进行区分，对两者与无形的不可分的点进行区分，把数学的点描述为虚构的东西，对连续体问题无法用感官所知觉到的东西来说明的强调，这些学说既是莱布尼茨的思想所特有的，也是伽森狄的思想所特有的；虽然可以看到菲利普 · 比利就我关于伽森狄对莱布尼茨的影响的观点所提出的批评，参见 *Leibniz Society Review* 7（1997）: 79–81。

20 尤其参见 Christia Mercer, “The Seventeenth Century Debate Between the Moderns and the Aristotelians: Leibniz and *Philosophia Reformata*,” *Studia Leibnitiana Supplementa* 27（1990）: 18–29。当然，

并不是只有莱布尼茨的老师们试图使亚里士多德和现代人达成和解。正如莱布尼茨自己在写给托马修斯的信中指出的那样，朱利斯·凯撒·斯卡利杰已经“铺平了道路”，在他的时代，柯奈姆·迪格比、托马斯·怀特（Thomas White）、让·德·雷伊（Jean de Raey）和阿迪亚斯·特鲁（Abdias Trew）在这一点上都与托马修斯和魏格一致（L 97–98）。

21 参见 Christia Mercer and R. C. Sleigh, Jr., “Metaphysics: The Early Period to the *Discourse on Metaphysics*, ” pp. 67–123 in *The Cambridge Companion to Leibniz*。

22 关于对这一早期形而上学的富有洞察力的分析，参见 Daniel Garber, “Motion and Metaphysics in the Young Leibniz, ” pp. 160–184 in Michael Hooker, ed., *Leibniz: Critical and Interpretive Essays*（Minneapolis: University of Minnesota Press, 1982）; Mercer and Sleigh, “Metaphysics: The Early Period”；以及 Mercer, *Leibniz's Metaphysics: Its Origins and Development*（forthcoming）。

23 例如，在《人类理智新论》中，他写道：“说真的，我认为完全的流动性只适合于那**原初物质**，也就是那抽象的物质，并作为一种原始的性质，就像静止那样；但不适合于**次级物质**，就像我们实际看到的那样，披着它的那些派生性质的；因为我认为没有一种团块是细到无可再细的”（222）。

24 “与此同时，我认为，我对这两个问题有了更深入的理解，因为你在那里——在《告白》（*Confessio*）中——读不到我后来关于运动中的永恒创造以及关于某种思维存在或心灵的最内在的本性所发现的东西”（L102）。

25 “相反，我已经证明了，任何移动的东西都在持续不断地被创造出来，形体就是在任何一瞬间都处在可指定的运动状态的东西， [368] 但在任何时候，任何东西都不会处在两个运动的瞬间之间——这种观点迄今为止从未听说过，但显然很有必要，它将使那些无神论者哑口无言”（A II.i: 23–24; L 102）。莱姆克认为，莱布尼茨这里提到持续不断的创造，“仅仅是想说明所有的运动都起源于上帝”，因此他将莱布尼茨的观点仅仅解释成了笛卡尔的观点的一种变体（L 104）。但是，既然他和托马修斯可能都很熟悉笛卡尔的观点，这就会使得莱布尼茨宣称其理论具有独创性显得非常奇怪。我宁愿大胆地猜测，这个理论更多地受到了伽森狄的启发：在表面上连续的运动中，形体在相继的可指定的时间段处在相继的离散的位置上，在其间不可指定的时间段则处于静止状态；莱布尼茨的创新之处在于他声称，当形体处在静止状态时，它因此“什么也不是”。菲利普·比利给出了一种奥卡姆主义的解读（*Mechanismus und Kontinuität,* Stuttgart, Franz Steiner, 1996, p. 133）。

26 另外，正如麦瑟尔在她与斯莱合写的论文中所指出的那样，既然运动的原因（因此，形状和大小的原因）是上帝，所以在什么意义上形状和其他机械属性属于形体而不是上帝并不清楚（“Metaphysics ... ,” *Companion*, p. 77）。因为“就那些不能在其第一原理或构成原理中发现其原因的形体而言，任何东西都不应该被假定”（L 101）。麦瑟尔称之为原因自足的原则（p. 72）。

27 参见，比如，Thomas Hobbes, *Leviathan*, part 1, chs. 1–3 and 6, edited by C. B. MacPherson（London: Penguin, 1968）。

28 参见 John Watkins, *Hobbes's System of Ideas*（London, 1973）， pp. 87–94; Howard Bernstein, "*Conatus*, Hobbes and the Young Leibniz," *Studies in History and Philosophy of Science* 11（1980）: 25–37; 尤其参见 Daniel Garber, "Motion and Metaphysics in the Young Leibniz"。

29 《抽象运动理论》是《新物理学假说》（*Hypothesis physica nova*, 缩写为 HPN）的抽象部分；有关章节载于附录 1c。

30 参看 Joseph Hofmann, *Leibniz in Paris, 1672–1676*（Cambridge: Cambridge University Press, 1974）; John Earman, "Infinities, Infinitesimals and Indivisibles: The Leibnizian Labyrinth," *Studia Leibnitiana* 7（1975）: 236–251。

31 参见附录 2a。正如我在那里的一个注释中提到的，亚里士多德在《物理学》第五卷和第六卷中的论点致使莱布尼茨可能认为他承认由分割而来的实无限，否认由广延而来的实无限。另参见 Beeley, *Mechanismus und Kontinuität*, ch. 1, esp. pp. 37ff。

32 莱布尼茨后来关于连续性的解释中所体现的亚里士多德特征在赫伯特·布雷格的一系列论文中得到了特别清晰的论述，尤其参见 Herbert Breger, "Das Kontinuum bei Leibniz," pp. 53–67 in *L'infinito in Leibniz, Problemi et terminologia*, ed. Antonio Lamarra（Rome: Edizioni dell'Ateneo, 1990）。另参见 EnricoGiusti, "Immagini del continuo," pp. 3–32 in *L'infinito in Leibniz, Problemi et terminologia*。

33 关于这些出自亚里士多德和笛卡尔的相关引文，参见附录 2a 和 2c。

34 埃伯哈德·克诺布劳赫清楚地强调了莱布尼茨的不可分量与伽利略的不可分量之间的这一重要区别。参见 Eberhard Knobloch, "L'Infini dans les mathématiquesde Leibniz," pp. 33–51 in Lamarra,

L'infinito in Leibniz。

35 比较一下《抽象运动理论》和 1676 年 4 月的《无穷大的数》（Aiii69）。 [369]

36 “因此空间是由比我们所能确定的任何部分都要小的部分组成的……时间是由瞬间组成的，或者说，比我们所能确定的任何部分都要小的部分组成的”（Aiii3: 81）。

37 霍布斯还根据半径与不断扩大的圆的圆周的交点对他的不相等的点（“其量不予考虑”）进行了辩护（参见附录 2d）。有趣的是，这种根据号形角所进行的辩护，作为上述第二节所讨论的泊松的那个挑战性的问题的一种解决方案，是由奥古斯丁教派的修道士富朗森·沃维尔（Fulgence Vauville）提出的。但我没有找到能够表明莱布尼茨曾读过有关泊松问题的文献的明确证据。

38 比较一下后面的附录 1c、Aiii5 以及 Aiii4。

39 《抽象运动理论》，附录 1c（A VI.ii: 266）。参看“在心灵中所有的努力都持续存在，任何一个努力都不会被选来增加或减少，除非那样会带来和谐（ἁρμονιχώτατος）”（A VI.ii: 282）。

40 参见那些摘自惠更斯 1672 年 7 月在《学者杂志》（*Journal des sçavans*）上发表的文章的引文，见下述 Aiii4 脚注 8。

41 这两句引文分别摘自 letter to Hobbes of 23 July 1670（A II.i: 57），以及 letter to Oldenburg of 28 September 1670（A II.i: 64）。

42 参见 *Julii Caesaris Scaligeri Exotericarum exercitationum libri XV de subtilitate ad Hieronymum Cardanum*（“Fifteen Books of Exoteric Exercises on Subtlety, for Hieronymus Cardano,” by Julius Caesar Scaliger），Paris, 1557；*Ex. 101: mistio est motus corporum minimorum* *ad mutuum contactum, ut fiat unio*（引自 Andrew G. van Melsen, *From Atomos to Atom*, Pittsburgh: Duquesne University Press, 1952; New York: Harper, 1960）。斯卡利杰的书是对卡尔达诺的书［Cardano, *De subtilitate libri XXI*（"Twenty-One Books on Subtlety"）, Basel, 1554］的一种挑起论战的回应。参见 *De chymicorum cum Aristotelicis et Galenicis consensu ac dissensu, Liber I*（"On the Agreement and Disagreement of the Chemists with Aristotelians and Galenists, Book I"）, Wittenberg, 1619，塞内特在文中写道："我承认我现在被斯卡利杰的观点说服了，他把混合定义成了最小的形体趋向于彼此接触从而实现结合的一种运动［斯卡利杰的定义，见 Ex. 101］"；引自 James Riddick Partington, *A History of Chemistry*（London: Macmillan; New York: St. Martin's Press, 1961–1970）, p. 274。

43 Scaliger, op. cit.，引自 van Melsen, *From Atomos to Atom*, p. 76；译文略有改动。

44 Leibniz to Hobbes, 23 July 1670; A II.i: 57。正如凯瑟琳·威尔逊所注意到的（1984 年 12 月迪布纳"莱布尼茨与科学"研讨会上发表的《涡旋：莱布尼茨〈巴黎笔记〉中关于亚里士多德、霍布斯和笛卡尔的惯性圆周运动的意义》的草稿），霍布斯实际上关于硬性或**内聚力**的解释，和莱布尼茨的解释一样，是基于非常快速的绕小圈运动。也许这种误解的原因是，由于莱布尼茨自己对重力、磁力和内聚力给出了统一解释，所以他认为霍布斯也一样，也就把他对重力的解释当成了对内聚力的解释。

45 "因为每当精微的事物试图突破密实的事物，并且有一些障
[370] 碍时，密实的事物就会形成某种空心的气泡，各个部分的内在运动，

从而某种一致性或内聚性，也就会产生。……同样的事情也发生在玻璃工人的作坊里，在那里，火的圆周运动，以及酒精的直线运动，制造出了最简单的那种人造玻璃器皿；同样，地球的圆周运动和光的直线运动，产生了气泡”（TMC: A VI.ii: 226）。

46 根据《某些物理学命题》对起源的说明，被行星系统中更大的涡旋之间的冲突搅起的旋涡可能要么是实心的，在这种情况下它们是一些**小球**（globulae），要么是空心的（充满更加精微的流体），在这种情况下它们是一些**气泡**（bullae）（Aiii2: 29）。球体和气泡被统称为**小球体**（terrellae）。参见术语表。

47 这些解释气泡内聚性的早期尝试在后期作品中仍有其反响。例如，参见 Aiii76:525 中莱布尼茨对形体之间的连接的解释，以及来自《关于宇宙的绝妙推证链条》（1676 年 12 月 12 日）的下面这段话：“凝聚体产生于这样一个事实，即如果某些形体被放在一起形成一个内部中空——即充满了更精微的物质——的拱形物，那么这个拱形物很难被打破，因为它的组成部分留下的孔隙太小了，以至于周围的物质无法穿透，从而填满这个空间”（Aiii85: 585；DSR 108–109）。

48 “由此便可得出，无论何物，只要努力进入另一个形体的位置，它都已经在其边界上开始在另一个形体的位置上存在了，就是说，它们的边界是同一个，即相互渗透；因此，若没有另一个形体，一个形体是不可能被推动的。而且因此这些形体也是连续的”（Aiii4: 96）。

49 莱布尼茨似乎没有想到，将内聚性解释为共同的运动，存在着严重的困难。这个困难就是，如果两个形体（或形体的两个部分）是联动的，那么它们将处在相对静止的状态。但在那种情况下它们就不会有相互渗透的努力。

50 人们甚至可能会说，莱布尼茨兜了一圈又回来了。在他与新霍布斯主义的内聚性理论和修正过的原子论短暂调情之后，他又回到了更像其早期实体学说——实体是形体与心灵或实体形式的统一——的某种理论。

51 “我始终［!］相信，关于原子有各种各样的形状的任何说法，……关于钩状物、弯曲物、小球以及如此众多的其他适合于饱学之士游戏的器具的任何说法，都太远离自然的简单性，太远离任何实验了，而且太荒唐了，以致无法以任何明显的方式与现象联系起来”（A VI.ii：248）。

52 “假定充盈，原子便得到证实；——不，即便不假定充盈，仅凭这种考虑，每一个弹性体都被分割成点，原子也能得到证实”（Aiii85: 585；DSR 106–111）。

53 因此莱布尼茨给奥尔登堡写信说：“因为不可分的点是事物的边界……因此形体的两个点或末端，一个推的点和另一个被推的点，是互相穿透的（因为尽管没有形体的穿透，但却有点的穿透）”（A II. i: 64）。

54 严格讲，伽森狄的原子与古典的原子的不同之处在于，它不是永恒的，而是被创造出来的，并且具有某种动力。马尼昂的原子
[371] 也不是标准的德谟克利特的原子：尽管它们在物理上不可分割，数量有限，有着有限的广延，但马尼昂声称，一个原子，在保持同样的面积和质量的同时，通过改变其形状，“可以在不需要稀薄化、膨胀或再生的情况下自然地占据越来越大的处所，直到无限大”（译自帕廷顿在其《化学史》中给出的拉丁文，参见 Partington, *History*, p. 457）。

马尼昂，即让·克里索斯托姆·马尼昂（Jean Chrysostôme Magnen）或马尼努斯（Magnenus），帕维亚大学的医学教授，曾在一部作品中发表了他关于原子的观点，参见 *Democritus reviviscens sive De atomis*, Pavia, 1646。莱布尼茨在其《论组合术》中援引了这一作品，参见 *De arte combinatoria*, A VI.i: 216。

55 “凡被分割的事物，都被分割成可以进一步分割的部分；或者说，没有最小的可分的事物”（*De corpore*, VII, §13）；“因此没有哪一个微小的物体是不可能的。……因为我们知道，有些微生物如此微小，以致我们几乎不能辨别它们的整个身体，所以我们不能够假定任何微小到自然无法超越的程度的东西”（XXVII, §1）。

56 参看 Hobbes, *De corpore*, XXVI, §5：“首先，我假定，我们称之为世界的这个广阔无垠的空间是物体的一个聚合体：这些物体，要么是有内聚性的、可见的，像地球和星体之类；要么是不可见的，像散布在地球和星体之间的那些微小原子；最后，是那些最易于流动的以太，它们占据着宇宙中每一个剩余的地方，以至于没有一个地方是空的。”

57 丹尼尔·塞内特（1572–1637）是 17 世纪初的一位重要的自然哲学家，他在其作品中概述了他关于原子和微粒的观点，参见 *De chymicorum cum Aristotelicis et Galenicis consensu ac dissensu*（Wittenberg, 1618），以及 *Opera omnia*（Paris, 1641; Lyons, 1650, 1654–1656）。约阿希姆·尤根乌斯曾在德国几所大学担任数学和医学教授，是莱布尼茨最敬重的人。在这里，我要感谢帕廷顿的《化学史》，关于这些作者观点的更多细节，我们可以参考这本书。

58 根据尤根乌斯在其作品中发表的化学原子论，化学变化产生于物体最小部分或原子的分离（*diacrisis*）或结合（*syncrisis*），参见 *Disputationes*, 1642。关于细节，参见 Partington（op. cit.）。帕廷顿认为，塞内特（272），或许还有尤根乌斯（417），通过源自普鲁萨的阿斯克莱佩狄斯（Asklepiades of Prusa）的医学传统而接受了原子论（272）。

59 因此塞内特说："[原子或自然的最小部分] 之所以叫 [原子或自然的最小部分]，是因为它们不能通过自然过程进一步被分割，相反，它们构成了所有自然物体的基本元素。但是，它们如此之小，以致感官无法察觉到它们"（*Opera*, I, 151；引自 van Melsen, *From Atomos to Atom*, p. 85）。但就连笛卡尔也写道："没有人拒绝德谟克利特的原子论，因为它承认那些小到无法被感知的粒子，……但 [此外还] 因为它假定原子是不可分割的"（*Principles*, IV, §202; AT VIII.1 325）。

60 因此参见 Aiii36: 393："自然界中有多少固体，就必然有多
[372] 少涡旋被搅动了起来，这完全是由固体的运动引起的。而世界上有多少涡旋，就有多少心灵，或者小世界，或者知觉。"但是，在 1676 年 2 月的《论灵魂与身体的统一》中，莱布尼茨明确地主张，灵魂搅动着自身的旋涡，在脑腔中引起旋涡（Aiii62: 480；DSR 32–37）。

61 这句话来自伽森狄，引自 Richard S. Westfall, *The Construction of Modern Science*（New York: Wiley, 1971）, p. 99。关于马尔比基，参见 Marcello Malpighi, *De pulmonibus observationes anatomicae*, Bologna, 1661。

62 莱布尼茨早在一封信中就已经提出了关于形体的这种有机体模式，以及关于心灵的这一观念，即心灵是一个内核，它可以遍

及整个形体，也可以缩回一个不可见的中心（a letter to Duke Johann Friedrich of May 1671, AII.i 108ff. ；参见 Mercer, *Companion*, p. 82）。

63 参看 Aiii71: 510; DSR 60–61 ：“我认为……心灵会在一段时间内缩回内心，也许在某一时刻又会对外在事物有感觉，不过有可能是一种性质截然不同的感觉。”

64 “每个有形实体都有灵魂。每个灵魂都是不朽的。……有形实体没有确定的广延。有多少实体性的原子或有形实体，就有多少灵魂”（Aiv279: 1466）。

65 “如果一切有机的形体都有生命，而一切形体要么是有机的，要么是有机形体的集合，那么我们由此可知，每一个有广延的质量都可分，但是实体本身既不能被分割，也不能被摧毁”（Aiv346: 1798）。

66 他在那里指出：“无论你是肯定还是否认真空，都是一样的，因为我欣然承认，无论什么东西，只要排尽了空气，就会充满以太；简言之，是否留下了少量的空的空间，都和我们的假说的要旨无关”（TMC, A.VI.ii N40: 246）。

67 在这一点上，莱布尼茨似乎应该感谢伽森狄，伽森狄曾声称，其接合点不能被感官所辨认的各个形体必须被说成是连续的（参见附录 2e）。

68 斯宾诺莎（op. cit., SC 265–266）用他的公理 14 清楚地说明了这一比例关系：如果水道 A 的长度与水道 C 的长度相等，C 比 A 宽一倍，流体通过水道 A 比同一流体通过水道 C 快一倍，则在相等的时间内通过水道 A 和水道 C 的物质量相等；如果通过 A 和 C 的物质量相等，则此物质在 A 中的流动应比在 C 中快一倍。这个连续性方程仍然是流体力学的一个公理，现在用 Div v=–∂ϱ/∂t 来表示：流体速度 v 的散度等于浓度 ϱ 的递减率。据我所知，笛卡尔是最早提出这个定律的人，虽然他通常不被认为是该定律的发现者。

69 斯宾诺莎再次提供了一个使之可以从中派生出来的公理："公理 16：如果物质以不同的方式运动，则它至少具有许多实际上可分离的部分，这些部分之数目跟同一时间从物质中观察到的不同速度的数目相等"（SC 266）。

70 这段引文来自 Leibniz, *De quadratura arithmetica*（Fall 1675–Summer 1676）, edited by Eberhard Knobloch。关于完整的参考资料，以及更详尽的引文，参见下述 Aiii52 的脚注 5。

71 这里，莱布尼茨假设，任何比无限小的东西还要小的东西

[373] 是自相矛盾的。但对于这一点，有人可能会反对说：(1)（就像莱布尼茨早期可能会说的那样）某些无限小的存在大于另一些无限小的存在；(2)（正如伽利略可能会说的那样）"大于"和"小于"不适用于无限的量；或者简单地说，(3) 0 小于无限小——为什么误差不能在无穷远处为 0 呢？这个证明也可能会被批评，因为它在没有证据的情况下假设，对于任何有穷大的数 n 成立的结论，当 n 是无穷大数时也成立。

72 这段话受到了塞缪尔·利维在私人通信中提出的一些探索性问题的启发。

73 在 Aiii5 中，莱布尼茨论证说，要定义一个点而不将其简化为一个最小量，唯一的方法便是根据努力；具有不同努力的形体将在同一瞬间穿过不相等的点；虽然这些点都无限小，但它们将与努力成正比。实际上，正如敏锐的读者可能已经注意到的那样，努力的有限

性不会自动使这种比例性失效，因为两个不相等的点与两个有限的努力成正比，就像与两个无限小的努力成正比一样。

74 这听起来像笛卡尔反对不可分的点的论证，只要它们是可想象的，它们就是有广延的，因此也就是可分的。但是，莱布尼茨无需诉诸于“什么是可想象的”这个不确定的问题，而只需诉诸于他的微积分即可，在微积分中，每个微分都是下一个更高阶微分的无限加和。因此，没有一条线，甚至一条无限小的线，不可能被视为更加无限小的线的无限加和。

75 实际上，“终于”这个词还为时尚早。因为在《关于宇宙的绝妙推证链条》（Aiii85）中，莱布尼茨（在我看来，令人诧异地）回到了他以前所持的观点，即无限分割会产生点，而这使得原子成为必要，尽管他在一个月前驳斥了原子存在的说法。因此，如果那句话的写作日期是有把握的，就像我确信的那样，那么我的重构就肯定有问题。

76 另参看莱布尼茨在《论物质、运动、最小量和连续体》中所说的“所有的形体都必然有弹性”（Aiii58: 468）。

77 这句话的拉丁文原文是：*Inter terminos densi et rari est plica materiae, per quam se complicat et replicat absque vacuo*。参见 the sixth of the *Canones mobiles of Historia Densi et Rari*；引自 *The Works of Francis Bacon*, vol. 3（A. Millar in the Strand, London 1753）, p. 408。在规则 4 中，他写道：“浓密与稀薄之间有一个界限，事物不可能超出这个界限，但这个界限并不在我们所知道的任何存在中”（*Est terminus, sive non ultra, densi et rari, sed non in ente aliquo nobis noto*）。

78 这里，我再次非常感谢塞缪尔·利维在我们的电子邮件中对这个难题所作的清楚明确的阐释。

79 "在一个周延性的整体而不是集合性的整体的样式中，有一种实无限。这样，有些东西就可以用所有的数字来说明，但不是从集合的角度讲。因此，人们可以说，每一个偶数都有一个相应的奇数，反之亦然；但是，不能因此就准确地断言，奇数的复多性等于偶数的复多性"（G.ii.315; Russell, Philosophy of Leibniz, 244）。

[374] **80** "所谓无限多，"莱布尼茨在其1676年的作品中写道，"我理解为是这样一个数量……它比任何我们所能赋予的或数字所能指定的数量都要大"（*De quadratura arithmetica*, p. 133, n. 5 of Aiii52）。

81 莱布尼茨注意到，心灵的聚合体与位置的聚合体之间的不同之处在于，心灵持续存在，位置则由于不断地被物质的运动所改变而不断地被破坏和重新创造出来。

82 关于莱布尼茨就关系所表现出的错综复杂的立场的一个综合性的评述和解释，参见 Massimo Mugnai, *Leibniz' Theory of Relations*, Studia Leibnitiana Supplementa XXVIII（Stuttgart: Franz Steiner Verlag, 1992）；以及我就此给出的一个简短的脚注，"Relations of Time and Space," pp. 25–31 in *Leibniz und Europa*（VI Internationaler Leibniz-Kongreß, Hanover: Gottfried-Wilhelm-Leibniz-Gesellschaft, 1994）。

83 另比较一下莱布尼茨对科尔德穆瓦的批评："位置或关系必然建立在某种东西之上；如果你说，它建立在一种可能的插入物之上，那么我就会说，这种可能的插入物则必须建立在某种已经现实存在的东西之上"——莱布尼茨大概指的是神圣的积量，它包含着所有可能的位置，对他来说，它就是空间的基础。

84 参看莱布尼茨在《人类理智新论》中的说法："空间、时间和运动则具有理性存在的本性，并且它们之所以是真实的和实在的，不是由于它们本身，而是由于它们包含着神圣的属性——广阔无垠、永恒和效能——或者是由于它们包含着被造实体的力”（NE 684: Russell, *Philosophy of Leibniz*, 233）。

85 “这两个秩序——也就是，空间与时间——不仅与实际存在的事物有关，而且与任何可能被放置在其位置上的事物有关。……这将可能的事物与实存的事物都包含了进来，而这种包含本身就形成了一种一致的并且与每一种分割无关的连续性”（G.iv.490: L 583）。

86 “因为每一种有限的实体实际上都受动……；另一方面，形体的每一种受动都是通过分割产生的”（Aiv267: 1398）；“……都会受到物质其他所有部分的与距离成比例的作用。既然每一个被作用的情况都会产生某种效果”（Aiv312: 1623）。

87 亚当斯在其最近出版的那本优秀作品（Robert Merrihew Adams, *Leibniz: Determinist, Theist, Idealist*, New York: Oxford University Press, 1994; p. 236–238）中提出了这种论点。虽然我并不同意这种说法，即我们可以确定地得出结论说 Aiv316 代表一种现象论者的立场，但我确实同意亚当斯的这一观点，即在采纳实体形式之前，莱布尼茨都无法排斥现象论，除非他回到原子论（虽然他似乎并不是在 1679 年夏这样做的，而是在 1678 年这样做的——参见 Aiv365，脚注 2）。我也同意亚当斯的这一说法，即这篇文章完成于汉诺威时期临近开始之际。

88 参见 Leibniz’s letter to Arnauld, 30 April 1687；引自 PW 67。

89 莱布尼茨并没有明确地得出结论说不存在现实无限小量。但是，这一点似乎就暗含在这些说法中，比如，在讨论了圆的虚构性之后，他说道，“至于其他的，我们必须弄清楚是否还有其他无限小的东西，比如，角”，而他给出的结论是，没有；后来他还这样说道，“无界的东西……是某种事物，而无限小的东西则不是”。

90 参见他1671年的《论有形事物的本性》：“积量是部分的复多性”（A VI.ii $N45_2$）。

[375] **91** 参看“当整体优先于部分时，整体便是最大的，例如，在空间和连续体中。如果物质，就像形状一样，是一种样态，那么似乎也就不存在一个物质整体”（Aiii74: 520）。

92 参看Leibniz, “Remarks on the Objections of M. Foucher”（1695）：“因为在抽象的线中，一切东西都是无定限的，所以我们可以将一切可能的东西都考虑进来，如一个数字的分量所示，而不必为实际所作的分割而烦恼，尽管这些分割是以完全不同的方式来指定这些点的”（G.iv.491）。

93 关于这一点的讨论，参见“Russell’s Conundrum,” pp. 171–201in Brown and Mittelstrass, *An Intimate Relation*, esp. pp. 179–180。

94 这个法则其更正式的版本同样值得引证：“当两种情况的给定量（即两个假定的量）的差值可以减少到每个给定的量以下时，所寻求的量的差值，即假定的量所产生的结果，必然同时减少到每个给定的量以下”（ibid.）。

95 正如莱布尼茨所指出的那样，“如果一个形体被另一个形体带往某一方向，但它自身却正在以同等速度朝相反的方向移动，那么它一定会静止下来，就是说，它将不会离开它的位置”（Aiii68: 493）。

96 “假设运动就是距离的再现，那么，上帝怎么就是万物的直接原因，守恒怎么就是持续的创造，……现在就很清楚了，甚至更清楚了，因为倘若不然，假定运动是连续的，事物就会创造它们自身，……因此，事物的原因，以及无中生有，最终以一种美妙的方式被弄清楚了。不过，心灵一直都持续存在”（Aiii68: 494）。

97 至少这是我的解释。莱布尼茨的原话是：“因为正如我下一次将要证明的那样，它们似乎产生了两端有界的无限长的直线，但这是荒谬的”（Aiii78: 564–565）。

98 参看莱布尼茨在其《机械原理》中就哥白尼体系有着明显的吸引力所作的讨论（“Mechanical Principles”, Aiii6: 105），他总结道：“哥白尼体系的美和简洁很容易吸引所有最有才华的人站在它这一边。”

99 “一种属性要么是一种状态，要么是一种变化；虽然实际上变化是一段时间内两种对立的状态的聚合，根本就不存在变化的瞬间，正如我在某一对话中所证明的那样”（Aiv76: 307）。科学院版编辑们认为这份手稿［标题为《定义：有与无》（*Definitiones: Aliquid, Nihil*）］完成于 1679 年春季—夏季（?）。

100 “我已经在别处证明过，没有居中的瞬间，也没有变化的瞬间，只有前一个状态的最后一瞬间和后一个状态的第一瞬间”（Aiv310: 1613）。

101 参看莱布尼茨在 1703 年 6 月写给德·沃尔达的信中说道：“尊敬的先生，您怀疑一个单一的简单事物是否会经历各种变化。但既然只有简单事物才是真正的事物，那么其余的就只是聚合而成的存在，因而是一些现象，……显然，除非简单事物有变化，否则这些事物将根本不会有任何变化”（G.ii, 252；L531）。

102 “虽然，准确地说，物质并不是由这些基本的统一体组成

[376] 的，而是由它们造成的。……实体性的统一体不是部分，而是现象的基础”（G.ii.268；L 536）。

1. 对无形实体的推证

1 LH XXXVII 4, leaves 65–66。这是莱布尼茨在同一张对开纸上完成的几份有趣的草稿之一，他在草稿中提出了一个他很关注的问题，即证明无形实体对于一个令人满意的形体的定义来说是必要的［参见 1668 年的《自然对无神论者的告白》（“Confession of Nature Against the Atheists”，A VI.i 491–492）和《某些物理学命题》的第 36 个命题（“Certain Physical Propositions”，Aiii2: 72）；另参见《论最小量与最大量》（“On the Minimum and Maximum ...”，Aiii5），他最终在这里明显心满意足地证明了这一点。这是七份草稿中的第四稿，所有的草稿，除了第六稿的一部分和整个第七稿之外，都被莱布尼茨划掉了。除了对他的内聚性理论进行了重新修改之外，这些推证值得注意的其他地方是，“空间连续体是由比我们所能确定的任何部分都要小的部分组成的”，此外，这些推证还把“时间是由瞬间组成的”当成了前提——尽管，鉴于草稿被划掉了，我们不应认为莱布尼茨觉得这些推证令人满意。

2 正如科学院的编辑们所指出的，我们无法追踪莱布尼茨第一次英国之旅（1673 年 1 月中旬到 3 月初）的这份草稿和任何其他草稿的来龙去脉，所以“它们可能都完成于 1672 年，而且很有可能在 1672 年秋与惠更斯第一次谈话之后便被抛弃了。”

3 莱布尼茨的原标题。

4 根据莱布尼茨的明显意图，我插入了命题和定义的编号。

5 ——这里应该是“extremo”，而不是“extremi”。

6 我们可以拿这些定义与第一稿开头的那些定义进行比较：“| (1) **实体**就是一切活动的东西。(2) **物体**就是其唯一的活动即移动或改变其位置（或至少努力或开始去移动）的实体。因此，一个暂停的重物，即便它没有在移动，也会努力去移动。(3) **无形实体**就是其活动不仅仅是改变其位置的东西。|”

7 莱布尼茨也许是意识到了这与他截至目前所证明的任何一个命题都不一致，所以他在这里留了一个空白。

8 莱布尼茨在这里也留了一个空白，大概是为了在最后的草稿中插入所需的定义。

9 在使用希腊术语“συγκινητα”和“συμπαθειν”来表示“联动”和“交感”时，莱布尼茨是在暗示他的这一普遍交感学说源于古希腊。早期的柏拉图学派和斯多葛学派尤其推崇这一学说。他们认为这种观点可以追溯至希波克拉底（Hippocrates），莱布尼茨在这一点上也提到了他。在未在此转载的《推证》（*Demonstration*）的第六稿（Aiii3_6: 87）中，他写道：“希波克拉底关于人体的断言，即‘一切都汇流在一起，和谐地交织在一起’，无疑是真实的。”参见《发现的标本》（Aiv312）中类似的说法。 [377]

2. 关于伽利略的《两门新科学》的笔记

1 LH XXXVII5, leaves 205–206。莱布尼茨关于对谈 2 的两页笔记（Aiii11_1）以不同的笔迹出现在了第 205 张纸的两个页面上。这些与连续体问题并无直接关联，所以我在这里没有把它们纳入进来。莱布尼茨引用的是 1656 年博洛尼亚版的伽利略《作品集》（*Opere*）

第二卷；这个版本的第 21—24 页、第 82—83 页、第 102—103 页对应于 1898 年佛罗伦萨出版的国家版《作品集》第 8 卷第 73—78 页、第 152—154 页、第 174—177 页；我在文本的方括号［EN］中插入了后者的页码。附录 2b 给出了关于伽利略在《两门新科学》中对连续体的讨论的一个梗概，也给出了引文。

2 科学院版的编辑们指出，这两个片段是莱布尼茨按照给出的顺序写的，但是写的时间不同，我们“无法通过水印来给出一个可靠的日期”；但是，“他关于不可分量的方法和无限的评论（$Aiii11_2$）一定是在莱布尼茨于 1672 年底为加洛瓦（Gallois）创作的那篇文章（*Accessio ad arithmeticam infinitorum*）之前完成的（参见 A III.i 3，10–13；II.i 223，226ff.)”。有人可能会补充说，莱布尼茨在《某些物理学命题》中多次提到伽利略的《两门新科学》（Aiii2, Spring–Fall 1672?)，所以，如果这里给出的笔记是在他第一次深入阅读《两门新科学》对谈 1 时完成的，那么它们就要早于那篇文章，也早于 Aiii3。

3 伽利略使用的术语是“臂长”（“brassio”，对应拉丁文“ulna”)，这是 17 世纪的一种长度单位，大约在 58 厘米—70 厘米之间。斯蒂尔曼·德雷克（Stillman Drake）告诉我们，“伽利略时代的佛罗伦萨人的‘臂长’是 58.4 厘米，或者大约差一英寸不到两英尺”（Galileo Galilei, *Two New Sciences*, ed. and trans. Stillman Drake, Madison: University of Wisconsin Press, 1974; p. xxxiii)。这就出现了一个难题，既然 18 臂长在当时相当于约 $34\frac{1}{2}$英尺，（或者，因为臂长介于 58—70 厘米之间，所以也就相当于 34 英尺—41 英尺之间)。但是，水柱的最大高度即使在理论上在大气压作用下也只能维持大约 34 英尺；而实际上，由于真空泵所能获得的真空的不完美，因此水柱很难超过水平面 26 英尺。如果我们假设，伽利略想用臂长来表示腕尺，一个大约 18 英寸(或大约 46 厘米）的单位，那就会得到一个更现实的数字，因为 18 腕尺就是约 27 英尺（或 8 米多一点）。

4 参看 *Two New Sciences*, EN 65 ："既然一根铜杆可以支撑自身达到 4801 腕尺的长度，相比其余的抵抗力，它所遇到的依赖于真空的抵抗力，相当于一根长 18 腕尺、和铜杆一样粗的水柱的重量；如果我们发现，比如说，铜是水的重量的 9 倍，那么任何铜杆对断裂的抵抗力，就其依赖于真空而言，相当于这根铜杆 2 腕尺的重量。通 [378] 过类似的推理和程序，我们可以发现，所有固体材料的丝或杆所能维持的最大长度，以及真空在它们的抵抗力中所起的作用。"

5 关于伽利略的解释的梗概，参见附录 2b。

6 在莱布尼茨所概括的证明进行到一半时，伽利略说道："顺便说一句，注意，数学定义只不过就是强加名称，或者如果你愿意这么说的话，只不过就是言语的缩写形式，确立和引入数学定义是为了消除你我在我们同意将这个表面称作'环形带'和将碗的那个锋利的固体部分称作'圆形剃刀'之前所经历的那种乏味的苦差事。"

7 帕斯卡在其《算术三角形》（*Traite du Triangle Arithmetique*, 1665）的一段话中写道："这就是人们使表达方式多样化的方法。我在这个命题中所展示的东西应该被所有其他的人理解，……因为如果你不知道如何使这些命题适合于每一种感觉，而且如果你只利用你所设想到的最初的偏见，你永远不会走得太远；正是这些不同的方法，才带来了一些新的推论，才通过适合于主体的各种表达方式，把那些在最初的设想中似乎没有联系的命题联系在了一起。"（*Oeuvres de Blaise Pascal*, ed. Léon Brunschvig and Pierre Boutroux, III, lxiv, p. 511）

8 在给出了仅对面积的证明之后，伽利略建议对相应的对体积的证明感兴趣的读者查阅“卢卡·瓦莱里奥这位我们时代的新阿基米德撰写的《论固体的重心》(*De centro gravitatis solidorum*)第二卷的第 12 个命题”。根据斯蒂尔曼·德莱克的说法（*Two New Sciences*, p. 38)，瓦莱里奥（1522—1618）大约于 1590 年在比萨见过伽利略，而且后来和他有过通信。所引用的这本书于 1603 年或 1604 年在罗马出版。

9 附录 2b 引述了莱布尼茨在这里提到的伽利略的观点。

10 当然，伽利略和莱布尼茨都指的是自然数。如果把负数也包含在内的话，根的数量就是平方数的数量的两倍（虽然完全可以调整这个论证以适应这一点）。

11 在 EN 78 中，萨尔维亚蒂（Salviati）说：“因为我认为，大、小或相等这些属性不适合于无限，我们不能说某一个无限大于或小于或等于另一个无限”；在随后证明的最后，他再次说道：“最后，‘等于’‘大于’和‘小于’的属性不适用于无限大量，而只适用于有界的量”(EN 79)。关于圣文森特的格里高利的观点，科学院版的编辑们提到了 *Opus geometricum*, 1647, lib. 8, pr. 1, theorema, p. 870 ff.。(参见 AIII.i 11)

3. 论最小量与最大量；论形体与心灵

1 LH XXXVII 4, leaves 45–46。

2 科学院版的编辑们注意到，水印被加盖了两次，分别是 1672
[379] 年 11 月和 12 月；他们还注意到，这篇文章与同一时期的更早前的两篇文章《某些物理学命题》和《对无形实体的推证》(Aiii2 和

Aiii3）在主题上存在着联系，所有这三篇文章都是莱布尼茨于 1673 年 1 月第一次去英国之前写的。它也很可能是在他完成关于伽利略的《两门新科学》（$Aiii11_2$）的笔记之后写成的，因为其中一个推证就来自笔记。

3 莱布尼茨在这里将不可分量与最小量等同了起来，这与他在《抽象运动理论》（附录 1c）中所阐释的学说有着很大的不同，在那里，他将不可分量与连续体的无穷小的部分等同了起来。在这里，就像在那里一样，他坚称无穷小的部分确实存在，但那种最小量却并不存在。

4 在决定分别处理时间和运动中的最小量与空间和形体中的最小量之前，莱布尼茨最初这样写道："l 连续体中不存在最小量。l" 他接着又说道："l 如果时间和空间中不存在最小量，那么运动和形体中也不存在最小量：因此宇宙中也就不会存在最小量。因为我假定，任何能够变大或变小的东西，都是由空间、时间、形体和运动组成的。但是，如果有人怀疑这种观点，他可能会提出如下这一命题：连续体中不存在最小量或不可分量。首先 l"

5 这是一个经典论证，它基于一个正方形的边和对角线的不可公度性，反对线由点构成。例如（参见 Aiii60, n. 12），利贝尔·弗洛蒙（Libert Froidmont）在他反对伊壁鸠鲁的异端观点的一个论证中给出了他的一个版本，（至少让他自己感到满意地）证明了这一点，即对角线要么等于边长，要么是边长的两倍，这取决于在两条相邻的横线与对角线的交点之间的对角线上是否还有一个点（*Labyrinthus de compositione continui*, ch. XII, pp. 43–44）。但是，莱布尼茨的论证却更为复杂些，在他的论证中并没有预先假定线由点构成；但却仍然预设了线中所有的点都是可赋值的，而这是伽利略予以明确否认的一种假设。

6 比较一下莱布尼茨在阅读伽利略的《两门新科学》时所作的评论（Aiii11_2）："那个最大的无限，即所有的数字，是一种蕴含着矛盾的东西。"这里接下来的证明来源于伽利略的证明，而莱布尼茨在 Aiii11_2 中指出伽利略的这一证明"值得注意"之后对其进行了总结。

7 值得注意的是，莱布尼茨在这里并没有像他在《抽象运动理论》中那样，宣称这些无限小量是连续体的现实的部分。这或许代表着他在理解连续体上又一次取得了进步；因为他的论证只是想要证明，连续体中存在着这样的东西，而不是它们构成了连续体。

8 参看 Proposition III.16 of *Euclid's Elements*："圆和切线之间的夹角小于每一个直线角。"这个命题是托马森的一次精彩讨论的主题，参见 S. K. Thomason, "Euclidean Infinitesimals," *Pacific Philosophical Quarterly* 63（1982）: 168–185，他在文中对这些曲线角的一致性进行了辩护。

9 这一令人惊讶的建议，即运动是形体的定义的本质所在，与
[380] 莱布尼茨大约写于 1672 年 7 月的《某些物理学命题》中的反思相一致。他在那篇文章中论证说，根据他的原则，即"存在就是被感知"（existere esse sentiri）（参看《论原初物质》，附录 1d），我们可以推知，"要使一个形体存在，使之作用于感觉，它必须移动或至少努力，因为如果一切都处于静止状态，那么即使上帝也无法将它与虚无区分开来，由此我们可以认为，物质和运动，或者毋宁说努力，是同一的"（Aiii2: 56）。参看莱布尼茨在下述 Aiii58、Aiv316、Aiv277 中所作的讨论。

10 关于**思维的样式**，莱布尼茨曾断言，“思维在于努力，正如形体在于运动一样”，因此，既然“心灵中与速度大小相关的努力是不可摧毁的”，那么它就不可能停止思想（AII.i 173）。**灵魂不朽**源于这样一个事实：心灵就像点一样不可能被摧毁，因为“点是不可分割的”（A II.i 113）；世界中无限多个小世界的存在源于连续体的无限可分性（A VI.ii 241–242；附录 1b），而且它们不会出现**维度的渗透**——人们曾指责斯多葛学派用维度的渗透来解释稀薄化和浓密化（参见 Andrew Pyle, *Atomism and Its Critics*, Bristol: Thoemmes, 1997, pp. 127–128），认为这是一个“由错误的物质概念产生的”观念（Aiii2: 55）；**心灵通过心灵繁殖**似乎指的是在现有涡旋的碰撞中产生新的涡旋：至少莱布尼茨曾这样写道：“新的心灵可能产生于所有发光天体的活动力径直相撞的地方；必定是天体活动的结果”（A VI.ii 285）。

4. 论形体的内聚力

1 LH XXXVII 4, leaf 44。自从在《新物理学假说》（*Hypothesis Physica nova*, A VI. ii, 250ff.）中发表了他早期的新霍布斯主义观点以来，莱布尼茨就一直都在致力于重新修订他关于物体的内聚性、硬性和连续性的观点（参见附录 1b）。这一修订版本似乎是受他阅读的惠更斯写给加洛瓦神甫的信激发，这封信发表在 1672 年 7 月的《学者杂志》（*Journal des sçavans*）上。

2 就内容而言，这似乎是在上述 Aiii3 之后写成的，也许是在莱布尼茨在巴黎与惠更斯第一次见面之后。当然要晚于 1672 年 7 月 25 日，这是惠更斯在《学者杂志》上发表那封莱布尼茨在文中拐弯抹角提到的信件的日期。科学院版的编辑们还注意到，他对写于

1672 年春秋之间的《某些物理学命题》（Aiii2）——他看起来想要把其中的命题 24 作为这个片段的结论——的含蓄引用使我们觉得本文的创作日期可能“在此后不久，最迟是 1672 年—1673 年的冬季。”如果在注释 3 和 4 中的那些条目确实是其受伽利略影响的标志，那么这篇文章很可能是在莱布尼茨就《两门新科学》所完成的读书笔记（$\text{Aiii}11_2$）之后写成的。

3 “内聚力”是我对“consistantia”（参见术语表）的翻译，这是当时的一个科学术语，意思是一个物体保持在一起的程度，其内聚的力量。莱布尼茨最初写的是“resistentia”（“抵抗力”，即伽利略意大利文中的“resistenza”），此后才把它划掉，换成了“consistantia”。

[381] **4** 莱布尼茨开始写的是“necessarium ad continui〈tatem contiguitatis〉?”（〈它们的交接性得以延续〉所必需的）。比较下面第三段的结尾。这里将“内聚力”（consistantia）与消灭一个物体各个部分的交接性所必需的力量等同，也就是说，与抵抗力等同，这很可能是其受伽利略影响的一个标志。

5 参见《抽象运动理论》（附录 1c），莱布尼茨 1671 年撰写的早期关于加速运动的作品（A VI.ii 284），以及在《新物理学假说的概述》（A VI.ii 349）中所说的话：“正如伽利略所证明的那样，如果持续不断地加入与第一个努力相等的新的努力，那么运动将从单位 1 开始以平方数之比加速。而这种加速度不可能是均匀的。因为后面的努力总是比前面的努力更无力，理由是现在的努力在以太中所占的比例更小了，因为当［物体］刚开始运动时，它已经不那么受干扰了——这是由于它开始把扰动的流体推开了。”

6 这一段取代了莱布尼茨所删除的下面的尝试：“| 总之，连续

的事物**要么是坚韧的，要么是坚硬的**。坚韧的事物是那些 { 可以被分解成部分的事物，坚硬的事物是那些仅仅结合在一起的事物——被删除了 } **发生变形而不是分解**的事物，坚硬的事物是那些发生分解而不是变形的事物。**有延展性的事物**是 { 那些只能被分解成部分的事物，即使整个都［被分解］——被删除了 } 那些只有某些部分彼此分离而又不破坏它们与整体的联系的事物，即便有一种倾向于分解这个整体的努力。**处在静止状态的交接的事物并不是连续的，或者同样可以说，它们缺乏内聚力。静止并不是内聚力的原因**。因为**内聚力**的定义无论怎样被解析［为其他概念］，都不可能从静止的定义中产生出来，无论我们以何种方式对其进行解析。因为静止……|”

7 ——这里应该是“contiguitatis”，而不是“contiguitas”。

8 正如科学院版的编辑们所观察到的那样，这里指的是惠更斯于 1672 年 7 月 25 日写给加洛瓦的信，即发表在《学者杂志》上的那封信，“touchant les phénomènes de l’Eau purgée d’air”（Christiaan Huygens, *Oeuvres,* VII, *Correspondance* No.1899, pp. 201–206）。惠更斯在信的结尾处推断说，实验可以表明，由于他假设的精微物质的压力所产生的力量，可能“大到足以使玻璃或者其他各种物体的部分结合起来，它们在一起结合得非常好，不可能像笛卡尔所希望的那样，仅通过它们的交接性以及通过它们处在静止状态而被结合起来。”

9 参看 Descartes, *Principles*, II, §44。

10 参看 Descartes, *Principles*, II, §54：“因此，我们可以得出这样的结论，即被分割成为许多微小粒子、被彼此不同的运动所搅动的物体是流体，而那些其粒子全都处在相对静止状态的物体则是坚硬的”；以及 §55，“两个物体的各个部分不是通过任何其他黏合剂而是通过它们的静止而被结合在了一起”（AT VIII.1, 71）。

11 参见《抽象运动理论》，附录 1c。

12 莱布尼茨最初写的不是这句话，而是：“l 因为努力就是位置的变化，不过只是穿过一个比任何给定的可感时间和空间都要无限小的时间和空间，也就是，在某一瞬间，穿过某一点。但是，某种量属
[382] 于这个点（因为在别的地方我们已经从事物的本性中排除了不可分量，也就是，那些缺乏部分的事物，或最小量）l”鉴于这里将不可分量与最小量等同，那么这个“别的地方”很可能指的就是《论最小量与最大量》（Aiii5）。

13 ——这里应该是“experimentis”，而不是科学院版的“experti mentis”。

14 这里又一次间接提到了发表在《学者杂志》上的惠更斯于 1672 年 7 月 25 日写给加洛瓦的信。

15 这些表述指的是上述信中惠更斯所报告的实验结果。根据题为“两个抛光的金属板在真空中仍然紧紧地贴在一起，其间没有任何东西”的实验 5（pp. 205–206），惠更斯宣称，他验证了波义耳早期关于在真空中无法把金属板分离开来的报告，所用的金属板——更确切地说，是金属片——是由“制作镜子所用的 1 英寸见方的材料”制成的，一块 3 磅重的铅块与底部的金属板连在一起；但他并没有提到波义耳在 1669 年宣布他最终成功地把它们分离了开来。根据题为“虹吸管在真空中的工作效果”的实验 6（p. 206），惠更斯宣称，尽管人们接受这样一种解释，即有着两条不相等的腿的普通虹吸管之所以能排空一个容器的水是因为水面上的大气压力，但他却“发现有一种方法，可以在容器的空气被排空之后，使水在虹吸管中流动，而

且我还发现，使用排除了空气的水，它所产生的效果就像它在容器外面一样”。关于惠更斯对波义耳的批评的富有启发性的讨论，参见 Steven Shapin and Simon Schaffer, *Leviathan and the Air-Pump: Hobbes, Boyle, and the Experimental Life*（Princeton: Princeton University Press, 1985）。

16 这是莱布尼茨最喜欢的对原子论者关于物体的硬性或内聚力的解释的批评之一。从根本上说，它源于霍布斯：“因此，[伊壁鸠鲁] 首先应该表明，某些物体是最坚硬的，不仅是相对于柔软的物体而言，而且是绝对坚硬的，也就是说，无限坚硬的；但这并不是真实的。”（Hobbes, *De corpore*, ch. 26, §3）

17 科学院版的编辑们认为，莱布尼茨可能想到了《某些物理学命题》（Aiii2: 42–47）第三版的命题 24：“**异质的或扰动的物质通过某种一般运动而被聚集到一起，即便当它位于一般运动的中心的外部时也是如此。**”在他对此进行讨论时，莱布尼茨认为“这个命题及其推证……对于解释为什么即使不同的物体也会凝聚在一起最为重要”（43），而且他接着通过它解释了波义耳和惠更斯在“托里拆利管”的空腔中用抛光的大理石片进行实验的结果。

5. 关于笛卡尔《哲学原理》的笔记（节选）

1 LH XXXV, 14, 2, leaves 54–55。对笛卡尔的这些批评非常有趣，因为它揭示了莱布尼茨在其早期发展阶段关于物质、广延和运动之相对性的思想已经发展成熟。莱布尼茨关于第一章第 13 节（关于心灵对推证的确定性的质疑）、第 29 节（对笛卡尔关于上帝不可能犯 [383]
错的推证的不满）、第 41 节（对笛卡尔以下说法的不理解：意志自由是无可置疑的，因为在承认他不知道如何使意志自由与神圣天意相调和之后，意志自由就可以被清楚地理解）、第 47 和 48 节（关于笛卡尔所列举的“简单概念”）、第 51 节（关于证明永恒真理的必要）的批判性评论，我在这里没有重复（Aiii15: 213–214）。

2 虽然莱布尼茨在 1671 年秋就得到了一本笛卡尔的《哲学著作集》，但科学院版的编辑们指出，他不得不把这本书和其他书一起留在美因茨，而且在 1675 年他写信给西蒙·傅歇（A II.i 247; L 153）说，他对笛卡尔的理解几乎完全来自于“‘更通俗地’揭示他的意思”的其他作者。但是，他必定在 1675 年 12 月 28 日——当时他反对奥尔登堡关于笛卡尔证明上帝的观点（A II.i 250 ff.）——之前就已经完成了当前的这个笔记。它与 1675 年 12 月加盖的水印相一致。从内容来看，这篇文章很可能早于下一篇莱布尼茨明确把日期写为 1675 年 12 月的文章（Aiii58）。

3 通过比较笛卡尔的拉丁文（AT VIII.1 9 ff.）可以看出，莱布尼茨的引文以我们的标准来看更像是准确的释义。

4 这里应该是第 34 和 35 节；参见附录 2c。

5 早在五年前，莱布尼茨就已经在《抽象运动理论》中提出了这一批评（附录 1c）。

6 在这个评论中，莱布尼茨似乎把永恒等同于无界的绵延。参见，Aiii33: 385，Aiii63: 481，Aiii60: 475 ；Aiii69: 503–504，以及术语表中关于“aeternitas”的注释。

7 莱布尼茨提到的是（没有在这里重复）笛卡尔《哲学原理》第二章第 30 节的图 1（AT VIII.1 56; CSM.i.235），图上画的是地面上两个朝相反方向平移的物体 AB 和 CD。

8 这可以被视为对马赫就牛顿关于旋转木桶的思想实验所作的回答的一个迷人的预见。牛顿辩称，桶里可观察到的水的离心作用使圆周运动成为可能。对此，马赫的回答是："牛顿关于旋转的水容器的实验只不过告诉我们，水相对于容器侧面的相对旋转没有产生明显的离心力，而那种明显的离心力是由水相对于地球和其他天体这种物质团块的相对旋转产生的。" Ernst Mach, *The Science of Mechanics*, trans. Thomas Mc-Cormack（La Salle: Open Court, 1960）, ch. 2, section 6, ¶5）。

但是，这是一个古老的论点，莱布尼茨用"si omnia circa ipsum agantur"（如果一切事物都围绕着它自身活动的话）这一习语含蓄地指出了它的一个古典的来源。这一点在他当时写给巴黎科学院的创始人之一克劳德·佩罗（Claude Perrault，1613—1688 年）的一封信中被揭示了出来，这封信是对佩罗寄给他来审阅的那部手稿《论物体的重量、弹性和硬性的原因》（*Discourse on the causes of the heaviness, resilience and hardness of bodies*）的回应。在这封信中，莱布尼茨重申了他在《新物理学假说》中阐述的观点："我认为，以太的运动来自于围绕地球的光的日常运动，而无需自寻烦恼地考虑是太阳还是地球在转动：正如塞涅卡（Seneca）所说，'circa nos omnia Deus an nos agat'（到底是上帝让其他一切事物绕着我们运动，还是让我们绕着其他一切事物运动）" [引自 Gerhardt, "Zu Leibniz' Dynamik, " p. 569]。引用的这句话来自塞涅卡的《自然问题》（*Natural Questions*）中的一段话的结尾（X, II, Loeb Philosophical Library, Cambridge: Harvard University Press, 1972; pp. 230–231），在这段话中，他提到了萨摩斯的阿利斯塔克（Aristarchus of Samos）的日心说。 [384]

9 这呼应了上文 Aiii4: 95 中所表达的批评。

10 莱布尼茨随后将他对笛卡尔的碰撞定律的批评进行了系统化，揭示了当运动的相对性被适当地考虑进来时，这些定律是如何违反单纯的连续性问题的。记住这一点，你就会觉得这个早期的批评有点意思，因为它是站在一种以运动的相对性和弹性为前提的立场上给出的。

6. 论物质、运动、最小量和连续体

1 LH IV, 3, 9, leaf 7。另参见 Parkinson, DSR 10–21。这篇文章主要关注的是证明运动量守恒，这是莱布尼茨在阅读笛卡尔的《哲学原理》时提出的问题（参见 Aiii15）。这与区分物质与虚空的问题有关，莱布尼茨在这一年早些时候与马勒布朗士讨论过这个问题，马勒布朗士认为，一个有广延的虚空将有不同的部分，因此这些部分是可分离的、可移动的，因而是物质的不同部分（参见 the exchange in G.i. 321–327；也可参见 Malebranche, *Oeuvres complètes*, Tome XVIII: *Correspondance et actes 1638–1689*, ed. André Robinet, Paris: J. Vrin, 1961, pp. 96–104）。莱布尼茨在反驳这一点的同时，也表明了他的信念，即"有必要坚持认为，连续体的各部分仅存在于由物质或运动有效决定的情况下"（Letter to Malebranche, March–April 1675?: G.i.322; Malebranche, *Oeuvres*, 97）。本文将进一步探索运动与连续体问题的相关性，为莱布尼茨在奠定其微积分的数学基础时对连续体的思考提供了宝贵的洞见。

2 参见莱布尼茨在 Aiv316 中所谓的"海格里斯论证"（Herculean argument）："对任何人来说都无法知觉其存在与否的一切事物都不存

在。”我们可以称之为“不可感知者不存在的原则”(the Principle of the Nonexistence of Imperceptibles),当它被运用于差异时,我们便获得了“不可分辨者的同一性原则”(the Principle of the Identity of Indiscernibles),后者是一个特例(因为不可分辨的事物就是其差异在原则上不可感知,因此也不存在的那些事物)。

3 这个论点的早期版本出现在了附录 1d 的《论原初物质》中:“凡是没有被感到的就什么都不是。而没有什么变化的事物就没有被感知到。同理,**如果所有的原初物质都朝一个方向移动,也就是说,沿着平行线移动,那么它就是静止的**,因此也就什么都不是。”也可参见《某些物理学命题》(可能完成于 1672 年秋)索引的命题 36:“如果任由物质自生自灭(也就是说,如果没有心灵),那么世界上的所有事物就会越来越接近于一种普遍的均衡,也就是,匀速运动,也就是,普遍的静止,即湮灭”(Aiii2: 72)。 [385]

4 莱布尼茨稍后将回到这两方面的论证,即不可能有最小部分,以及不可能区分理想流体和空的空间,尤其请参见《物质和运动都只是现象》(Aiv278)和《形体不是实体》(Aiv317)。

5 伽利略在《运动论》(*De motu*)和《水中浮体》(*Discourse on Bodies in Water*)中都明确地使用了平衡的类比,宣称“无论何时只要重量与运动速度成反比,绝对不相等的重量就是相互平衡的,并具有相等的动量”(Drake, *Two New Sciences*, p. xxix ;另参见 R. S. Westfall, *Force in Newton's Physics*, New York: American Elsevier, 1971: pp. 27ff.);类似的表述在《两门新科学》中反复出现(EN 217)。大概是出于平衡的考虑,莱布尼茨把这一原则也归功于阿基米德——尽管他可能记错了,认为伽利略将其归功于亚里士多德的《机械问题》

（伪书）。关于笛卡尔，参见 *Principles of Philosophy*, II, §§36–37（以及莱布尼茨在其读书笔记［Aiii15］中的讨论）；关于霍布斯，参见 *De corpore*, II, ch. 8, §18。

6 参见 Descartes, *Principles*, part II, §§36–37。莱布尼茨将在对话《帕西迪乌斯与爱真理者的对话》中进一步阐释这一评论（本卷第二部分）。

7 ——这里把“ipsa”解释成了“that”，也就是，“量”。科学院版的编辑们却添入了“natura”一词，这样一来，这句话就要被翻译成：“但是，如果物质和充实空间的本性表明运动的量是必然的，那么我想要的东西就会很容易得到保证。”

8 莱布尼茨所说的物质快速移动部分的“交替变化”，似乎是指它更慢和更快地交替移动（这使人想起了亚里士多德对恩培多克勒的解释，他认为恩培多克勒提出了运动与静止的交替［*Physics*, VIII, 1, 250b23–251a5］）。因为正如帕金森所指出的那样，当它的运动速度减慢时，它必定相应地变得更重，以便保持同样的运动量。（DSR127）

9 这一原则的意思似乎是，**作为一个整体**的物质或形体在同样的时间内占据同样大小的空间，因为我们都承认，任何特定的形体都可以通过加速或减速来占据或多或少的空间；但在后一种情况下，根据原则，这必须通过另一个形体按一定比例减速或加速来补偿。如果第二个形体的速度变化与第一个形体的速度变化的符号相反，并且与其物质团块成反比，那么得到的就将是惠更斯－沃利斯－雷恩版本的运动量（物质团块或有广延的质量乘以速度）守恒将成立。

10 参见笛卡尔在《哲学原理》中的论证，*Principles*, II, §33, ATVIII.1 59；还可参见附录 2c。

11 参见《论最小量与最大量》（Aiii5）中对这一点的证明。

12 这个论证的一个版本来自卢克莱修的《物性论》（*De summa Natura*, Book 1, 921–1051），笛卡尔在他的《哲学原理》中重复了这一论证，莱布尼茨在关于《哲学原理》的读书笔记中记录了这个论证；参见 Aiii15。

13 这与惠更斯关于物体的地球重力的解释相一致，他认为，物体的重力是由于与周围的以太粒子相比，它的离心倾向不足所致。莱布尼茨在 1690 年的一封信中告诉惠更斯道：这种观点“在我看来 [386]
似乎一直以来都很有道理”（GM.iv.189–193; AG 310）。因为，从这一观点来看，不是诸多以太粒子有一种向外的离心运动，而是单个大质量的物体有一种向下的倾向。

7. 无限长线不可移动

1 LH IV 5, 10, leaf 8。另参见 C 149。莱布尼茨写这段文字的动机可以根据他前一年与马勒伯朗士的交流来理解（G.i.321–327; Malebranche, *Oeuvres*, XVIII, 96–104）。莱布尼茨反对马勒伯朗士可分离的事物是可以移动的这一论点，他给出了一个反例，即广延物若被它的部分所分离，也就被摧毁了（322；97–98）。对此，马勒伯朗士的回答是，“这并不能阻止一个部分远离［s’éloigner］另一个部分，除非有人希望广延物总是被表象为不可移动的，也就是说，假设所讨论的事物是什么”（324；100）。在回答这个问题时，莱布尼茨承认，“如果你［即马勒伯朗士］在对付一个对手，那么你就有权要求你的对手向你证明有某种不可移动的广延物［étendue immobile］，但你在我这里找不到这样一个证明”，“在我们证明了存在着某种不可移动的广延物之前，我们至少可以假定一切广延物都是可移动的”（103）。如果广延物被认为是无界的，正如《无界的广延》（Aiii66）中所讲的那样，那么这里给出的论证将构成这样一个证明。

2 这是莱布尼茨的原标题。

8. 论斯宾诺莎的《伦理学》；以及论无限

1 LH IV, 8, leaf 20。虽然莱布尼茨所讲述的大部分内容与连续体问题并没有直接关联，但更可取的做法似乎还是完整地给出他的笔记，而不是拼凑摘录，尤其是因为斯宾诺莎通常被认为对莱布尼茨这一时期思想的形成产生了重要的影响。

2 莱布尼茨一直都在通过契恩豪斯寻求得到斯宾诺莎的许可，以便研究已经以手稿的形式存在一段时间的《伦理学》。或许是因为斯宾诺莎不完全确定莱布尼茨是否值得信赖，因此在1675年—1676年冬季的某个时间，只允许他看了其中的一部分内容。科学院版的编辑们认为这里所作的注释大约完成于1676年2月前后。舒勒（G. H. Schuller）通过契恩豪斯转达给他的更多的摘要，连同斯宾诺莎那封论无限的书信（Aiii19），以及他对此所作的笔记，似乎可以追溯到4月份。

3 莱布尼茨在他关于斯宾诺莎论无限的书信的笔记中详尽地阐释了三种不同的无限：参见《斯宾诺莎作品摘注》（Aiii19）。

[387] **4** 参见莱布尼茨在Aiii19: 282中对此所作的解释，他在文中正确地指出了双曲线与其渐近线之间的面积等于（发散的）无穷数列1/1 + 1/2 + 1/3 + 1/4 +……的和（他将其等同于“1/0”）。

5 这段话大概和同一张纸上的关于斯宾诺莎的笔记差不多同一

时间完成。

6 为了使这个例子有意义，添加“不是”这个词似乎是必要的。

9. 论崇高的秘密

1 LH IV 3, 9, leaf 8。它的一部分之前已经被译成了英文，参见Loemker, L 157–160；帕金森用拉丁文和英文完整地将其呈现了出来，参见DSR 20–33——我提到帕金森的译本是想让读者去查阅这里没有给出的那些段落，以及帕金森那些有价值的注释。这篇文章的标题是由科学院版的编辑们给出的，是莱布尼茨本人在我没有在此转载的一段话中提出的（474–475）：“上帝并不是某种没有能力思考、意愿或行动的形而上的想象的东西……而是一个实体、一个位格、一个心灵。对这样一种东西的沉思可以题名为《论崇高的秘密》，甚或可以题名为《论至高无上者》（*de summa rerum*）。”

2 科学院版的编辑们注意到，色泽和流畅性的变化或许表明，这篇文章不是一气呵成的；他们认为莱布尼茨是在写完文章后又加上的日期。

3 参见术语表关于“terrella”的词条。

4 这里指的是笛卡尔《哲学原理》中关于物质实际上无限分割为无限小部分的论证。参见引言中的讨论（第6节）；另参见附录2c，上文Aiii15，尤其是下文《帕西迪乌斯与爱真理者的对话》（本卷第二部分）中的讨论。

5 在这段话里，我们可以看到莱布尼茨对连续体的思考很可能受到了其他许多人的影响。物理学的充实空间由其接合点“不能被任何感官所辨认”的那些交接的部分组成，这个观点使人想起了伽森狄

（参见附录 2e）。一个液体的充实空间由于其中某一固体的运动而被无限分割，如上所述，这个观点是笛卡尔提出来的；但是，把这种无限分割解释为分割成“完美的点”，却与伽利略的《两门新科学》中的论点相吻合（参见附录 2b, EN 71–72），只不过伽利略的“不可量化的”（non quante）不可分量在莱布尼茨看来是“不可指定的”点。关于后者，参见《抽象运动理论》，附录 1c，上文 Aiii3 和 Aiii5。

6 莱布尼茨最初在《论心灵、宇宙和上帝》（Aiii57: 465；DSR 8–9）中对宇宙的中心进行了思索，得出结论说，“如果从一个给定的点到另一个给定的点所能画出的最长的线是一个量”，那就必定有一个宇宙的中心。

7 参见莱布尼茨在下文《论原初物质》（附录 1d）中关于“普遍涡旋”（即携带星球的那些涡旋）、“特殊涡旋”（形体），和心灵对运动的必要性的评论。

[388] **8** 到莱布尼茨撰写《论事物起源于形式》时（1676 年 4 月下旬?），他已经放弃了这个异端的观点。另参见莱布尼茨在《论现存世界》（Aiv301: 下文 1509）中就“为什么上帝不能被理解为**世界的灵魂**”给出的理由。

9 无限的整体是一，这个说法与莱布尼茨先前的证明——即无限的整体与**虚无**相当——相矛盾（参见 Aiii5: 98）。正如引言第 6 节和第 7 节所讨论的那样，莱布尼茨很快就再次否认了这种说法。参看 Aiii69: 503–504, Aiv301: 1509。

10 莱布尼茨在 1686 年 4 月 15 日的一篇文章中进一步探讨了“感觉的一致性是存在的评判标准”这一原则（Aiii71: 511–512, DSR 62–63）。

11 莱布尼茨在这里提到的这种论证——线分割成现实的点，这似乎意味着，如果圆存在的话，它就有一个有理的求面积的方法——在《无穷大的数》那篇文章（Aiii69）中得到了详尽的研究。参见引言第 7 节。

12 弗洛蒙在自己的著作中代表亚里士多德主义和教会对原子论做了反动的学术抨击，参见 *Labyrinthus de compositione continui* (1631)。由于莱布尼茨也看到了完全抛弃亚里士多德是一个错误，也是对虔诚的一种威胁，所以他应该是找到了与它的共同点。当然，他也同意弗洛蒙就连续体问题的中心地位所作的判断。然而，除了这些普遍一致的观点之外，鉴于其论据浅薄，我们很难看出莱布尼茨在迷宫本身的形象之外还会发现它有什么价值。关于对弗洛蒙与莱布尼茨之间关系的出色研究，参见 Philip Beeley, *Kontinuität und Mechanismus*（Stuttgart: Franz Steiner, 1996）, ch. 12, pp. 285–312。

13 在其《抽象运动理论》(附录 1c）以及在《论最小量与最大量》(Aiii5）中，莱布尼茨以接触角为具体的例子，为那种把无穷小解释为比任何可指定的部分都要小的部分的作法进行了辩护。参见术语表关于“angulus contactus”和“infinitetestimalis”的词条。

14 莱布尼茨在其 3 月 18 日的形而上学笔记（Aiii36: 391；DSR 43）中进一步讨论了“广阔无垠者”这个概念，而且又在 4 月的笔记中进行了讨论（Aiii71, 74; DSR 67, 77, 79, 81, 85)，我们将在下文中给出所有这些笔记；这样，到他就斯宾诺莎论无限的书信做笔记时（1676 年 4 月底?)，莱布尼茨就可以说，“我一向把广阔无垠者和无界者——没有边界的东西——区分开来”(Aiii19: 281)。

15 这里涉及一个最初由菲洛波努斯（Philoponus）提出的针

对亚里士多德否认现实无限的反对意见。因为亚里士多德也曾论证说，时间、运动、世界以及世世代代的人类都没有一个开端。菲洛波努斯问道，那么在任何给定的时间，会不会都已经过了实际上无穷多的时日呢？参见 Richard Sorabji, *Time, Creation, and the Continuum: Theories in Antiquity and the Early Middle Ages*（Ithaca: Cornell University Press, 1983）, pp. 214 ff.。莱布尼茨的说法也使人想起了他显然在斯宾诺莎的刺激下在前文 Aiii63 中所作的“值得注意的关于无限的观察”。

16 这还是指笛卡尔在《哲学原理》中提出的物质实际上无限
[389] 分割的论点，以及一种（完美的）液体由实际上无限小的部分或“完美的点”构成的解释。

17 莱布尼茨在这里指的是他成功地发展了一种关于无穷小量的和与差的微积分。但问题并不在于这种假设在几何学中的正确性，而在于自然界是否可能存在这样的东西。

18 这还是一个受伽利略影响的例子。伽利略曾把数字 1 等同于无穷大，因为它们都等于自身的所有次幂。参见前文 Aiii11。

10. 无界的广延

1 LH IV, 5, 10, leaf 63。它之前已经被发表了出来，参见 C 149–150。

2 科学院版的编辑们没有找到确定年份的外在判据，比如水印，但他们认为它与莱布尼茨在 1676 年 4 月关于无界问题的其他讨论有关，尤其是与 Aiii65 有关。但是，我们需要注意的是，这些沉思开始于他在 1675 年 12 月的《论心灵、宇宙和上帝》中关于“在两个方向延长的最长的线”以及“它和永恒是否可以被认为有一个中点”的反思（Aiii57: 465; DSR 9）；在 Aiii59（1676 年 1 月 3 日）、Aii60（1676 年 2 月 11 日）和 Aiii63（1676 年 2 月?）得到了延续，在 Aiii65 和 Aiii69（1676 年 4 月）中则更有系统地得到了延续。因此，这张纸条很可能完成于 1675 年 12 月至次年 4 月之间的某个时间，但我认为它最有可能完成于莱布尼茨于 2 月 11 日明确地区分了无界和无限之后（Aiii60: 475）。

3 帕金森指出，当莱布尼茨在《论心灵、宇宙和上帝》中说：“从一个给定的点到一条给定的直线，不可能画出一条最长的直线”（Aiii57: 465; DSR 9）时，他似乎认为直线本质上没有边界。（DSR 127）

11. 关于科学和形而上学的笔记（节选）

1 LH XXXVII 6, leaves 14–16。帕金森之前将这些笔记发表了出来（DSR 42–49），他还节选了第二个条目的部分内容，但从第一个条目中节选的内容相对较少。这些笔记似乎是莱布尼茨在巴黎时写的日记或札记的片段，他在这些片段中写下了他所感兴趣的一切。3 月 18 日那一个条目是一些用法语和拉丁语写的毫无关联的笔记，我在这里没有把它们翻印出来。这些笔记包括对巴黎的一些熟人的观察；提到了从一个叫阿德里亚诺·尼科桑蒂（Adriano Nicosanti）的人那里获得的关于炼金术的消息；还包括对契恩豪斯给他看的一封来自阿姆斯特丹的舒勒的信的注解——他写道：“一个来自代尔夫特的机械论哲学家把显微镜改进到如此程度，以致人们甚至能够看到植 [390]
物生长过程中每天发生的变化，并能分辨出空气中粗大部分的形状”；

关于解剖学的一个简要说明；以及对道德哲学的一些反思。

2 这句话似乎指的是莱布尼茨1676年1月3日的证明，即“无限长直线是不可移动的”，因此证明了（作为对马勒伯朗士在1675年他们的通信中的假设“广延物总是可以移动”的回应）一个无界的物体无论如何都是不可移动的（参见Aiii59和注释）。而且，如果空间被认为是所有广延物中最大的，因此是无限的，正如在莱布尼茨关于斯宾诺莎和无限（Aiii33）的笔记中所讲的那样，它将是不可移动的。广延是无界的，这种可能性在《无界的广延》（上述Aiii66）中得到了探讨。

3 参看《论运动与物质》的结论，“因此，我们似乎应该这样说：关系没有一个数目，只有当它们被我们思考时，它们才是真正的存在……；因为它们总是可以通过不断地反思而倍增，所以它们并不是实在的存在，也不是可能的存在，除非它们被我们思考”；以及《关于形而上学的笔记》中开头那段话（Aiii39, 399–400; DSR 114–115）：“我们不清楚所有的数字、所有的可能事物、所有的关系或反思的数目，这并不奇怪；因为它们都是想象的，在现实中没有与之对应的东西。”

4 这与牛顿早几年在一份未发表的手稿中表达的观点有着有趣的相似性：“就它是一个存在而言，空间是一个存在的情状。如果不以某种方式与空间相关联，那么任何存在都不存在或者不可能存在。上帝无处不在，被造的心灵在某个地方，而物体则在它所充填的空间里；凡不是无处不在也不是在某处存在的东西都不存在。我们由此可以推知，空间源自一种存在的原初实存的流溢，因为一旦这种存在被设定了，空间也就被设定了”（Isaac Newton, “De gravitatione et aequipondio fluidorum,” pp. 89–121 in Rupert and Marie Boas Hall, ed. and trans., *Unpublished Scientific Papers of Isaac Newton*, Cambridge: Cambridge University Press, 1962, p. 103）。

5 Aristotle, *De anima*, III, 5。参看 Alexander of Aphrodisias, *De anima*, 88, 24。

6 正如科学院版的编辑们注意到的那样，莱布尼茨指的是他于 1663 年在莱比锡当学生时写的那篇论文，参见 *De principio individui, sections* 15, 25（AVI.i 15, 18）。两周后，他将藉由 4 月 1 日那篇重要的文章《对个体化原则的沉思》（*Meditation on the Principle of the Individual*, Aiii67: 490–491; DSR 50–53）回到这个主题。

7 这里大部分似乎针对的是斯宾诺莎：参看莱布尼茨就斯宾诺莎关于上帝是唯一实体的观点，“无限的肯定属性”，“空间是自类无限”所作的笔记，以及他对此所作的评论，参见 $Aiii33_4$。但是帕金森指出，那些认为“上帝是物质的”人很可能指的是傅斯修及其 1610 年出版的作品（Vorstius, *Tractatus theologicus de Deo*），莱布尼茨在 Aiii60: 475（参见 DSR 129, 132）中提到了傅斯修书中的论点，即“上帝是有形体的”。

8 莱布尼茨这里的代词的所指比较模糊，我的解释也很不确定。

9 这句话表明莱布尼茨仍然赞成他在其《抽象运动理论》中所 [391]
主张的心灵学说（附录 1c；另参见 A VI.ii 281–285，Aiii4）。基于霍布斯关于“心灵是努力的储藏室的”观点，莱布尼茨提出，形体与心灵之间的区别在于，心灵能够使努力保持守恒（因此也能使记忆保持守恒），而又不会产生运动。正如他在 1671 年 11 月写给阿尔诺的一封信中所说："思想在于努力，正如形体在于运动一样……形体中与定势相关的每一个努力都是不可摧毁的，心灵中与速度大小相关的每一个努力也是不可摧毁的；……正如形体在于一连串的运动，心灵在于各种努力的和谐；一个形体当前的运动源于先前各种努力的组合，一个心灵当前的努力，也就是，它的意志，则源于先前和谐的各种努力所组合成的一个新的努力"（Aiii II.i. 173）。

10 莱布尼茨在这里显然又一想到了斯宾诺莎；参看他就后者相信"一种毕达哥拉斯式的灵魂轮回，或者至少是心灵可以从一个形体进入另一个形体"所作的评论（Aiii: 385）。著名的显微镜学家马切罗・马尔比基（Marcello Malpighi）1673 年的"新实验"驳斥了这一观点，他的这些实验被认为确立了预成论（参见帕金森在 DSR 132 中所作的注释）。

12. 论世界的充盈

1 LHIV 1, 14c, leaf 8。它之前被（部分地）发表了出来，参见 C 10ff.；也曾被完整地译成了英文，参见 DSR 84–89。

2 莱布尼茨后来在这一页的开头写上了"1676"，但具体是那一年什么时候写的，还不确定（这张纸上没有水印）。第二段、第三段和最后几段中关于原子和充实空间的讨论似乎概括了 2 月 11 日完成的那篇《论崇高的秘密》的论点，但我们不清楚关于原子和涡旋的论述是否是在他于 3 月 18 日的笔记（Aiii36）中所作的类似讨论之后写的。第一段的主题与完成于 4 月下半月的《论至高无上者》（*De summa rerum*）的论文（Aiii71–75，DSR 56–85）所提到的主题密切相关，这表明它大概就是那时完成的。但与此相对，他这里提出的

“宇宙中有多少种不同的心灵，就有多少个不同的关系”的主张，被他在4月10日提出的“关系没有一个数目”——与“事物的多样性是确定的”（Aiii58: 495）截然不同——的论点驳倒了。另外，在这里，他支持有一种不可指定的真空，而由此便可以得出“某种不可指定的量是有意义的”(Aiii 525)。但是在《无穷大的数》(4月10日前后)中，他却声称他已经“表明，[除了一个点、一个末端之外] 没有其他别的不可赋值的东西”（Aiii69: 498），这可能指的是3月26日的Aiii52。这些考虑表明本文是在3月初完成的。

3 在这里，“confusas”（融合在一起）与前面的“confuse”（混乱的）相呼应，也与后面的“confusas in unum”（融为一体）相呼应。直译是为了揭示莱布尼茨的意思：知觉并不是受到干扰或陷入无序意义上的混乱的东西，而是由无限聚合在一起的小到没有一个可以被意识分辨出来的知觉融合而成的。参见术语表中“confuse”的注释。 [392]

4 参见《论形式，或论上帝的属性》（Aiii72: 514；DSR 68–69)。“我们之所以不能清楚地知觉有某种多样性的东西，例如颜色，是因为我们在一定的时间内知觉某种颜色；但这段时间可以被再细分为无限多的部分，而且在其中的任何一部分，我们都会以一种与情况相关的方式行事，但由于我们器官有缺陷，我们不会记住。”

5 对照1676年12月12日的《关于宇宙的绝妙推证链条》：“原初形体都应该是球形的，但它们都应该是直线运动”，以及“一切事物都是由球体构成的，即便它最基本的元素不是球体，也总有一天会回归球体；因此在原子中，多种多样的形状是没有用的，只要所有的原子都是球状的就够了”（Aiii85: 585；DSR 109)。

6 这让我们想起了莱布尼茨在《新物理学假说》中给出的评论，

他认为，归属于原子的“钩状物、弯曲物、小球以及其他许多装置”都“太过远离自然的简单性，太过远离任何实验，也都太幼稚了，不能以任何明显的方式与现象联系在一起”（A VI.ii 248）。

7 请再次对照 Aiii85：“凝聚体产生于这样一个事实，即如果某些形体被放在一起形成一个内部中空——充满了更精微的物质——的拱形物，那么这个拱形物很难被打破，因为它的组成部分留下的孔隙太小了，以至于周围的物质无法穿透，从而填满这个空间”（585）。

8 第一个假说，即原子都以相等的速度移动，是古典原子论者的假设：“尽管所有的物体受到不相等的重量的推动，但它们都必定以相等的速度穿过不受干扰的真空”——Lucretius, *De rerum natura*, BookII, 1. 270 ff.（in Ronald Latham's translation, *On the Nature of the Universe*, Harmondsworth/Baltimore: Penguin, 1951, p. 67）。第二个假说，即速度与积量成反比，莱布尼茨在前文 Aiii58 中先验地证实了这一点。

13. 论无穷小

1 LHXXXV, 13, 3, leaves 22–25。虽然本文篇幅很短，但这个文本却至关重要。这里给出的证明——他的微积分的微分并不是无穷小的现实物，而是“根本就不存在”——与莱布尼茨在接下来的两周内尝试把无限小量（还有收敛级数最后的数，以及圆和抛物线等极限图形）解释为虚构物有关（参见 Aiii68, 69）。

2 科学院版的编辑们指出，莱布尼茨显然是在写完这个笔记之后才把日期插入文本上方的。

[393] **3** 关于一个富有洞见的对莱布尼茨将微分解释为“零”的分析，

参见 Herbert Breger, “Le Continu chez Leibniz, ” in Jean-Michel Salanski and Hourya Sinaceur, eds., *Le Labyrinthe du continu*（Paris: Springer-Verlag France, 1992）, pp. 76–84。

4 莱布尼茨指的是，他把曲线解释成了具有无限多个无穷小的边（微分）的（外切或内接）多边形。正如他将在接下来的《无穷大的数》中所论述的那样，这意味着一条曲线可以被解释为这类多边形序列的一个理想极限，因此其长度 L 将是它们的边 s 的和的序列 ns（n 为边数，n → ∞）的极限。虽然他并没有给出证明，如果对每一个 n 来说，误差 L–ns 都小于 s，那将是 n → ∞。类似的，无穷级数的和被莱布尼茨解释成了部分和序列的极限。对于一个收敛的无穷交错级数来说，就像 π/4=1–1/3 ＋ 1/5–1/7……这个级数，第 n 项的绝对值总是大于或等于余数（也就是，大于或等于总和减去前 n 项部分和）。因此，在第 n 项结束这个级数时的误差总是小于第 n 项。这通常被称为“莱布尼茨交错级数判别法”——参见，比例，M. A. Munem and D. J. Foulis, *Calculus and Analytic Geometry*（New York: Worth, 1984）, p. 670。

5 比较它与莱布尼茨关于微积分的杰作——*De quadratura arithmetica*，它完成于 1675 年末至 1676 年秋，不久前在一个附有爱伯哈德·克诺布劳赫（Eberhard Knobloch）的评论的评注版本（*De quadratura arithmetica circuli ellipseos et hyperbolae cujus corollarium est trigonometria sine tabulis*, Göttingen: Vandenhöck & Ruprecht, 1993）中被发表了出来——中所说的内容不失为一件有趣的事情，尤其是比较它与第 69 页命题 23 的注释：“事物的本性中是否有这样的量（如无穷大和无穷小）也无关紧要，因为它们通过虚构被引入也就足够了，因为它们使得在发现和论证中使用言语和思想的缩写成为了可能。……当我的读者们正确地认识到这一点，即每一个曲线图形只不过是一个有着无限多的无穷小边的多边形时，他们就会意识到这个领域在多大程度上已经被打开了。如果卡瓦列里（Cavalieri）甚或笛卡尔本人充分地考虑过这一点，他们就会有更多的成果或预见。”

6 参见 T. L. Heath, ed., *The Works of Archimedes*, reprint of 1897 ed.（NewYork: Cambridge, 1953）, pp. 221–232。

14. 无界的线

1 LHIV 3, 9, leaves 11–12。从动机上讲，这篇文章似乎和莱布尼茨想要证明的“即使是在空间和时间上无界的宇宙也有一个中点”的愿望有关，也和他的“我们必然处在宇宙的中心，处在永恒的中间时刻”（Aiii57: 465；DSR 9）的信念有关。我在这里用“…”取代了莱布尼茨的“etc”。

2 在 4 月 1 日至 10 日完成的《论运动与物质》（Aiii68）的第
[394] 一部分，莱布尼茨显然提到了这篇文章中的一个推证（即一条无界的线是不能沿着自身的路线移动的），这意味着这篇文章要更早一些。在写下日期后，莱布尼茨最初是这样开始他的这篇文章的（他后来把它划掉了，并进行了重写）：“l 如果一条无界的线是某种具有大小的统一体和整体，那么就让我们看看随后会发生什么吧！首先，任何可以变得更大或更小的东西，似乎必定都具有大小。但是，对于这条无界的线 CB…而言，可以添加 DC，也可以去掉 CE。如果 DB…、CB…和 EB…都是具有大小的整体，那么它们中的一个，无论如何，都将大于另一个，所以 l。”

3 在“曾经”这个词前面，莱布尼茨曾写过“最近”一词：他心里大概想的是他去年 12 月给出的那个证明，即通过使从同一个点出发沿相反方向画出的那些最长的直线相等，宇宙就有了一个中点。

15. 论运动与物质

1 LH IV 1, 8: leaves 1–2。这篇文章是写在同一张对开纸上的四篇文章（Aiii67–70）中的第二篇。它紧随《对个体化原则的沉思》（Aiii67；DSR 50–53）之后；在那篇文章中，基于这一前提，即两个不同的事物本身必定在某一方面总是不同，莱布尼茨论证说，任何两个显然完全类似的物质事物在保持其先前状态的效果方面必定有所不同，而这只有通过它们中的每一个心灵的持续存在才有可能发生。这“证明了物质并不是同质的，也证明了我们除了心灵之外实在想不出任何使物质有差别的东西。”（Aiii67: 491）。在这篇文章中，人们可以看出这种考虑在他的思想上发挥的作用，因为此时莱布尼茨正在力图与他的微积分的形而上学内涵达成妥协。“努力是真正的运动，而不是无限小的运动”，他新近的这个发现，以及他在数学上把圆解释为一个有无限小边的无限多边形，这似乎使他直接进入了对离散论的运动和物质概念的探究。

2 这个片段紧随 1676 年 4 月 1 日的 Aiii67 之后，其完成可追溯至 4 月 10 日。

3 就像科学院版的编辑们一样，我一直无法确定莱布尼茨这里所提到的证明的出处。它可能指的是微分学中用到的那个证明。因为如果一个物体的努力，或者其速度的基本单元 dv，被定义为空间的微分 ds 与时间的微分 dt 的商，那么莱布尼茨可能已经证明了，这个商（*ds/dt*）与一个有限的速度的差小于任何可赋值的量。从几何学上讲，这意味着，在运动物体的距离与时间图上给定点处的特有的三角形 *ds-dt-dv* 的斜率 *dv* 与曲线在该点处的切线的斜率相差无穷小，因此为零。如果是这样的话，物体就可以被视为有一个有限的速度，它
[395] 沿任意点上与曲线相切的直线运动。与此同时，这条曲线被认为由无限小的直线在某种意义上的无限累加构成。参见 Aiii52。

4 希波克拉底的月牙是一个类似新月或凸月的图形：它是由两个圆的圆弧所围成的部分，第一个弧是个半圆，其直径是第二个弧的弦。莱布尼茨对希波克拉底的化月牙为方的了解源自利奥德的《对化圆为方的考察》，参见 Léotaud, *Examen circuli quadraturae*，莱布尼茨是在 1667 年纽伦堡读到这本书的。关于一个简短但却富有启发的讨论，参见 Joseph E. Hofmann, *Leibniz in Paris*, *1672–1676*（Cambridge: Cambridge University Press, 1974）, pp. 5 ff.。

5 参见 Hobbes, *De corpore*, ch. 21, “On Circular Motion”。

6 莱布尼茨似乎暗指他在《无界的线》中的证明，即无界的线 LH 不可能以自身为轨迹运动（Aiii65: 489），而这意味着，这篇文章是在 4 月初写的。

7 科学院版的编辑们认为，莱布尼茨指的是 1672 年秋季的《对无形实体的推证》（Aiii3_1: 75）中的命题 3 ：**“世界上所有可知觉的物体从一个到另一个都是连续的”**，也就是说，形成一系列交接的物体。在此他声称，“这个命题也可以被那些觉得穿插其间的真空合乎心意的人所承认；因为大海的连续性和连通性并没有被孤岛散乱地分布在大海各处这一事实所中断。……因此我认为，充实空间的各个部分都有真空穿插其间……，在这种情况下，活动和运动的传播就不会中

断，即便这种传播可能会通过迂回的路径而得以发生，例如，当我们感觉到声音迂回地沿着空中向四面八方伸展的曲线传播时。”

8 在古典数学中，只允许人们取同类东西的量的比率，例如，体积与体积之比，速度与速度之比。在比例中，对大小和速度的比率同等看待，违反了同质性的要求。关于莱布尼茨的同质性概念，参见《无穷大的数》（Aiii69），以及他在《人类理智新论》序言（NE 63–64；AG 302–303）中所作的讨论。这里提到的“令人吃惊的秘密”——关于速度和大小相互补偿——在 Aiii58 中得到了证明。

9 莱布尼茨一开始在这里写的是，“相对速度［*celeritate respect*〈*iva*〉］的守恒，也就是力的守恒，或活动的守恒”，最后才决定改为“活动的守恒，也就是，相对运动的守恒”。

10 这句话的意义在《运动是相对的》中得到了考察（Aiv360）。

11 ——这里应该是“eiusque”，而不是“eumque”。

12 莱布尼茨在那一年晚些时候的《帕西迪乌斯与爱真理者的对话》中接受了这一艰巨的挑战（本卷第二部分）。

13 参见 *De corpore*, ch. 8, §19，霍布斯在此论证说：“**任何一个移动的东西，除非在它之外有别的物体使它静止，否则必将永远移动**。因为如果我们假定在它之外没有任何事物，也就没有任何理由说明它为什么会在现在而不是在另一个时间静止，因此它的运动也就同样将会在时间的每一瞬间停止。但这是不可理解的”（pp. 102–103）。

14 我们很难理解莱布尼茨这里的推理；我认为他是在论证说，根据连续运动的假设，我们既可以证明运动是永恒的，也可以证明 [396]
当它受到相等但却相反运动的对抗时，它有可能会停下来；因此这个假设是错误的。

15 在《物理学》第八卷第1章，亚里士多德宣称恩培多克勒对运动的解释是，“友爱和争吵必然交替着主宰一切并引起运动，在交替之间的时间里有静止”（252a 7–9），他的这种观点建立在对这一以“但即然它们交替变换了无止息，就总有不动的状态周期出现”为结论的残篇（Diels-Kranz Fragment 26, lines 8–12）的解读的基础上。亚里士多德解释道：“我们必须把他这里所说的交替变换理解为从一个运动变为另一个运动”（251a 1–5）。

16 在这里，莱布尼茨可能想到了他的球形原子（参见 Aiii36，Aiii76），如果所有的圆都是具有无限多条直边的多边形，那么这些原子将不再是真正的球形。

17 这个论点在《帕西迪乌斯与爱真理者的对话》（本卷第二部分）中得到了更详尽的阐释。

18 参看 Aiii36: 391，以及 Aiii39: 399–400；DSR 114–115。

16. 无穷大的数

1 LH IV 1, 8: leaves 1–2。如上所述，这些反思延续了前面那篇文章的那些反思，它们跨过了那篇文章的总结性段落。这两篇文章合在一起，对于理解影响莱布尼茨在这个时期对连续体的思考的深刻变化，以及“连续体以努力为基础”的观点是如何让位于那一年晚些时候的《帕西迪乌斯与爱真理者的对话》中探讨的那种不连续学说的，都至关重要。在这一方面，尤其重要的是，莱布尼茨把他的微积分中的微分或无穷小重新理解成了虚构物，而不是无穷小的（但却不可赋值的）现实物（参见上述 Aiii52），莱布尼茨在 Aiii68 中将这种描述也用到了像圆这样精确的几何图形上。他在这里重申了这一点，而且我们可以看到，他的**微知觉**学说就是由此而来的一个推论。这篇文章的主题是不存在无穷大的数和无穷小的现实物。它是由他早先的评论所决定的（Aiii60: 474），即它们的存在会使物质的所有部分都具有可公度性，这样一来，“圆，如果它存在的话，就会与其直径成比例，就像数字与数字成比例一样”。这就是莱布尼茨的研究的起点，由此他进一步预言了勒让德（Legendre）的“π是超越数”这一猜想，通过那种依据极限情况下仍然存在的比例而对角所作的描述取代了他早期关于角是无穷小的现实物的描述，修正了收敛无穷级数的和的概念（开始认为收敛无穷级数的和就是部分的和的极限），对积量重新做了界定，否定了“无限多的事物的聚合体是一个整体”的说法。莱布尼茨的前四个注释都包含了“错误”一词，它们都被写在了这一说法旁边，即两条可公度的线之比“等于有穷大的数与有穷大的数之比”——他在第二段结束后对这一假设提出了质疑（参见下述第3自然段：“现在我知道错误的原因了……”）。我在这里用省略号取代了莱布尼茨的“etc.”。

2 莱布尼茨在1676年4月1日完成Aiii67之后，又撰写了Aiii68的开头，然后才开始撰写该文的；他在4月10日给出Aiii68的结论之后，才完成了该文。

3 莱布尼茨将直线图形QRST表示成了“QSTR”，并且把曲线 [397]
图形的无限小的正方形ανβγ表示成了“ανβ”。我还在他的图3添加了一个点U，这样他表示为“XQZ”的正方形也就变成了“XQZU”。我同样心照不宣地接受了科学院版编辑们对其他类似的小错误所作的更正。

4 因此QT，即两个图形共有的横坐标，沿垂直方向画，而纵坐标ZY和Zω则在其两侧，沿水平方向画。这与现代的惯例相反，按照现代的惯例，横坐标沿水平方向画，而纵坐标沿垂直方向画。

5 “两条可通约的有限长的线的比等于有穷大的数与有穷大的数的比”，这样假设也算不上是“错误”。但莱布尼茨意识到，他的化圆为方并不取决于图形的纵坐标是否等于有限个有限的公度，而是取决于它们是否等于无限个无限小的公度。因此他用无穷大整数之比来定义一种广义上的可公度性。

6 莱布尼茨的观点似乎是，尽管两个无穷大的质数不能表示为有穷大的数比有穷大的数，但它们仍然会把1作为有穷的公约数。相应地，他论证说，如果圆形和正方形在这一引申意义上是可公度的，它们就会有一个无穷小的公度。

7 莱布尼茨意识到，尽管吉哈德斯·墨卡托（Gerardus Mercator）和威廉·布隆克尔（William Brouncker）完成了双曲线的“有理求积法”，即将双曲线下的面积与对应的正方形下的面积之比表示为一个有理分式，但却没有人对圆进行这样的处理。这里提到的近似值无疑是约翰·沃利斯（用一个无穷乘积来表示）和布隆克尔（用一个无穷连分式来表示）给出的近似值，莱布尼茨对此了如指掌。参见Joseph E. Hofmann, *Leibniz in Paris*, p. 95; Leibniz to Oldenburg, 16 October 1674（*BG*: 107）。

8 在主张一个单位圆的积量“不能用任何次幂的等式来表示”时，莱布尼茨实际上主张π是一个超越数。

9 这里莱布尼茨很可能指的是内接和外切多边形，阿基米德就是借此用双重归谬法求出了圆的面积。

10 因此，一个有n条边的正多边形，无论是内接多边形还是外切多边形，其面积 A 都是由 n 个底为 b，高 h，面积为$\frac{1}{2}$ bh 的三角形构成的，即 A = $\frac{1}{2}$ nbh。随着 n 增加，多边形的周长 nb 就会越来越接近极限圆的周长（2πr），高 h 则会越来越接近 r，所以 A 就会越来越接近$\frac{1}{2}$ ·（2π r）· r=πr2。“心灵都会宣称那种东西在这个最终的多边形中是完满的”，这个最终的多边形就是圆。

11 莱布尼茨在这里重申了他在 Aiii5: 99 中所表述的早期观点。

12 虽然莱布尼茨成熟时期的**微知觉**学说在他早期作品的其他段落中已有所预示，但它与他对不可赋值的量、无穷小和极限的状况的反思之间的密切联系无论在哪里都没有像在这里这样被如此清晰地揭示出来。关于他成熟时期的观点，参见雷姆南特和本尼特关于“微知觉”的注释（NE 1v–1vi）。 [398]

13 这里又回到了莱布尼茨在《无界的线》（Aiii65）中所中断的讨论。

14 莱布尼茨在图 4 中不经意地忽略了点“1”和点“2”；我把它们相应地插入了进来。我还重新命名了无界的线中的两个部分“C2 ...”和“C1 ...”，莱布尼茨错误地将这两部分命名为了“C ...”和“1 ...”。

15 莱布尼茨曾认为，运动在严格意义上是不连续的，他在上述《论运动与物质》中最先提出了这一观点，他在此继续了他对该观点的探讨。他这里所提出的这一新术语“移创”将在下述《帕西迪乌斯与爱真理者的对话》中再次出现，这一观念将在那里得到更彻底的讨论。另参见以下关于“移造”的讨论（503）。

16 在这里莱布尼茨回到了在《无界的线》中困扰他的一个关于这些线的偏斜运动的难题。由于在那里没有能够得出一个结论，他在这里又做了一次尝试。

17 这里所引用的其总和为 $\frac{\pi}{4}$ 的收敛无穷级数就是现在人们所熟知的为纪念莱布尼茨于 1674 年对这个级数的发现而得名的“莱布尼茨级数”。关于他对这一发现的说明，参见 *Historia et origo calculi differentialis*（ed. C. I. Gerhardt, Hanover, 1846），translated as pp. 22–58 in J. M. Child, *The Early Mathematical Manuscripts of Leibniz*（Chicago: Open Court, 1920）: p. 42。这个正方形是这个圆的外切正方形，所以圆的直径 d 就是正方形的边长，它们的面积之比也就是 $\frac{\pi d^2}{4}:d^2$，或者 $\frac{\pi}{4}:1$。

18 对照《论积量》中的定义（Aiii64: 482; DSR 36–37）:“积量就是那种我们借以知道某物是否为整体的东西。”在那篇文章中，他更进一步，给出了一个更复杂的定义:“**量或积量**是那种某一事物（所谓的“偖大”的事物）据以被认为能够与另一事物**叠合**（也就是说，能够被置于同一边界内）的东西。”这很好地证明了 Aiii64 比这里的这篇文章要稍晚一些。

19 这里几乎预见到了现代对收敛无穷级数之和的定义，即收敛无穷级数是当 $n \to \infty$ 时部分的和 S_n 的极限。

20 莱布尼茨错误地将“in serie interminata”（在无界的数列中）改成了“in serie linea”（在线的序列中）。科学院版的编辑们对此做了更改，改成了“in linea interminata”（在无界的线中），但最初的“in serie interminata”（在无界的数列中）给出的意义却是最合适的。

17. 斯宾诺莎作品摘注

1 LB 886, leaves 5–6。另参见 G.i.131–138。正如莱布尼茨自己给这篇文章拟定的标题所示，这些摘自斯宾诺莎作品的节选（他对此所作的注释几乎和原文一样长）来自舒勒的一封信，舒勒很可能通过契恩豪斯的斡旋，征得了斯宾诺莎的同意，把这些作品转给了莱布尼茨。舒勒是斯宾诺莎的熟人，是一位阿姆斯特丹的医生，莱布尼茨已经从契恩豪斯那里得到了有关《伦理学》的资料（参见 $Aiii33_4$）。前 [399]
两节中的片段来自斯宾诺莎的《伦理学》草稿，命题 8、13 和 14，以及定义 3 和 6。我们可以拿这些片段和格布哈特的拉丁文标准本 SO.ii 与柯利的英文标准本 SC 408–409 进行对照；虽然和通常一样，我在这里给出了我自己的翻译。第三节再现了斯宾诺莎著名的《论无限的本性》这封信的哲学部分（其编辑加工后的《书信集》中的第 12 封信），这是他于 1663 年 4 月 20 日写给他的多年挚友路德维希·梅耶尔（Lodewijk Meyer）的一封信。关于莱布尼茨手中的这封信的正文，参见 SO.iv, pp.53–62；关于其编辑加工后的版本，参见 *Opera posthuma*, p. 52, pp. 53–62。格布哈特指出，莱布尼茨的副本“或许就是这封信的原始版本，不管怎么说，这个版本再次偏离了《遗著》中的那一版”（SO.iv.390）。柯利在其 SC 200–205 中翻译的是后一个版本，塞缪尔·薛利同样翻译的是后一个版本，参见 Baruch Spinoza, *The Ethics and Selected Letters*, trans. Samuel Shirley & ed. Seymour Feldman, Indianapolis: Hackett, 1982, pp. 231–235。

2 莱布尼茨所使用的纸张的水印是 1676 年 2 月加盖的。但科学院版的编辑们注意到，莱布尼茨的节选“很可能是在 1676 年 5 月 2 日之前不久写成的”。因为契恩豪斯——或许受莱布尼茨启发——在这个时期写给斯宾诺莎的一封信中就《论无限的本性》这封信（他引用了这封信）提出了一个问题（参见下述注释 13），他在信中还提到了“我的莱布尼茨勋爵”（SO. iv.331）。为了支持 4 月下半月这个日期，我们似乎还可以指出，舒勒曾在 3 月 18 日之后的某个时间把这些节选传达给了莱布尼茨，因为在那一天，莱布尼茨描述了契恩豪斯给他看的舒勒的一封（很可能不同的）信的内容，并没有提到斯宾诺莎（参见 Aiii361: 390）。最后，莱布尼茨的《论积量》中的某些措词（Aiii64; DSR 36–43）表明他可能受到了他当时对斯宾诺莎作品的阅读的影响（参见以下注释 11）。我们不知道《论积量》是什么时候写的，不过，它似乎是在 4 月 10 日写完《无穷大的数》（Aiii69）之后不久写的。

3 这是莱布尼茨的原标题。

4 这里指的是斯宾诺莎《伦理学》第一部分的命题 8："每一个实体必然是无限的"；命题 13："绝对无限的实体是不可分的"；以及命题 14："除了神以外，不能有任何实体，也不能设想任何实体"；及其证明（SO.ii.49，55–56；SC 412, 420）。

5 这与《伦理学》正式公开的版本的定义三略有不同："实体，我理解为在自身内并通过自身而被认识的东西。换言之，形成实体的概念，可以无须借助于他物的概念"（SO.ii.45, SC 408）。

6 除了莱布尼茨副本中这一定义的最后一句话"因此是广阔无垠的"在正式公开的版本中缺失之外，它与《伦理学》的定义六相同。

7 它与《伦理学》中的定义六的说明相同，只是后者给出的最后的限制条件在莱布尼茨的摘录中缺失了："而绝对无限者的本性中就具备了一切足以表示本质的东西，却并不包含否定"（SO.ii.45–46, SC 408）。

8 波爱修斯（480—525 年或 526 年）否认把绵延归因于永恒是恰当的，参见 Richard Sorabji, *Time, Creation, and the Continuum*, pp.115 ff.。波爱修斯在《哲学的慰藉》中写道："受时间条件支配的东西，即便如亚里士多德所确信的世界那样，它从来没有开始存在，也没有停止过，而是随着时间的无限延长而延展着它的生命，也不能被判定为永恒的"（*Consolation of Philosophy*, 5.6；引自 Sorabji, ibid., pp. 119–120）。或许更切题的是菲洛波努斯的观点："永恒……不应该像时间那样，被分割成离散的片段。……更确切地说，（柏拉图）认为，永恒是某种单一的、统一的延伸（paratasis），不能被任何区别所割裂，而是永远（aei）保持同一，其本身始终保持不变"（ibid., p. 118）。 [400]

9 关于这一点的详细论证，参见 Thomas White, *Quaestio praevia: Utrum in continuo sunt partes actu*（A Leading Question: Whether There Are Actually Parts in the Continuum），§§ 1 and 2；参见 Sir Kenelm Digby, *Two Treatises*（Paris: Gilles Blaizot, 1644），"A Treatise of Bodies," chapter 2, § 4（"If partes were actually in theire whole, Quantity would bee composed of indivisibles"）and § 5（"Quantity cannot be composed of indivisibles"）。莱布尼茨几年前曾在一篇文章（*Demonstration of the Possibility of the Mysteries of the Eucharist*, 1668?; AVI.i n.15）中批评过这种学说[正如怀特在为迪格比的《论灵魂的不朽》(*On the Immortality of the Soul*）所写的序言中所说的那样]，他在那篇文章中宣称怀特关于"事物的部分实际上并不存在于事物之中"的观点是"异端邪说"和"荒谬的"（504）。

10 莱布尼茨一开始添加了"non"（"不"）一词，后来又把它划掉了，但在意义上是必要的，而且在斯宾诺莎的权威版本中也有这个词（参看 SC 202）。

11 在莱布尼茨的《论积量》中或许也有类似的说法，他在文中写道：“时间不是绵延，正如空间不是并置一样。……时间是某种连续体，我们根据它来说某种东西持续。……”（Aiii64: 484）。

12 参见 Hobbes, *De Corpore*, II, ch. VII, §2 ：“就一个存在的事物存在而言，就是说，除了那个事物在那个想象的人之外显现这一事实，它的任何其他偶性都不予以考虑而言，空间是一个事物的幻象”；§3 ：**“就我们所想象的在运动中有先与后，也就是说，接续而言，时间是运动的幻象。”**

13 这里的“连续按比例地被分割”指的是，每两个相邻项的比例相同，这里是 1/2 ；而“公比为 1/2 的等比数列”指的是，其中每一项都是其后一项的两倍的等比数列。“没有一本书”的论点使人想起了 Aiii52。

14 在 1676 年 5 月 2 日写给斯宾诺莎的信中，契恩豪斯明确提出了这一反对意见：“我渴望从你那里获悉，一个人怎样理解你在《论无限的本性》这封信中用以下这些话提醒我们的东西：‘不过，他们并没有得出这样的结论：这些事物之所以超出每一个数字，并不是因为其部分的复多性’。因为在我看来，就这样的无限而言，所有的数学家总能证明，部分的数目是如此之大，以至于超出了每一个可赋值的数字，而对于同样的问题，你在所用到的关于两个圆的例子中似乎并没有确切地证明你承诺要证明的东西。因为你在那里只不过表明，他们无法从中间的空间过大，以及‘我们并不知道它的最大量和最小量’这一事实得出我们所讨论的结论；但你并没有像你想要的那样证明‘他们无法从部分的复多性得出这个结论’”（Tschirnhaus
[401] to Spinoza, Letter 80, SO 331）。斯宾诺莎回答说，如果部分的无限性

是从其复多性得出的，那么后者“必定要大于任何给定的数字，这是错误的，因为在两个非同心圆之间的整个空间中，我们感受到的部分的复多性是一半空间的两倍，但是在一半空间和整个空间中部分的数量却都大于任何可赋值的数字”（Spinoza to Tschirnhaus, 5 May 1676; Letter 81, SO 332）。我相信，如果莱布尼茨看到了这封信，他是不会被这个回答所说服的。因为，如果没有任何数字可以给其中的任何一个赋值的话，我们就难以发现一种复多性怎么能够是另一种复多性的两倍。

15　根据莱布尼茨在1666年的论文《论组合术》（*De arte combinatorial*, A VI.i 229）中的说法，卡尔达诺在他的作品（Arithm. Pract. c. 66. n. 165 and 260）中坚持这个学说，即一个无穷大大于另一个无穷大。至于莱布尼茨自己的观点，参见《无穷大的数》（Aiii69:497），他在文中总结道：“两个无穷大的数，而不是有穷大的数，也有可能是可通约的，也就是说，如果它们的最大公约数是一个有穷大的数——例如，如果两者都是质数。”换言之，在莱布尼茨看来，两个无穷大的数不仅不一定相等，它们甚至可能没有一个有限的比值。

16　莱布尼茨在上述关于斯宾诺莎的笔记（Aiii33_4）中以完全相同的术语清晰地阐述了关于三种等级的无限的这种区别。

17　参见上述莱布尼茨关于无界的讨论，尤其是在Aiii66, 65和69中的讨论。

18　哈斯代·克莱斯卡（Hasdai Crescas，1340—1410年），一位反对亚里士多德和迈蒙尼德的西班牙犹太教批评家，在其作品（*Or Adonai*, 1555, book I, proposition 3）中发表了这一论点。参见H.

A. Wolfson, *Crescas' Critique of Aristotle*（Cambridge: Harvard University Press, 1929）。

19 “nisi”（除非）是莱布尼茨加上去的，在格布哈特版本和柯利版本（SC 205）中没有发现。但要想给出正确的理解，这个词似乎必不可少。

18. 论形体、空间和连续体（节选）

1 LH IV 3, 9: leaf 8。这个文本的一部分之前已经被译成了英文，参见 Loemker, L 161–162；帕金森用拉丁文和英文将其完整地呈现了出来，参见 DSR 21–23——我提到帕金森的译本是想让读者去查阅这里没有给出的那些段落。

2 科学院版的编辑们指出，莱布尼茨很可能是在写完文章之后添上日期的。

3 参见关于心灵、固体和它们所搅起的涡旋的数量相等的讨论（Aiii36: 393）。

4 莱布尼茨曾认为，假设“我们的感觉越是被仔细地观察，它就会越一致”，并且假定“我们的感觉总是一致”，那么我们便可由此推知：空间和世界是无限的，世界是永恒的。“所以，世界永恒和无限的论点建立在我们所关注的事物永恒一致的盖然性之上——也就是说，建立在这些事物及其和谐的总是可以被发现（如果我们有足够的
[402] 时间去探究的话）的原因之上”。不过，可能存在“另一个世界或其他的心灵，它们以另一种方式彼此一致，但与我们不一致”。作为“存在的标志”的这种知觉的一致性（congruentia）概念是巴黎笔记的一个反复出现的主题（参见 Aiii60: 474）；而这一概念，以及空间即“那

种使得几个知觉同时彼此协调一致的东西”的观念，稍后在这篇文章中又被提到了（DSR 62–65）。

5 参见莱布尼茨关于空间只是上帝的广阔无垠的一个效果的说法，以及关于它连续不断变化的说法（Aiii39: 391）。

6 在这里，莱布尼茨写下了“Ideo praeter liquidum et”——大概意思是，“因此除了液体之外，（一定）还有（空间）”——后又把它划掉了。

7 莱布尼茨在《论形体的内聚力》（Aiii4）中考虑了笛卡尔对形体的内聚力的解释。

8 LH IV 3, 9。这个文本的一部分之前被译成了英文，参见 Loemker, L 163 ff.；帕金森用拉丁文和英文将其完整地呈现了出来，参见 DSR 74–83，而我提到帕金森的译本是想让读者去查阅这里没有给出的那些段落。

9 它和《论简单形式》（Aiii75）在同一张纸上，莱布尼茨在后一个文本中延续了相同的主题，并附上了日期 1676 年 4 月。

10 莱布尼茨在《论崇高的秘密》（Aiii60: 475）中就已经这样称呼它了。也请参见 Aiii36: 391 和 Aiii71。

11 参见莱布尼茨在《论物质、运动和连续体》（Aiii58: 469）中关于形体的运动是一种“扩张”的说法，以及关于运动守恒与物质守恒相等价的说法。

12 这种网的隐喻预示着那一年晚些时候在《帕西迪乌斯与爱真理者的对话》中概述的“物质的褶皱”的隐喻。关于从这一隐喻的角度对莱布尼茨所作的一个令人着迷的探索，参见 Gilles Deleuze, *Le Pli: Leibniz et le baroque*（引言的注释 12 中有完整的参考）。

19. 帕西迪乌斯与爱真理者的对话

1 LH XXXV10, 11。拉丁文版本由库图拉特（Couturat）出版，参见 C 594–627。手稿中有一份出自莱布尼茨之手的草稿（这里用 L^1 来表示），参见 leaves 35–46（6 sheets of quarto, 23 pages）；有一份对 L^1 开头部分进行了更正的修订本（用 L^2 来表示），参见 leaves 31–32（2 sheets of quarto, 4 pages）；一份对 L^2 和大部分的 L^1 进行了更正的交由文书誊写的修订本（用 l 来表示），参见 leaves 1–30（15 sheets of quarto, 59 pages）。科学院版第 529—567 页——偶尔通过参考 L^2（一直到第 533 页）和 L^1 进行更正——遵循 l 上的内容，从第 568 开始一直到最后（第 571 页）仅基于 L^1。我采纳了科学院版编辑们通常参考 L^1 对 l 中明显的错误和遗漏所进行的更正，但我没有记录下来(除了我有异议的一两个情况)。在科学院版所记载的由莱布尼茨给出的页边空白处的注释中，我忽略了与本文内容无关的两个注释（主要
[403] 涉及到与他的旅行有关的航海事宜)，以及另外两个仅仅作为标记的注释（我在我的脚注中记录了下来)。

2 参 见 Eric Aiton, *Leibniz: A Biography*（Bristol: Adam Hilger, 1985）, pp. 67ff.。

3 *Guilielmi Pacidii de rerum arcanis,* Aiii77: 526–527；关于它的拉丁文和英译文，参见 Parkinson, DSR 88–91。关于莱布尼茨不断变化的对这一百科全书的构想，参见 Catherine Wilson's *Leibniz's Metaphysics*, esp. pp. 16–19, 266。

4 在他的第一稿中，连续体的迷宫是唯一的迷宫，编号为 (5)；后来，在第二稿中，他插入了另一个迷宫并进行了重新编号，他在这

里对“第二个迷宫”的描述与在第三稿和终稿中的描述一样。

5 关于这个解释，以及其他建议和参考文献，参见帕金森出色的注释，DSR 136, n. 1。

6 关于舒茨，参见 Hoffmann, *Leibniz in Paris*, pp. 46, 164–165。霍夫曼和艾顿都没有透露约翰·弗里德里希·西诺德·舒茨是否与后来以布伦瑞克驻伦敦大使的身份帮助过莱布尼茨的路德维希·贾斯特斯·西诺德·冯·舒茨男爵有血缘关系；参见 Aiton, pp. 171, 260, 318。

7 关于谢尔哈默，同样参见 Hoffmann, *Leibniz in Paris*, pp. 147, 362；以及 Aiton, *Leibniz*, p. 235。

8 莱布尼茨的原标题。

9 在提到盖伦的名字之后，莱布尼茨在决定用最后这种不带感情色彩的说法之前先后这样写道，即“或帕拉塞尔斯”，“或赫尔墨斯主义者”，“或德谟克利特主义者”，但又先后把它们划掉了。

10 鉴于我推测“查里努斯”的原型是契恩豪斯，对照帕西迪乌斯的“从这一点，我很容易看出，如果你得到正确的指导，我能对你有什么期许”与莱布尼茨去年 12 月写给奥尔登堡的信：“你把契恩豪斯送到我们这里，这是你的情谊的明证，因为我很喜欢他的陪伴，也认可这位年轻人的杰出能力。他的发现很有前途，而且他还向我展示了一些分析和几何学方面的精妙发现。**从这一点，我可以很容易判断出，我可以对他有什么期许**”（GM.i.83；引自 L 165，黑体为英译者所加）。

11 按照亚里士多德的说法，柏拉图在可感事物和形式之外和之间假定了“中间性质”；它们是“数学对象，它们和可感事物不同，因为它们是永恒不变的；它们和形式也不同，因为形式是单一的，而数学对象则不是单一的，而是数量众多的，并且相互类似”（*Metaphysics*, I 6, 987b 14–18；另参见 I 9, 991b 27–29; II 2, 997a 34–b3, 12–14; 998a 7–9）。

12 也许莱布尼茨心里想的是伽利略《关于两门新科学的对谈》中的下面这段话：“萨格里多：难道我们不该承认，几何学的优点在于，它是所有用来磨砺人的智慧并使他们以完满的方式推理和沉思的工具中最有效的吗？难道我们不该承认，柏拉图希望他的学生先打好数学基础是有一定道理的吗？……在我看来，逻辑教我们辨别先前完成和发现的推理和推证是否不容置疑，但我非常怀疑它是否教我们去发现不容置疑的推理和推证。”（*Two New Sciences*, EN 175）

13 开头部分的修订本 L^2 在这里结束了。

14 在这里，莱布尼茨最初写的是“斐多和克贝”，即苏格拉底
[404] 在《斐多篇》中的对话者。“阿尔西比亚德”是他在《会饮篇》中的主要对话者。莱布尼茨在那一年的早些时候分别就这两篇对话写了拉丁文概要。参见 Aiii20: 283–311。

15 参见 Plato, *Theaetetus*, 148 e6–149 a4; 151 b7–c1。

16 这种运动的定义避开了这一问题，即处所是绝对的，还是仅仅相对于他物而存在的。因此，正如莱布尼茨在他附于上面副标题的注释中所注意到的，这里的讨论没有考虑运动的相对性，不过他在前一年关于笛卡尔的笔记中就已经承认了这一点（参见上文 Aiii15）。莱布尼茨在 1677 年 2 月回到汉诺威后撰写的一篇文章中探讨了这种相对性的形而上学含义，参见《运动是相对的》，Aiv360。

17 对于那些熟悉亚里士多德《物理学》的人来说，这可能是

一种巧妙的反讽，因为《物理学》第四卷和第五卷的大部分篇幅都在阐释“处所”“存在于”和“变化”的不同含义（208a–213a, 224a–226b）。

18 瞬时的变化状态的问题有一个显赫而古老的谱系，也许可以一直追溯到巴门尼德和芝诺。无论如何，柏拉图在《巴门尼德篇》中把该问题归因于他们，而莱布尼茨在这个时候已经读了这部作品[参见他的《论一个最完满的存在者是可能的》（Aiii79: 572–574; DSR 90–95），科学院版的编辑们认为它（可能）完成于 1676 年 11 月]。柏拉图问道：“那么它什么时候变化呢？因为当它静止时，当它运动时，当它占有时间时，它都不会变化”（156c–d）。

19 根据阿佛罗狄西亚的亚历山大的说法，以死亡的瞬间来说明这个问题来自智者派。在辛普里丘保存下来的亚历山大那段出自他已遗失的评注性著作的话中，亚历山大认为这个论点在形式上来自他们：“狄翁（Dion）是什么时候死的？因为要么是在他还活着的时候，要么是在他死了的时候；但又不是在他还活着的时候（因为那时他还活着），也不是在他死了的时候（因为那时他已经死了）”（引自 *Simplicius on Aristotle's Physics 6*, trans. and ed. David Konstan, Ithaca: Cornell University Press, 1989: 983, 1: 26–30; p. 82）。莱布尼茨无疑也熟悉塞克斯都·恩披里柯以苏格拉底的措辞对这个论点所作的解释（Sextus Empiricus III, *Against the Physicists,* I, 269–270）。亚里士多德同样通过对人体状态的思考，引入了他对运动连续性的讨论。他推断，如果一个人在一天的不同时间拥有同一的健康，“那么，同一个东西就会反复多次地消灭而又生成了”。然而，他关于运动的结论是：“间夹着静止的运动是多，而不是一”，因此它“不是一，也不是连续的”（*Physics*, V, 4, 228a 7–19; 228b 4–6）。

20 “不存在第三种选择”（“Tertium nullum est”，或正如莱布尼茨最初所写的那样，“Tertium non datur”）是排中律（“P 或非 P”）的传统名称。

21 Aristotle, *Physics*, V, 3, 227a 10–b2。参见附录 2a。

22 莱布尼茨关于不可能存在瞬间变化的状态的结论似乎与柏拉图问及瞬间运动的事物时给出的结论相矛盾：“难道它不是进入了
[405] 某种运动和静止之间的中间阶段，因此它既非存在，亦非不存在，它既非开始存在，亦非停止存在？”“是的，看起来是这样。”（*Parmenides*, 157a; translation of H. N. Fowler, Loeb Classical Library, vol. VI, p. 301）但是，柏拉图的论证的辩证性应该被考虑在内，而它对莱布尼茨的影响不应该被低估。

23 在页边空白处，莱布尼茨用𝔫这个符号标注了这句话。正如科学院版 VI.ii 的编辑们所解释的那样，莱布尼茨用这一蒸馏过程使用的炼金术符号来标示这个问题有待进一步研究。

24 莱布尼茨最初在这一段的开始指出了这个论证的来源，他是这样写的：(1)“这是斯多葛学派的一个诡辩，他们称之为连锁推理悖论（谷堆悖论）”；(2)“如果你正确地使用这种古人称之为连锁推理悖论的论证，它并不是完全无用。现在我们不妨转换一下这个论证”。参见术语表词条“谷堆悖论”（*acervus*）。

25 在莱布尼茨的简图上没有点 D，但很明显，它应该在点 C 和点 E 之间，因此我把它插入了这两个点之间。

26 公民资格恢复权是被遣返的囚犯、流亡者恢复他或她以前身份的权利。

27 关于恩培多克勒的解释，参见前面《论运动与物质》注释15中所讨论的 Aristotle, *Physics*, VIII, 1, 252a7–10; 20ff.。“近代某些有学识的人”可能是西班牙经院哲学家阿里亚加，以及伽森狄和他的某些追随者（参见附录2e）——包括青少年期的莱布尼茨本人（参见引言第2节）。可以想象，这句话也可能指的是迈蒙尼德（莱布尼茨后来对其做了评论）所记录的穆尔太齐赖派（Mutakellamim）的观点，但没有明确的证据。关于进一步的讨论和参考文献，参见 Philip Beeley, *Koninuität und Mechanismus*（Stuttgart: Franz Steiner, 1996）, pp. 298–301。

28 这里的“EF”是对 *l* 中“EG”的更正，而后者本身似乎是对 L^1 中的“FG”的错误更正。

29 这里的“CE”是对“CF”的更正，显然“CF”是错误的。

30 参看亚里士多德在《物理学》中的讨论，他在文中总结道：“一切运动的事物必定之前就在运动了”（*Physics* V, 6, 236b 20–237a 4）；接着，他在本章的剩余部分论证说，所有类型的变化和生成都是一样的。关于普罗克洛斯，科学院版的编辑们建议我们参考 *Elementatio physica*, I, 17–27。

31 请再次对照亚里士多德在《物理学》中的说明，他在文中指出，“正如前面所说，‘现在’是时间的纽带（因为它连接着过去和将来的时间），而且，它也是时间的限界，因为它是一时间段的开始，另一时间段的结束”222a10–12。

32 科学院版这里写的是“nullum ... punctum C”；这个“C”似乎是一个笔误。

33 这些批评言论的确切所指并不清楚。通过指责第一位思想家“假装没有看见”这个问题，莱布尼茨或许是在指责亚里士多德没有解释，为什么某种事物可以被无限分割，而又不是由无限小的事物构成的。至于第二位思想家“绝望地放弃了”这个问题，这可能指的是笛卡尔否认物质实际上无限分割可以被我们有限的心灵所把握；而[406] 第三位思想家“把它斩断了”，这种说法可能暗指伽利略否认大于、等于和小于在无限的量中占有一席之地。但其他解释当然也是可能的。关于这三位作者的观点，参见附录 2。

34 这里指的是欧几里得《几何原本》第六卷命题 4，参见 the Everyman edition of Isaac Todhunter（J. M. Dent & Sons: London, 1933）, pp. 180–181。

35 在这里，莱布尼茨的文本有一个错误，那便是莱布尼茨让查里努斯连续做了三次发言，而这些发言的开头依次是“毫无疑问”，“我想我知道”，以及“你让我陷入了”。那种把三次发言中的第二次归给帕西迪乌斯的简单的权宜之计是让查里努斯提出帕西迪乌斯的论点，并让帕西迪乌斯试着预测这个论点将如何发展，这似乎不是一个令人满意的解决办法。我采纳了库图拉特的建议，把查里努斯第一次发言的第一句话以外的所有内容都归给了帕西迪乌斯。不过，查里努斯后面仍然连续做了两次发言（库图拉特显然没有注意到这一事实）；参见注释 37。

36 “NM”是科学院版编辑们对 L^1 和 l 中“NP”的更正，在这里，“NP”显然是错的。

37 除了最后一句之外，这一段话是莱布尼茨在修订本 l 中添加的，以替换 L^1 中出现在那句话之后的部分。它比前一个版本更简洁，而前一个版本通过帕西迪乌斯和查里努斯之间的对话的后面部分，并通过参照上图三角形中的线，使得 CD 的部分 CF 等于 AB，得出了基本相同的观点。然而，在进行替换时，莱布尼茨没有意识到他又让查里努斯连续做了两次发言。为了纠正这一点，作为一个简单的权宜之计，我把新添加的段落以及最后一句话分配给了帕西迪乌斯。

38 在 L^1 的这个地方，对话后面的部分（前一个脚注所提到的被删除的段落）一开始对时间作出了同样的推论："l 帕西迪乌斯：因此，你可能会补充说，时间也不是由瞬间构成的。查里努斯：出于同样的理由，因为一条线在一定时间内被穿过，而时间的部分与线的部分相对应……l"

39 参见 Galileo Galilei, *Two New Sciences*（EN VIII, 78–79）；译文见附录 2b。

40 同样，参见附录 2b 中的伽利略的文本。

41 正如人们经常指出的那样，过去几百年来，数学史上的发展——尤其是康托尔的超穷数理论——在这一点上证明了伽利略比莱布尼茨更正确。因为康托尔证明了一种自洽的无穷数理论可以建立在一一对应的基础上，其结果是无限的平方数（部分）等于无限的正整数（整体），这与莱布尼茨视为量的重要构成要素的部分—整体公理相矛盾。这本身并不能证明莱布尼茨立足于部分—整体公理这一首要原则之上的处理方法有任何不自洽的地方，但这意味着放弃将无限的量视为集合的观念，并随之放弃点集在数学中大部分的理论依据。当然，莱布尼茨，就像自他那个时代以来的许多杰出数学家一样（包括赫尔曼·外尔，鲁伊兹·布劳威尔），很可能把这视为有利因素，因 [407]
为无限的悖论仍然困扰着集合论。

42 这种典型的莱布尼茨学说，即不存在最快的速度，与霍布斯的观点是一致的；关于霍布斯的观点，参看 Hobbes, *De corpore*, IV, ch. 26：“然而，如果在坚硬的事物中没有最坚硬的，正如在积量中没有最大的，在运动中没有最快的速度，那么……”，但随后从轮子以最快的速度旋转的例子中得到的证明更多地让人想起了斯宾诺莎，他在《笛卡尔哲学原理》的几何学方式的阐释中对此进行了讨论（SO. i.192–194; SC 270–272）。斯宾诺莎认为旋转的轮子的论点来自埃利亚的芝诺（SC 270），这一错误可能源于阿里亚加和西班牙的经院哲学家。据谣传，芝诺曾声称，轮辋上以无限快的速度移动的点将持续保持在同一位置，因此将处于静止状态。当然，莱布尼茨也有可能直接从阿里亚加那里看到了这个例子。但是，按照倍尔的说法，阿里亚加“承认轮子的［难题］是不可解决的”（“Zeno of Elea,” VI, p. 271, n. 82, in Pierre Bayle, *Historical and Critical Dictionary: Selections*, trans. Richard Popkin, Hackett 1991），斯宾诺莎认为，芝诺的论点驳倒了**最快的**运动的可能，而不是运动本身的可能。他说，它基于两个错误的假设，即存在一个最快的运动，以及时间是由瞬间构成的。“因为我们无法设想一个如此之快的运动，以致我们无法同时设想一个更快的运动”（SC 271）。然后，通过安排所假定的最快的轮子用环绕在这个轮子和另一个只有其一半大小的轮子上的皮带来驱使另一个轮子，使后者达到两倍于前者的速度，他证明了这也意味着不存在最短的时间。

43 在这里，被莱布尼茨所删去的一段话的两个草稿值得注意。在他的草稿 L^1 中，他写道：

“| 伽鲁迪乌斯：同样，我们还应该得出这样的结论：不存在所有可能的解析曲线的数目。因为你知道，帕西迪乌斯，我所谓的解析曲

线，即那些其性质可以用等价的有理曲线来表示的曲线，也就是说，它的方程，即它的纵坐标和横坐标之间的关系，可以用一个一元一次方程（可以用数字来说明）来表示，换句话说，通过在一条直线上给出的一个用数字来表示的横坐标，纵坐标也可以用数字来表示。另一方面，当我可以从一个曲线的求面积法得出另一个曲线的求面积法，我称两个曲线是等价的。由此可见：每一个解析曲线都可以转化为一个等价的有理曲线。因此，解析曲线的数目不大于有理曲线的数目。这是荒谬的，因为肯定有某些非有理的解析曲线。**帕西迪乌斯：**我不得不同意。|”

在修订本中，这段话被划掉了，取而代之的是下面这一段话，但它后来也被划掉了：

“|**伽鲁迪乌斯：**同样，我们还应该得出这样的结论：不存在所有可能的解析曲线的数目。因为你知道，我所谓的解析曲线，即那些我们能够找到其等价的有理曲线的曲线，也就是说，如果假定其横坐标为有理数，其纵坐标也是有理数；所以，也就是说，有理的解析曲线的给定的求面积法也就是给定的解析曲线的求面积法；因此，有理曲线和解析曲线一样多。但是，根据其他的理由，有更多无理的解析曲线：因为对任何一个有理曲线来说，都对应着无限多的无理曲线。因此，它们的数目既相等又不等，因此是不可能的，因为由此产生了一种不可能的东西。**帕西迪乌斯：**|”（——中断了）。 [408]

44 这是对笛卡尔《哲学原理》第二章第 33 节至第 35 节中的论证的概括；译文见附录 2c。

45 关于笛卡尔的原话，参见附录 2c。

46 对话从这里到“**帕西迪乌斯：**如若你们允许，我愿意马上

就回到这些问题上来……”（Aiii78: 552, l.22）这一部分（包括用褶皱来类比的那段受神灵启示的话），取代了 L^1 中总体来说比较平淡的第一稿：“……那些困扰着连续体由点构成这一说法的难题。| **查里努斯**：如果我们认为它证明了一种完全充满空间的理想流体是不可能的，又会怎样？——尤其是，既然笛卡尔没有任何支持这种流体和充实空间的证明。**帕西迪乌斯**：查里努斯，你的话有些道理。不过，在我看来，这并没有完全否定等量的充实空间和流体。这里还有某种微妙的东西，如果此时把接受它的理由清楚地摆在你面前，它也会对你有所帮助。但是，只要把任何显而易见的障碍都夷为平地，以免我们在任何地方偏离方向，来不及到达我们所提出的目标，也就足够了。**伽鲁迪乌斯**：如果你下一次能使我们更满意，我们现在就放过你。因为你是知道的，对真空和充实空间、流体和固体的描述非常重要，而要确立一种关于事物本性的真实而确定的假说就取决于此。你会发觉，我们现在希望你用证明来解决这种争论。| **帕西迪乌斯**：如若你们允许……”

47 正如引言第 6 节所提到的那样，这种“物质褶皱”——其弹性形变既不需要极端的稠密，也不需要极端的稀薄——学说很可能受培根哲学的启发。

48 我们用“MN”替换了莱布尼茨在 L^1 和 l 中的“M 或 N”，因为“M 或 N”看起来不合适。

49 下述从 L^1 中删去的文本——夹在水平线“******”之间并以另一种字体呈现——连同它附带的脚注，就在它的开头被写在修订本 l 上之后，就被莱布尼茨丢弃了。它在 l 中被后面的文本(560–567)所取代，即从“那些主张这种飞跃的人……”，到“……因为随后的状态不一定来自于先前的状态”。我用标记“***********”标出了改写过的段落结束的地方。

50 在页边空白处，莱布尼茨给这句话打了一个问号。

51 文书的修订版 *l* 在这里停了下来：从这里到标记“***********”在 L^1 中被划掉了。

52 莱布尼茨在这里不经意地引入了他当年在《无穷大的数》（Aiii69）中杜撰的术语“移创”（transcreation）；而在取代这一部分的文本中，他更加详细地对其进行了介绍——事实上，他由于疏忽对其介绍了两遍（参见 Aiii78: 560, 567）。

53 八年前，莱布尼茨本人在他的《自然对无神论者的告白》（1668 年）中用上帝的协助解释了原子的固定性：“在为原子提供理由时，诉诸于上帝是正确的，因为祂对事物的这些终极基础负责”（A VI.i 492）。参见引言第 5 节。 [409]

54 参见 Aristotle, *Physics*, V, 3, 227a 10–b2；附录 2a。

55 也许莱布尼茨的意思是，如果把无限小当作现实的东西，那么一条线段的长度，以定积分的形式表示，将是无限多个无限小的总和：它将是有界的，但却包括无限多个部分，因此同时具有规定性和无规定性。

56 莱布尼茨似乎在暗指他的微分学，按照他的微分学，一个本身无限小的 n 阶微分可以表示为无限多个 n+1 阶微分的和。但他也可能指的是他当时意识到的这一点，即同样的积分完全可以用与其有别的“变量级数”来完成。

57 这句话在近四十年后莱布尼茨《单子论》第 69 节的一段著名的段落中得到了呼应：“因此，世界上没有任何多余的东西，没有任何贫瘠的东西，没有任何僵死的东西；没有混沌，没有混乱，除非只是表面上的混沌、混乱”（引自 PW 190）。

58 莱布尼茨似乎忘了他在这一重写的部分的开头就已经介绍了他最新杜撰的术语。

59 参见 Aristotle, *Physics*, IV, 8, 215a 19–22。

60 这指的是伽森狄对我们所谓的惯性定律的解释，根据这一定律，只有在一个形体的运动状态（或其他质）发生变化时，原因才是必要的，上帝在每个原子被创造时都赋予了它一种动力。笛卡尔则恰恰相反，他坚持认为，一切质和状态都需要上帝持续不断的创造活动才能存在。参见“Continuous Creation, Continuous Time: A Refutation of the Alleged Discontinuity of Cartesian Time,” *Journal of the History of Philosophy*, xxvi, 3, 349–375, July 1988; esp. pp.360–363。

61 目前尚不清楚这是否意在抨击霍布斯；但有一些与他关系密切的人，比如纽卡斯尔公爵夫人（the Duchess of Newcastle），就像他之前的英国哲学家托马斯·哈里奥特（Thomas Harriot）和沃尔特·沃纳（Walter Warner）一样，得出了这种激进的无神论的结论。参见 Robert Hugh Kargon, *Atomism in England from Hariot to Newton*（Oxford: Clarendon, 1966）。

62 在 L^1 中，莱布尼茨在这句话后面，又加了下面一段话，后来又把它删掉了：“万物变化的必要条件。| 由此你们就会明白，如果一个人瞬间从巴黎转移到罗马是一个奇迹，那么这就是一个持续不断的自然奇迹，尽管可以肯定的是，这些飞跃发生的空间小到了我们无法通过它们与我们所知道的积量之比来说明的地步。{ 所以运动在几何学上是连续的，尽管它 }——被划掉了。{ 这些空间在几何学中被

当成点或点空间，所以，尽管运动在形而上学上被静止所打断，但它在几何学上却是连续的——正如一个有无穷多个边的正多边形在形而上学上无法被认为是一个圆，尽管由于误差小到了我们无法表达的 [410] 地步，所以它在几何学上被认为是一个圆。这根本不需要辩护，免得几何学或机械学的推理被形而上学的思辨所颠覆。}——被划掉了。确实，飞跃会发生在其他更小的事物中。但我们却似乎得出了一个荒谬的结论，即能思物有时会注意到飞跃。因此，为了避免这一点，我们必须始终认为，形体越大，飞跃的间隔就越小。|”

63 为了保持它的意思，我对这段文字做了两处改动：在“它们作出的飞跃越大”中，我把莱布尼茨的“越大”（majores）改成了“越小”（minores），因为他原有的说法与他所主张的立场不一致（参看他之前脚注中最初的说法）；正如上下文似乎需要的那样，我还把“小”（parvi）改成了“少”（pauci）。

64 “Alethophilus”是“Philalethes”的一种诗意的倒置，它们的意思都是“爱真理者”。

65 莱布尼茨在借西奥菲勒斯之口决定用“神学家的许多奥秘”这种说法之前，最开始说的是“古人的许多奥秘”，后来改成了“毕达哥拉斯学派的许多奥秘”，接着又改成了“柏拉图学派的许多奥秘”。

66 在草稿中，方括号里的话被删掉了，但为了让这段文字的结尾不那么唐突，我把它重新插入了进来。

20. 空间与运动实际上是关系

1 LH XXXVII, 4: sheet 88。另参见 Ve503: 2384（Fascicule 9, 1990）。这篇文章探讨了莱布尼茨在《帕西迪乌斯与爱真理者的对话》

中所指出的、但却尚未加以研究的运动的第一个悬而未决的问题，即“运动的主体，要弄清楚，在两个改变其相互之间位置关系的事物中，运动应该归属于哪一个事物”。这篇文章第一次明确地表达了莱布尼茨成熟时期的观点，即空间不是绝对的，而是完全由关系构成，并展示了他是如何从运动的相对性出发来思考这一点的。它在内容上与后一篇文章密切相关，在那篇文章中，运动的相对性的形而上意义得到了进一步的探讨。

2 尽管这篇文章没有水印，但它在内容上与《帕西迪乌斯与爱真理者的对话》和《运动是相对的》密切相关，这强烈表明它完成于汉诺威时期之初。

3 莱布尼茨在这里提到了他 1671 年的《抽象运动理论》（A VI.ii N41），其中的一些节选来自附录 1c。

4 这一段及其附图被莱布尼茨删掉了，改成了后面的两段。

21. 运动是相对的

1 LH XXXVII, 5: sheet 122。另参见 Ve145: 654（Fascicule 3, 1984）。科学院版的标题是《运动是一种相对的存在》（*Quod Motus*
[411] *sit Ens Respectivum*），它出自这篇文章的第四段；而我把（意义相同的）开头那句话当成了标题。这篇文章在内容上与前一篇文章《空间与运动实际上是关系》（Aiv359: 1976=Ve503: 2384）密切相关。

2 他在这里提到了之前在《论运动与物质》中得出的结论，即因为运动量的守恒只能被认为是“活动的守恒，也就是，相对运动的守恒，正是通过相对运动，一个形体与另一个形体相联系，或作用于另一个形体”（Aiii68: 493），它不能由个别形体的心灵来保证，而是只能由一个普遍心灵，即上帝来保证。

3 与前面的《论崇高的秘密》形成了鲜明的对比："心智看上去也并不荒唐可笑"（Aiii60: 477）。

4 莱布尼茨可能是在暗指伽利略在他的《两门新科学》中对内聚性的原因的讨论。参见附录 2b，以及前面莱布尼茨的《关于伽利略的〈两门新科学〉的笔记》（Aiii11_2）和《论形体的内聚力》（Aiii4），引言第 4 部分，术语表中关于石板（tabula）和内聚力（consistentia）的注释。

5 这是莱布尼茨运用他的不可分辨者的同一性原则——或更准确地说，我称之为他的不可感知者不存在的原则——的一个早期的有趣的例子，参见 Aiii58, n. 1，以及 Aiv316, n. 4。

22. 克律西普的谷堆

1 LH IV 8, leaf 80。另参见 Ve110: 426（Fascicule 2, 1983）。莱布尼茨在这里概述了前面在《帕西迪乌斯与爱真理者的对话》（Part II, Aiii78: 539ff.）中做了雄辩的描述的谷堆悖论——斯多葛学派的**连锁推理**——的解决方案。尽管他在这里没有把它应用于形状或运动，但看起来很明显，它将解决《帕西迪乌斯与爱真理者的对话》中所提出的运动的连续性问题，所以"接近"是一个"模糊的想象的概念"，我们可以简单地规定，当一个形体靠近另一个形体时，它"从不接近"变成了"接近"。但是，距离和大小的比较仍然不会受这种悖论的影响，这表明距离和积量概念具有内在固有的关系性质。参看 Aiii69。

2 莱布尼茨的原标题。

3 正如这句话旁边出自他人之手的注释所写，它引自 Persius,

Satires, 6, 80。

4 科学院版的编辑们似乎认为，莱布尼茨把“obolo adjecto”（通过增加一便士）错误地写成了“obolo abjecto”（通过减掉一便士）。

23. 关于物理学原理的小册子的大纲

1 LH XXXVii 3, leaves 9–10。参见 *Leibnizens nachgelassene Shcriften physikalischen, mechanischen und technischen Inhalts*, Leipzig
[412] 1906, pp. 110–113。另参见 Ve144: 649–653（Fascicule 3, 1984）。除最后两段（L 277–280），其余均由勒罗伊·莱姆克译成了英文。我只摘录了与连续体问题有很大关系的部分。

2 加盖水印的时间为 1678 年 7 月至 1682 年 6 月。正如科学院版的编辑们所指出的那样，借助于与这篇文章同一时期完成的“1678 年夏至 1678 年—1679 年冬”的《箴言》（*Aphorismi*, Aiv496）中对这篇文章的引用，这一时间范围被进一步缩短了。这一早期阶段很重要，因为莱布尼茨在这里认为“灵魂或各种形式”隶属于形体，这意味着他重新引入突体形式的时间比我们料想的还要早。

3 莱布尼茨最初这样写道：“对磷的描述，或对无害的并且不需要燃料的火焰的描述。”在我的译文中，我直接用到了“noctiluca”的字面意思，即“夜明灯”。罗伯特·波义耳发表了两部关于磷光的著作，参见 *The Icy Noctiluca*，1672，以及 *The Aerial Noctiluca*，1680；莱布尼茨对这个词的使用促使格兰德推测说（Gerland，*Leibnizens nachgelassene Schriften*, 113），这是由波义耳后期作品的出现引起的。然而，莱布尼茨对磷的浓厚兴趣可以追溯至 1677 年海因里希·布朗特（Heinrich Brandt）在汉堡对磷的发现。他在 1677 年 8 月 2 日的《学者杂志》（*Journal des sçavans*）上公布了磷的发现，对此，他还写了一首拉丁语诗，并将其作为颂词献给了约翰·弗里德里希公爵（1678年7月16日；A II.i N.65），此外，在1678年中到1682年底这段时间，他一直与布朗特通信；另参见他在1679年9月8日给克里斯蒂安·惠更斯的信中对磷的描述（随信附上了该物质精致的样品；L 249），还可参见莱姆克所作的有价值的脚注（L176, 277, 289–290）。

4 莱布尼茨这里删除的部分值得记录下来。在他选定这一定义之前，他一开始给出的是这样的定义，即“广延物是一个其部分同时存在的连续的整体”，后来他又给出了这样的定义，即“广延物是一个有着与整体相似的部分的实体”。

5 对照莱布尼茨在Aiii69: 503和Aiii64: 482（DSR 36–37）那里对积量的定义，我在Aiii69脚注17中给出了这两种定义。

6 同样，在选定“位置”的这一定义之前，他也做了两次尝试，他一开始给出的是这样的定义，即“位置是一个事物的形式”，后来又给出了这样的定义，即位置“是这样一种样式，据此，我们可以同时知觉若干［存在］”。

7 这一来自充足理由原则的论证本质上与其完成于1676年12月的《关于宇宙的绝妙推证链条》（*A Chain of Wonderful Demonstrations About the Universe*）给出的论证一样：“我们可以证明空间是无限的，因为无论假设空间是什么，我们都没有不让它变得更大的理由。显然，我们无法给出任何理由，因为空间有着最大限度的同质性，而且它的存在并不妨碍其他事物。有些空间将会被制造出来，这一点明显源于这一事实，即有些空间已经被制造了出来，因为没有任何规定或限定它的大小的理由，它就会尽可能大，也就是，绝对无限”（Aiii85: 585; DSR 109）。同样的论证形式也适用于论证完满性，参见 Aiii36: 392。

8 尤其参见下述 Aiv278 的论证。

9 “灵魂源于上帝对事物的思考”，以及“心灵是不朽的，因为它们永远不会忘记自己”，这两个论点在下述 Aiv275 中都得到了清楚的解释。

[413] **10** 参看莱布尼茨在《论世界的充盈》（Aiii76: 524）中对这一点的阐述。

11 莱布尼茨在完成于 1678 年 1 月—2 月的《论物体的碰撞》(*De corporum concursu*）中发现了碰撞中守恒的量是力的量（mv^2）。参见 Michel Fichant, *Gottfried Wilhem Leibniz. La Réforme de la dynamique: De corporum concursu*（*1678*）*et autres textes inédits*（Paris: J. Vrin, 1994）。

24. 被造物实际上无限多

1 LH I, 20, leaf 210。另参见 Ve254: 1129（Fascicule 6, 1987）。

2 我们没有任何可用以确定这篇文章日期的外部参考点。科学院版的编辑们认为，它可能是下一篇文章的前期研究，因此认定它也可能完成于 1678 年夏至 1680 年—1681 年冬这段时间。

25. 形而上的定义与反思

1 LH XXXV 11, 14, leaves 16–21。另参见 Ve445: 2035–2045（Fascicule8, 1989）。

2 加盖水印的时间为 1678 年 7 月至 1682 年 6 月。它与 Aiv365

（科学院版标注的日期是 1678 年夏至 1678—1679 年冬）在同一张纸上，两者在内容上密切相关，尽管对科学院版的编辑们来说，这些反思“不会出现得太早，因此我们可以假定它们出现的时间不早于 1679 年春”。

3 莱布尼茨起初把形体定义成了没有抵抗的**广延物**（extensum），最终却把它当成了他对真空的定义：“l 形体是一个广延物，但却没有抵抗。而能否找到这样的东西则是另一个问题。{ **感觉器官**是形体，我们把它们感受到的抵抗视为其他形体 } 如果两个形体在不添加任何其他东西的情况下绝对地相互抵抗的话 l。”

4 这是一个更加正式的关于莱布尼茨在上述 Aii60: 472–473 中所阐述的原则的说明。上帝作为卓越的几何学家的形象再次出现在了下面的 Aiv312 中。

5 科学院版在这里漏掉了一些文字。先行版本（Vorausedition）在这里是“*Hinc jam obitur consideratio spatii cujusdam generalis dum ...*”（Ve445: 2038），但新版本在这里却是“*Hinc jam or dum. ...*”我猜测这个错误发生在将“obitur”（遇到）更正为“oritur”（出现）的过程中，因为这样稍微讲得通一些。关于“类空间”，参见术语表关于“genus”与“generalis”的词条。

6 在“形体是……”之后，这段话本来是这样的：“l……运动的广延物。因为形体是一种能够受动的实体；而另一方面，因为每一种实体实际上都是有效能的，正如它在其自身的处所所表现出来的那样，并且每一种受动的事物同时包含有若干事物，也就是说，是有广延的；此外，因为广延物的受动是通过分割产生的，也就是说，通过局部运动产生的：而实际上，广延物的受动的原因在另一个广延物 [414]

中，因此，局部运动的原因也是如此，但局部运动的原因还是局部运动；由此可知，每个形体都是一个运动的广延物。反过来说，每个运动的广延物也都是一个形体。因此，如果我们把**形体**定义为一种可以活动和受动的实体，我们也就证明了这一点。|”

7 这句话最初是这么写的：“这些定义是完全一致的；| 同样，每一个广延物都是可移动的，而每一个可移动的事物也都是有广延的。因此，**形体**、**可移动的事物**以及**广延物**是等同的。|”但它们并不等同，因为空间和真空都有广延，但却不可移动，也不是形体；这可能是莱布尼茨删除这句话的原因。但我不明白他为什么放弃了这篇文章第一部分的定义，即**形体**是“一种有抵抗的广延物”，**真空**是“一种没有抵抗的广延物”。

8 这句话一开始是这样写的：“| 灵魂与实体形式一样，也就是说，它是 { ~~活动的原则，而物质是受动的原则~~ } 统一性的原则，而物质是复多性的原则，即变化的原则。|”

9 这是莱布尼茨更为常用的定义的一个有趣的变种，他一开始给出的是这个常用的定义，但后来把它划掉了：“| 实体形式……是活动的原则，物质是受动的原则 |”；他后来又改成了这一说法，即实体形式“|……是统一性和恒常性的原则。|”

10 这些说法出自他第一部分的讨论，在那部分，“类空间”源于将位置分配给所有的现象，而“类时间”则是一种将位置的变化彼此联系起来的方式。

11 莱布尼茨声称，原子虽然可以被移动，但它却不能被作用，这乍一看似乎有些奇怪。但因为所有的运动都是相对的，所以它不可能是一个形体的绝对属性（参见 Aiv360）。那形体中一定有某种实在的变化，所以，如果形体的所有变化皆因局部运动而起，那么“受动（或被作用）的原则”一定是**分割**。一个完全刚体将无法**记录**因此也无法感知任何对它自身的作用。

12 这里提到的异议是原子主义者的经典观点，即如果一切都是满的，那么运动将是不可能的。从下面的附录 2c 来看，莱布尼茨沿着笛卡尔的思路给出了解决方案。参见 Aiii58；另参见引言第五节对这一点的讨论。

13 这与《帕西迪乌斯与爱真理者的对话》中 Aiii78: 566 处的段落以及《单子论》中的相应段落相呼应。

14 对照上述第一部分关于“器官”和“对象”的定义（1394）。

15 这里，莱布尼茨一开始还接着给出了这句话，即“整个世界是一个连续体”，但后来把它划掉了。

16 莱布尼茨最初这样写道：“因为一个统一体总是尽可能地持续下去，这是由于每一次分割都是一种受动，即一种变化，但既然任何事情的发生都有其理由，所以每一次变化总是尽可能小。”

17 关于“上帝作为其国王的最好的共和国”的这段话与上述 [415]
《论崇高的秘密》（Aiii60: 476；DSR 29）与 Aiv365: 1989 中所表达的观点——我没有把它们译成英文——相呼应。

18 “也许都是些可笑的模仿大师的伪君子”（ridicula dissimulatoris fortasse magistri imitatione），这似乎是对笛卡尔及其追随者极其少见的一次贬损。

19 这里指的是柏拉图《斐多篇》的 97b 到 101b 这部分，而德谟克利特的复活者主要是笛卡尔、伽森狄以及马尼昂（参见 Magnen, *Democritus Reviviscens sive De Atomis,* Pavia, 1646）。

20 莱布尼茨曾三次试图接着这段话继续说下去，但都删除了，其中第一次他这样写道："I 因此，费马关于反射和折射的推证，即从目的因得出的推证，是正确的，而笛卡尔从动力因得出的推证是错误的。I"

21 这似乎是在含蓄地批评笛卡尔在其《屈光学》"论述二"中的说明（AT VI, 93–96; Descartes: *The World and Other Writings,* ed. and trans. Stephen Gaukroger, Cambridge: Cambridge University Press, 1998, 76–78）；不过，如果这样的话，那莱布尼茨就错了，因为笛卡尔充分说明了这两个分量的组合。

22 正如科学院版的编辑们告诉我们的那样，莱布尼茨在 1680 年 2 月 5 日写给惠更斯的信中提到了亚历山大城的希罗（他在《反射光学》第四章中详细说明了最短路径定律）和托勒密（参见 Ptolemy, *Sphaera*，在托勒密的这一著作中，希罗的作品以新的标题被再版，参见 Hero, *De speculis*）。

26. 物质和运动都只是现象

1 LH IV 6, 12f, leaf 22。参见 Ve416: 1911（Fascicule 8, 1989）；另参见 C 185ff.。

2 我们没有任何可用以确定这篇文章的日期的外部线索。科学院版的编辑们认为，完全泛泛地看，这篇文章对广延、运动和物质的现象性的关注在内容上将其（以及 Aiv278）与《有形实体奇妙的本性》的内容（*Mira de Natura Substantiae Corporeae,* Aiv279）联系在了一起，因此他们也就把这两篇文章放在了同一时间范围内，即 1682—1683 年冬。但是，莱布尼茨在 1676 年（参见 Aiii68, 69）、1677 年（参见 Aiv360）以及 1678 年（Aiv365）就已经关注这一点了，因此，在我看来，这些作品在主题和语言上的紧密联系表明这篇文章完成于巴黎时期之后不久，即 1678—1679 年前后。

3 参见，比如，上述的 Aiv360。

4 上述的 Aiii58 已经就此给出了论证。另参见 Aiv365: 1988。

27. 不存在一个形体这样的东西

1 LH I, 20, leaf 209。另参见 Ve253: 1127–1128（Fascicule 6, 1987）。我没有选择 Aiv 中的新标题，即“形体是否只是现象”（*An corpora sint mera phaenomena*），而是保留了这个标题。

2 我们没有任何可用以确定这篇文章的日期的外部线索。基于内容的相似性，科学院版的编辑们将其与 Aiv277 和 Aiv279 置于同一时间范围内（1682 年—1683 年冬?）。不过，从本质上讲，它只是就 Aiv365 中的这一断言给出的一个正式的证明，即因为广延物被无定限地分割，“我们无法指定形体中的任何一个东西，并将其称之为**这个某物**，或**某一物**”，所以它们同样有可能来自同一时期，即 1678 年夏至 1678 年—1679 年冬。但话又说回来，它也可能是莱布尼茨于 1685 年重读科尔德穆瓦的结果。 [416]

3 莱布尼茨最初以相反的顺序给出了第二个推测和第三个推测，但当他意识到这个论证在没有这个最初编号为（2）的推测的前提下就已经告成之后，他把它们颠倒了过来。

4 这个例子让人想起了《对个体化原则的沉思》（Aiii67: 490–491; DSR 50–53）中关于一个正方形由两个三角形构成的论证。在那篇文章中，莱布尼茨认为，一个正方形与两个长方形构成的正方形是难以分辨的，所以每个正方形的个体化原则必定在事物之外，这与结果必然包含其原因的原则相反。“但如果我们承认两个不同的事物在某些方面还总是不同，我们就会推知，在任何物质中，都存在着某种东西，即心灵，它保留了先前状态的结果”（491）。

28. 形体不是实体

1 LH IV 1, 14b, leaf 1。参见 *Nouvelles lettres et opuscules*, 1857, p. 171ff.；另参见 Ve402: 1872（Fascicule 8, 1989）。

2 我们没有任何可用以确定这篇文章的日期的外部线索。基于这篇文章在内容上与 Aiv314 类似，科学院版的编辑们认为它是莱布尼茨在意大利旅行期间写的，他们举例说，莱布尼茨在确立仅仅有广延的形体只是一种现象时，提到了与之相关的连续体的迷宫。在我看来，这些内容表明它完成于巴黎时期之后不久，因为它不仅延续了《论至高无上者》和《帕西迪乌斯与爱真理者的对话》的主题，也延续了其表达方式。它在内容上与 Aiv277 和 Aiv278 密切相关，所以我认为它完成的时间应该是 1678—1679 年前后。然而，有人可能会说，它是在 Aiv267（《形而上的定义与反思》；1678—1679 年?）之后完成的，因为在那里，形体被定义为广延实体（虽然是包含着感觉和欲望的实体）：但是，在这两篇文章中，莱布尼茨对形体的描述不同于“德谟克利特学派”纯粹泛泛的形体概念。罗伯特·亚当斯认为，这篇文章据推测应该完成于他“1679 年夏明确决定”恢复实体形式之前接受现象论的时期（*Leibniz: Determinist, Theist, Idealist*, New York: Oxford University Press, 1994; p. 236）；参见我在引言中就这一观点提出的反对意见。莱布尼茨在 Aiv267 中就明确摒弃了现象论，并于 1678

年冬又重新引入了实体形式（参见 Aiv365，尤其是注释 2）。

3 莱布尼茨的原标题。

4 这里把“molem”译成了“物质团块”（bulk）；参见术语表关于“moles”的词条。莱布尼茨最初写的是“广延物”。 [417]

5 莱布尼茨一开始写的是“形体”，但划掉了。

6 参见 Aiv365: 1988，以及 Aiv278，即《不存在一个形体这样的东西》。

7 参见 Aiii58: 466 中的这句话，即“根据某些推理方式，我们可以推知：存在就是能够被知觉”，在这句话的注释中，我将其称之为“不可感知者不存在的原则”。

8 参看《论崇高的秘密》；另参见 Aiii60: 474 中的这句话，即“一致的感觉是存在的标志”，以及这句话的注释。

29. 灵魂和心灵的本原

1 LH IV, I, 14c: sheet 10。另参见 Ve81: 292–293（Fascicule 2, 1983）。

2 水印显示的时间是 1681 年 3 月至 6 月。在这篇文章中，莱布尼茨就形体的实体形式给出了一种解释，他认为，它（除了被赋予了感觉和欲望之外）源于上帝把“事物的一切显象和关系都与这个被视为不动的形体联系起来”。这很容易使我们联想到 Aiv360、Aiv267 以及 Aiv277 的观点和表述。

3 莱布尼茨的原标题。

4 莱布尼茨认为有力量的理智（intelligere）是上帝的属性，没有力量的理智（intellectus）是我们的属性，这是他深思熟虑的结果。

他在下一段阐述了它们之间的区别。

30. 关于有形实体之本性的疑惑

1 LH IV, I, 14c: sheet 11。另参见 Ve82: 294–295（Fascicule 2, 1983）。

2 这张票据上标注的日期是 1683 年 3 月 29 日。

3 莱布尼茨的原标题。

4 这一隐含在 Aiii69 中的论点在大约完成于 1686 的《形体没有完满的形状》（Aiv310）中得到了异常清晰的阐述。

5 类似的，莱布尼茨在《论区分实在现象与想象现象的方法》（*De modo distinguendi phaenomena realia ab imaginariis*，通过水印可以确定它的日期为 1683 年夏至 1685—1686 年冬）中写道："关于形体，我可以推证，不仅光、热、颜色以及类似的性质是显象，运动、形状和广延也是显象。如果说有什么东西是实在的，那也只能是活动和受动的力，而形体的实体就在于此（也就是说，就在于物质和形式）。但那些没有实体形式的形体仅仅是现象，或只不过就是真正的形体的聚合体"（Aiv299: 1504）。

6 科学院版的编辑在这里将布尼茨的"无限定"（illimitatum）错误地看成了"无限"（infinitum），我参照汉诺威的缩微胶片版，对其进行了更正。

[418] **7** 这句话前半部分与莱布尼茨早在 1676 年完成的 Aiii76: 524 中关于心灵的说法相呼应。

8 参看上述《不存在一个形体这样的东西》（Aiv278）与《形体不是实体》（Aiv316）。

31. 论实体、变化、时间与广延

1 LH IV, 7C, leaves 105–106。另参见 Ve294: 1298–1305（Fascicule 6, 1987）。在这篇文章中，莱布尼茨系统地从最一般的范畴讲到了相对具体的范畴，他首先谈到了词项、可能以及存在的定义，然后把存在分成了具体存在（Concreta）和抽象存在（Abstracta），把具体存在分成了实体性存在（Substantives）和附属性存在（Adjectives），把实体性存在又分成了完全实体性存在和不完全实体性存在，把完全实体性存在称作基体（Supposita），把不完全实体性存在称作属性（Attributes），而接下来我们看到的就是这里摘录的第一段。在这一段与第二段之间，莱布尼茨讨论了属性；紧随这里所节选的关于时间的说明，莱布尼茨给出了重合、质、全等、量、同质、边界的定义，而接下来给出了这里我们所看到的广延与广延物的定义。

2 水印显示的时间是 1680 年 8 月至 1685 年 2 月；从 Aiv 来看，这篇文章最早可追溯至 1683 年夏。

3 莱布尼茨删除了这一以不同的字体给出的有趣的初稿，把它改成了下面这段话。

4 从开头到这里，这段话与 Aiv97 中的一段话几乎完全一样，参见 *Enumeratio terminorum simpliciorum*（=Ve93, *De terminis simplicibus*）——这个手稿在 Aiv 中被认为完成于 1680 年夏至 1684 年—1685 年冬（?），在这个手稿的脚注中，我们看到这样一个定义，即“广延物是连续的整体，它的各个部分并存”。区别仅在于，这段话澄清了编辑扩充的内容（如 Aiv97 中所暗含的“et”“est”等），用“quaedam”替换了后者中不太可能的“quatenus”。

5 莱布尼茨没能执行这个计划。相反，在根据相似性或不可分辨性从积量的角度给出一个有趣的关于**比例**的定义之后，残篇就中断了。不过，Aiv156（=Ve104）中的分析似乎很自然地延续了上述关于广延物的说法。

32. 论部分、整体、变形与变化

1 LH IV, 7B, 4, leaves 13–14。另参见 Ve284: 1251–1255（Fascicule 6, 1987）。正如前一篇文章那样（Aiv132/Ve294），莱布尼茨一[419] 开始讨论了最一般的范畴，通过划分谈到了更具体的范畴。他首先谈到了存在、虚无、完全的词项、实体性词项、形容词、事物的专有词、个体实体、不可能、可能、（无法定义的实存物）、相似、全等，接着谈到了必要条件、条件、部分和整体，而节选就是从这里开始的。

2 基于充分确定的水印，这篇文章被认为完成于 1685 年中。这与内容相符。

3 莱布尼茨在此并没有讨论这一点，而是根据必要条件就各种类型的原因给出了一系列明确的定义，并以此结束了这篇文章。

33. 科尔德穆瓦作品摘注

1 这两部分包含有莱布尼茨从科尔德穆瓦的《论形体与心灵的区别》中摘录的内容以及莱布尼茨对它们的评论。这个作品最初于 1668 年以法文出版，参见 *Six discours surla distinction et l'union du corps et de l'am*e，然后作为《二论物理学》的第一个作品于 1679 年又以拉丁文出版，参见 *Tractatus physici duo. I. De corporis et mentis* *distinctione*，而莱布尼茨这里所摘录的内容就来源于此（第二个拉丁文作品《论语言》与我们这里讨论的内容无关，参见 *Tractatus physici duo. II. De loquela*）。这里的第一部分是对科尔德穆瓦作品第一篇章（标题是《论形体与物质》）的摘录以及持有异议的评论；第二部分涉及第三篇章中的一个论点。我根据科尔德穆瓦的原文，把第一部分分成了几个段落，并以不同的字体把重点强调的地方标示了出来。

2　第一部分得到充分确认的水印给出的时间是 1685 年，第二部分似乎是第一部分的直接延续。另参见莱布尼茨在 1686 年 12 月致阿尔诺中对科尔德穆瓦作品的评论（G.ii.78）。

3　莱布尼茨的原标题。LH IV 6, 12f, leaf 5。参见 Ve157: 695–697（Fascicule 4, 1985）。另参见 edited by Pierre Clair and François Girbal, in *Gerauld de Cordemoy: Œuvres philosophiques*, Paris; Presses Universitaires de France, 1968: Latintext: pp. 362–364; French translation pp. 364–367。

4　“有广延的质量”这里对应的是“moles”（参见术语表）；莱布尼茨一开始写的是“extensionem”（广延）。

5　科尔德穆瓦的原话是：“它的任何一个末端都不能与它分离”（*Six Discours sur la distinction et l'union du corps et de l'ame; Premier discours:Œuvres philosophiques*, ed. Clair and Girbal, p. 98）。

6　原文是“actiones sunt suppositorum”。参见术语表中关于“suppositum”的注释。

7　这里科尔德穆瓦指的是笛卡尔主义者。

8　——根据克莱尔和吉巴尔，我把科学院版的“menti naturali”改成了“lumini naturali”。关于笛卡尔的“我们灵魂里的自然之光”

的学说，参见 Descartes, *Principles of Philosophy*, I, §§ 11, 18, 20, 28。

9 参见 Descartes, *Principles*, I, §§ 33–35；另参见附录 2c。

10 这与莱布尼茨在《对个体化原则的沉思》（DSR 8; Aiii67:
[420] 490–491）中所给出的论证几乎相同："这样的两个正方形不可能完全相似，因为它们将由物质构成，而物质将具有心灵，心灵将保持其先前状态的结果。"另参见上述 Aiv278: 1464–1465 中类似的论证及其脚注 3。

11 科尔德穆瓦作品中的完整说法是："然而，在我看来，对于一个在其他都不运动的形体中完全保持静止的形体，我们有一个非常清楚和非常自然的观念，并且我就每个形体所说的都完全符合这个观念"（Cordemoy, *Six discours*, Clair and Girbal, p. 99）。

12 这段话非常难翻译。我认为，莱布尼茨把"constare"误写成了"creare"。在我看来，对科尔德穆瓦的批判的要点是，他错把清楚的影像当成了清楚的观念（关于这一点，参看 Aiii19）；我们能把一个形体设想为其本性即被移动的某种东西，而且仍然能知觉到同一事物（并在心灵中拥有它的影像），就好像静止是它的自然状态。

13 笛卡尔在他的《哲学原理》中假定，有些形体是不可分割的（参见附录 2c）；但莱布尼茨否认"人们不得不假定这一点"的理由在上述 Aiv278 中得到了很好的阐述。

14 科尔德穆瓦给出的例子是"一匹马，一个奴隶"。

15 莱布尼茨在这里错误地插入了"+)"。这是他在文本这个部分使用圆括号时所犯的三个错误中的第一个。他还忘了他以"et quantitas extensionis."和"sunt correquisitae."来结尾的评论后面的"+)"。（科学院版的编辑们不恰当地纠正了最后一个错误，删掉了"Necesse est situm” 前面的“(+”，从而将科尔德穆瓦的“Distantia non erit substantiae, sed situs.” 这句话当成了莱布尼茨的话。）

16 科尔德穆瓦的靶子还是笛卡尔主义者。笛卡尔在《哲学原理》第二章写道：“如果有人问，上帝在把一个器皿中所含的每一个形体都取走之后，并且不容许别的物体来填充其处所，将发生什么情况，那么我们必须答复说，在这种情况下，器皿的各边将不得发生接触。因为两个形体之间，如果没有任何东西，则它们必然相互接触”（AT VIII.1, 50; CSM.i.231）。

17 科尔德穆瓦在原文中写道：“虽然有人会说，在两个不接触的形体之间，他可以放置数英尺长的其他形体，但他不应该因此就断定那里有其他形体。他只能说，它们的位置是这样的，即他可以在它们之间放置一些形体，而这些形体连接在一起时就会构成一个数英尺长的广延。因此他只能设想他可以在那里放置其他形体，但却不能因此就设想其他形体就在那里”（Cordemoy, *Six Discours*, Clair and Girbal, p. 103）。

18 莱布尼茨一开始还继续写了这样一句话，“l 他们根据‘**形式对某种排列有序的东西来说是不能否认的**’这一事实引入了灵魂 l”，但后来把它划掉了——这大概是因为他将在接下来的笔记中继续进行摘录和评论。

19 LH IV 6, 12f, leaf 13。另参见 Ve157$_2$: 698（Fascicule 4, 1985）。

34. 论现存世界 [421]

1 LH IV 7C, leaves 111–114。另参见 Ve107: 416–423（Fascicule

2, 1983)。

2 水印显示的是 1683 年 7 月—1686 年 3 月。莱布尼茨在文中提到了卡西尼对土星“更多”卫星的发现，但不够具体，不足以使我们确定它是否是在 1684 年 3 月卡西尼宣布又发现了另外两颗卫星（此前，他在 1671 年和 1672 年已经发现了两颗卫星）之后的某个时间完成的。但本文的内容，特别是与完成于 1686 年的《一般性研究》相呼应的第 417 页上关于彼得的完全概念的讨论，符号这个稍晚的日期。关于彼得的完全概念，参见 Walter O’Briant, ed., *Gottfried Willhelm Leibniz’s General Investigations Concerning the Analysis of Concepts and Truths*（Athens: University of Georgia Press, 1968）; pp. 1（dating）, 51–52。

3 莱布尼茨把“unum”（统一体）一词写在了“Ens per se”（由于自身的存在）和“Ens per accidens”（由于偶性的存在）的上面；我则把它放在了后面的括号里。

4 这里说的是卡斯蒂利亚的阿方索十世，在他的资助下，一群犹太的、阿拉伯的和基督教的学者于 1252 年完成了被称作阿方索星表的天文图表。

5 参看斯宾诺莎在《伦理学》中对实体和上帝所下的定义（莱布尼茨在上述 Aiii19 中引用了该定义），即实体是“其观念或概念无须借助于他物的观念或概念的东西”，而上帝是“**绝对**无限的存在者”。“ex vi essentiae ipsius”（根据它的本质）这一说法同样使人想起斯宾诺莎在《论无限的本性》的信中对一种“根据其本质”而必然是无限的东西与一种“由于其原因”而没有限定的东西的区分。

6 对照前文《灵魂和心灵的本原》（Aiv275）的最后一段。

7 在“外在事物在某一个别事物中有其表达或表象”之后，莱布尼茨原本是这样写的，即“l 与一种要活动的努力相结合 l”，但后来将其删掉了。

8 这一论点似乎完全排除了实体形式。因为莱布尼茨坚定地认为，每个形体都有无限的部分。因此，如果“一个无限的形体不能被理解为一个存在”，从而“没有实体形式因此也没有灵魂”，那么任何一个形体都不会有一种实体形式。自从我第一次写下前面两句话以来，格雷戈里·布朗（Gregory Brown）就一直争论这个问题，参见他关于劳伦斯·卡林的一篇文章（Laurence Carlin, “Who’s Afraid of Infinite Numbers? Leibnizand the World Soul,” *Leibniz Society Review* 8, December 1998, 113–125）的讨论记录。此后，我写了一篇为莱布尼茨立场的一致性辩护的文章，参见“Infinite Numbers and the World Soul: In Defence of Carlin and Leibniz,” in *Leibniz Review* 9, December 1999, 105–116；布朗在他的文章中对此做了细致入微的回应，参见“Leibniz on Wholes, Unities and Infinite Number,” in *Leibniz Review* 10, 21–51。

9 科学院版的编辑们建议我们参考 Martianus Capella, *De nuptiis Philologiae et Mercurii*, lib. IX；参见莱布尼茨在 Aiii13: 201–202 中关于卡布拉的笔记。

10 1655 年，惠更斯发现了土星最大的卫星，即土卫六（泰坦星），从此开启了他作为顶尖天文学家的职业生涯。第二年，他发表了他的发现，并于 1659 年出版了他的《土星系统》（*Systema Saturnium*），在这本书中，他正确地指出，土星那个成问题的“柄”是一个假定的光环的投影。乔瓦尼·卡西尼用朱塞佩·坎帕尼（Giuseppe [422]

Campani）的精密望远镜于 1671 年发现了土卫八（伊阿珀托斯），于 1672 年发现了土卫五（瑞亚），于 1684 年发现了土卫四（狄俄涅）和土卫三（忒堤斯）。参见“Huygens and the Astronomers,” Albert van Helden, pp. 147–165 in Bos et al., *Studies in Christiaan Huygens*, Lisse, 1980。

11 ——我把“innumerabilem”改成了“innumerabilium”。参看《发现的标本》:“在每一粒粉末中，都有一个由无数的受造物组成的世界”(Aiv312: 1623)。

12 参见 Descartes, *Principles*, III, § 48。

13 莱布尼茨这里写的是“flexum”(柔韧的)，但这里的意思似乎是“fragile”(脆的)。

14 引自 Bible: *Genesis* 1: 3。

15 这里指的是笛卡尔的光理论，按照笛卡尔的说法，光是一种压力或运动的倾向，一种**努力**，不需要实在的运动。参见 Descartes, *Principles*, III, §§ 55–64。另一方面，根据莱布尼茨的《新物理学假说》，光必定是一种精微流体或以太的实际运动。参见 *Hypothesis physica nova*, VI.ii.235–236 :“**光**是周围任何可感的点传播到感官的以太的一种非常快速的直线运动”(另参见 §7 和 §56)。

16 为了理解最后一段，我在这里插入了一个句号（把“... exercetur perspicuum est ...”改成了“...exercetur. Perspicuum est ...”)。

35. 形体没有完满的形状

1 LH IV, 3: 5 pages。另参见 Ve321: 1478–1479（Fascicule 7, 1988)。

2 水印显示的时间是 1686 年 4 月至 10 月，我们据此暂时给出了这篇文章的日期。

3 这里指的是本卷第二部分《帕西迪乌斯与爱真理者的对话》中的证明（Aiii78: 566–567）。

4 莱布尼茨最初继续写道："l 我们甚至可以怀疑这是否会发生在哪怕**一瞬间**，因为宇宙中每一个形体都被其他所有的形体所作用，所以这些无限多变的印象根本不可能彼此完全一致。l"

36. 灵魂可能有无限的等级

1 LH IV 2, 11, leaves 10–11。另参见 Ve404: 1876–1877（Fascicule 8, 1989）。

2 作为确定日期的参考点，科学院版的编辑们提到了莱布尼茨于 1686 年 6 月发表在《教师学报》上的文章，它可能促成了本文，参见"*Meditatio nova de natura anguli contactus et osculi, horumque usu in practica mathesi, ad figuras faciliores succedaneas difficilioribus substituendas*", in Acta Eruditorum, pp. 289–292。 [423]

3 在先行版本中，编辑海因里希·普芬科赫（Heinrich Pfannkuch）报告称，莱布尼茨用"discreta"替换了"discreto"，但在最终版本中，这一变化没有被记录下来。

37. 发现大自然之绝妙奥秘的标本

1 LH IV 6, 9, leaves 1–4。另参见 Ve125:482–495（Fascicule 2, 1983）。第一部分（一直到第 1626 页末为止）之前经格尔哈特编辑发表了出来（G.vii.309–318）；第二部分经帕金森编辑，作为他的一篇文章的附录发表了出来，参见 G. W. R. Parkinson, “Science and Metaphysics in Leibniz’s ‘Specimen Inventorum,’” *Studia Leibnitiana* VI/1, 1–27: pp. 17–27。

格尔哈特只是把那两张夹在对开页中间的小纸片中的第二张发表了出来，那张纸片处理的是偶因（G.VII.313–314n）；它经科学院编辑，成了一篇单独的文章（Ve126=Aiv320），即《论偶因系统》（*De Systemate Causarum Occasionalium*），但我跟格尔哈特一样，把它作为一个详实的注释纳入了《标本》。第一张小纸片处理的是可能性与必然存在者，它被帕金森发表了出来，同时也经科学院编辑，成了一篇单独的文章（Ve414=Aiv315）。它似乎是对《标本》第五段和第六段的详细阐释，我同样把它作为注释纳入了进来。《标本》很大程度上是一个未竟稿，所以很难判断一个给定的页边空白处潦草记下的东西到底是一段附加内容，一种修订，一个修改建议，还是一个脚注。我把科学院版的编辑们（以及格尔哈特）作为脚注给出的前两段解释为有意插入的内容，把它们放入了正文当中。

2 帕金森指出，这个作品“充满了让人联想到《形而上学谈》及其与阿尔诺的通信中的论点和论证，因此，可以很有把握地说，它大约写于 1686 年前后”（Parkinson, op. cit., p. 1）。它也与《论现存世界》有着共同的主题，不过在这里，这些主题的表述更成熟；这里还出现了一些新的主题，尤其是在 1686 年的《一般性研究》（Aiv165: 741–790）中首先得到阐述的“偶然真理需要无限分析”的观点；参见下面的脚注。然而，科学院版的编辑们却将其放入了维也纳时期（1688），其依据是得到微弱确认的水印。

3 莱布尼茨的原标题。

4 关于“偶然真理需要无限分析”的完整论证，参见 Leibniz's *General Investigations*, §§ 60–61; pp. 45–46 in Walter O'Briant's edition。

5 莱布尼茨这时还没有确定这个原则的名称（后来成了他著名的充足理由原则），尽管他多年以来一直使用这个原则（参见 Mercer and Sleigh, “Metaphysics: The Early Years,” *The Cambridge Companion to Leibniz*, pp. 72ff.）。在手稿中，他一开始写的是“预设理由的原则”（*principium rationis praesuppositae*），后来改成“提供理由的原则”。 [424]

6 在莱布尼茨的《必然真理与偶然真理》（大约完成于 1686 年；C 16–24 ；PW 96–105）和《论自由》（大约完成于 1689 年；PW 106–111 ；L 263–266）中，这一点得到了尤其清晰的阐释。

7 这一解释性的段落写在前一段旁边的手稿上。

8 参看《形而上学谈》第 5 节：“上帝做事完满，就像知道如何找到最好的解决问题的方法的一流的几何学家”（G.iv.430; L 305）。

9 这段话在《形而上学谈》中得到了详细的阐述，参见 *Discourse on Metaphysics*, §24:Aiv306; G.iv. 449–450。

10 对照莱布尼茨在他关于斯宾诺莎论无限的书信的释文中就该论点给出的说法（Aiii19: 282–283）。

11 莱布尼茨在页边空白处添加了这一句，即“多个侧面透视图”。正如帕金森指出的那样（PW 77–78），这里提到的平面图以及它无限多个侧面透视图——或类似的变体，比如，一个城镇的鸟瞰图，以及类似游客的视角——是莱布尼茨最喜欢的形象之一，他在很多场合都给出过，比如，参见 Aiii76, the letters to Arnauld of 12 April 1686（G.ii.19; PW 50）and 9 October 1687（G.ii.112; PW 72, L 339），

“Primary Truths”（C 518; PW 90, L 269），以及“Monadology”§57（PW 187; L 648）。

12 Hippocrates, *De alimento,* §23；参看 Aiii3 的注释 8。

13 原文“Omnia conspirantia esse”，字面意思是，“万物相辅相成”。普遍交感这一主题贯穿整篇文章：在 492 l.25 那里，内聚性根据“宇宙中的所有实体都彼此和谐”（*omnes substantiae universi conspirant inter se*）这一事实得到了解释；在 494 l.3 那里，形体的内聚性原则被认定为“使运动和谐”（*motus conspirans*）。

14 圣维克托的于格（Hugo of St. Victor，1096—1141 年）是一位德国经院哲学家。关于这里所引用的作品，参见 *Quaestiones et decisiones in epistolas D. Pauli*, I, qu. 237。

15 原文“certamque ... naturam constantem”中的“constantem”（恒常不变）在预发行版中被遗漏了。它符合《形而上学谈》（§6; Gi.iv.431）中这一说法，即“概念是恒常不变的”，莱布尼茨在《形而上学谈》第 6 节中对这种整体与线的比较进行了更为详细的讨论。

16 这里指的是弗兰西斯科 · 苏亚雷斯（Francisco Suárez）的因果关系理论，在他的理论中，原因被定义为“使存在注入（influere）其他事物的东西”；莱布尼茨（在他于 1670 年对尼佐利奥的批判性反思中）将这一定义说成是“最野蛮和晦涩的表述”（Loemker, p. 126）。参见术语表关于“influxus”的注释。

17 偶因假说在《原初真理》和 1687 年 10 月 9 日莱布尼茨致阿尔诺中同样被认为引入了“救急神”（戏剧舞台上剧情陷入困境时便从机械装置中被放出来解救困难的神灵）。在 1687 年 10 月 9 日莱布尼茨致阿尔诺中，莱布尼茨宣称，偶因假说的“作者……认为，这是一种死结，只有经救急神干预才能打开”。这里暗指 Horace, *Ars poet*. 191–192，莱布尼茨在《自然对无神论者的告白》中提到了贺拉斯的诗句，即“不要让神干预，除非只有神的干预才能打开”（G.ii.113; L 119, 349）。 [425]

18 莱布尼茨最初是这样开始这段话的：“l 根据同样的实体概念，我们可以得知，不仅真空不存在，原子也不存在。或者，我们可以由此得出更重要的结论，即要么不存在〈有形〉实〈体〉l。”

19 在他 1687 年 10 月 9 日写给阿尔诺的信中，为了支持他的变形论，他提到了列文虎克和施旺麦丹：“我不久前［大概是在莱布尼茨于 1676—1677 年前往汉诺威的路上遇见他们的时候］得知，列文虎克先生所持的观点与我的极其相似，因为他坚持认为即使是最大的动物也源自某种变形……另一位伟大的研究者和解剖学家施旺麦丹也给出了足够的证据，证明他也倾向于这种观点”（G.ii.122–123; L 345）。变形论的一个更加明显的支持者是马尔比基，莱布尼茨在《新系统》（1695）中提到了他，此外，还提到了马勒伯朗士、雷基、哈特索克，认为他们“与这种见解相去不远”（G.ii.480; AG 140）。

20 关于希波克拉底的著作，参见 *The Regimen*, I.4：“所以，在一切事物中，没有什么东西会消亡，也没有什么东西以前不存在但现在产生了”（引自 AG 141）。科学院版的编辑们在这里给出了 Pseudo-Hippocrates, *De dieta*, §23。大阿尔伯特（大约 1207 年—1280 年）是经院哲学家和雷根斯堡主教；“约翰·培根”也就是培根索普的约翰（1348 年逝世），中世纪有着阿威罗伊倾向的亚里士多德评论家，关于其闻名于世的代表作，参见 *Commentary on the* “*Sentences*”。莱布尼茨在 1686 年 12 月 8 日写给阿尔诺的信中同样提到了前两位思想家，在 1687 年 10 月 9 日的信中提到了这三位思想家（G.ii.116; L 342）。

21 阿尔诺在 1686 年 9 月写给莱布尼茨的信中抱怨道："第六，总之，我们会说，那些没有任何清楚明白观念的存在根本不值得哲学家予以承认；我们根本没有关于实体形式的清楚明白的观念"（28 September 1686: G.ii.67）；对此，莱布尼茨给出了与这里差不多的回应（8 December 1686: G.ii.77; AG 80）。

22 这个句子被两笔划掉了，从这里开始莱布尼茨的字迹就变小了。格尔哈特没有誊写其余的部分，认为那只是对"大量与形体的固定性和内聚性有关的评论"（G.vii.318）的潦草记录。但正如帕金森最先发现的那样（Parkinson, op.cit. in note 1, p. 2），这"只说出了一半真相"，因为在关于固定性和流动性的长篇大论之后，莱布尼茨实际上重新回到了他的"有形自然的法则"。关于帕金森对莱布尼茨的写作顺序的解释，参见 Parkinson, op.cit., p. 17。

[426] **23** 莱布尼茨接下来将用运动的和谐来解释形体的固定性，帕金森就这一偏离主题的部分给出了标题。

24 根据帕金森和比勒的说法，"parte impulsi"有笔误，应该被替换为"parte impulsa"。

25 莱布尼茨的意思想必是"朝 d 的方向后退"。

26 莱布尼茨把"experiendum"写成了"experimendum"，"这种情况必须进行实验检验"。

27 莱布尼茨划掉了"不同"（diversae）；但正如帕金森所指出的那样，这里的意思似乎需要它（或其他同义词）。参看下述 p.1630，即"整个宇宙是一种其各个部分有着不同程度黏性的连续的流体"。

28 这对莱布尼茨的解释来说确实是一个难题，他在这中并没有解决这个难题。一方面，除非受制于它们周围形体的压力，否则所有自由的形体都会沿切线方向飞离；但另一方面，我们不能用周围形体的压力来解释固定性或内聚性，否则就会无限倒退（“为了解释各个形体通过压力凝聚在一起，我们必须首先确立部分的固定性”）。因此，“除非考虑到一个系统”，即一个有着使形体成为一个实在或表面上的整体的和谐内在运动的系统，“否则无法解释固定性”。

29　参见术语表关于“direction”和“progress”的注释。莱布尼茨在确定这一措词之前，一开始写的是“在事物的本性中，同一努力的量是守恒的”，接着改成了“努力的总和”，后来又改成了“现有运动和努力的总和”。

30　或许这里的意思是（正如帕金森所翻译的那样），“每一个永恒的扰动都像振动”。但在我看来，莱布尼茨的意思不是说存在一类定义明确的、永恒的特定扰动，而是说，由于所有物质都具有弹性，任何扰动对整个宇宙的影响都不会完全消散，而是会反反复复地交替变化。

31　这句话取代了：“实际上，每个形体都应该被理解为无论如何都与其他每一个形体有一个共同的运动。”

38. 运动不是绝对的

1　LH XXXV12, 2, leaf 22。另参见 Ve447: 2047（Fascicule 8, 1989）。

2　科学院版的编辑们认为这篇文章（以及 Aiv315–316 和 Aiv318–324）完成于 1689 年 3 月至 1690 年 3 月（?）莱布尼茨在意大利旅行期间，他们的依据是它在内容上与《这些事物而不是其他事物应该存在的理由》(*De ratione cur haec existant potius quamalia*, Aiv314)相似。他们尤其提到了两点,即莱布尼茨断言运动是相对的,并拒绝了"物理学上的注入"(*influxus physicus*)的观点。但关于第一点,莱布尼茨早在1676年就注意到了运动的相对性(参见上述Aiii15),并且从1677年开始就把运动的现象性与空间的非绝对性
[427] 作为结论确定了下来(参见Aiv359, Aiv360, Aiv277)。所以,我们不能认为,他关于空间的非绝对性的评论是根据他对牛顿的《原理》的解读而得出的。然而,第二段中的形而上学——特别是他断言一个实体对另一个实体没有影响,并且将这一点与碰撞中动力不发生转移联系了起来——却表明它完成的时间与《发现大自然之绝妙奥秘的标本》大致相同,也就是说,大约是1686年或稍后。

3 参见Aristotle, *Physics*, IV, 2, 209 a32–b2;Descartes, *Principles of Philosophy*, II, §28。

4 莱布尼茨最初这样写道:"一个实体不会**作用**于另一个实体。"

39. 论时间和地点,绵延和空间

1 LH IV 8, leaf 91。另参见Ve440: 2022(Fascicule 8, 1989)。

2 这个日期高度可疑。在我看来,欲望或努力概念(如果被添加到了空间中,它们就会引入某种实体性的东西),以及空间概念("不仅包含着实存的事物,也包含着可能的事物"),表明这篇文章完成的时间与Aiv310和Aiv317大致相同。科学院版的编辑们认为,鉴于这些表述方式与莱布尼茨在意大利旅行期间(1689—1690年)所作的形而上学讨论密切相关,这三篇文章都是那时完成的;但是,从其成熟的术语来看,这篇文章可能直到1700年才完成(Aiv314:

1634）。

3 参看上述 Aiii74；另参看 Aiv147: 629："在空间和时间里，任何实在的东西都存在于包含一切的上帝之中"（Ve284: 1255）。

附录 1：莱布尼茨早期作品摘录

1 1669 年，莱布尼茨给他以前在莱比锡大学的雅各布 · 托马修斯教授写了两封信，概述了他那时的哲学立场。他对第二封信的梗概评价很高，并将第二封信的修订版作为他为尼佐利奥作品集所加序言的补充发表了出来，参见 Marius Nizolius, *De veris principiis et vera ratione philosophandi, contra pseudophilosophos, Librus IV*（On the True Principles and True Reason for Philosophizing; against the Pseudo-philosophers, Book IV）, Frankfurt: Hermann a Sande, 1670。我翻译的就是这个已出版的版本，参见 AVI.ii 435–436。关于早前的版本，参见 AII.i 16–17，莱姆克将其译成了英文（L 95–96）。

2 封面上的（完整）标题是《新物理学假说；根据该假说，我们可以从我们这个世界所假定的某种唯一的普遍运动中推导出大部分自然现象的原因，而且无须摒弃第谷的学说和哥白尼的学说》；而本文开头的（完整）标题是《具体运动理论；或关于我们这个世界的现象的理由的一种假说》。因此，《新物理学假说》经常被当作《具体运动理论》的另一个标题。但我认为它是包括《抽象运动理论》在内 [428]
的整个作品的标题，因为物理学假说即使没有在《抽象运动理论》的基本原理中被提及，也在其定理和具体问题中被提及了。翻译的片段来自 pp. 241–242。

3 莱布尼茨在 1670 年春，也就是他对霍布斯进行最深入研究的时候，提出了这篇文章的主要观点。但是，那一年的 8 月份，他收到了奥尔登堡希望他向皇家学会提交一份关于他的假说的要旨和依据的说明的请求（10/20 August, AII.i 60），所以直到次年 4 月底，他才准备好出版他的整篇文章（包括《抽象运动理论》）。

4 Athanasius Kircher, *Scrutinium physico-medicum contagiosae luis, quae dicitur pestis*（Physico-Medical Examination of the Contagious Pestilience which is called the Plague）, 1659, pp. 25–28; Robert Hooke, *Micrographia, or Philosophical Description of Minute Bodies*, 1665,（see II, I, pp. 17 and 47）.

5 它的完整标题是《抽象运动理论，或，不依赖感觉和现象的运动的普遍理由》，作者 G.G.L.L.（莱比锡大学的戈特弗里德・威廉・莱布尼茨），莱布尼茨把它献给了"最近成立的声名显赫的法国王室科学院，以促进数学、物理、医学研究，以增加人类的便利"。如前所述，它是《具体运动理论》的姊妹篇。我翻译了"可预先推证的基本原理"的大多数内容（264–267；莱姆克也将其译成了英文，参见 L 139–142），以及"用途"的开头（273），但没有翻译这两部分之前的序言或"定义"（261–264），也没有翻译它们之间的"定理""一般问题"或"具体问题"（268–273）。

6 Thomas White, *Quaestio praevia: Utrum in continuo sunt partes actu*（A Leading Question: Whether There Are Actually Parts in the Continuum）, § 1, §2.

7 参看 1666 年完成的《论组合术》公理 4："每个形体都有无限多个部分，或者如通常所说的那样，连续体可以被无限分割"（A VI.i 169）。这里的"部分"可能被认为只是潜在的部分，与标准的亚里士多德的分析相一致（参见附录 2a），但正如菲利普 · 比利所证实的那样，本文清楚地表明，莱布尼茨把这些部分设想成了连续体实际的部分。参见 Philip Beeley, *Kontinuität und Mechanismus*（Stuttgart: Steiner, 1996）, pp. 56–57。

8 这是对笛卡尔在《哲学原理》第一章第 26—27 节中所阐述的、在第二章第 34—35 节应用于物质无限分割（参看附录 2c）的无限与无定限之间的区别的一个普遍反应。

9 参看欧几里得的定义，“点是没有部分和积量的”（*Elements*, Book 1, Definition 1）。

10 莱布尼茨在这里想到的是一个标准的几何学推证，即一条较短的线所包含的可指定的点的数量与一条较长的线索所包含的可指定的点的数量相同，参见，比如说，Froidmont, *Labyinthus de compositione continui*。在前文《论最小量与最大量》（Aiii5）中，莱布尼茨给出了伽利略在其《两门新科学》中所提出的论点的一个版本。

11 如上所述，这是欧几里得对点的定义。 [429]

12 这是霍布斯的定义：“点的量不被考虑”；参看下述附录 2d 所给出的《论物体》中的定义。他在另一个作品（*Six Lessons to the Savilian Professors of the Mathematics*）中对其进行了辩护，认为它等同于欧几里得的定义，即“点没有部分”（*The English Works of Thomas Hobbes*, vol. 7. London, 1845; reprinted by Scientia Verlag Aalen, Germany, 1966; pp. 200–202）。

13 莱布尼茨这里指的是卡瓦列里的《用新的方法推进连续体的不可分量的几何学》（*Geometria indivisibilibus continuorum nova quadam ratione promota*, 1635）。参见术语表中关于“不可分量”和“无限小量”的注释。

14 这是阿里亚加对运动的分析，它得到了伽森狄的推广（参见附录 2e)，而莱布尼茨几年前也赞同该分析。他在这里给出了放弃它的理由，因为它与亚里士多德、笛卡尔、伽森狄本人所认同的运用于静止的“惯性”原理（8）不相容。参见本卷第二部分《帕西迪乌斯与爱真理者的对话》中的讨论。

15 莱布尼茨这里的拉丁文是“quantum in ipso est”，近似于牛顿的“quantum in se est”。参见 I. Bernard Cohen, “‘Quantum in se est’: Newton’s Concept of Inertia in Relation to Descartes and Lucretius,” *Notes and Records of the Royal Society of London* 19 (1964): 131–155。

16 参见附录 2d 中所给出的霍布斯在《论物体》中的定义。

17 对照 Hobbes, *De corpore*, part III, ch. XV, §7 ：“一切努力都将被传播至无限远。”

18 参见 Aristotle, *Physics*, VI, 1, 231a 19 ；另参见附录 2a。

19 莱布尼茨对这一推证感到自豪，这一点从他试图将其推荐给霍布斯便可以清楚地看出。他在 1670 年 7 月 28 日写给霍布斯的信中指出：“我本来就认为各部分相互间的努力——一部分借以挤压另一部分的那种运动——足以使形体产生内聚力。因为那些相互**挤压**的事物都在努力渗透。努力是一种开始，渗透是一种结合。因此，它们处在结合的开始。而那些处在结合的开始的事物，它们的开端或边界是一体的。现在看来，那些边界是一体的或末端是一体的事物，同样按照亚里士多德的定义，就不仅仅是交接的，也是连续的，是可以以一种运动来移动的真正一体的形体”（A II.i 57）。另参见 the letter to Oldenburg of 28 September 1670（A II.i 63–64），他在那封信中对这种关于内聚力的说明又做了冗长的解释。

20 这种伽森狄学说源于伽利略对落体的分析。由于下落时间被分割成相等的部分，因此可以假定，当分割无限继续下去时，即使对于无限小的部分或瞬间来说，这种相等仍将存在。因此，匀速运动就是在同等的瞬间内增加同等的无穷小的空间；匀加速就是在同等的瞬间增加同等的无穷小的速度。参见 Gassendi, Letters on Motion, *Opera omnia*, III（Anisson: Lyon, 1658; reprinted by F. Frommann: Stuttgart, 1964）, pp. 478ff.; esp. 564b–565a。

21 **问题 24 和问题** 25 分别是以给定的比例**加快**和**减慢**一个给定的连续运动。莱布尼茨推测说："我认为，不同的努力被施加在同 [430]
一形体上，这可以发生在同一**符号**的不同瞬间（参见**基本原理** 18）。"但他在结论中承认："我还没有充分考虑或准确构想最后三个问题（即**问题** 23–25）"（A VI.ii 273）。

22 这就是"亚里士多德之轮"的问题，它曾被伽利略拿来用于支持他的物质中存在空隙的理论，也可能促使伽森狄提出了他的这一理论，即较慢的运动是被静止的间隔所打断的运动。参见附录 2b 和 2e，及其注释。

23 科学院版的编辑们认为贝兰是两部匿名出版的著作的作者，即 *Les Aventures du philosophe inconnu en la recherche et en l'invention de la pierre philosophale*（Paris 1646），以及 *Apologie du grand oeuvre*（Paris, 1659），但他们没有找到莱布尼茨所提到的挑战。

24 这里，科学院版的文本出现了"et Ars"（和艺术）这一措词，这既不符合语法，也不符合语义。

25 爱德华·博德曼只保存了包含第一段的那张纸条（LH IV 1,

4k, leaf 37)，并把它编入了目录。但格尔哈特还有第二份手稿（现在不见了），他在他编辑的那个版本中将其插入了第一份手稿；re-edited by the Akademie, pp. 279–280。

26 根据笔迹的风格，科学院版的编辑们认为第一段是莱布尼茨待在美因茨的后半段写的。第二段可能写得稍晚一些，但根据它的内容，编辑们认为它也是同一时期写的。

27 根据格尔哈特的说法，莱布尼茨在“运动是不可能永恒的”上面曾写道：“它可以不断地减少。”

28 根据格哈尔特的说法，这里有一个词和几行字由于纸张损坏而无法辨认。第二个原则是什么尚不清楚：运动的组合在这时被普遍接受，但莱布尼茨是根据努力的组合来分析这一点的。

29 这部分摘自一张包括两页内容的对开纸（LH XXXVII 3, leaf 167)，由于页面的右边和底部破损，文本丢失了相当多的内容。

30 在确定这篇文章的日期时，科学院版的编辑们指出，“这篇文章几乎不可能在 1671 年春之前完成”，因为“关于世界系统的学说”被明确排除在了《新物理学假说》的问题之外（参见 A VI.ii N40: 225 ll.20–22)。同样，文章临近末尾“关于‘努力的组合’”的那句话表明，这篇文章早于《论努力与运动，感觉与思想》($N42_4$)，晚于《抽象运动理论》。再加上 1671 年夏秋的水印，这表明它完成的时间介于 1671 年春秋之间。

31 LH XXXVII 3, leaves 154–155。它之前就已经被发表了出来，参见 Willy Kabitz, *Philosophie der jungen Leibniz*, 1909, pp. 141–144。科学院版的编辑们注意到，莱布尼茨试图在这一份和前一份手稿中推证他的《抽象运动理论》的“可预先推证的基本原理”的动机

“可能是想要好好地思考一番约翰·沃利斯对他所提出的反对意见”（参见 Oldenburg to Leibniz, 22 June 1671, AII. i N68）。我的摘录（pp. 306–307, 308–309）将从莱姆克的翻译（pp. 303–306；L142–144）停止的地方继续。 [431]

32 科学院版的编辑们指出：“莱布尼茨在 1671 年夏或秋研究了鲁豪尔的论著《物理学》（J. Rouhault, *Traité de physique*；参见 A VI.ii N49），他在 1671 年 10 月 15 日至 25 日写给奥尔登堡的信中提出要把关于他的运动理论的某些基本原理的推证寄给皇家学会，因此，根据第一稿中的鲁豪尔这个名字以及他的那封信，我们可以推测，这两份草稿都是这一年的下半年完成的。而这尤其可以得到那两张纸的水印上的日期的支持，因为该日期与 N46、N48.1、N48.3（部分）、N48.4 和 N50 等同一时期创作的那些篇章的日期一致。”

33 尽管在接下来的内容中，莱布尼茨确实“从现象出发证明了每个形体都在移动”，但他并没有就真空给出的这样一种证明。或许他心里有了他在上述《关于世界系统的假说》的开头就给出的反对充实空间的理由。

34 莱布尼茨在早期的一篇文章中也使用了类似的定义：“连续时间是指在其各部分之间没有时间插入的时间”[*De collegiis*, 1665 (?)；A VI.ii.10]。

35 莱布尼茨关于连续体及其定义的思想的一致性可以从这一事实来判断：每当他回到这个主题时，他都会始终如一地重申非常相似的定义，并在大约 44 年后的一个作品中给出了几乎相同的定义，参见 *Initia rerum metaphysica mathematicarum*, 1715。参见术语表中关于“interjectum”的注释。

附录 2：莱布尼茨之前论述连续体的先驱者

1 那些有兴趣完整阅读相关段落的人当然可以查阅亚里士多德著作的任一标准版本。它们在《古代和中世纪后期的无限和连续性》的一个非常有用的附录中得到了完整的介绍，参见 Norman Kretzmann, ed., *Infinity and Continuity in Antiquity and the Late Middle Ages*（Ithaca: Cornell University Press, 1982）, pp. 309–321，我建议对亚里士多德及其对中世纪和文艺复兴思想的影响感兴趣的读者参阅这本书。

2 连续的这一定义在第 11 卷（K）的结尾（1069a1–15）一字不差地又出现了（除了用"λέγωδὲ συνεχὲς"替换了"λέγωδ' εἶναι συνεχὲς"之外）。

[432] **3** 希腊文动词"συνέχηται"对应于"συνεχής"，就像"continuous"（连续的）派生自拉丁文动词"continere"（"con-tenere"），其词根的含义是"结合在一起"——参看"continent"的双重含义：一块连续的大陆；或能够"把自身连在一起"。

4 这里的希腊文同样可以被翻译为"被分割成总是被分割的部分"，我们在接下来的内容中应该记住这种二义性。因为我们可以想象，莱布尼茨早期对连续体实际上无限分割的承诺源于这样解读亚里士多德，即他认为亚里士多德承认由分割而来的实无限，否认由广延而来的实无限。无论如何，这是亚里士多德在第 6 卷的讨论中提出的，文中，他对实无限的否认似乎只适用于第二种类型的无限，他对芝诺二分法的反驳似乎允许空间和时间实际上无限分割。请参见接下来的讨论。

5 这种归谬论证是通过考虑亚里士多德前面已经证明了（321b 1–6）连续体不可能由相接触的不可分的部分构成来完成的。

6 同样，在《论天》中，亚里士多德似乎把可分性当成了连续物最典型的性质："连续体就是可以分成总是能够再分的东西，而物体就是可以以任何方式分割的东西"（268a 6–7）。

7 理查德·索拉比（Richard Sorabji）指出，亚里士多德根据自己的原则，甚至没有权利说，我们可以"穿过有限数量的潜在的分割而来的部分"（*Time, Creation and the Continuum*, pp. 210–213, 323），因为这样做会产生一个实际上无限的集合。但我认为，亚里士多德会回答说，实际存在的部分仍然存在，但潜在的部分却不存在，所以任何时候都不会有无限的部分同时存在。这似乎与他在《论生成与消灭》中给出的回答一致。然而，这显然是一个非常微妙的问题，不能在脚注中得到解决。

8 当然，连续体的问题在《论不可分割的线》中得到了详细的讨论（968a 1–972b 32），这个作品在传统上被认为是亚里士多德的著作，但可能是由亚里士多德学派的某个人所写。我在这里没有摘录这一作品中的内容。

9 比如说，参见 *Aristotle: Minor Works,* translated by W. S. Hett, Harvard University Press, 1936，其中问题 24 涉及"亚里士多德之轮"："还有一个疑难：为什么当把一个较大的圆和一个较小的圆绕着同一个中心放置时，大圆被拖滚的路线与小圆的相等？但当它们被分开滚动时，彼此滚动路线的长度就与各自的大小成比例了。"

10 正如亨利·克鲁和阿方索·萨尔维奥所指出的那样（71），现在大家普遍认为，小圆会滑行，而不仅仅是平滑地滚动。

11 这里的摘录是我从拉丁文翻译过来的，参见 AT VIII.1 59–60。

12 “实际上无定限的”对应的原文是“revera indefinitas”。这里“indefinitas”可以被理解为“无定限多的”或“无定限小的”，正如“partes infinitas”既可以被理解为“无限多个部分”，也可以被理解为“无限小的部分”一样。至于“revera”，笛卡尔倾向于使用这个副词以及它的同义词“reipsa”和“reapse”（意思都是“实际上”，“事实上”），而不是亚里士多德的“actu”（“实际上”，“在现实中”）；后
[433] 者与“in potentia”（“潜在地”，“在潜在中”）是形成一对反义词。他与亚里士多德术语的这种距离是可以理解的，因为许多人可能会将他的“无定限的分割”等同于亚里士多德的“潜在的分割”（带有某种认识论的色彩），把“revera indefinitas”解释为“actu infinitas in potentia”——这是一个自相矛盾的概念。经院哲学家把运动定义成了“actus entis in potentia, prout est in potentia”，笛卡尔就此进行了严厉地批评，他指出，这些概念“如此晦涩，以至于我不得不保留其拉丁文，因为我无法解释它们”（*The World*, ch. 7, CSM.i.94），它们是一些“玄妙真言”（Rule 12 of *Rules for the Direction of Mind*, CSM.i.49）。

13 换句话说，与固体粒子（它们不改变形状，而是只改变速度）混合在一起的是液体粒子（它们改变形状以填充固体之间的空隙）。在这一论点的影响下，莱布尼茨把液体（至少是理想液体）解释为一直分割成物理学的点的那种东西；尤其参见上述 Aiii60 和 Aiii78。

14 接下来的节选译自霍布斯的拉丁文作品，参见 *Thomae Hobbes Malmesburiensis opera philosophica, quae Latine scripsit, om-*

nia（Amsterdam: Joannem Blaev., 1668）: vol. 1, *De corpore*, pp. 96–97, 98–99, 178。相应的部分都被收入了 19 世纪的英译本，参见 *The EnglishWorks of Thomas Hobbes of Malmesbury*, vol. 1, *Concerning Body*, collected and edited by Sir William Molesworth（London: John Bohn, 1839）; pp. 108–109, 111, 206–207。

15 在第二篇第 7 章第 10 节，霍布斯写道："两个空间之间没有其他空间，那么我们便说这两个空间是彼此交接的"（87）。

16 在第二篇第 7 章第 10 节，霍布斯写道："当两个空间或时间有某个共同的部分时，我们便说它们彼此是连续的"（87）。

17 方括号里所补充的话来自莫尔斯沃斯（*English Works*, p. 206），而在我看来，也是必要的。

18 这是一个让人深感遗憾的例子，因为正如伽利略所论证的（以及波义耳所证明的）那样，如果一个铅球和一个毛线球在真空中一起下落一段距离，它们下落结束时的速度将是相等的。因此，如果它们的努力的比与它们的速度的比相同，正如霍布斯所设想的那样，它们的努力也会相等——这与霍布斯试图说明的恰好相反！

19 译自 *Animadversiones in decimum librum Diogenis Laertii, pars II: Physicam, ac imprimis nobilem illius partem metereologiam*（Guillelmus Barbier: Lyons, 1649）。这些选段分别来自 pp. 411, 414, 306–307, 455–456；也可参见 *Opera omnia*, vol. 1, *Syntagma philosophicum, pars secunda, seu Physica*, pp. 262b, 263b–265a, 381b–382a, 341b–342b。

20 沃尔特·查尔顿在其《生理学》（对伽森狄的《批判性评论》的翻译和扩充）中将其翻译成了："任何物理学的连续体都不能被无

限分割”(Walter Charleton, *Physiologia Epicuro-Gassendo-Charltonia: or a Fabrick of Science Natural upon the Hypothesis of Atoms*, Sources of Science no. 31, New York/London: Johnson Reprint Co., 1966; reprint of the London edition of 1654: Bk. II, ch. II, p. 90)。

[434] **21** 利贝尔·弗洛蒙(Libert Froidmont)无疑是用皇皇巨著来痛斥伊壁鸠鲁的近代学者中的一员,他的《连续体构成的迷宫》在引言的注释 8 中被提到过。

22 林恩·苏米达·乔伊在她那本关于伽森狄的迷人的著作中指出,伽森狄自己提出了两个同心轮的例子,作为对塞克斯都·恩披里柯用来反驳原子论的那个涉及到旋转的尺子的论点的一种修正,但伽森狄之前曾极力反对这一论点(*Gassendi the Atomist*, Cambridge: Cambridge University Press, 1987: pp. 176–177, 157)。

23 “engyscope”是 17 世纪和 18 世纪的一种反光显微镜,现在已经过时了。

24 “pismire”是蚂蚁的古老说法。

25 Charleton, *Physiologia*, II, ch. III, “Atoms, the First and Universal Matter,” pp. 107–108.

26 François Bernier, *Abrégé de la philosophie de Gassendi*, 7 vols., Lyons, 1678, I: 296–299。关于它的英译本,参见 Michel Blay, *Reasoning with the Infinite*, Chicago: Chicago University Press, 1998, p. 95。

27 译自 François Bernier, *Abrégé de la philosophie de Gassendi,* 7 vols. Lyons: Anisson, Pousel, and Rigaud, 1684; vol. II, *Doutes: Sur quelques-uns des principaux chapitres de ce tome: Doute XI: Si la lenteur du mouvement tire son origine des petits repos interceptez*, pp. 311, 313–

314。

28 值得注意的是，贝尔尼埃这里用的是“morules”，和阿里亚加用的是同一个词。

[435]

术语表

A PRIORI, A POSTERIORI：先天，后天。

正如柯利在他编辑的《斯宾诺莎文集》（SC 624）中指出的那样，在17世纪，这些术语仍保留了奥卡姆赋予它们的含义：**先天**证明是从原因到结果；**后天**证明则是从结果到原因。

[436] ABSOLUTUS：绝对。

motus absolutus：绝对运动。“运动不是绝对的，而是相对的”（Aiv317; Aiv312: 1620）；它不是“事物真正的包含某种绝对性的属性”，而只是某种相对于我们的东西（Aiv279）；因此，绝对运动本身并不是一种由于自身的存在，而是“当我们把自己或其他东西看成是不动的时候我们灵魂的一种情状”（Aiv360）。

spatium absolutum：绝对空间。参见词条“spatium”下的“spatium absolutum”。

ABSTRACTUS：抽象。

motus abstractus：抽象运动。与此相对的是“具体运动”（motus concretus）。

ACCIDENS：偶性。

这等同于莱布尼茨在 Aiv301: 1506 提到的样式，比如，热、运动；与“实体”（参见“substantia”）相对照。

ens per accidens：由于偶性的存在。这是一种只有在某些偶然情况下才会存在的东西；与此相对的是“由于自身的存在”（参见“*ens per se*”）。在《论现存世界》中，莱布尼茨认为它等同于“聚合体”（unum per aggregationem）：“一个**由于偶性的存在（统一体）**——比如说，一堆柴薪，一台机器——只是一个聚合而成的统一体，它里面并没有实在的统一，而只是连接在一起：也许只是接触，甚至只是相撞而成为同一物，或至少是将其聚集成一个统一体的心灵所观察到的一致”（Aiv301: 1506）。

per accidens：由于偶性；与由于自身（参见“per se”）相对照。因此，*corpora cohaesionem habere per se, fluiditatem per accidens*，即“形体由于自身具有内聚性，只是由于偶性具有流动性”（Aiv312: 1627）。

ACERVUS：谷堆。

“Acervus”指的就是因斯多葛学派而闻名于世的谷堆悖论，或连锁悖论，参见 Aiii78: 539ff., & n. 24; Aiv23。另参见“congeries”，“cumulus”，“strues”。

ACTIO：活动，作用。

在他大约完成于1679年的《定义：有与无》中，莱布尼茨把活动定义为“一种状态，在这种状态下，另一种事物随即会发生变化，这种变化被称作**受动**”（Aiv76: 308）。实体是一种活动的事物，并且是一种不断活动的事物。而形体在严格意义上并不活动。“通过移动，形体会活动，而通过活动，形体会变化或被作用；但在形体中，并不存在被作用的瞬间，也就是说，并不存在变化和运动的瞬间……特有
[437] 的、瞬间的活动属于那些通过活动而不会发生变化的事物”（Aiii78: 566）。“只是那些表现比较清楚的被认为在活动，那些表现比较混乱的被认为在受动，因为活动是一种完满性，受动是一种不完满性”（Aiv312: 1620）。从这个意义上讲，“每个形体都会作用于其他所有形体，并受到其他所有形体的作用”（Aiv312: 1626）。

与“passio”（参看该词条）相对照。

ACTUALIS（*actuel*）：实际的。

actu infinite divisum：实际上被无限分割。参见“divisio”。

actu ipso：“actu”的一种强调形式，即“实际上”，参见Aiv267: 1398, 1400；因此，*Omnis corpus actu ipso movetur*，“每一个形体实际上都在运动”；*actu ipso divisum est*，“实际上被分割”。

AEQUABILIS：均匀，一致。

aequabilitas，一致性：Aiv301: 1513。

aequabiliter，均匀地：Aiv301: 1513。

AETERNITAS：永恒。

在评论笛卡尔时，莱布尼茨似乎将永恒等同于无尽的绵延（Aiii15: 215）。同样，在他关于斯宾诺莎的《伦理学》的笔记中，他把永恒描述成了“所有延续物中最长久的”（Aiii33: 385）。但是，在“一个值得注意的关于无限的观察”那部分，永恒被描述成了一种绝对无限，不同于无限的绵延，因为后者只是相对于我们的无限（Aiii63:481）。莱布尼茨在《论崇高的秘密》和《论无穷大的数》中坚持了这一区分（Aiii60: 475; Aiii69: 501）。另参见《论积量》（DSR 36–43, Aiii64: 482–484），在这篇文章中，也许是受他对斯宾诺莎讨论无限的那封书信的解读的影响，莱布尼茨将无限的时间和无限的绵延与永恒区分了开来。

AFFECTIO：情状。

莱布尼茨用这个词似乎是为了表示身体或灵魂的一种**倾向**，一种性质，而不是一种情感。因此，在 Aiv360，他把运动称作“整个世界的一种情状”，把绝对运动称为“当我们把自己或其他东西看成是不动的时候我们灵魂的一种情状”。这个用法确保了他与笛卡尔和斯宾诺莎的一致，参见柯利主编的《斯宾诺莎文集》的术语表中的注释（SC 625）。

AGGREGATUM：聚集。

ens per aggregationem：一种聚合而成的存在。参见词条“accidens”下的“ens per accidens”。

ANGULUS：角。

angulus contactus：接触角。它是直线与曲线之间的夹角（例如，
[438] 圆与其切线之间的夹角），因此是曲线角；所以它不同于直线角，即两条直线之间的夹角（Aiii5: 99）。每一个接触角都小于任何一个直线角，因此相对而言，不可赋值，并且无穷小：参见“inassignabilis”，“infinitesimalis”。

ANIMA：灵魂（从生命原则的意义上讲）。

anima mundi：世界的灵魂。在 Aiii60 中，莱布尼茨认为上帝是这样一个心灵，即它“作为整个灵魂存在于世界的整个形体之中”；但是，他很快就否定了这一异端的观点（参见 Aiii74: 521）。关于他的“上帝不能被理解为**世界的灵魂**”的理由，参见 Aiv301: 1509。

animalia：动物。它指的是所有的**生物**，并且很可能被这样翻译过。

animatus：有生命的。莱布尼茨认为，世界上所有实体性的个体在不同程度上都有生命或活着；对他而言，这等于说，它们都**被赋予了灵魂**，而这就是该词的字面意思。因此，“每个有形实体都有灵魂”（Aiv279: 1466）。但是，“每一个形体都是有生命的，也就是说，都有感觉和欲望”（Aiv267: 1398）与“一切有机的形体都有生命，而一切形体要么是有机的，要么是有机形体的集合”（Aiv346: 1798）这一更精确的表述形成了鲜明的对比。

ANIMUS：灵魂。

它是理智或感觉的原则，与“anima”（参见该词条）相对照。

莱布尼茨那些其中用到这个词的表述有让我们听到了一个明显的古老的声音："灵魂可以通过熟悉的对话沉浸于真理之中"，"使知识可以在灵魂中自发地成长"等（Aiii78:529, 530, 532, etc.）。显然，如果你不介意掩盖莱布尼茨提到灵魂时的暗示的话，你也可以找到更现代的翻译。但在我看来，也许这种古老的风格是经过深思熟虑的，是为了唤起柏拉图和他的回忆说。所以比起现代风格，我通常会选择听起来更准确的古代风格。不过，在 Aiii78: 534 中，有一个例外：*quid animo observatum sit*，"你在你的心灵之眼中看到了什么"。

ANTITUPIA（ἀντιτυπία）：抗变性。

这是形体对穿透的抵抗力，大致相当于"elastrum"（参见该词条），即它的弹性或弹力。

ANTLIA：空气泵。

"Antlia"是奥托·格里克（Otto Guericke）为了证明真空的可能性而首创的空气泵（antlia pneumatica）或"抽气机"（pneumatical engine）。波义耳随后对这种装置进行了精心设计和改进，以致后来它被称作"波义耳机器"（参见 Steven Shapin and Simon Schaffer, *Leviathan and the Air-Pump*, Princeton: Princeton University Press, 1985）。 [439]
莱布尼茨读过波义耳的作品（参见 Aiii4），想必也对惠更斯在这方面的观点了如指掌，惠更斯制造了几种不同的泵，并且在泵的实验研究方面处在前沿。

APPARENTIA：显象。

它通常等同于“phaenomenon”（参见该词条）。参看“On Transubstantiation”, 1668（?），他在这篇文章的注释中写道：“我把任何在一个被剥除了实体形式的真实形体中所能想到的东西，也就是，随其偶性而来的物质，称作显象”（Aiii VI.i.510; L 117）。

APPROPINQUATIO：近似值。

quod minime conciliabile arbitror cum appropinquationibus，“我认为这与近似值是完全矛盾的”（Aiii69:497）。

ASPECTUS：视角。

（Aiv312: 1618）：这与《形而上学谈》中的法文词“face”相对应，大致上相当于“respectus”（参见词条“respectivus”下的“respectus”）。

ASSIGNARE：赋值，指定。

assignabile：可赋值的，可指定的。可赋值或不可赋值的点的概念是莱布尼茨整个数学哲学的一个基本组成部分。参见“designare”，“inassignabilis”，“punctum metaphysicum”。

ATOMUS（τοἄτομον）：（名词）原子；（形容词）原子的。

这个拉丁语名词借自希腊语，在希腊语中，“原子”通常就是“το ἄτομος”，即不可分的东西；它是阴性的。但同样也是在希腊语中，“Atoma”可以作为“corpora atoma”（ἄτομα σώματα）——“原子体”——的缩写形式；在这种情况下，它是中性的，与“σῶμα”和“corpus”相一致，因此，与莱布尼茨的“το ἄτομον”相一致。至于对莱布尼茨在这一时期关于原子的地位的复杂而又多变的看法的评论，参见本卷引言。

BRUTUM：低等动物（Aiv 312: 1623, 1624）。

BULLA：小泡。

关于小泡与莱布尼茨的内聚性理论的关系及其与原子的关系的讨论，分别参见本卷引言第 4 节和第 5 节。

CAUSA（*cause*）：原因；理由。

正如柯利指出的那样，“理由”是拉丁语中“causa”的标准的非专业的含义（SC 628）。因此，*Nulla autem causa intelligi potest, cur*（Aiii78: 559），可以被译作“但我们无法设想……的原因”，**或**“但我们无法理解……的理由”。所以莱布尼茨倾向于交替使用这两个词，这对他同时代的人来说，并不像对我们来说那样奇怪。（参见 Mario Bunge, *Causality and Modern Science*, 3d ed., New York: Dover, 1979: pp. 226–232，马里奥·邦格在其研究中对 17 世纪将理由和原因等同进行了富有洞察的讨论）。另参见“ratio”。 [440]

CELERITAS：速度。

celer; celeriter：快的；快速地。

COGITATIO：思维，思想（Aiii36: 393, Aiv301: 1507）。

COGNITIO：认识，认知。

它是“意识到”意义上的一般认识，而不是“scientia”（参见该词条），即不容置疑的认识。对莱布尼茨来说，每一个有形体的实体都有一定的认知，因此是“混乱的全知”（Aiv279: 1465–1466, Aiv301: 1508, Aiv312: 1618）。

COHAESIO：内聚性。

关于莱布尼茨在这一时期对内聚性的看法的变化，参见本卷引言第4节和第6节。另参见“consistentia”。

cohaerentia：凝聚（Aiv301: 1512）。

COLLECTANEUM：集合（Aiv346: 1798）。

COMMERCIUM：相互作用。

——例如 *commercia corporum*：形体的相互作用（Aiv312:1623）。

commercium habeant：相互作用（Aiv312: 1625）。

COMPAGES：组合（Aiv346: 1798）。

COMPENDIUM：缩写形式，简化。

伽利略关于数学定义是言语的缩写形式（compendia loquendi）的说法（Aiii11: 167），以及帕斯卡类似的说法，都被莱布尼茨铭记于心。因此，他在关于笛卡尔的笔记（Aiii15: 215）中指出，“我们人类习惯于把静止归因于更大的形体，这是为了让思维简化或有序”

（cmpendii seu ordinatae cogitationis causa）；在 Aiii68 和 Aiii69 中，他对通常的几何图形、角和无穷小做了类似的解释，把它们称作“表达式的缩写形式”（enuntiationum compendia）（Aiii69: 499）。因此，*compendiosarum enuntiationum cause*，被译作“为了简化”（Aiii69: 498）。

CONATUS, CONARI（*l'effort, tacher*）：努力。

在这里，我与莱布尼茨译者（除帕金森之外）最近的倾向背道而驰，他们倾向于保留“conatus”一词，不去翻译（“conatus”在英语中确实存在，但很少用到）。为了支持这一策略，这个拉丁文派生词被恰如其分地当成了专业术语。但这对相应的动词“conari”来说就不那么有效了，当它在这一专业术语意义上被使用时，它必须被译为“有一种努力”（“to have a conatus”，而在其他情况下，它就被简单地译为“试图”，即“to try”）；这个名词的复数形式要么就是丑陋的“conatuses”，要么就是“conatûs”（其中“u”带着长音符），但这在书面英语中并不存在。另一方面，“endeavour”这个词在名词和动 [441]
词上同样适用，并且似乎比柯利在翻译斯宾诺莎时所选择的“strive”和“striving”更适合做专业术语。同样支持“endeavour”的一点是，霍布斯（对语言有着很强的驾驭能力）也将“conatus”译成了“endeavour”，并且既然莱布尼茨从霍布斯那里继承了这个概念，所以我认为这是我们选择它的一个充分的理由。（我还保留了霍布斯的拼法，这是英式英语中的标准拼法，但在美式英语中比较少见。）另参见雷姆南特和本尼特关于“tendance”这一对应法文词的注释，他们将其译成了“endeavour”（notes, xxxix）；在《人类理智新论》（*New*

Essays, 172–173）的那段霍布斯式的段落中，莱布尼茨将“tendance”和“conatus”等同了起来。在本卷所翻译的法文篇章（Aiv310）中，莱布尼茨用“effort”代替了“conatus”，用“tacher”代替了“conari”（正如他之前在 Aiii2: 4–5, 37–38 中所作的那样）。

conatus ad motum（Aiv301: 1513）：移动的努力。

CONCRETUM ：具体事物。

CONCURSUS ：协助；碰撞。

因此，*divino concursu sustentetur*，“凭借神的协助而得以维持”（Aiv320）；*Resistentia seu concursus*，“抵抗力或碰撞”（Aiv365: 1987）；更加字面的意思，比如，*aut etiam concursus ad idem*，“甚至只是相撞而成为同一物”（Aiv301: 1506）。

CONFUSE ：混乱地。

“在我看来，每一个心灵都是全知的，只是有些混乱罢了”（Aiii76: 524）。“有多少心灵，就有多少宇宙的镜子，因为每个心灵都能知觉整个宇宙，不过都很混乱”（Aiv365: 1989）。

confusas ：混乱的，融合在一起。

根据莱布尼茨的微知觉学说，任何给定的知觉都是由无限多个更小的知觉集合以一种无法区分的方式融合在一起的，参见 Aiii76: 524，以及注释 3 ；另参看“On Simple Forms”（Aiii75:522–523; DSR 83）。参见“diffuse”，“cognitio”，“perceptio”，“refringere”，“sensum”。

CONGERIES：聚集物。

这个词对应的是科尔德穆瓦的法文词“amas”，参见 Aiv346: 1800。在 Aiv301: 1508 中，“congeries lapidum”被译作“一堆石头”，而“partium congeries”则被译作“由各个部件聚集而成”。

CONSENTIRE：与……相一致，符合。

虽然这个词在英文中可以用不周密的“agree with”来翻译，但我更倾向于保留和谐的意味（参见“conspirare”），尤其在一些句子中，比如，*inter se consentiant*，“彼此相一致”（Aiv312:1626）。

CONSEQUENTIA：推论，结论（Aiii5: 98, 100; Aiii36: 383; Aiii78: 550, 551; Aiv266）；推理（Aiii60: 474, Aiv315）；论证。 [442]

在莱布尼茨时代的逻辑中，这个词表示从论证的前提（或相关联的前提）到结论的推理，以及以条件句的形式表述的论证；因此，它也就是那个条件句的前件与其后件的关系。参见 William of Ockham, *Philosophical Writings*, ed. and trans. P. Boehner（Indianapolis and Cambridge: Hackett, 1990）; pp. 84–88。

CONSERVARE, CONSERVATIO：保持守恒；守恒。

在 Aiii58 中，莱布尼茨试图从物质的量的守恒推导出运动的量的守恒。五个月后，他意识到这只适用于相对运动：“运动量的守恒必须被认为是活动的守恒，也就是，相对运动的守恒，正是通过相对运动，一个物体与另一个物体相联系，或作用于另一个物体”（Aiii68: 493）。最后，他认识到，这必须辅之以力的守恒：“运动的量是不守恒的，但另一方面，力的量是守恒的”（Aiv365: 1989）。“因此，我认为，物质并不像有些人所认为的那样被分割成大小相等的各个部分，或被分割成速度相等的各个部分，而是被分割成力量相等、大小与速度不等并且速度与积量成反比的各个部分”（Aiv267: 1401–1402）。

conservari：是守恒的。

有些译者把这个词译成了“被保存了下来”，但这丢掉了与运动的量和力的量的守恒定律至关重要的联系，因此也就丢掉了与现代物理学的守恒定律的联系。

CONSISTENTIA：内聚力；有内聚力的事物。

这是 17 世纪物理学的一个专业术语，它的意思是一个形体凝聚在一起的程度，即它的凝聚力。它出现在了伽利略对内聚性的原因的讨论中（拉丁文“consistentia”相当于他的“consistenza”，参见 EN 86），以及霍布斯的《论物体》中，莫尔斯沃斯在其英译本中将它译成了“consistency”（黏稠度）。它与莱布尼茨（同样按照伽利略的观点，参看 EN 65）所说的“抵抗力”（resistentia, resistenza）——一个形体抵抗被分解成部分的能力——密切相关。参见 Aiii4，尤其是注释 3 和注释 4。柯利在其斯宾诺莎版本中把它译成了“coming to rest, solidification”（静止，凝固），第一个译法预设了莱布尼茨所拒斥的笛卡尔对其原因的分析是正确的，第二个译法在这里似乎不合适。

[443] 还有一个英文名词“consistence”，它的意思是“密实度”，牛顿在 1675 年 12 月 9 日的《解释光的性质的假说》（Isaac Newton, *Newton's Philosophy of Nature*, ed. H. Thayer, pp. 87–88）中，在描述物体周围的以太怎么就“必须挤在一起，把它们的部分压在一起，就像两个大理

石板在它们之间几乎没有或根本没有空气的情况下被周围的空气压在一起一样”时用到了这个词。但是，很显然，牛顿用它来描述的是以太的密实度，它“可能是形体各个部分凝聚的主要原因”，但不是那种效果的程度。个别的“consistentiae”，我将其译成了“有内聚力的事物”，比如在 Aiii4: 95：*nulla consistentia erit separabilis*，“没有一个有内聚力的事物是可分离的”；而 *omnes consistentiae erunt inter se aequales*，“所有的事物都将具有相同的内聚力”。有个地方，我把“consistentia”简单地译成了“黏稠度”，参见 Aiv301:151：*sed major consistentiae aequabilitas, qualis est lactis ante coagulum*，“像凝结以前的牛奶那样有着更稳定的黏稠度”。

CONSPIRARE：使和谐。

omnia pulcherrime conspirent inter se，“彼此之间完全和谐”（Aiv312: 1621）; *cohaesionem ex eo quod omnes substantiae universi conspirant inter se*,“它们之所以具有内聚性是因为宇宙中的一切实体都彼此和谐”（Aiv312: 1627）; *Cohaesionis principium est motus conspirans*,“内聚性原则是使运动和谐，流动性原则是使运动多样化”（Aiv312: 1630）。参见“sympathicum”。

CORPUS（*corps*）：形体，物体。

corpora firma：固体（参见“firmus”）。

CREATURA：受造物（Aiv310: 1510, 1512; Aiv312: 1623）；被造物（Aiii69: 501, Aiv266, Aiv301: 1507）。

CUMULUS（*tas*）：一堆。

在科尔德穆瓦的作品中，“cumulus”对应法文词“tas”，参见Aiv346: 1798；*un tas de pierres*，“一堆石头”，Aiv310。

DARI：被给定，存在（……这样的东西），存在。

正如帕金森所指出的那样（DSR 131），莱布尼茨通常在“被给定”，“概念上存在”，而不是“实际上存在”的意义上使用“dari”一词。参看 *si quod detur Ens necessarium existet, ostendum solum est dari, scilicet in numero rerum possibilium sive intelligibilium*，“如果一个被给定的必然存在者要存在，它只需被证明它是被给定的，也就是说，它存在于众多可能的事物或可理解的事物之中”（Aiii80: 576: DSR 99）；*Datur ergo sive intelligi potest Ens ...*，“因此，一个存在，就被给定了，或者说，就可以被理解了”（577）。相应地，在需要明确说明“可理解的存在”的地方，我把“non dari”和“nullum datur”译成了“根
[444] 本就不存在……这样的东西”（Aiv278 以及其他地方）。

DEMONSTRATIO：推证。

这是一种通常采用三段论或归谬法的形式化的证明。参见“probare”。

DESIGNARE：指定。

莱布尼茨或多或少把这个词当成了“assignare”（参看该词条）的同义词，同样也把它们的同根词当成了同义词。

designabile：可指定的（Aiii5: 100, Aiii52, Aiii69: 496, Aiii78: 543）。

在《论无穷小》中，莱布尼茨将不可指定的量定义为“其量不能用感官所能察觉到的任何符号来表示的东西”，因为“每一个可指定的量无论如何总是可以在一本足够小的书中通过缩略词和表示法写出来”（Aiii52）。

DETERMINARI：规定；终止或有界。

从字面上讲，“规定”的意思是为一个事物设定界限或边界，这一字面意思必须始终牢记于心。比如，斯宾诺莎在他那封论无限的书信中，当他谈到“规定绵延和数量”，即分派给它们有限的时间和度量，就是在这种意义上使用“规定”的。莱布尼茨同样也是如此，因此，*Sed quoniam*[*series*] *non determinatur quomodo*，“但是，既然这个数列不是有界的，那么情况怎么会这样”（Aiii69: 502）；“没有任何规定或限定它的大小的理由”（Aiii85: 585）。另参见“interminatum”。

DIFFERENTIA：差值；微分；种差。

微分是莱布尼茨微分学的关键。量 y 相对于 x 的变化率由它们的微分 dy 与 dx 给出，即 dy/dx。这里 dy 和 dx 是无限小的差值，y 和 x 是无限小差值的加和。关于对莱布尼茨微积分的清晰说明，参见 Henk Bos, “Differentials, Higher-Order Differentials and the Derivative in the Leibnizian Calculus,” *Archive for the History of the Exact Sciences*, 14, no. 1（1974）: 1–90。莱布尼茨用这些概念上的存在成功地创立了微积分，但这并没有自动地解决它们的地位问题，但后者在连续体的构成问题中显然至关重要。在 Aiii52，Aiii68 以及 Aiii69 中，莱布尼茨在澄清其地位问题上取得了一些重要的进展。参见“infinitesimalis”。

在 Aiv301: 1508 中，我将“differentiae”译成了“种差”，即区分不同种的特性。在《论事物源于形式》中，观念等同于“思想的种差”（Aiii74: 518, 521; DSR 75, 81）。

[445] DIFFUSE：散乱地。

每一个实体都是“散乱的全能”；之所以说它“全能”，是因为它作用于其他所有的实体，之所以说它“散乱”，是因为“它的活动因以相反的方式活动的事物而散乱了”（Aiv267, Aiv279）；“每一种实体本身一定程度上分有神的全知全能，尽管它的认识是混乱的，它的活动因以相反的方式活动的事物而散乱了”（Aiv267: 1400）。参见“confuse”。

DIRECTIO（*direction*）：趋向；给定方向上的倾向。

尽管莱布尼茨在标准的意义上使用这个词（如 Aiii58, Aiii68, Aiv267: 1404, Aiv304: 1525 等），但它似乎经常被用作“给定方向上的倾向”的缩写形式。因此，*directionem habet pergendi in recta tangente*，“有沿着与曲线相切的直线的方向继续运动的倾向”（Aiv312: 1626）；*si le point A tend dans le droite AB, le point B ait une autre direction*，“如果点 A 有沿直线 AB 运动的倾向，那么点 B 就应该有沿另一个方向运动的倾向”（Aiv310）；*... an omnes directiones debeant esse aequiveloces. An forte ... sint directionum velocitates in reciproca ratione* *magnitudinis*，“所有方向上的倾向是否都应该具有相等的速度，或者是否可以观察到某种显著的比例，使得形体在不同方向上的速度与其积量成反比，从而使得每个原子的作用力总体上相等”（Aiii76: 525）。它不同于笛卡尔的定势（determinatio），即一个形体在给定方向上运动的定势，因为笛卡尔认为定势是运动不同于速度（celeritas）的一个构成部分（参见 Descartes, *Principles*, II, § 41; Letter to Clerselier, 17 February1645, CSMK: 247）；关于莱布尼茨的批评，参见 Aiii15: 216。

在《发现的标本》的“有形自然的法则”那部分（Aiv312: 1629），方向似乎被理解为定向运动（或运动的量被理解为矢量），这是雷恩、沃利斯、惠更斯和马里奥特在碰撞中所确立的守恒量。在这里，莱布尼茨为此造了一个新的专业术语，即“progressus”（参看该词条）。

DISPOSITIO：有序的排列，倾向。

disponere，给予某种东西一种有序的排列（Aiv346: 1800）。因此，*dispositionem habenti non denegatur forma*，“形式对某种排列有序的东西来说是不能否认的”（Aiv346: 1800）；*a dispositione nostri et medii*，“作为我们和媒介的倾向的结果”（Aiv301: 1506）。

DISSOLVI：被分解，被打破。

nulla mens naturaliter dissolvi possit，“任何心灵都无法被自然地分解”（Aiii36: 393）；*qui fornix difficulter dissolvetur*，“很难被打破” [446]
（Aiii85: 585）。

DIVIDUUS：可分割的，可分的。

这个翻译没办法顾及到这一点，即它是“individuus”（参见该词条）的反义词。每一个真正的实体都是“不可分的”（individua）；所有“可分的”事物都不是完全的事物（Aiv132: 560）。

DIVISIO（*division*）：分割。

la division actuelle des parties a l'infini：“[物质、形状的] 部分实际上被无限分割”，这是莱布尼茨最具特色的学说之一，也是连续体问题的核心（参见引言）。

divisibilis：可分割的，可分的。

DURATIO：绵延。

在《论积量》（1676 年 4 月下旬），莱布尼茨对绵延和时间做了这样的区分：“**绵延**是存在的连续性。时间不是绵延，正如空间不是并置一样。如果说一天是绵延，那将是荒谬的，因为恰恰相反，我们都说蜉蝣只持续一天的时间。时间是某种连续的东西，我们根据它来说某种东西持续”（Aiii64: 484; DSR 41）。

DURUS：坚硬。

“所以事物中没有**原子**，也就是说，任何事物都不可能具有无限的硬度”（Aiv301: 1510），莱布尼茨的这一学说源自霍布斯。参见本卷引言第 5 节。

ELASTRUM, ELATERIUM, ELASTICUS：弹性，有弹性的。

Sciendum est autem in omnibus esse aliquem et Elastri gradum：“不过，我们应该意识到，任何事物都有一定程度的弹性”（Aiv301: 1512）。每一个形体都通过它自身的弹性被其他形体所推动，但弹性的原因“是弹性体的各个部分的内在运动”（Aiv312: 1620）。

ENS：存在，存在者。

从字面上看，“Ens”的意思是“being”（存在者），这是莱布尼茨作品中这个词的最常见译法。虽然这在谈及实存物的语境下是没有问题的，正如莱布尼茨在 Aiv312 中提到的**必然存在者**一样，但这个拉丁词比英文词“being”有着更宽泛的内涵，它不仅包括“偶然存在者”（就像一堆石头，甚或相隔很远的一堆钻石），而且还包括像无限多边形这样纯粹概念上的存在者。斯宾诺莎感受到了这种经院哲学的用法的紧张，他在声称“虚构的存在者和理性的存在者不是存在者”时指出，“把存在者分成实在的存在者和理性的存在者”是不恰当的， [447]
因为这相当于把“存在者”分成了“存在者和非存在者”（Spinoza, Appendix Containing Metaphysical Thoughts, part 1, SC 299–310）。但是，莱布尼茨——将可能存在与现实存在（实存物）区分了开来——可能不带任何疑虑地接受了“ens”更宽泛的内涵，就像他在大约可追溯至 1688—1689 年的一系列定义中所作的那样，因为在那些定义中，他把“Ens”等同于**可能**，把“non-Ens”等同于**不可能**（Aiv196: 930）。类似地，在《论现存世界》（Aiv301）中：“Ens”是“那种其某些方面可以被肯定的东西”（1506），即那种至少有一种实有的属性的东西。将“Ens”译为“entity”（存在）似乎更符合这些概念，而我也是尽可能这样翻译的。因此“运动是一种相对的存在”（Aiv360），

“圆是一个虚构的存在”（Aiii68: 492, Aiii69: 498）；而 *Corpus non est substantia sed modus tantum Entis*，“形体不是实体而只是一种存在样式”（Aiv316），*necesse est aliquid existere, atque ideo datur Ens necessarium*，“某种事物必然存在，所以存在着一个必然存在者”（Aiv315）。

ens per se：由于自身的存在（与“ens per accidens”和“ens per aggregationem”相对照：参见词条“accidens”下的“ens per accidens”，“ens per aggregationem”）

ens reale：实在的存在，*ens imaginarium*: 想象的存在。

ens rationis：理性的存在。

non-ens：非存在（Aiv301: 1506）。

entia ficta：虚构的存在（Aiii69: 498）。

entia fictitia：虚构的存在（Aiii68: 492; Aiii69: 499）。

ENTITAS：实体。

这个词指的是“存在性”意义上的实体。它只出现过两次，一次出现在《致托马修斯》（附录 1a）中，另一次出现在 Aiii19: 282 中：*quicquid OMNIA continet, est maximum in entitate*，“凡是包含万有的就是实体中最大的”。

EQUABILE：稳定的。

EXPERIENTIA：经验（一般概念）（Aiii68, Aiii78: 532）。

EXPERIMENTUM：（特殊的）经验（Aiv132: 1300, 1302）；实

验（Aiii78: 529, 531, 534, 537; Aiii19; Aiv312: 1627, 1628）；经验事实（Aiii19）。

experiri：检验，运用经验，通过实验来揭示（Aiv312: 1627, 1628）。

EXTENSIO：广延。

在 Aiv132: 565 中，莱布尼茨把广延定义成了“我们所观察到的为所有同时存在的知觉所共有的东西”。**不同于**笛卡尔的看法，它并不是一个形体的实体，形体的实体只有物质和形式（Aiv279: 1465）。

Extensum（*l'étendue*）：广延物。 [448]

这个词指的是特定的广延物，而不是“extensio”（参看该词条），即一般的广延，延展性。因此，它对应的是笛卡尔的广延实体，不过，被剥夺了实体地位。在 Aiv132: 565 中，莱布尼茨指出，广延物“是一个连续的整体，它的各个部分同时存在，并且有自身的位置，同样，这个整体也是另一个整体的一部分”。

extensum absolutum：绝对广延物（Aiii74: 519）；它是一个最大的、不可分割的广延物，因此不同于空间。类似地，莱布尼茨在他 1684 年的《关于知识、真理和观念的沉思》（*Meditations on Knowledge, Truth, and Ideas*）中指出，“这一点是必要的，即上帝确实有一个绝对无限的广延的观念”，物质的各种形态是这一广延的样态，而不是部分（AG 27; L 294）。但在 Aiv267:1393 中，他却又把空间定义成了“不添加任何其他别的东西的绝对的广延物”（*extensum, absolute, sine alio addito*）。

ipsum per se extensum：由于自身的广延物（Aiii74: 519）。

EXTREMUM：末端（Aiii69: 498, Aiii78: 537, 541, 546, 548, 553, 555, 557）；[线的] 端点（Aiii65: 488, Aiii78: 562, 564, 566）；[宇宙的] 尽头（Aiv277）。

FIGURA（*figure*）：图形，形状。

这个词有“几何图形”的意思，所以通篇都可以被翻译成“图形”。但在英语中，这种译法有时听起来很僵硬，所以我放弃了风格上的一致性，只在明显的几何语境中翻译成“图形”，在其他地方则翻译成“形状”。

FINGERE：想象（Aiv346: 1799; Aiv312: 1619, 1620, 1628）。

这个动词是名词“fictio”（fiction）的同根词。柯利在其斯宾诺莎版本中为了保持同根词之间的这种对应性，使用了现在已经过时的“feign”。但正如他指出的那样，“重要的是要意识到，英文术语的含义有可能具有误导性。一个虚构的观念不一定就是错的”（SC: 637）。有鉴于此，“image”（想象）在我看来是一个很好的同义词，而且我不觉得这种译法有什么误导性。

FIRMUS：固定。

这是莱布尼茨偏爱的术语，正如他在《人类理智新论》中所阐明的那样：“很多哲学家把硬性归之于它们的原子……可是我宁愿用固定性这个词（如果能允许我照这个意义来用它的话）而不用硬性这个词，因为在软的形体中也还是有某种固定性的。我甚至还会用一个更宽泛、更一般的词，比如，‘稳定性’或‘内聚性’。因此，我就会以硬和软相对立，而以固定与流动相对立，因为蜡是软的，但没有被热融化时它并不流动而是保持着它的边界；并且在流体本身通常也 [449] 有内聚性，如我们在水滴和水银珠子中看到的那样。我也认为一切形体都有一定程度的凝聚力，正如我也同样认为没有一个形体没有某种流动性，并且其内聚性是不能克服的；所以照我看来，伊壁鸠鲁的被假定有着不可克服的硬性的原子也就和笛卡尔派所说的稀薄的完全流动的物质一样不可能存在了”（*New Essays*, II, iv, 125–126）。参看“consistentia”。

firmitas: 固定性（参见 Aiv301，尤其 p.1510；另参见 Aiv312）。*corpora firma*: 固体。

FLEXUM：弯曲（Aiv304: 1525, 1526）。

flexum osculi，密切曲线（1527）。

GENUS：种类（Aiii19: 276, Aiii33: 385, Aiii68: 495, Aiii69: 498, Aiii78: 522）；属（Aiv275）。

generalis：一般的，类的。

tempus locumque generalem，“类时空”（Aiv267: 1397）。在 17 世纪 70 年代末的这篇文章中，莱布尼茨用这些术语来表示一般意义上的空间和时间。正如牛顿所指出的那样，笛卡尔在他的《哲学原理》第二章第 10、12、18 节中用过这个术语（*Unpublished Scientific Papers of Sir Isaac Newton*, p. 131）。

natura generalis：参见词条“natura”下的“natura generalis”。

GLOBULUS：小球，小球体，球。

在笛卡尔的物理学中，**小球**（globulus）是一种球形粒子，而这个可见世界的三种主要元素中的第二种便被分割成这种球形粒子。这些**小球**（globuli）“与我们肉眼所能看到的物体相比，极其微小，但是”——不像无限小并且形状多变的第一元素或精微物质的微小部分那样——“它们具有一定的、规定的量，并且可分为其他小得多的东西”（Descartes, *Principles*, III, §52: AT VIII.1, 165）。在《某些物理学命题》中，莱布尼茨把小球（globuli）定义成了“特殊的旋涡，或小球体”（参见该词条），它们是固体的（Aiii2: 31, 29）；但是，在提到“第二元素的小球”时，他却以轻蔑的口吻指出，笛卡尔“不得不假定这些小球是由于从无数的围绕其中心运动的立方体上磨下来而产生的，因为这些立方体正是他在《哲学原理》的开头所令人难以置信地假定的”（Aiii2: 33）。参见 Aiv301: 1510；另参见“terrella”。

GUTTA：滴状物（Aiv301: 1513）。

HARMONICUM：和谐的（Aiii60: 474; Aiii4: 95）。

harmonicωtaton（Aiv316）：最和谐的。

[450] HYPOTHESIS：假说。

莱布尼茨给出了这个名词的类似希腊语的变格：[主格、受格、所有格、予格/夺格]（单数）*hypothesis, hypothesin, hypotheseos, hypothesî*（对应的希腊文是 ὑποθεσις, ὑποθεσιν, ὑποθεσεος, ὑποθεσει）；（复数）hypotheses, hypotheses, hypothesum, hypothesibus（对应的希腊文是 ὑποθεσεις, ὑποθεσεις, ὑποθεσεων, ὑποθεσεσι）。

ICTUS：撞击，碰撞。

cujusque corporis ... , qui ictum facit，“发生碰撞的每个形体”（Aiv312: 1621）。

IDEA：观念。

莱布尼茨在1679年的《定义：有与无》中将**观念**定义成了“存在于行动主体心灵中的概念，他想赋予它类似的效果”（Aiv76: 309）。

IMAGINARE：想象。

imaginarius（*imaginaire*）：想象的。

IMMENSITAS：广阔无垠。

immensum：（名词）广阔无垠者；（形容词）广阔无垠的，不可估量的。

帕金森将其翻译成了“不可测量性”和“不可测量的”（参见DSR 122, n. 92），以避免“immense”的现代含义，即“非常大”。但“immensum”确实有一种无法用“不可测量”来描述的空间含义，广阔无垠之于广延就像永恒之于绵延。正如在Aiii4: 95中所看到的，“Immensum”可以充当“无限”或“不可估量”的同义词；在Aiii60:

475中，莱布尼茨将这种无限和无界区分了开来。但在Aiii74: 519中，莱布尼茨似乎试图确立一种特殊的专业意义上的“immensum”，即那种“在空间不断变化的过程中持续存在的……一体的、不可分割的”东西。正如莱布尼茨在 Aiii36: 391–392、Aiii74: 519 中所解释的那样，神的广阔无垠是“空间的基础”，是一种“一体的、不可分的、广阔无垠的”属性，正如神的永恒是绵延的基础一样。另参见 Aiv321，以及引言第 7 节的讨论。

IMPELLERE：推动。

impulsus：推动，推动力。

IMPLICARE：包含，蕴含。

contradictionem implicare（或经常通过省略被简写为“implicare”）：蕴含或包含矛盾。因此，*antequam dicatur perfectam fluiditatem implicare*,“然后才能说……完美的流动性蕴含着矛盾”（Aiii58: 466）。

implicantia（*contradictionem*）：矛盾。

[451] INASSIGNABILIS：不可赋值的，不可指定的。

在《抽象运动理论》中，莱布尼茨把点定义成了“不可赋值的”量，也就是说，它“小到无法用与另一个可感知的积量之比来表示，除非这个比例小于任何可以给出的比例”（附录 1c）。关于不可赋值的点、线、体的学说是其数学哲学的一个重要组成部分（参见引言第 3、5、6 节）。

INCONCINNITAS：比例失调，缺乏比例（Aiii78: 560）。

INDESIGNABILIS：不可指定的。

莱布尼茨在《论无穷小》中把不可指定的量定义成了“其量不能用感官所能察觉到的任何符号来表示的东西”（Aiii52: 484）。参看“designare”，“inassignabilis”。

INDISTANS：无间距。

两个交接的点不相同，但彼此之间没有距离。因此，*indistantia sunt, non distant*：没有距离，无间距的（Appendix1c; Aiii78: 567）；而不是“密集的”——正如莱姆克不假思索地翻译的那样（L 141）。

INDIVIDUUS：个体的；不可分的。

“个体的”是通常的意思，也是《论现存世界》和《发现的标本》明显有意表达的意思。但在 Aiv132: 560 中，它与“dividuus”和“subdividuus”（参看该词条）形成对照，因此有其词根“不可分的”意思。

INDIVISIBILIS：不可分量。

伽利略在他 1638 年的《两门新科学》中推测说，连续体由无限多个被不可分割的虚空所隔开的不可分的量——或者说，不可量化的部分——构成（参见附录 2b）。因此，线的不可分量就是点，面的不可分量就是线，以此类推。（另一方面，伽森狄和笛卡尔则追随亚里士多德，认为这些都是数学存在，或事物的样式，没有物理实存；参见附录 2a，2c，2d）。但时，在伽利略使用这个术语之前，卡瓦列里就已经在出版物中用到了它，参见 *Geometria indivisibilibus continuorum nova quadam ratione promota*（"Geometry, advanced in a new way by the indivisibles of continua"), Bologna, 1635。卡瓦列里是通过比较各个平面图形的"所有线"来比较它们的，但并没有断言这些图形实际上是由这些线构成的。事实上，这些线是通过特定的线这一图形的运动或过渡而产生的，也就是说，通过规则而产生的；只有经由同一过渡和同一规则而完成的图形才可被视作相等的。莱布尼茨因为将卡瓦列里的不可分量等同于**无限小量**和**穷竭法**而被指责太过
[452] 天真。而为他进行辩护时，我们必须指出，洛百瓦尔（Roberval）这位用无限小矩形组成矩形的方法的先驱觉得他的方法与卡瓦列里的方法没有什么区别，甚至采用了卡瓦列里的"不可分量"一词；布莱士·帕斯卡——深受罗贝维尔的影响，也是莱布尼茨（在巴黎）关于不可分量的资料来源之一——完成了对这两种不尽相同的理论创新的融合，他断言，"一个平面图形的不可分量是无限多个无限小的矩形，这些矩形的总和与这个图形的差只是一个比任何给定的量都要小的量"（Pascal, *Oeuvres*, vol. 8, p. 352），他还指出，不可分量方法只是在说法上不同于古代的穷竭法。参见 Enrico Guisti, *Bonaventura Cavalieri and the Theory of Indivisibles*, Bologna 1980 ；Kirsti Andersen, "Cavalieri's Method of Indivisibles," *Archive for the History of the Exact Sciences*, vol. 31, no. 4, 1985, pp. 291–367。

INFINITESIMALIS：无限小量。

无限小量是连续量的无限小的部分，无限多个无限小量构成整体。根据其标准的定义，无限小量是一个比任何可赋值的（参见“inassignabilis”）部分都要小的部分，这是莱布尼茨经常使用的定义。其意思是，它不是一个最小的或绝对最小的元素或不可分量，而是一个可分的部分，所以无论一个有限的部分有多小，它都会更小。

INFINITUS（*infini*）：无限，无穷大。

numeri infiniti：无穷大的数，**无限多的**数：拉丁文的含糊其词可能会引起误解，正如我们在伽森狄对伊壁鸠鲁最具说服力的反对无限分割的论据的评价中所看到的（附录 1e）。有时候，莱布尼茨似乎也倾向于这样，但他最终还是认为，尽管有无限多的数，但却并没有无穷大的数：参见《无穷大的数》（Aiii69）。关于他对三种不同类型的无限所作的区分，参见 Aiii63，Aiii19: 282。

infinite parva：无限小，*infinities minus*：无限小于（Aiii5: 98–99）。

INFLUXUS：注入（Aiv312: 1620; Aiv317）。

“注入”一词既有经院哲学的含义，也有占星术的含义。弗兰西斯科·苏亚雷斯（1548—1617 年）曾提出，有效的原因可以从一种实体对另一种实体的**物理注入**来理解（*Disputationes metaphysicae*, XII, ii, 4）。莱布尼茨早在 1666 年的《论组合术》中就拒绝了这种说法，他指出：“注入一词除了只是一个词之外，还能是什么呢?”（L 75, [453]
83；另参见他在 L 126 中的评论）。同样，作为现代人，他也会摒弃占星学家的**星体的注入**的观点。不过，他却接受了托马斯派神学家的**神的注入**。也就是说，就像笛卡尔一样，他赞同“第一因流入或注入”每一个体实体（这相当于上帝持续创造那个实体）的观点，但却拒绝苏亚雷斯那个不可理解的论点，即任一被造实体都可以“流入”——也就是说，注入或作用于——任何其他被造实体。关于这一观点的经典表述，参见 Aiv312: 1620，Aiv317。另参见莱布尼茨与德·沃尔达的通信（L 521, 525, 529）。

influere：流入，注入。

INSECABILIS：不可分割的。

INSENSIBILIS：不可感知的（Aiv301: 1512）；参见词条“sensum”下的“sensibilis”。

这个术语可追溯至亚里士多德：亚里士多德的“Delineis insecabilibus”一文（伪文）通常被译作《论不可分的线》。但是，莱布尼茨用这个术语描述形体这一做法可能来自伽森狄（参见附录 2e）。参看 *unum corpus atque insecabile, sive ἄτομον*（Aiii36: 393；另参看 Aiii76: 524, 525）。

INSTANS（*instant*）：瞬间。

INTELLIGERE：理解；设想。

尽管前者更可取，但地道的英语有时只允许后者，比如，在 Aiii15: 215 中，*semper spatium ultra intelligere liceat*，“人们总是可以设想出超出［任何假定的界限］的另一个空间”。

intelligi posse：可理解的。

intellectio：特指上帝“有力量的理智”。

intellectus：特指人类“没有力量的理智”。

INTERCEPTUS：被截取的。

这是几何学中的一个术语（参看 Heath, *The Works of Archimedes*, clxxi）。*Spatium interceptum*，“被截取的空间”（Aiii5: 99, Aiii65: 488），是被两条线或两个图形截断并包含在这两条线或两个图形之间的空间，比如，角的两条边之间的空间。

INTERJECTUS：被插入，介于中间，发生于其间或之间。

对于莱布尼茨来说，这是一个专业术语，他在《论有形事物的本性》（附录 1f）中对其进行了这样的定义：“如果某物到两个事物的间隔之和等于这两个事物之间的间隔，那么某物就是**被插入了**这两个事物之间。”然而，这个词却经常在非专业术语的意义上使用。因此，*spatium interjectum*，“介于中间的空间”（Aiii59: 471）；*coalescere in unum has duas mentes, quia vacuum nullum interjectum est*，“这两个心 [454]
灵将合而为一，因为它们之间没有真空”（Aiii36: 393）。

INTERMINATUS：无界的。

不过，在《致托马修斯》（附录 1a）中，有一个例外，我在那里把“interminata”译成了“interminate”（不定的），以表明它是一个阿威罗伊学派的术语。“linea interminata”，或有时只被写成“interminata”，“无界的线”（Aiii65, Aiii66, Aiii69）。另参见“detriminari”，“terminus”。

INTERRUPTUS：被打断，被间隙打断。

比如，*lineam eiusmodi materialem interminatam non-interruptam implicare*，“对于这样一条无界的物质线来说，**不被间隙打断**蕴含着矛盾”（Aiii69: 501）。

LEX：定律，规律。

leges Mechanicae：机械规律。

LINEA（ligne）：线。

另参见“recta”，“interminatum”。

MACHINA：机器。

但请注意 *machinas ratiocinationis*（Aiii78: 558），*machinas rationum*（Aiii78: 567），“逻辑策略”。

MAGNITUDO：积量，大小；伟大。

尽管“size”（大小）更通俗易懂，但在莱布尼茨的作品中，“magnitudo”几乎总是带有数学含义，因此最好被译作“magnitude”（积量）。但也有例外：*magnitudo aut parvitas nihil ad rem faciat*，“大小与物质无关”（Aiii78: 560）；*magnitudini divina*，“神的伟大”（Aiii78: 566）。

MASSA（masse）：质量。

在他写给托马修斯的信中，莱布尼茨把“massa”当成了“materia prima”，即原初物质（参见词条“materia”下的“materia prima”）；而在他成熟时期的作品中，他把它当成了“materia secunda”，即不同于“moles”（参见该词条）的次级物质。尤其参见他1698年秋与约翰·伯努利的通信（GM.iii.537, 539f., 541f.; AG 167ff.）。

MATERIA：物质。

materia prima: 原初物质。莱布尼茨采纳了亚里士多德的这个术语，在写给托马修斯的信中把它当成了“质量本身”，即形体纯粹的物质的方面，它包含着用以接受形式的纯粹的潜能。从17世纪80年代起，它成了原初的受动的力，与**实体形式**或原初的活动的力构成了有形实体。

materia secunda: 次级物质。与原初物质（参见“materia prima”）不同的是，这是一种实存的物质，它可以被分割成各个部分或形体（而这些部分或形体要么就是**有形的实体**，要么就是这种实体的聚合 [455]
体）。参见Aiv278，Aiv267，Aiv279。

METAPHYSICUS：形而上学的。

关于“形而上学的”与“物理学的”之间的区别，参见“physicus”；另参见词条“punctum”下的“punctum metaphysicum”，“vacuum metaphysicum”。

MOBILE（*mobile*）：动点（Aiii78: 557f.），移动的东西（Aiv310），

移动的形体（Aiii78: 566）。

corps mobile：移动的形体（Aiv310）。

MOLES：物质团块（bulk），有广延的质量（extend mass）。

这是笛卡尔学派和其他莱布尼茨的同代人在他们的物理学中用来表示形体的量的术语：moles × speed=quantityof motion（有广延的质量 × 速度 = 运动的量）。正如柯利指出的那样，“bulk”（物质团块）是作为莱布尼茨思想之可能源头的波义耳用他那个时代的英语给出的翻译（SC628, c.1）：这也正是我们在 Aiv316 中看到的译法。但是，作为一个特殊的术语（而不是一个泛泛的术语），我把它译成了“有广延的质量”（例如，在 Aiv346: 1798 中）。在 Aiv312: 1620 中，莱布尼茨将它与自然惯性等同了起来。另参见“massa”。

MOMENTUM（*moment*）：瞬间。

momentaneum：瞬间的（Aiii78: 566）。

在莱布尼茨的用法中，它们似乎与“instant”和“instantaneous”完全同义。

MOTUS（*mouvement*）：运动。

moveri：被移动，移动，在运动（Aiii58: 470）。

莱布尼茨在把“movere”和“mutare”这些动词运用于形体时一贯使用它们的被动形式，这与“形体是完全被动的以及运动和变化是它们的**受动**”这一学说相一致。由于这在现代英语中读起来很别扭，所以当形体作为主语时，我把这些动词翻译成了主动语态，相信读者会记得形体的运动和变化的被动性质。

MULTITUDO：复多，复多性。

它与“复数”（plurality）是同义词，但根据莱布尼茨这一时期发展起来的经深思熟虑的观点，它与数目不是同义词：因为无限复多，按照上述观点，没有相应的数目。参见 Aiii19, Aiii69。

MUNDUS：世界（Aiii58: 467; Aiv301: 1509–1513）。

世界也就是“宇宙”（“cosmos”，或它的拉丁文对应词，“ornatus”），一个有序的宇宙。莱布尼茨在一份未注明日期、标题为库图拉特所加的手稿中写道：*Sequiturque in universum, Mundum esse κόбμον, plenum ornatûs; seu ita factum ut maxime satisfaciat intelligenti*，“一般来说，世界就是一个宇宙，一个充盈的、有序的宇宙；也就是说 [456]
它能最大限度地满足智慧，它就是这样被创造出来的”（“Resuméde métaphysique”, C 533–535）。类似地，他在 Aiv301 中写道：*Corporum omnium Aggregatum dicitur mundus*，“所有形体的聚合被称作**世界**”（1509）。如果要说莱布尼茨在使用“世界”和“宇宙”（参见“universum”）这两个词上有什么不同的话，那便是后者有着更广泛的含义，它包含了任何人所能设想的所有存在以及世界上的事物。*De Mundo universo*，“关于整个世界”（Aiv301: 1508）。

anima mundi：参见词条“anima”下的“anima mundi”。

spatium mundanum：现实世界的空间，即这个世界所占据的空间，与之相对的是，“spatium extramundanum”，即超越现实世界的空间，或超出这个世界的界限的空间。

systema mundanus：世界系统（Aiv320: 1641）。

corpora mundana：现实世界的形体（Aiii76: 525）。另参看 *globos mundanos*，"现实世界的球体"（Aiii60: 477）。帕金森认为（DSR 136），这些可能是我们地球上的形体，与超现实世界的形体形成对照。考虑到莱布尼茨的"世界中无限多个世界"的哲学思想，它更有可能指的是我们世界系统中所有的形体（球体），包括不可感知的球体和行星球体。在《关于世界系统的假说》（附录 1e）中，它指的是持续存在的形体："形体要么就是现实世界的，即持续一段时间，要么就是瞬间的。"

MUTATIO（*changement*）：改变。

mutari：被改变，改变。参见关于"moveri"的注释。

NATURA（*nature*）：自然，性质。

natura generalis：大自然。因此《发现的标本》涉及 *admirandis naturae generalis arcanis*，"大自然之绝妙奥秘"（尽管也有可能是帕金森的"一般性质的惊人奥秘"，参见 Parkinson, "Science and Metaphysics in Leibniz's 'Specimen Inventorum,'" p. 1）。在同一篇文章中，莱布尼茨对一般性质（generalia naturae）与特定形体的现象（Phaenomenis corporum specialium）进行了对比，他认为，前者在不考虑灵魂或形式的情况下就不能得到正确理解，后者必须在不考虑灵魂或形式的情况下进行解释（Aiv312: 1625）；在 Aiv312: 1629 中，他又指出，大自然（Natura generalis）"总在追求它自身的目的"，这似乎意味着，世界有一个灵魂，而这与莱布尼茨同时期就该主题所给出的明确观点相左（参见词条“anima”下的“anima mundi”）。

tota natura：整个自然。这种用法是为了将它与事物的本性区分开来；而事物的本性似乎等同于“natura rerum”（参见“res”）。

NECESSITAS：必然性。 [457]

ens necessarium：必然存在者（参见“ens”）。

necessitas alternativa：有条件的必然性（Aiv315）。

OBOLUS：便士（penny）。

这是关于小硬币的习惯译法；它出现在莱布尼茨关于斯多葛学派的谷堆悖论的讨论中（Aiii76: 539, Aiv23）。“obol”（欧宝）是一种古希腊的小硬币，相当于拉丁语中的“denarius”（银币）。在中世纪，这个名字适用于各种小硬币，如英国的半便士铜币。另参见“solidus”。

OMNIA：（名词）每一个事物，所有的事物；（形容词）所有的。

将名词“omnia”译作“所有的事物”，这一点值得称赞，正如帕金森在DSR中一贯所做的那样。但在我看来，把它译作“每一个事物”（alles）似乎更自然，比如，*plenaesse omnia intelligo*（Aiii58: 467），我更倾向于将其译作“我把每一个事物都想象成一个充实空间”，而不是帕金森更加字面的译法，即“我认为所有的事物都是满的”。

OPERATIO：效能（operation）。

这是对应于“operare”（起作用，有效能）的一个名词，英语缺乏像德语“Wirkung”那样的一个好词来翻译。效能既包括活动，也包括受动，并且 *in Metaphysicorigore, omnes substantiarum operationes, actiones passionesqueesse spontaneas*，“实体所有的效能，包括活动和受动，在形而上的严格意义上都是自发的”（Aiv312:1620）。由于自身的统一体（unum per se）是一个事物的各种属性和效能的主体，如果就我们而言，这个主体被称作灵魂，如果就每一个形体（假如它是由于自身的统一体）而言，这个主体则被称作实体形式（Aiv301: 1506）；并且“每一个实体内部都有一种效能，这种效能要么是作用于它自身的，在这种情况下，这种效能被称作反思或思维，而这种实体是精神实体，即**心灵**；这种效能要么就是它的各个部分的效能，而这种实体就是所谓的**有形实体**”（Aiv301: 1507）。

operare：有效能，起作用。因此，*omnis substantia actu ipso operatur*,“每一种实体实际上都有效能”（Aiv267: 1398）；参见“actualis”。

ORGANON：器官。

organicus: 有机的。“器官”（organ）、“有机的”（organic）和“有组织的”（organized）之间原有的语义联系——对我们来说，这种联系湮灭在了隐喻的迷雾中——在莱布尼茨的作品中非常鲜活。他在《形而上的定义与反思》中写道：“如果两个形体互相抵触，我们知觉到一个形体的活动和受动为我们所有，另一个形体的活动和受动并非为我们所有，那么我们就可以把前一个形体称作**器官**，把后一个形体称作**对象**；而我们把知觉本身称作**感觉**”（Aiv27: 1394）。稍后，
[458] 他又在同一篇文章中写道：“每一个形体都是有机的，也就是说，实

际上都被分割成更小的自身有其特定运动的部分，所以不存在原子”(1398)；并进一步解释道：“尽管一切事物都有生命，但它们都按照机械规律来活动，因为感觉和欲望由器官（即形体的部分）和对象（即周围的形体）所规定”(1400)。但不仅仅形体是有机的：“每一个心灵都是有机的，都能学到一些东西，但困难重重，而且要经历与心灵所感知的事物［重复］的周期成比例的漫长的时间”(Aiii36: 394)。

OSCULUM：密切。

这是一个数学术语，由莱布尼茨于1686年创造，现在被广泛使用，它的意思是包含三个或更多个重合点的两条曲线之间的接触。参见Aiv304的注释2中所引用的莱布尼茨的文章。

circulus osculans：密切圆。这就是所谓的“接吻圆”，即在给定点接触曲线的圆与该点上的曲线具有相同的切线和曲率半径。

PASSIO：受动；被作用。

在这些作品中，莱布尼茨总是在被作用或承受作用这一事实或情况的意义上使用“passio”一词。它对应的形容词是“passivum”(passive，受动的)，而对应的动词是“pati”（to be acted upon，受动，被作用)。英语中没有同根动词，这给试图保持拉丁语的内在联系以及莱布尼茨的意思的译者带来了很大的困难。我非常想把“passio”，“passivus”和“pati”一致译为“反作用”(名词)，“反作用的”(形容词)和“反作用”（动词）——尤其是因为莱布尼茨有时将“principium passionis”等同于“vis resistendi primitiva”，即原初的抵抗力，参见Aiv301: 1507；因为很难理解“受动”是如何成为阻力的来源的；而正如在抵抗进入时所看到的那样，“**反作用**”可以被这样理解。但是（1）在许多情况下，这种权宜之计根本就行不通；（2）它失去了与莱布尼茨所借鉴的经院哲学传统的联系，也失去了与“vis primitiva passiva”（原初的受动力，而不是反作用力）的联系；在任何情况下，（3）莱布尼茨在上述文章接下来的部分中将受动**原则**——**物质**——而不是受动本身等同于反作用，即努力或欲望（Aiv301: 1508）。

因此，“有形实体的实在性在于特定的个体本性，也就是说，它并不在于物质团块，而是在于一种活动和受动的力量”（Aiv312:
[459] 1622）；“每一种实体却都包含着一种活动和受动的力”（Avi312: 1623）；物质的每一部分都会“受到物质其他所有部分的与距离成比例的作用。既然每一个被作用的情况都会产生某种效果……”（Aiv312: 1623）。

PER SE：通过自身，本身，由于自身。

我过去一直都不翻译这个词；但出于对读者的某些批评的尊重，后来尽可能地恢复直译“通过自身”。然而，在我看来，这并不总是合适：“通过自身的存在（或存在者）”很不好理解，它类似于其他某些表述（参见“unum per se”，以及“ens”下的“ens per se”，“extensum”下的“ipsum extensum per se”等）。

PERCEPTIO：知觉。

参见“confuse”，“sensum”。

PERIODUS：周期。

Aiii76: 525。莱布尼茨似乎（有预见性地）假定所有事物都有特定的周期。一方面，这与他关于心灵、世界、涡旋的学说有关，另一方面，我们只能感知与我们感觉器官具有相同周期性的事物："每一个心灵都是有机的，都能学到一些东西，但困难重重，而且要经历与心灵所感知的事物［重复］的周期成比例的漫长的时间"（Aiii36: 394）。

PHAENOMENUM：现象。

这是事物显现意义上的现象，相当于"apparentia"（参看该词条）。现象具有实在性的一个标志是它与其他所有同时发生的现象保持一致或连贯；所有同时发生的现象构成了一个有广延的空间。参见雷姆南特和本尼特在他们那一版的莱布尼茨的《人类理智新论》中所给出的精彩注释（NE lxiii）。

PHORONOMIA：运动学。

运动学是研究纯粹运动的科学；它涉及抽象的运动分析，并因此涉及对时间、瞬间运动以及几何定律的考虑。运动的组合定律是运动学的定律的缩影，它与努力概念一起构成了莱布尼茨早期运动学研究的基础，即《抽象运动理论》的基础（参见附录 1c）。如果物质团块不被认为是原初的，运动量守恒定律也可以被看作是运动学的：莱布尼茨在 Aiii58 中尝试着对其进行了运动学的推导。尽管莱布尼茨的早期运动学主要受到霍布斯的影响，但他最初的动力来自埃哈德·魏格和约阿希姆·尤根乌斯，他可能从他们那里获得了这个术语，以及 [460]
他对其重要性的判断（参见 A VI.ii.228, 248, 268, 274f., 299, 314, 333,

335f.)。

PHYSICUS：物理的。

物理的东西是自然的一部分，因此可以被感官感知。关于莱布尼茨特有的柏拉图式的对比物理的东西与形而上学的东西——感官无法感知的实在——的方式，参见“punctum”下的“punctum physicum”，“vacuum”下的“vacuum physicum”。

PLENUM：(名词）充实空间；(形容词）满的。

莱布尼茨在很大程度上受霍布斯的影响，从一开始就致力于一种充实论的物理学。而这是他同时代人的主流观点，笛卡尔学派以及像惠更斯这样的原子论者也持同样的观点（参见引言第 5 节）。直到 18 世纪后半叶牛顿主义传播开来，这种观点才在欧洲大陆被取代。

plenum physicum：物理学的充实空间；即一个不存在任何可赋值的或可观察到的真空的世界（虽然有可能存在一个不可赋值的真空：参见“vacuum metaphysicum”)。

PORTIO MATERIAE：一份物质。

(Aiii36: 392, 393; Aiii58)。参看科尔德穆瓦对物质的一部分（一个形体）和一份物质（被认为结合在一起并且与所有其他形体相分离的若干形体)。有一个例外：*An alia sit Mundi portio*,“世界上到底有没有另一个地方”(Aiv301: 1513)。

POTENTIA：力量。

尽管莱布尼茨似乎经常交换地使用“vis”（力）和“potentia”（力量），但译作“power”（力量）而不是“force”（力）似乎更可取，因为“force”（力）这个术语隶属于一个更久远的传统。“五种力量”是五种简单的机械原理（轮子、杠杆、楔子、滑轮和绞车），而不是抽象意义上的力。

莱布尼茨在 Aiv312: 1629 中澄清了他所说的“potentia”（力量）的含义，他在一段话中非常有趣地揭示了“活力”（vis viva）守恒为什么源于其因果等效原则：*Eadem potentia servatur in natura rerum, seu causa et effectus sunt aequivalentes. Potentiam voco, quae agendo consumitur seu effectum producendo*，“在事物的本性中，同一力量是守恒的，也就是说，因果是等效的。我把在活动中消耗的东西，即在产生效果时消耗的东西称作‘力量’”。

PRINCIPIUM：原则。

principium actionis：活动原则。在 Aiv312 中，活动原则被等同 [461]
于“原初的活动力”，因此也就被等同于实体形式。另参见“suppositum”。

principium passionis：受动原则。参见“passio”。

principium contradictionis：矛盾原则。*quod scilicet omnis propositio identica vera, et contradictoria ejus falsa est*，“每一个同一性命题都为真，而它的反面则都为假”（Aiv312: 1616）。

principium reddendae rationis：提供理由的原则。*quod scilicet omnis propositio vera quae per se nota non est, probationem recipit a priori, sive quod omnis veritatis reddi ratio potest, vel ut vulgo ajunt, quod nihil fit sine causa*，“每一个不是通过自身而被认识的真命题都有一个先验的证据，也就是说，每一个真理都有一个理由，或者像通常所说的那样，一切皆有原因”（Aiv312: 1616）。毫无疑问，这就是莱布尼茨后来提出的充足理由原则；参见 Aiv312 注释 4。

PROBARE; PROBATIO ：（动词）证明；（名词）举证，证明，证据。

“probatio”弱于“demonstratio”（参看该词条）；它是“布丁之证明在于吃”这一谚语意义上的证明。

PROGREDI, PROGRESSUS ：前进；进程。

在《发现的标本》中，莱布尼茨引入了专业术语“progressus”，它相当于他之前的术语“directio”（参看该词条）：*Eadem quantitas progressus seu directionis servatur in natura rerum*，“在事物的本性中，同一进程或趋向的量是守恒的”（Aiv312, 1629）。

PUNCTUM（point）：点。

punctum consursus anguli ：角的顶点（Aiii5: 99）。

punctum extremum ：端点（Aiii65: 485）。

punctum mathematicum ：数学的点。“数学的点可以被称作卡瓦列里的不可分量，即使它们不是形而上学的点”（Aiii60: 473）。但到了 1676 年 4 月，莱布尼茨却认为它仅仅相当于端点（参见“extremum”）。

punctum medium ：中点（Aiii65: 486）。

punctum metaphysicum：形而上学的点。它等同于 Aiii60: 474 的最小的点（“minimum”），因此也等同于完美的点（“punctum perfectum”，参看该词条）。类似于形而上学的真空（“vacuum metaphysicum”），因为这个真空似乎是一个比任何可赋值的点都要小的点，但它却是真实的、实在的。

punctum perfectum：完 美 的 点（Aiii60: 473）。*divisam esse in puncta perfects, seu in omnes partes in quas dividi potest*，“被分割成完美的点，也就是说，被分割成它可被分割成的所有部分”。显然，它等同于“punctum metaphysicum”（参看该词条）。

punctum physicum：物理学的点。许多原子论的捍卫者（包括伽森狄和马尼昂）把物理学的点和数学的点区分了开来。参看伽森狄，附录 2e。另对照“punctum metaphysicum”（参看该词条）。 [462]

PYRIUM EXPLOSUM：炸药。

这个词只是作为莱布尼茨在 Aiv301: 1513 中从稠密到稀薄这一突然转变的一个例证，出现在了这些作品中。莱布尼茨大概是由于 17 世纪 70 年代末和 80 年代初在哈尔茨山脉的矿山工作的经历而对炸药变得熟悉起来的，关于这段经历，参看 Eric Aiton, *Leibniz: A Biography*, Bristol: Adam Hilger, 1985, pp. 87f., 107f.。我非常感谢我以前在科技史与科技哲学研究所（IHPST）的同事伯特·霍尔（Bert Hall），感谢他为我提供了这一翻译和解释。

QUIES：静止，静止间隙。

quiescere：保持静止，静止下来。

quietulus：短暂的静止间隙。

RATIO：理由；解释，说明；方法；原因；比率。

这个常见词有着许多不同的意思，尤其是它与“causa”（参看该词条）是近义词，这使得它成了译者所碰到的最麻烦的词之一。“ratio”的两个完全不同的意思，以及把“cause”当成“理由”来用，都出现在了这段话中：*eademque ratione ostendi potest, nec rationem posse exprimi fractione numeris finitis assignabili media, inter 2 et 3 eandem ob causam*，“我们可以用同样的方法表明，出于同样的理由，这个比率不能用介于 2 和 3 之间有限大的可赋值的分数来表示。因此那个分数比 2 多出一个无限小的量”（Aiii69: 500）。在莱布尼茨的世界观中，每个事物都有其存在和以其存在方式存在的理由，即“ratio”或“causa”（他的充足理由原则，参见“principium”下的“principium reddendae rationis”），正如他在 Aiv312: 1623 中所讲：*neque vacuum rationibus rerum consentaneum est*，“真空也与事物的理由不一致”。但在前面的一句话中，粒子被认为是以不同方式受其他粒子活动影响，但“以不同方式”对应的原文是“diversa ratione”，所以也可能是“以不同比例”。在 Aiv267:1401–1402 等部分中，经过深思熟虑将“reason”（理由）和“ratio”等同起来，这种做法却给出了一种无法在翻译中充分捕捉到的非常毕达哥拉斯式的内容。

把“ratio”译作“原因”或“解释”：*quorum ratio a pressione äeris reddi non potest*，“这些现象不能用空气的压力来解释”（Aiii4: 96）。*Mechanicas potentiarum rationes*，“对力的机械的解释”（Aiii78:

569)。此外，*rationem quae fecit eam esse paulo ante adhuc existere*，“让它存在了一段时间的理由仍然存在”（Aiii78: 569n），这表明莱布尼茨认为理由是有效的。另请注意 *ratione causae*，“就其原因来考虑”（Aiv360）。 [463]

esse rationalis：成有理数的比例（Aiii69: 497）。

RECEPTACULUM：容器。

RECEPTUM：容纳物。

在英语中没有一个词可以很好地与“receptacle”（容器）相对应，我造了“recept”这个词来指代占用容器的东西，即容纳物。参见 Aiv301: 1509。

RECTA (*droit*)：直线。

毫无疑问，这些表述是“linea recta”和“ligne droite”的简略形式。

REFRINGERE：散乱，分散。

semper refringitur actio [*substantiae finitae*] *sive nonnihil impeditur*，“[每一种有限的实体的] 活动总是散乱的，或者在某种程度上受到阻碍”（Aiv267: 1398）。*omnis substantia corporea omniscia confuse et omnipotens refracte*，“每一个有形实体，都是混乱的全知，都是散乱的全能”（Aiv279）。

REPASSIO：（受到）反作用。

posse aliquid agere sine repassio,“某种事物有可能活动但却不受反作用的影响”(Aiii78: 571)。

RES：事物，事实（Aiii58: 466; Aiv360）。

ab initio rerum，“从万物产生之初”(Aiv279)；*de origine rerum*，“论事物的起源”(Aiv279)；*rerum primordia ac velut summas*，“事物的第一原则，也是事物的最高原则”(Aiii78: 561)。同样地，我把“creator rerum”和“rerum autor”译成了“造物主”和“万物的创造者”(Aiii78: 560, 561, 566)，尽管它们听起来有些过时；此外，我把“natura rerum”译成了“事物的本性”，以呼应卢克莱修的长诗《物性论》。*Summa rerum*，“整个宇宙”(Aiii78: 561)。

RESPECTIVUS：相对的（Aiii68, Aiv360）。

英语中有一个形容词“respective”(分别的，各自的)，但它并没有完全承载这个拉丁词的含义，比如，*motus respectivus*，**“相对于其他事物的运动”**。另一方面，我把它译作“相对运动”，就会失去“respectivus”与“respectus”(参看该词条）的联系。参看 Aiv360，*Motum esse quiddam respectivum*，“运动是相对的”，即它只是相对于被认为处于静止的某种事物的运动，或从被认为处于静止的某种事物的角度来看的运动。

RESPECTUS：着眼点，视角，关系。

把“respectus”译作“关系”，比如，*hic rerum inter se respectus dicitur tempus*，“事物之间的这种关系被称作**时间**”(Aiv267: 1397)；

Motus in solo respectu consistunt,“运动仅仅存在于关系之中”(Aiv312: 1622)。 [464]

SCIENTIA：知识，科学。

这是已习得或可教授的东西意义上的知识，而不是“cognitio”(参见该词条)。因此，*scientiarum omnium semina*,“一切知识的种子”;*sponte in animis nascatur scientia*,“知识可以在灵魂中自发地成长”(Aiii78: 529);还有 *Scientiam Mechanicam*,“机械学”(Aiii78: 530)。

SCLOPETUM：风枪。

在 Aiv301: 1513 中，它以“sclopeto ventaneo”这一词组的形式出现在了从稠密到稀薄这一突然转变的例子中。“sclopetum ventaneum”，或“风枪”(wind musket)，显然是气枪的早期样式。关于它的描述和图解，参见 Hobbes, *De corpore,* IV, § 30, 11；霍布斯将其称作“最近发明的一种枪”。在 14 世纪末，“sclopette”是一种火枪或火绳枪，也就是说，比那种只有强壮的男子才能携带的滑膛枪(musket)更轻的一种枪，但“musket”这个名字后来却逐渐被用在了指更轻的手枪上。这个词在意大利东北部的弗留利(Friuli)仍然存在，在那里，“un sclop”或“une sclope”是用来打猎的霰弹枪。(在此，我要感谢伯特·霍尔教授，以及我弗留利的岳父岳母。)

SENSUM：感官，感觉。

sentire：感觉，有感觉(Aiv267: 1398)。

sensibilis：可感知的，用感官所能察觉到的(Aiii52: 434,

Aiv301: 1513)。形体可感知的质是那些我们只能混乱地知觉到的东西(Aiv365: 1986)。

SERVARI:是守恒的。

参见词条"conservare"下的"conservari"。

SEU, SIVE:或,即,也就是(说)。

这是拉丁语"等价意义上的或"(or of equivalence),区别于析取意义上的"或"(ors)——不相容析取(aut)和相容析取(vel,"和/或","又或者")。起初,我觉得在英文中保留这种区别似乎可取,我遵照柯利的办法,用记号把等价意义上的"或"标记了出来。但我后来深信,在有必要把等价意义上的"或"标记出来的地方,只需用"即"或意义相当的词便能恰如其分地实现我们的目的。

SIMUL:同时存在,在一起。

"**同时存在**的事物是那些有联系的事物;要么联系是必然的,要
[465] 么联系的理由可以被确定无疑地给出"(Aiv132: 563)。"如果那些事物是另一个事物的绝对的条件,那么它们就会**同时存在**"(Aiv147: 628)。

SITUS:位置。

每个形体都有一个相对于它周围其他形体的由角度和距离所规定的位置。从1679年起,莱布尼茨逐渐形成了他的"位置分析"(Analysis Situs),即一种广义的几何学。参见,比如,L 248ff。

SOLIDUS：固体，固体的；先令。

后者是一种常见的译法。“苏勒德斯币”（solidus）是一种由君士坦丁引进的罗马金币，后来被称作“拜占庭币”（bezant）。在中世纪的英国，“苏勒德斯币”是一种面值为12“第纳尔”（denarii）或便士的银币，符号为代表“solidus”首字母“s”的拉长形式的“/”，所以“£/d.”或“£.s.d.”（至今仍然）代表了“镑”（librae）、“苏勒德斯”“第纳尔”，即英镑、先令和便士。

SPATIUM（*espace*）：空间。

“空间和时间并不是事物，而是实在的关系”（Aiv312: 1621；另参见 Aiv359, Aiv321）。

spatium absolutum：绝对空间。在 Aiv317 中，莱布尼茨对其做了这样的描述，即“绝对空间并不是一个事物，尽管它令想象力感到愉悦；事实上，我们可以推证，这样的存在不是事物，而仅仅是试图把一切都归因于可理解的假说的那种心灵的各种关系”。确切地说，空间是一种“实在的关系”（Aiv359; Aiv321; Aiv312: 1621）。

spatium reale nullum esse：“空间并不是某种实在的东西”（Aiv312: 1623）。然而，莱布尼茨却坚持认为，“在空间和时间里，任何实在的东西都存在于包含一切的上帝之中”（Aiv147: 629），也就是说，空间，就它是某种实在的东西而言，是神的广阔无垠。因此，“实在的空间本身是单一的、不可分割的、不变的东西；它不仅包含着实存的事物，也包含着可能的事物”（Aiv321）。

spatium generale: 参见词条“genus”下的“generalis”。

SPECIES：种；特定的种类；外观。

这个词很难翻译，因为它有几个特定的（“specific”，没有双关语的意思）并且截然不同的含义。不同的种被归为一个属（“genus”，参见该词条），所以种是一种类型或特定种类的事物，因此，[*motus*] *species seu modus*，“特定的运动或运动样式”（Aiii68: 494）；[*Mentis*] *diversas species*，“不同种类的心灵”（Aiv304: 1526）。在 Aiv312: 1622 中，莱布尼茨写道：“在所有有形实体中都有某种类似于灵魂的东西，即古人所谓的形式或种”；但在 Aiv301: 1507–1508 中，他
[466] 却说，对形体是否具有实体形式的考虑与“形体的种类”无关，所以“species”可能指的是它们的特定种类。但它可能也有“外观”的意思，比如，*machinam, quae forte externa specie no satis examinanti hominem mentiretur*，“机器可能会因为自身的外观让你觉得它是一个人”（Aiv346: 1801）。最后，参见莱布尼茨在纠正科尔德穆瓦时所提到的种的法律定义（Aiv346: 1800）。

specialis：具体；比如，在 Aiv312: 1625 中，*in ipsis tamen Phaenomenis corporum specialium explicandis*，“在解释具体形体的现象时”——“具体形体的现象”与“一般性质”（“natura generalis”，参见该词条）形成对照。

SPIRITUALIS：精神的。

substantia spiritualis：精神实体。

STATUS（estat）：状态。

estats durables ：持续的状态（Aiv310）。

STRUES, STRUIX ：一堆。

strues lignorum, 一堆柴薪（Aiv132: 559, Aiv301: 1506）。另参见“acervus”，“congeries”，“cumulus”。

SUBDIVIDUUS（Aiv132: 559）：可再分的。

sousdivision ：再分割。

SUBSTANTIA ：实体。

substantia singularis =substantia individualis（Aiv132: 559–560, Aiv301: 1506–1507; Aiv312）：个体实体。

substantias universales（Aiv312: 1619）：普遍实体与个体实体之间的差异在于“后者的概念中也包含着偶然的谓词”。

substantia corporea ：有形实体（Aiv316; Aiv312: 1622, 1623）；它不是科尔德穆瓦和其他现代思想家意义上的有形实体，即纯粹的广延或物质团块（参见“moles”）；对莱布尼茨来说，“聚集而成的一堆东西或存在，比如，一大堆石头，就不应该被称作有形实体，而是只能被称作现象”；确切地说，“每个有形实体都有灵魂”，“[很可能] 从万物产生之初就一直存在”，并且“没有确定的广延”（Aiv279）。

SUPPOSITUM ：（名词）基体（Aiv346: 1799）；（形容词）假定的（$Aiii11_2$）。

从字面上讲，这个词的意思是“从属”（subordinate），但在经院哲学那里，它却有“主体”（subject）或“实体”（substance）的意思，正如在苏亚雷斯所创立的学说（Suárez, *Disputationes metaphysicae*, Disp. 34）中提到的，*actiones sunt suppositorum*，“活动属于基体”，莱布尼茨经常宣称他赞成这一说法，而且他在后期的作品中还经常引用这一说法来为他的力的学说辩护（比如，参见 *De Ipsa Natura*, §9; Loemker, p. 502）。莱布尼茨在他大概完成于 1668 年的《论圣餐变体
[467] 论》的笔记中写道：“基体是一种实体性的个体——例如，一个人是一个理性的实体性的个体——或某种特殊的实体。此外，经院哲学通常还把这一点确立为基体的属性，即它本身通过活动来指认；因此就有了‘活动属于基体’的规定。很显然，我们根据经院哲学的意思把基体、实体或自身持存的存在——它们都是同一种东西——定义为那种自身具有活动原则的东西，这是正确的，因为否则的话，它就不会活动，而只是某个行动主体的工具。”（A VI.i 510; L 117 ；另参见 Loemker's notes on pp. 119–120）然而，在 Aiv132: 559 中，莱布尼茨却把基体定义成了一种个体实体或一种实在的现象（参看该词条）。

SYMPATHICUM, SYMPATHETICUM ：交感的（Aiii3: 80–81, Aiv312:1618）。

莱布尼茨对一种普遍交感学说的倡导在 Aiii3 和 Aiv312 中尤其明显，尽管他在这方面只提到了希波克拉底：参见 Aiii3 的注释 7，Aiv312 的注释 11 和注释 12 ；另参见“conspirare”。

sympathisant ：发生交感（Aiv310）。

SYSTEMA：系统。

systemation: 小系统。*Exemplia gratia arenual quaevis est systemation aliquod per se*，“例如，每一粒沙子本身都是一个小系统”（Aiv312: 1628）；*ipsius structrae firmitas, sumenda est a systemationum collocatione conspirante*，“这一结构的固定性却源自小系统的和谐并置”（Aiv312: 1630）。

TABULA：板，石板。

光滑抛光的大理石板的例子在17世纪关于内聚性的讨论中有着突出的位置，因此在这些作品中多次出现。伽利略在他的《关于两门新科学的对谈》中引入了它：“如果你们取两块无瑕的光滑的大理石板、金属板或玻璃板，并且面对面地放置，一块将毫不费力地在另一块上滑过（这明确地表明，没有胶体把它们结合在一起）。但是当你们企图把它们分离并且使其保持一个不变的距离时，将会发现，这两块板表现出对使它们分离的一种抵触，上面的板将携带着下面的板与它一起长时间地被提起来，即使下面的板又大又重。这个实验说明，自然界是厌恶真空的，甚至体现在需要外部空气冲入并填满两板之间区域的一瞬间”（NE 59）。他用这个例子来支撑他的理论，即真空不 [468]
仅是板的内聚性的原因，而且是构成板的最小粒子的内聚性的原因（见附录2b）。

tabula rasa：白板。

TEMPUS（*temps*）：时间。

Tempus est Ens imaginarium，“**时间**是一种想象的存在”（Aiv147:

v1255）。参见“duratio”，“spatium”。

TENACITAS：黏性。

这是一个专业术语，它的意思是形体保持自身的能力。因此，*habet . . . omne liquidum aliquid tenacitatis*，“每一种液体都有一定的黏性”（Aiii78: 555）。参看 Aiii2: 13：*Scio Galilaeo aquae tenacitatem displicuisse sed eam tamen multis experimentis confirmari posse arbitror*，“我知道伽利略不赞同水有黏性，但我相信这可以通过许多实验得到证实。”

tenax：黏结剂。因此，*neque enim ulla tenax in primis originibus*，“因为在事物的原初起源中不允许出现任何黏结剂”（Aiii36: 393）。

TERMINUS：边界（Aiii78: 565, Aiv267: 1399, A VI.ii 435–436, Aiii58: 469）。

这种译法保留了与“linea interminata”（无界的线）的对应关系。尤其参见 Aiii69: 502：*Adeoque interminatum*, [*prius*] *habente terminum, cum terminus sit accessio quaedam*，“所以，无界的事物先于有界的事物，因为边界是一种添加物。”

TERRELLA：小球体。

“terrella ”字面意思是“小地球”，它的现代含义是“有磁性的地球模型”，这两种意思都出现在了莱布尼茨对这个词的使用中。因此，在他那篇集中讨论“terrellae”的文章《某些物理学命题》中，他指出：**“可感知的形体是无数小球体的聚合体**，而小球体也就是由每个区域的物质沿经线运动所形成的拱形或封闭的微粒”（Aiii2: 32）。

但正如他在这篇论文的前面所讲的那样，“吉尔伯特说地球是一个磁体，[而] 我已经证明了所有通过物质沿经线环形运动而变得坚固的形体都是有磁性的，……因此，可感知的形体都包含着无数微小的球体……”（Aiii2: 61–62）。另参见“bulla”，“globulus”。

TRANSCREATIO：移创。

这是莱布尼茨自己造的一个术语（Aiii78: 560, 567）：如果一个移动的形体在给定的瞬间湮灭了，然后在相邻的或相交接的瞬间在与第一个点“无间距的”点上又被重新创造了出来，那么这个形体是“被移创的”。它与“transproductio”（参看该词条）同义。

transcreari: 被移创（Aiii69: 500）。

TRANSFORMATIO：变形。 [469]

参见 Aiv147: v1254 中的讨论：“当某物在不添加也不去掉任一部分的前提下变成了另外一个事物时，我们可以称之为变形。”

TRANSITIO：过渡。

transire：穿过，度过。

TRANSPRODUCTIO：移造（Aiii69: 503）；与“transcreatio”（参看该词条）同义。

ULNA：腕尺。

莱布尼茨拉丁文中的“ulna”是伽利略的“臂长”（“brassio”，

一种意大利的长度单位，大约在58厘米—70厘米之间）的正确译法。然而，正如上述 Aiii11 的注释所指出的那样，对于泵所能获得的离水平面的最大高度来说，这个值太大了，因为伽利略所报告的 18 臂长大概相当于 34 英尺 3 英寸到 41 英尺，但 26 英尺可能是更实际的最大值。我的译法反映了我的猜测，即伽利略可能指的是腕尺（“cubitum”），1 腕尺约为 18 英寸。（“腕尺”在解剖学上对应的是尺骨）。

UNIVERSUM（*l'univers*）：宇宙。

in universum：一般说来（Aiii5: 99, Aiii69: 502 等）；总体上（Aiii76: 526）。

UNUM PER SE：由于自身的统一体。参见“accidens”下的“ens per se”，“ens per accidens”。

VACUUM：真空，虚空；空的

vacuum interspersum：一种穿插其间的真空（Aiii68, Aiii85: 585），即在固体的空隙中散布的真空，而不是世界之外的真空，即存在于恒星天之外的真空。关于莱布尼茨对穿插其间真空地位的看法的变化，参见附录 1，Aiii60，Aiii68，Aiii78，以及引言第 5 节。

vacuum metaphysicum：一种形而上学的真空；也许受到了伽利略的“不可量化的虚空”的启发，如果伽利略和卡瓦列里的不可分量被解释为无限小量，那么不可量化的虚空便等同于形而上学的真空。参看 Aiii60: 473：“一个形而上学的真空是一个空着的地方，无论多么小，都是真实的和实在的。物理学的充实空间与不可指定的形而上学

的真空并不矛盾。”

VESTIGIUM：痕迹，足迹，印记（Aiv312: 1618）。

per sua vestigia，以自身为轨迹（Aiii65: 489, Aiii668: 493）。

VIOLENTIA：违反比例（PP7 560）。

VIRTUS：德性，潜能。

potentia seu virtus agendi patiendique，“一种活动和受动的力量或潜能”（Aiv346: 1799）。*proportione virtutis*，“与它们的潜能相称”（Aiv312: 1617）. [470]

virtute：潜在地（Aiv301: 1507; Aiv312: 1618; Aiv147: v1255）。

VIS：力。

我一直把“vis”译为“force”（力），把“potentia”（参看该词条）译为“power”（力量），尽管莱布尼茨似乎把它们当成同义词来使用，例如在 Aiv365: 1989 中。不过，需要注意的是，莱布尼茨有时使用复数的“vires”，比如在 Aiii4: 94 中：*quantitas virium*，“力的量”。

VOLUNTAS：意志。

这个词的意思是意愿的能力，而不是“volitio”，即一种特殊的意愿行为。

索　引

abbreviation（*compendium*），缩写形式、简化，65, 440;for expressions, 表达式的缩写形式，91; of speech, 言语的缩写形式，7, 378, 393; of thought, 思维简化，25, 393

absolute（*absolutus*）: motion, 绝对运动，225, 229, 313–315, 333, 436; place, space, 绝对空间，225, 313, 333, 404, 436; absolutely hard, 绝对坚硬，382; absolutely infinite（*see* infinite），绝对无限（参见“infinite”）

abstract（*abstractus*）: entity, 抽象的存在，lxxxvi;matter, 抽象的物质，lxxxvi; motion, 抽象运动，xxxii, 225, 339, 343, 368, 379, 388, 391, 410, 427, 430–431, 436

accident（*accidens*），偶性，283–285, 359, 436; accidental unity/entity（*see* entity; unity），偶然的统一性，偶然的存在（参见“entity”，“unity”）

action（*actio*），活动、作用，xli, lxxxii–lxxxviii, 3, 27, 59, 79, 121, 137, 191, 209–213, 233, 237, 243–249, 333–335, 341, 343–344, 427,

在者，103; by aggregation，聚合而成的存在者，315; contingent versus necessary, 偶然存在者与必然存在者，307, 423, 457; first, 第一存在者，117; real versus imaginary, 实在的存在者与想象的存在者，109; truly one, 真正一体的存在者，315, 321。*See also* entity，另参见“entity”

body (*corpus, corps*)，形体、物体，443; actually infinitely divided (*see* infinite)，形体实际上被无限分割（参见“infinite”); as coherentappearance, 作为一致显象的形体，259–261, 315; as extended and resisting, 作为有广延和抵抗力的形体，233, 237; as having its own system, 作为有其自身系统的形体，333; as lacking unity (*see* unity)，作为缺乏统一性的形体（参见“unity”); as more than extension, 作为除了广延还有别的东西的形体，25, 237, 277–279; as movable, 作为可移动的形体，233, 245, 321, 414; as not acting, 作为不活动的形体，211–213; as real phenomenon, 作为实在现象的形体，265; as substance, 作为实体的形体，245–247, 413–414, 416; atomic, mundane, and momentaneous, 原子性的、现实世界的、瞬间的，345; definition of, 形体的定义，3, 233, 237, 243–247, 259, 349, 379, 413–414, 416–417; integral versus fractured, 完整的形体与破碎的形体，344–345; not distinct from motion, 形体并不与运动相分离，17–19; never at rest, 形体从来都不处于静止状态，249;its affects relative, 它的影响是相对的，229; organic (*see* organ)，有机体（参见“organ”)

bound, boundary (*terminus*)，边界，xxx, xxxvi, xxxix, xl, lxxvii, 21–23, 37–39, 79, 207–209, 245, 271, 337–338, 341, 347–349, 362, 370, 398, 418, 429, 447

bubble (*bulla*)，小泡，xl, xlvi–xlvii, 369–370, 439

383, 400, 446

elasticity (*Elaster, Elastrum*), 弹性，lxv, lxxxiii, 27, 37, 249, 293, 311–313, 323–325, 384, 426, 446; elastic body, 弹性体，xliii; perfectly elastic, 完全弹性的，225–227; elastic collision, 弹性碰撞，lxxxiii, 225–227; elastic force, 弹力，131, 333

endeavour (*conatus, effort*)，努力，xxvii, xxxi, xxxiv–xliii, xlvii, lx, lxiv, lxvii, lxxiv–lxxv, lxxxiii–lxxxviii, 3–5, 19–23, 27, 57–59, 75–77, 93, 109–111, 117, 235, 265, 271, 287, 293, 295, 299, 329–35, 339–344, 369–370, 373, 376, 380, 394, 421–422, 430, 433, 440–441; as motion through a point, 作为通过一个点的运动的努力，340, 360, 381; as per- [473]
petually efficacious, 作为永恒有效的努力，21, 59, 249, 323, 333, 340, 429; as true motion, 作为真正的运动的努力，75, 394; composition of, 努力的组合，19–21, 25–27, 59, 331, 340, 342–343, 344, 391, 430; conservation of (*see* conservation)，努力的守恒（参见“conservation”）; definition of, 努力的定义，360

entity (*Ens*): accidental/per se, 由于偶性的存在或由于自身的存在，lxiii–lxxiv, 53–55, 109, 257–259, 261, 267, 283–287, 390, 421, 443, 446–447; by aggregation, 聚合而成的存在，lxi–lxv, lxix–lxx, 121–123, 265, 271, 375; definition of, 存在的定义，283, 418–419; fictional, 虚构的存在，xxvi, lvi–lvii, lxxiv, 75, 89–91, 392–393; general, 一般的存在，81; incorporeal, 无形体的存在，337; nonentity, 非存在，283; possible, 可能的存在，181; real versus rational, 实在的存在与理性的存在，lxi–

flexible（*flexilis*），有弹性的，35, 47, 185–187, 371, 373

fluid（*fluidus*）， 流 动，xlix, l–liv, lix, lxiv, lxxiv, lxxxi, 47–49, 185, 289–295, 311–313, 321–331, 422; infinite fluidity, 无限流动性，327–329; perfect fluid（*see also* liquid: perfect），理想流体（另参见"liquid: perfect"），xlix, l–liv, lix, lxiv, lxxiv, 31, 47–49, 185, 233, 257, 367, 385 ;principle of fluidity, 流动性原则，331; versus hard，流动与坚硬，381–382

fold（*plica*），褶皱，lviii–lx, lxxvii; bodies folded, 形体是折叠的，185–187, 251, 373, 402, 408

force（*vis*），力，xxviii, lxv, lxxix, lxxxii–lxxxvii, 27, 63, 113, 131, 137, 225, 243, 251, 291, 323–327, 333, 470;active, 能动的力，xxviii, lxv, 285; as cause of change, 作为变化原因的力，333; centrifugal, 离心力，383; conservation of quantity of（*see* conservation），力的量守恒（参见"conservation"）；elastic（*see* elasticity），弹力（参见"elasticity"）；innate, 固有的力，lxxxiii–lxxxiv, 311, 333; infinite, 无限大的力，249; motive, 动力，lxxix, lxxxii, 129, 315, 371, 409; of acting, 活动的力，lxxxvii, 245, 315–317, 417; of being acted upon（passion），受动的力，245, 285, 317, 417; of resisting, 抵抗力，5, 27, 131, 285, 291–293, 315。*See also* power，另参见"power"

form（*forma*），形式，xxix–xxxi, lxv–lxx, 233–235, 315–319, 337–338, 388, 402–403, 420; as capable of sensation and appetite, 作为有感觉和欲望的形式，247, 261; as primary act, 作为原初活动的形式，265; as principle of unity and duration, 作为统一性和绵延的原则的形式，245; as principle of action, 作为活动的原则的形式，247, 265, 285; origin of,

269, 303–307, 311, 321–323, 339, 412, 423–424, 461; nothing without a reason, 做任何事都是有理由的，199, 233, 414, sufficient, 充足理由，117, 307

relation（*relatio, respectus*），关系，lxiv, lxviii, 57, 61, 83, 97–99, 261, 374, 390, 417; matter consists in relation，物质存在于关系之中，lxviii, 55; motion relative（*see* motion: relativity of ），运动是相对的（另参见“motion: relativity of”）; motion a relation, 运动是一种关系，225–227, 315, 333, 411; no number of all relations, possibles, 有无数的关系或可能事物，83, 390–391; space a relation, 空间是一种关系，225–227, 315, 333, 411; time and space real relations, 时间和空间是实在的关系，lxiv, lxxxi, 313, 333–335。*See also* respect，另参见“respect”

respect（*respectus*），着眼点，311, 395, 463–464

rest（*quies*），静止，31, 77, 191, 249, 333, 337, 340, 343–345, 375, 420, 462; as alternating with motion, 运动与静止的交替，37, 159, 385, 396, 404–405; motion interrupted by rests, 被静止所打断的运动，xxiv, xxv, xxvii, lxxviii, 77–81, 93–97, 159–163, 169–173, 187–203, 207–211, 340, 343, 363–364, 370, 380–381, 409, 430, 434, 454; no perfect rest, 没有完全的静止，293, 344; not the cause of cohesion, 静止不是内聚性的原因，19–21, 27, 325, 345, 381

sensation（*sensus*），感觉，17, 23, 43, 49, 51, 59, 107, 119, 197,
[478] 237, 247, 261, 287, 343, 372, 380, 401, 416–417, 430, 464; as being acted upon, 作为受动的感觉，245–249, 261–263, sensible, 可感的、可感知

人名索引

英译本后记

理查德·亚瑟

这本书首次汇集了伟大的德国哲学家、博学之士莱布尼茨于1672年至1686年撰写的重要文本。这些作品（大部分以前没有翻译过）表明莱布尼茨一直都在持续不断地研究连续体的构成的问题，而这个问题的解答对他的思想的发展至关重要。

本卷第一部分的文本摘自莱布尼茨巴黎时期的作品，莱布尼茨在这些文本中处理了诸如物质无限分割是否需要“完美的点”，物质和空间是否可以被视为真正的整体，运动是否真正连续，以及形体和实体的本性等问题。莱布尼茨于1676年年末就运动的连续性问题撰写了一篇精彩的对话体文章，即《帕西迪乌斯与爱真理者的对话》，它构成了本卷的第二部分。最后一部分的文本来自莱布尼茨1677年—1686年汉诺威时期的作品，从这些文本来看，莱布尼茨放弃了他早期的移创论和原子论，转而支持起了有形实体理论，而在这种理论那里，形体和运动的实在性建立在实体形式或力之上。

本卷给出了莱布尼茨的原文（其中一份是法文文本，其余的都是拉丁文文本），在对开页上给出了它们的英文译文，并且还附有引言、注释、由若干摘自莱布尼茨早期著作及其前辈作品的相关节选构成的附录以及一个有价值的对重要术语及其翻译作出详细说明的术语表。

责任编辑：曹　春
封面设计：汪　莹

图书在版编目（CIP）数据

连续体的迷宫：论连续体问题：1672—1686 /（德）莱布尼茨 著；
高海青，杨韶刚译．—北京：人民出版社，2021.12
（莱布尼茨著作书信集）
书名原文：The labyrinth of the continuum
ISBN 978－7－01－023826－5

I. ①连…　II. ①莱…②高…③杨…　III. ①莱布尼茨（Leibniz, Gottfried Wilhelm Von 1646–1716）－哲学思想－文集

IV. ① B516.22–53
中国版本图书馆 CIP 数据核字（2021）第 203317 号

连续体的迷宫
LIANXUTI DE MIGONG
——论连续体问题：1672—1686

［德］莱布尼茨　著　高海青　杨韶刚　译　王克迪　校

人民出版社 出版发行
（100706　北京市东城区隆福寺街 99 号）

北京盛通印刷股份有限公司印刷　新华书店经销

2021 年 12 月第 1 版　2021 年 12 月北京第 1 次印刷
开本：880 毫米 ×1230 毫米 1/32　印张：21.5
字数：446 千字

ISBN 978－7－01－023826－5　定价：138.00 元

邮购地址 100706　北京市东城区隆福寺街 99 号
人民东方图书销售中心　电话（010）65250042　65289539

ISBN 978-7-01-023826-5